韩国禅教史

〔日〕忽滑谷快天 著

朱谦之 译

商务印书馆
The Commercial Press

忽滑谷快天

朝鲜禪教史

©春秋社，東京，日本，昭和五年

根据日本东京春秋社 1930 年版译出

中译本序

黄心川

　　佛教是传统的世界三大宗教之一，于公元前6世纪左右由释迦牟尼在古印度创立。公元前3世纪开始由印度向外传播，约在1世纪左右经由陆上或海上丝绸之路传入中国内地，复由中国再传入韩国、日本、越南等国。

　　韩国是中国唇齿相依的邻邦，自古以来就有着政治、经济和文化的联系，在两国人民交往中，凝成了深厚的友谊。宗教文化是两国源远流长的传统文化交流内容之一，特别是佛教作为文化交流关系的纽带，一直起着重要的作用，至今已逾一千五百余年的历史。

一

　　中国佛教最早传入高句丽大概在第十七代君主小兽林王二年（公元372年），当时前秦苻坚曾派使者及僧顺道送去佛经和佛像，小兽林王也遣使者答谢。越二年东晋僧阿道又去高句丽，高句丽王在首都辑安附近的丸都城建省门寺和伊弗兰寺供顺道和阿道居住。晋孝武太元之末（公元396年），白足和尚昙始赍经律数十部往辽东弘化，"显授三乘，立以归戒"。平原王十八年（公元576年），大丞相高德派遣沙门义渊入中国北齐都城邺（今河南临彰县西）向定国寺和尚法上询问佛教的缘由。宋末齐初，高句丽僧道朗由辽东至江南，从昙庆学三论，在摄山嗣法于黄龙（今吉林地区）法度，学习《华严》等经义。天监十一年（公元512年），梁武帝遣僧正智寂、僧怀、惠令等十人诣摄山从僧朗学习三论、《华严》，武帝还根据僧朗的义解作章疏。

　　佛教传入朝鲜半岛西南的百济稍晚于高句丽。枕流王元年（公元384年），梵僧摩罗难陀由东晋到达百济的汉山城，受到百济王的热诚接待。翌年创佛寺于汉山，度僧十人。此后佛教在百济日益兴盛，"僧尼寺塔甚多"。在中朝交通的门户——泰安丰岛的瑞山和唐津的西海岸建有泰安摩崖伽蓝、云山摩崖伽蓝、百济金刚佛伽蓝和修德寺等等。梁武帝大同七年（公元541年），百济遣使赴梁求《涅槃》等经义并工匠画师。

　　位于朝鲜半岛东南的新罗，一般认为佛教是在讷祇王时（公元417—418年）由高句丽输入的。在南北朝，新罗有不少僧人来我国求学巡礼。据不完整统计，自6世纪中叶到7世纪末的一百五十年间，到中国和印度求法的新罗僧共二十一人，其中去印度的有九人，到中国的著名高僧有玄光、明观、无相、圆光、智明、安含、慈藏等人。梁武帝太清三年（公元549年），遣使沈瑚并新罗学僧觉德送佛陀舍利至新罗，新罗真兴王奉迎于兴轮寺。陈文帝于天嘉六年（公元565年），遣使刘思及留学僧明观至新罗送佛教经论2700余卷，使新罗的经籍臻于完备。

二

　　6世纪末至10世纪初是中国历史上的隋唐时期，也是中国封建社会进入鼎盛的时期。佛教在隋唐统治阶级的扶持下，走上了兴盛的道路，完成了外来佛教中国化的历程，先后出现了具有中国民族特色的天台宗、华严宗、法相宗、律宗、净土宗、禅宗等佛教宗派，同时也对其他邻近国家的佛教产生了重要影响。这一时期正是朝鲜半岛上的高句丽、百济和新罗三国鼎立而又统一时期。7世纪中叶，新罗联合唐王朝，先后消灭了百济和高句丽，统一了朝鲜半岛。新罗王朝，对内采取了中央集权的各项政治措施，完备了九州（地方最大的行政区域）、五京（特殊的行政区域）和郡县制，加强了对各级地方官吏的监督；在经济上采取奖励生产的各项措施，大兴水利，提高耕作技术，铸兵器为农器，实行丁田制（按丁男、丁女分给一定数量的土地），因之出现了"家给人民，民间安堵，域内无虞，仓廪积于丘山"的局面。由于社会经济发展，生活安定，文化艺术也随之出现了繁荣景象，为朝鲜古代文化的发展奠定了基础。新罗政权还积极拓展与周边国家的经济文化交流，派遣大批留学生来唐朝学习中国文化，最多的一次曾达一百余人。统治阶级出于政治的需要，一方面大力扶植儒教的势力，另一方面又支持佛教、道教的发展。随着新罗佛教的繁荣，国家陆续派出了不少僧侣来中国求法和巡礼，据不完全统计，整个新罗时期来华僧达一百一十七人。他们在华广参名山诸耆，参与译场活动，著书立说，回国时携去大量的佛教经籍和文物，继续从事佛教经论的宣传和研究，或开山授徒，在国内建立了具有新罗民族特点的佛教宗派或学派，与中国唐朝鼎盛期的佛教相互呼应。

这一时期中国佛教的学派或宗派除地论、毗昙少数派别外，大多数都先后传入了韩国，形成了"五教九山"之说。五教是如下五种佛教宗派。

一、涅槃宗。主要依据《涅槃经》经义建立。由新罗武烈王时期（公元654—660年）的普德和尚开创。对《涅槃经》有研究成就的学者有元晓、义湘、憬兴、义寂、大贤等人。涅槃宗有八大伽蓝，根本道场是景福寺，创始人普德和尚，有无上、金趣等高足。

二、律宗。善德女王时代（公元632—646年）由慈藏创建于梁州通度寺，曾设坛施戒。慈藏于公元636年率弟子僧实等入唐，在终南山云际寺学南山律，回国后任大僧统，在芬皇寺开讲《梵网经菩萨戒本》，整顿和修订了朝鲜僧尼戒律。

三、华严宗。有两个派别。一为义湘所传以中国华严宗思想体系为本的浮石宗，另一为元晓独自开创的海东宗。前者以浮石寺为中心，宣传智俨、法藏的思想，曾有弟子三千，湘门十德；后者以阐扬元晓的《华严经疏》《大乘起信论疏》为宗旨，以《十门和诤论》调和百家的争论。

四、法相宗。由真表律师于8世纪中叶在金山寺创建。承玄奘——圆测——道证——憬兴——大贤的法统。圆测终身留在中国，传印度唯识宗安慧一系的学说。其弟子道证作《摄大乘论世亲论疏》，进一步发挥其师的思想。以后憬兴作《成唯识论义记》《瑜伽论疏》，顺憬作《成唯识论科简》等，为新罗法相宗奠定了理论基础。

五、法性宗。以弘扬《中论》《百论》《十二门论》为宗旨，阐述诸法实性之义。东晋僧阿道、顺道及高句丽僧昙始曾传播三论思想。梁末隋初高句丽的实法师和印法师大力弘扬三论。新罗统一三国后，元晓曾著《三论宗要》《广百论宗要》等，继续阐述法相学说，但不久即衰微。

此外，除上述五宗之外，还有一些小宗派一度传承。其中，比较重要的有明朗建立的神印宗传杂部密法，惠通建立的总持宗传唐善无畏的印诀，以后又有明晓、惠日、慧超等人传唐金刚智、不空等人的密法。属于小乘佛教的成实、俱舍学派也很早传入到朝鲜半岛。

九山是指新罗时期佛教禅宗的九个派别。据说新罗僧法朗曾到中国从禅宗四祖道信受法，回国后传法于弟子神行，以后神行又来华学习北宗禅。不久，新罗僧道义入唐从马祖道一弟子西堂智藏学习惠能的南宗禅，回国后从事于南宗禅的弘化，又经来唐学习的新罗僧慧昭、无染、慧日、道元、玄晃等禅门宗徒的阐扬，南宗禅成为新罗禅宗的主流，形成了实相、迦智、阇崛、桐里、圣住、师子、曦阳、凤林及高丽初期建立的须弥山的"禅门九山"。

　　新罗王朝末期，由于统治阶级加深了对农民和手工业者的压迫及剥削，中央与地方势力的矛盾也日益激化。自宣德王（公元780—785年）即位至新罗最后敬师王（公元927—935年）的一百五十年间，王室内部为了争夺帝座，进行了血腥的残杀，先后有二十个国王像走马灯一样登上王位。佛教在这个时期虽然在政治上和社会生活上还有重要的影响，但前一个时期具有思辨色彩的、为贵族所信奉的"教学佛教"已远远不能适应社会发展的需要，因此在佛教内部出现了两种新的潮流：一是注意实践方法的禅宗，这个派别在群众中有广泛的影响；二是在民间广为流行的崇拜阿弥陀佛、观音和弥勒的净土信仰。此外，还出现了把佛教功德报应思想和道教的阴阳五行及地理风水学说相结合的"祈福佛教"，使佛教更趋向民间化和神秘化。大约在9世纪初，禅宗在新罗崛起，逐渐压倒了其他宗派，成为后来各朝佛教发展的主要力量之一。

三

　　10世纪初，原为新罗大臣的王建建立高丽王朝，取代了原有的新罗王朝。高丽王朝存在了四百余年，历代诸王都笃信佛教，热衷于佛事。高丽太祖以护法者自居，即位后大兴佛寺，礼待僧侣，开办法会，国内佛教气氛隆盛，临终时遗言强调要护持佛法。后出的很多王室人员竞相出家，甚至朝廷后来规定多子家庭必须送一个儿子到寺庙出家的制度，推动了社会上崇佛的热潮。高丽时期，朝廷还实行了选拔僧侣的僧科考试制度，参加考试的僧人先在寺庙里进行预考，及格后再参加国家的统一考试，凡考试及格者可以获得官方授予的大选、大德、大师、重大师、三重大师、禅师、首座、大禅师、僧统等各种僧职，有的甚至被奉为王师或国师。管理僧人的僧官制度也在此时完备起来，以僧录司来管理僧界的活动。11世纪初从显宗经德宗、靖宗至文宗几十年时间，朝廷雕刻了高丽藏经1106部，5048卷。高宗十九年（公元1232年）藏经雕板被入侵蒙古士兵焚毁，于是又于公元1236年倾尽国力重新雕刻，1251年再次雕成，雕板至今仍然保存在海印寺内。

高丽佛教界内部主要形成了禅宗和教宗两大系统。前者以九山禅门为主，各山竞立，互相演运，一时高僧大德各领风骚。以后天台宗兴起，禅门一度受挫，不久又重新恢复。学一、坦然等人开创了曹溪宗，知讷改为曹溪禅社，提倡顿悟的修禅法。禅宗中兴，禅风大化，许多禅宗僧侣被封为国师，受到帝王的礼待。至高丽末期，被称为"禅宗巨匠"的普愚和慧勤大力弘扬，曹溪一宗在诸宗派中独占鳌头。

教宗是指除禅宗以外的其他佛教宗派①，如华严宗、瑜伽宗、天台宗等。这些宗派在理论上有自己的特色，带有学派的特点，不同于禅宗直指人心的顿悟法门特色实践。华严宗经新罗时期义湘的阐发后，到高丽时形成了北岳、南岳两家，培养了不少精研华严理论的大家，

---

① 一些韩国学者认为高丽前期教宗所属的华严、瑜伽等虽已形成宗派的形态，但全然看不到明确的宗名，该用宗名的时候用的是业，如华严业、瑜伽业等。参见金煐泰：《韩国佛教史概说》，柳雪峰译，社会科学文献出版社1993年版，第93页。

尤以法印国师坦文最突出。瑜伽宗宣传万法唯识的学说，有些宗徒成
为王师，曾向国王讲说唯识教义。这一派后来又被称为慈恩宗，在高
丽时代曾几度沉寂和复出。

　　高丽佛教最突出的表现还有义天开创的天台宗。义天是文宗王
之子，幼时出家受学华严，后到中国求学，回国后建立了天台宗，弘
传天台教观。他还在高丽建立了仿中国建制的国清寺，在各地开设了
六大本山，一时学者辐辏，众徒云集。天台宗自义天之后，在高丽一
直兴盛。

　　佛教在高丽产生了巨大的影响，但同时也给社会带来了一些弊
病。大兴寺塔和名目众多的佛事活动势必耗费国库的大量钱财，加重
了人民的负担。同时又刺激了一些人为逃避劳役和摆脱现实诸种苦
难而纷纷遁入空门，僧伽虽然壮大可观，但僧人的素质却未能相应提
高，佛教徒的成分十分混杂，参差不齐。片面追求禳灾祈福成为佛教
界的日常主要活动。因之社会上抨击佛教的呼声日益高涨，佛教成为
众矢之的。

四

　　14世纪末高丽武臣李成桂拥兵自重，废黜高丽恭让王，建立了
朝鲜王朝。太祖李成桂曾受到高丽王朝崇佛的影响，对佛教采取了扶
植的政策，生前曾封僧人为王师，在宫中斋僧，举办法事，雕刻经板，
兴建佛寺。但是由于佛教在社会上曾有一些不良影响，排佛的呼声仍
然不断，太祖崇佛的措施并未能挽救佛教下颓的趋势。到太宗继位
后，朝廷实行了尊儒仰佛的措施，淘汰僧侣，限制寺院奴婢的数量，
削减寺刹总数。以后多数帝王都遵循了太宗的抑佛政策，如世宗废除

僧录司制度，将诸宗并为禅教两宗，文宗禁止百姓出家，僧尼不得进入都城等。其间虽有个别帝王或太妃有兴佛之举，但没能挽救佛教的下滑趋势。

由于受到了政府的打击，在佛教界内部很多教团处于一盘散沙的状态，诸山各自分立，仅依靠师资脉脉相承的制度得以保存下来。僧侣因不得进入都城，只能在山林中栖隐，影响十分有限，韩国的佛教学者将这一时期的佛教概括为"山僧时代的佛教"。其间，虽然有一些高僧做过复兴佛教的种种活动，产生了一定的影响，但主要限制在民间范围。佛教界为了生存和发展，一方面向朝廷呼吁放宽政策，另一方面进行自我调整，振作僧侣纪纲，创立僧风纠察机构，力图以新的形象出现在世人面前。佛教的教学也转向禅教结合、儒释融汇的道路，禅宗成为当时佛教最有势力的集团之一。总的说来这一时期的朝鲜佛教虽然已不可能和百济、新罗、高丽等期的佛教盛世相比，但是它在民间仍然有着广泛的影响，中央政权尽管对它采取了严格的控制和限制政策，然而各地的地方政权在执行这一政策时并没有认真地贯彻，于是造成了佛教在京城影响不大，在地方和民间仍有潜在的力量。

朝鲜王朝时期正值日本大举入侵之际，佛教僧侣在反对侵略者的斗争中做出了重要的贡献。僧人灵圭曾组织义僧军，拿起简陋的竹枪、镰刀率兵勤王，打退了重围的倭寇。灵圭率八百僧家弟子在与倭寇的战斗中，表现十分勇敢，最后全部以身殉国，谱写了一曲佛教僧人爱国抗争、反对外侵的赞歌，受到了人们的敬仰。这一时期参加反对倭寇的佛教义僧达五千人，73 岁的西山大师为僧军的首领，他们挽救了国家。由于佛教僧侣在抗倭救国斗争表现非凡，改变了朝廷和世人对佛教的看法，在朝鲜王朝末期，佛教有所恢复。

1897 年朝鲜改国号为大韩帝国，韩国的佛教再度复兴。光武元年（公元 1897 年）朝廷正式解除禁止僧侣入城的禁令，设置了管理佛教的专门机构——管理署，随后发布《国内寺刹现行细则》三十六条，规定了佛教的义务、僧阶的认定、僧衣的颜色、寺刹的等级、僧官的职责等等。韩国的佛教在政府的管理下，以汉城的元兴寺作为总宗所，在各道内设首寺一个，佛教以元兴寺为中心再次发展起来。1904 年管理署被撤销，佛教归地方当局管辖。两年后僧侣们又成立了佛教研究会、圆宗宗务院等团体。

五

1910 年韩国被日本正式吞并。翌年日本总督重新颁布寺刹令，将朝鲜佛教分为三十个本山或教区，规定寺刹的变更、合并等须经总督的认可。寺刹的土地、森林、佛像、文物、字画等要得到总督的许可，才可以处理。管理寺庙的住持等人也要经朝鲜总督的批准，总之朝鲜的佛教完全被日本当局所控制。殖民地的朝鲜佛教为了争取自立，始终存在着反对日本利用佛教殖民的活动。1910 年朝鲜僧人为了反对日本曹洞宗对圆宗的控制和结盟，组成了否定圆宗的运动，倡议成立朝鲜的临济宗组织。1922 年一些朝鲜僧人为了护教自救，在觉皇寺设立朝鲜佛教禅教两宗中央教务院。1925 年又成立了朝鲜佛教中央教务院。越三年召开朝鲜佛教禅教二宗僧侣大会。1941 年朝鲜僧伽以太古寺为总本山，定名为统一的曹溪宗，全国僧侣在曹溪宗的旗帜下希望走上统一的道路。

与此同时，朝鲜的佛教教育也有了新的起色。佛教界曾创办了不少佛教学校、佛教私塾和杂志报纸等，致力于培养佛教人才，扩大佛教影响。另外，一些与佛教有关的新兴宗教组织也相继推出，比较重要的有圆佛教、龙华宗、弥勒宗等。有的新兴宗教还受到日本殖民政府的镇压，被迫解散。

六

1945年日本投降，韩国获得解放。不久全国分为二部分，北方是朝鲜民主主义人民共和国，南方是大韩民国。朝鲜的佛教界曾于1945年成立了佛教徒联盟中央委员会，宪法规定人民有宗教信仰的自由。近年来朝鲜的佛教活动有所加强，1986年佛教徒联盟加入了世界佛教徒联谊会组织。

韩国的佛教在战后发展比较迅速。1945年10月召开了全国僧侣大会，废除了殖民地时期的寺刹令和有关佛教法令，重新制订了新的佛教法，成立了"韩国佛教总务院"。政府实行政教分离的政策，保护信仰自由。1954年成立"韩国佛教信徒会"和"曹溪宗全国信徒会"。以后又成立了"韩国佛教青年组织""全韩国青年会"等。过去韩国佛教因受日本佛教某些派别的影响，有的教派仿照日本某些教派的做法，允许僧人娶妻食肉。独立后，曹溪宗内部一些人要求将此派僧人逐出教团，不承认他们的出家人身份。两派斗争了七八年，最后双方各自成立了总务院。1970年蓄发带妻一派正式从曹溪宗分出，成立了太古宗。韩国的佛教不仅在民间拥有广泛影响，还渗透到军队里面。1968年军内增设军人僧侣，军僧和士兵组成了法友会佛教徒组织。1976年政府把佛诞定为国家节日，保护佛教界的活动。1979年韩国影视界拍摄了高丽藏雕板的故事《八万大藏经》电影，评论家认为这是"（韩国）电影史上的最大杰作"。现在韩国的佛教十分盛行，有全国性的"韩国佛教宗团协议会"。佛教宗派有：曹溪宗、太古宗、真觉宗、佛入宗、元晓宗、普门宗、华严宗、总和宗、一乘宗、天台宗、真言宗、净土宗、大乘宗、法华宗、法相宗、法轮宗、圆融宗、本院宗、三论宗、曹洞宗、弥勒宗、弥陀宗、如来宗、涅槃宗、教宗、念佛宗、观音宗等。在教理上，有所革新或融合各家教义。韩国的佛教大学有曹溪宗的东国大学、圆佛教的圆光大学等。佛教在韩国人民的生活中有重要的影响，据有关统计，信仰佛教的韩国人占全国总人口的35%以上，是全国宗教徒的50%,达一千三百余万人。

七

　　韩国的佛教自传入至今已有一千五百余年的历史，佛教早已成为韩国的传统宗教文化的组成部分之一。佛教对韩国传统文化的发展起到过巨大的作用，在韩国宗教史上有着不可磨灭的贡献。韩国的佛教是自中国传入的，从历史上看，到韩国被日本吞并以前为止的一千余年里，韩国佛教在其总的发展势态上都受到了中国佛教的影响。中国隋唐鼎盛期的佛教促成了新罗佛教的广泛流行。宋明佛教的教禅合一、儒释道三者的合流，使高丽、朝鲜佛教出现了各教会通的情况。以后禅宗在中国成为佛教主流，在韩国也出现同样的情况。韩国佛教史上的盛衰消长，往往取决于一定的社会经济条件，特别是统治阶级的干预结果，这一点在中国佛教史上亦是如此，说明在东亚专制封建国家，佛教的发展与统治政权的态度有着密切的关系。

　　中国佛教对韩国的宗教文化产生了深远影响，但是我们也应看到这种宗教文化交流是双向的运动，韩国的佛教同样对中国的佛教也产生过影响。新罗僧元晓所著的《华严经疏》与《大乘起信论疏》(海东疏）在传入中国后，对中国华严宗实际创始人法藏产生过强烈影响，法藏在其所著的《起信论义记》中一再援引元晓的疏解作为自己立论的依据。另外，元晓的注疏也深刻影响了华严宗四祖澄观所作的《华严经疏》。元晓所著的"二障义"与法藏在《华严五教章》中所述的"断惑义"、元晓倡导的"空有会通"与法藏宣传的"空有交彻"思想都是前后一贯，如出一辙。另一位新罗僧圆测是中国唯识学派别之一的"西明派"理论奠基人。他会通新、旧唯识的思想虽然在中国汉地影响不大，但在韩国落根后，迅速传播至日本，并反过来传至中国藏地，对昙旷和宗喀巴都有影响。新罗僧顺璟来唐，直接从玄奘学习因明，传得玄奘"真唯识量"，复立"决定相违不定量"，窥基闻而感叹说："新罗顺璟法师者，声振唐蕃，学包大小……海外时称独步，于此量作决定相违。"新罗僧太贤弘传玄奘唯识学，其著书也流入中国。新罗僧地藏渡海来华，在九华山示寂，时人尊之地藏菩萨示现，九华山遂成为地藏道场，列为中国四大名山之一。五代时中国天台宗典籍散佚，四明沙门子麟前往高丽搜求甚丰。吴越王钱俶专门派遣使节到高丽索取教典。高丽僧义通来中国天台，学得天台宗旨要，弘扬教观二十余年，被奉为天台十六祖，发展了中国天台宗教学。元世祖欲刻写藏经，延请善于书写金字经典的高丽写经僧一百人至元都写经。韩国僧人对中国佛教的发展也有重要的影响和不可磨灭的功绩。

过去一些中国和日本出版的韩国佛教书籍中，曾有人认为韩国的佛教宗派是中国佛教宗派的"延长"或"移植"。这种说法是与历史事实不符的。韩国的佛教虽然取自于中国，但它在当时的历史条件下，适应了韩国社会斗争的需要，因之有着独特的传统与特质。例如陈末隋初来华求法的高僧圆光回国后大肆宣传佛教的"三归五戒"。他把佛教的世俗五戒解释为："一曰事君以忠；二曰事亲以孝；三曰交友有信；四曰临战无退；五曰杀生有择。"这种解释是和中国、印度佛教一贯主张的"不杀""无害"精神相对立的，这明显地是要为新罗诸王统一高句丽和百济的军事行动辩护，为国民树立一个道德伦理的标准。又如被称为"八宗之祖"的元晓，在其所撰的大量注释中充分表露了朝鲜半岛佛教的特点。他提倡"归一心源说"，力图调和"百家之异争"，从和诤论的立场出发，不单对朝鲜的宗派和学说，而且也对中国的各种佛教理论进行了科判，讥笑中国天台宗大师智顗的"五时八教"是"以螺酌海，用管窥天"，而元晓的佛学思想也受到中国华严宗正统派的批判，静法苑公把他的疏解视作"毒树生庭，不可不伐"。但是元晓对现实问题所作的宗教解释，他的超越一切的论证方式、相对的认识理论、会通圆融的立场、象征主义的仪式，对后世朝鲜半岛的佛教发展一直有着极为重要的影响。这些说明了这样一个事实，即外来的宗教和文化要在异国落根，必须要和当地的现实社会情况和历史传统相结合，否则将不能得到立足发展。

朝鲜半岛的佛教属于北传大乘佛教文化圈中的一环，在这个文化圈中的另外几个国家是中国、日本和越南。朝鲜半岛的佛教不仅对中国佛教有过影响，对日本的佛教也发生过重要的影响。在古代交通工具不发达的情况下，许多日本僧人往往取道朝鲜半岛，经中国东北地区到内地学习佛教，也有新罗、高丽僧人到日本弘法，推动了日本佛教的发展。所以，在中、日、韩三国组成的东亚佛教文化圈中，韩国的佛教既处于中介的地位，是中国佛教向外传播的中转站和集散地，又是会通中日佛教的结合点。今天我们再来研究朝鲜半岛佛教时，应该充分正视这一史实，看到它曾在历史上起过的重要作用。

八

《韩国禅教史》是日本近代著名佛教学者忽滑谷快天晚年撰写的一部佛教著作。忽滑谷快天于1867年出生于东京。1884年入曹洞宗大学（现名驹泽大学）学习。1887年毕业后受法于善长寺住持忽滑谷亮童。1888年就学于东京第一高等学校。1891年入庆应义塾大学。1893年毕业，获文学博士。以后在曹洞宗高等学校、曹洞宗大学、庆应义塾大学、同志社等处任教。1991年受曹洞宗当局的委托，赴欧美等地考察，做学术研究。1925年曹洞宗大学改名驹泽大学，忽滑谷快天出任校长。他自幼受曹洞宗的传统教育，通晓汉语和英语，一生着重于禅的研究，曾用日文和英文撰写了不少佛教著作：有《禅学新论》《禅学批判论》《禅学讲话》《禅之妙用》《参禅道话》《达磨和阳明》《清新禅话》《和汉名士参禅集》《乐天生活之妙味》《禅家龟鉴讲话》《养气炼心之实验》《禅的理想和人生的曙光》《信仰和民力》《禅学提纲》《禅的信仰》《普劝坐禅仪讲话》《禅学思想史》等。1934年逝世。

忽滑谷快天在日本佛学研究中属于旧时期的代表人物之一。他的研究方法表现了日本学术界的特点，即以搜集丰富资料和细致校勘整理为特长。他的著作一直被治佛教的学者学习、引用，现在许多中国出版的禅学著作中所列的参考书目里都列有他的代表作之一《禅学思想史》。不少中国读者常常知道铃木大拙、弗洛姆等外国的禅学大师，实际上他们的著作也都参考或引用了忽滑谷快天的著作，就此而言，忽滑骨快天在学术界的地位是不可忽视的。

《韩国禅教史》于1930年出版。全书32万余字，共四编。中心内容是叙述禅宗和教宗两家在朝鲜半岛的演变和发展过程。纵观全书，有以下几个特点：

一、资料丰富。本书主要以资料性见长，作者搜罗了当时所能见到的各种材料，有原始的佛教资料、碑刻铭文、学者的研究成果等，其中有相当一部分是用汉文撰写的佛教资料，包括中国的史书。

二、历史时限长。全书讲述佛教在朝鲜半岛的传入和发展，始于从佛教传入的高句丽一直到日本侵入韩国、吞并韩国时为止，上下时限共一千五百余年，是一本通史性的著作。

三、重点突出，脉络清楚。此书以历史为经，人物为纬，突出各个不同时期的佛教事件和重点人物。每一编之后都有一个简单的内容提要，揭示本编的主题。书前的总目录详列了各节的重点，便于读者阅读、查找和引用。

四、内容广泛。本书虽以讲述朝鲜半岛禅宗的历史为主，但也涉及了其他佛教的情况，对教宗的情况也多有述及，因此，它实为一本韩国佛教史的专著。并且侧重地介绍了朝鲜半岛历代帝王与佛教的关系，对重要的佛学著作也辟有专节，加以评说。对日本侵略朝鲜的史实，没有回避，比较客观地做了介绍，公开宣称这是一种侵略行为，对在抗倭斗争中朝鲜僧侣爱国斗争的英勇事迹，给予肯定和赞扬。此外，对朝鲜儒、释、道三教的关系亦有涉及。

作者在介绍禅教时，对重要的事件和人物都发表了自己的见解，有的还做了缜密的考证，具有一定的意义。但是此书也有不足之处。主要表现在作者的评判标准方面。由于作者是佛教禅宗门人，他执囿于用传统的判教方式来评定各派的是非得失，凡是符合禅宗本意的即加肯定，不合的则加以拒斥。对有关历史事件，也是站在佛教的立场上加以阐述。这样，使读者不能对朝鲜半岛佛教的发展有全面的了解，抹杀了朝鲜佛教自身发展中所形成的民族化和地方化的特征，这是我们在阅读本书时所应注意的地方。

本书的译者是我国当代著名的历史学家、哲学家和东方学家朱谦之先生。朱先生字情牵，福建省福州人。1899年出生于一个医生家庭。毕业于北京大学哲学系。曾留学日本研究哲学、宗教。先后担任过厦门大学讲师，中山大学、北京大学教授，中国社会科学院世界宗教研究所研究员等职，1972年辞世。朱先生研究范围极广，涉及多个领域，一生著述等身，据不完全统计，有专著42部，译著2部，论文百余篇留世。

朱谦之先生早年曾接触过佛教，有深厚的佛学功底。他通晓英、法、德、日等多国文字，善于尽快吸收和消化国外的研究成果，步趋世界学术研究的潮流和开拓国内研究的新领域。在60年代世界佛学界掀起研究和宣传禅宗的热潮时，朱先生以敏锐的眼光注意到了这个热点，开始着手翻译有关禅宗的书籍，他先后翻译了忽滑谷快天的《禅学思想史》中国部分和《朝鲜禅教史》二书（中文版名为《中国禅学思想史》和《韩国禅教史》）。前者已由上海古籍出版社于1994年出版（《中国禅学思想史》）。朱先生在他的自传《七十自述》中曾谈到他翻译这些书的目的："在这期间（指在世界宗教研究所工作期间）我开始特别注意中国禅学。当我知道由中国传到朝鲜和日本，而现在欧洲、美洲居然风靡一时之中国禅宗……因此我着手翻译了忽滑谷快天所著的《禅学思想史》和《朝鲜禅教史》二书。"过去我们认为朱先生翻译禅宗书籍除了他对佛教的爱好和学术兴趣外，也和他要想总结自己一生思想历程有关。现在看来并非如此。在本书的底稿首页上，朱先生曾写有如下一段按语："本书译出仅供个人将来写《禅学史》时参考之用。以本书所搜集资料，均为汉文中难见之书，可借此窥见朝鲜佛教史之一斑。"从中可以说明，朱先生之所以要翻译禅宗著作，其目的是要为写《禅学史》作准备，但是他的心愿终未能实现，在他离开人间时，只留下了这二本禅学译著。

60 年代正是中国大地极左思潮泛滥时期，有关宗教的书籍根本不可能出版。朱先生潜心翻译，倾注了全部精力，这在当时学术界是难能可贵的。朱先生的翻译十分严谨，原书中许多错误的地方，朱先生都加以考订并改正。此书的翻译速度也使人惊奇，原稿上所标示的时间，从 1965 年 8 月 7 日到 10 月 4 日近两个月的时间，全书就译毕，平均每天至少 5000 字。朱先生译著的质量是十分可靠的：一方面他对佛教有精深的研究，另一方面他本人又在日本留过学，对日文有很高的修养，没有语言障碍。《中国禅学思想史》在出版过程中，出版社曾委托有高级校对职称的专业人员进行校对，看完清样的编辑曾提出此书是不是译稿的疑问，因为整个书中看不到翻译的痕迹。这次本书在正式出版前，我们又根据原著做了校对，发现完全是忠于原著的。

本书是朱先生尚未出版的一部手稿。从 1965 年译出后到现在已近三十年的时间。我们曾经联系了一些出版社，终因经济效益等问题而被搁置。现在中国和韩国建立了外交关系，中韩两国的文化交流正在蓬勃开展，也给此书的正式出版提供了机会。中国社会科学院汝信同志，世界宗教研究所戴康生、张新鹰、曹中建、何劲松、亚洲太平洋研究所苏军，中国社会科学出版社宋立道、黄燕生、北京图书馆吕小燕、黎明以及中国佛教文化研究所吴立民等同志和台湾中央研究院民族学研究所卢蕙馨等人都对本书的出版提供了不少帮助。宗教所黄夏年同志重新整理了译稿全文，根据原著，重新作了校订。由于朱先生的翻译只为他写作禅宗史积累资料而不拟公开发表的，因此在校订中翻阅了不少所引的原著、译著，付出大量的辛勤劳动。另外，他还为本书的出版做了具体的组织工作。此书能够出版，如果没有上面提到的几位同志的协助是不可能的，在此谨代表朱先生和夫人何绛云女士向所有帮助此书出版的人士表示诚挚的谢意。

1993 年 9 月于北京车公庄

目　　录

第四编　禅教衰颓之时代

第一编

教学传来之时代

概　说

　　古朝鲜时，人智草昧，文化未开，从而无教法可见，至三国鼎立之代，始有佛法传来。秦王苻坚赠高句丽佛像经卷，是海东佛教之起源，相当于小兽林王二年（公元372年，仁德天皇六十年）。其后经十二年，印度沙门摩罗难陀入百济，更阅百四十四年，而新罗佛教勃兴，东渐之势，固当然也。高句丽及百济佛教一时振其教纲，而虽国运之衰颓也，至于法运之否塞，而开拓半岛并日本之心田，为禅苗繁茂之素地，效甚大也。三国一统之后，新罗佛教有旭日升天之势，僧徒之入中国渡天竺求法者多，佛教艺术也达其顶点。元晓、义湘同时出世，前者于经教之疏释独步古今，后者为华严一乘之鼻祖。加之，如慧超之跋涉五天，仿义净、玄奘之胜躅，憬兴、太贤之二大学僧撰述最多，于是华严、天台、法相、三论乃至律、念佛、密教悉数传来，新罗之教学蔚然而兴。从高句丽小兽林王二年至新罗景德王二十三年（公元764年，淳仁天皇天平宝字八年）约三百九十三年，是名教学传来之代。

第一章　古朝鲜

旧传云，帝尧时，檀君王朝鲜。上古鸿荒之代，文献无可征，不足信。周武王封箕子于朝鲜，始有君王，其后秦始皇帝统一寰宇，降称箕子之后裔箕否，服属之。及汉兴，否之子准，为燕人卫满所逐，箕氏灭满，代之有其地。汉武帝灭满之孙右渠，分朝鲜为四郡，是帝之元封三年（公元前108年，开化天皇五十年）也。

第一节　朝鲜之名称

关于朝鲜之名称，《山海经·海内经》有"东海之北，北海之隅，有国曰朝鲜"。同书《海内北经》云："朝鲜在列阳……列阳属燕。"征之扬子《方言》云，燕之东北朝鲜，洌水之间，可知朝鲜之名称其由来极古。《史记》卷三十八索隐，朝鲜音潮仙，地因水为名。同书卷百十五，"张晏曰朝鲜有温水、洌水、汕水，三水合为洌水，疑乐浪朝鲜取名于此也"。盖因河水得名者。《山海经·海外东经》记：

> 君子国在其（大人国）北，衣冠带剑，食兽使二大虎在旁，其人好让、不争，有薰（或作堇）华草，朝生夕死……青邱国在其北。

是虽非指朝鲜，而由之朝鲜有槿域、青丘之异名。所谓洌水，据现存《粘蝉县碑》(县属汉乐浪郡，碑在平安南道龙冈郡海云面龙井里)所在推测，其为大同江欤，通汉、魏、晋，其呼大同江为列水者欤。《增补文献备考》卷十三云，鲜，明也，地在东表，日先明，故名。然则与日本有同一文义。据《大韩疆域考》卷一，朝鲜名称初附于平壤，至后而成国名。

第二节　古今关于檀君之传说

高丽一然撰《三国遗事》卷一云：

> 《魏书》云，乃往二千载，有檀君王俭，立都阿斯达(《经》云无弃山，亦云白岳云云)，开国号朝鲜，与高(尧)同时。

检《魏书》无如是记事。又《三国遗事》所引《史记》，以檀君为帝释天之裔，荒诞不经，不足信，然檀君之存在久为朝鲜人所信。然而《增补文献备考》卷四十一云，檀君讳王俭。《古记》云，东方初无君长，只有九种夷，有神人降于太白山(平安北道妙香山)神檀树下，唐尧二十五年戊辰立为王，国号朝鲜，都平壤。后徙白岳(世号唐藏京)，商武丁乙未时入阿斯达山(黄海道文化县九月山)为神，在位一千四十八年云云。

又《燃藜室记述别集》卷十九云：

> 檀君讳王俭。旧史《檀君纪》云，有神人降太白山(今宁边妙香山)檀木下，国人立为君，时唐尧戊辰岁也。至商武丁八年

乙未入阿斯达山（今黄海道文化县九月山也。一说阿斯者方言九也，达者方言月也，阿斯达即九月之方言）为神。

是皆不过同一传说之反复，无一可视为史实。妙香山古名太白山，生香木，故名妙香，今犹产檀木，又有称檀君降下之石崛者也，普贤菩萨现相之灵场，号普贤寺，现存金富轼所撰寺碑。

白岳为跨黄海道信川、安岳、殷栗三郡之巨峰，称为檀君移居处，有檀君台。山中有贝叶寺、月精寺等，贝叶寺一名寒山寺，传为唐僧贝叶大师之开创也。

据在京城之小田省吾氏之说：

檀君是朝鲜语タルニム之讹，意味为山君、山主、山神。本妙香山（平安北道宁边府东）神之缘起，因之以檀君为帝释天之子，乃基于新罗以来传说，谓此山为帝释天之住处，且平壤有仙人王俭之宅的传说，故无它混合附会二传，为平壤开辟之缘起耳。

第三节　箕子

《史记》卷三十八云：

纣既立不明，淫乱于政，微子数谏，纣不听……箕子（马融曰：箕，国名也，子，爵也），纣亲戚也……纣为淫佚，箕子谏不听……乃被发佯狂而为奴……周武王伐纣克殷……于是武王乃封箕子于朝鲜而不臣也。

同书卷三十二云：

> 纣杀王子比干，囚箕子，武王将伐纣……封比干墓，释箕子囚。

《竹书纪年》记，纣五十一年，封囚箕子。武王十六年，箕子来朝。然则箕子谏纣之淫虐被囚，周武王灭殷，释放之封于朝鲜也。伏生《书大传》，武王释箕子之囚，箕子走朝鲜，武王闻之，因以朝鲜封之。《汉书·地理志》亦云，箕子去之朝鲜。《东史纲目》第一上进一步云，箕子姓子氏，讳胥余（柳文《箕子庙碑》注名须曳），以殷宗室封于箕，号箕子。周武王己卯（公元前 1122 年，日本神代）避周率五千人入朝鲜，其诗、书、礼、乐、医、巫、阴阳、卜筮之流，百工技艺皆往从，武王因而封之，国号亦称朝鲜，都平壤，施八条之教，教民田蚕。成王戊午（公元前 1083 年，日本神代）薨，在位四十年，寿九十三。

又《燃藜室记述别集》卷十九，引天运绍统同一之说，然为后人臆测，史实非有如是之详也。

第四节　箕否与箕准

《魏志》卷三十所引《魏略》云，秦（始皇）使蒙恬筑长城到辽东，时朝鲜王否（箕否）惧秦袭之，略取令服属于秦（《东史纲目》云秦始皇二十六年庚辰）。寻否死，其子准立。二十余年而陈胜、项羽起义，天下乱，燕、齐、赵之民愁苦逃亡往准，准乃置之四方（《东史纲目》云，秦二世元年壬辰）。按，秦始皇筑长城在其三十三年丁亥，陈胜、项羽之起义在二世元年壬辰，其间六年耳，《魏略》云二十余年，非也。又《增补文献备考》卷四十一，箕子之后其四十世孙，有箕否者，服属于秦。至汉，否之子准为燕王卢绾之臣卫满所逐。据《东史纲目》第一上，时汉惠帝二年（公元前193年，孝元天皇二十二年）也。

《海东绎史》云：

> 按自周武王元年己卯箕子受封，至汉惠帝元年丁未候准南奔，凡四十一世九百二十九年。准既南奔，攻马韩破之，自立为马韩王，都于金马郡。（《海东绎史》卷二，第61页）

然如箕子传世不过后人之臆断，且箕子以后至箕否大约九百年间无何等记事，突如有箕否现于史上，诚可怪也。故白鸟氏《满洲地理历史》中推断箕子之称为朝鲜国始祖，乃战国时代据朝鲜半岛之否（称箕子后裔）之祖先，为自高其自家之门阀，借来箕子以供其作为装饰系谱之用。

《东史纲目》有下图：

檀君、箕子传世之图

朝鲜	檀君	唐尧戊辰起传世史阙，商武丁甲午亡	历年一千一十七年	后一百九十六年而箕子东封
后朝鲜	箕子	周武王己卯东封，传世史阙	四十世孙否 ————————	子箕准
为卫满所逐，南奔为马韩王，即汉惠戊申也		历年九百三十年 ————————		马韩 武康王
即箕准，传世史阙，新奔己巳，亡入百济		历年二百二年	并箕子传祚为一千一百三十一年	
附 卫氏朝鲜	卫满	汉惠戊申逐箕准僭号传世阙	孙右渠	汉武癸酉亡入汉 历年八十六年

第五节　卫满

《史记》卷百十五《朝鲜列传》并《前汉书》卷九十五《朝鲜传》略云，战国之时，燕人掠取朝鲜，秦始皇灭燕，令朝鲜属于辽东外徼。及汉之兴，以浿水（鸭绿江也，或曰平化北道清川江也）为界，令属燕（《东史纲目》云，汉高帝己亥）。燕人卢绾（汉异姓七国王之一）反入匈奴时（《东史纲目》云，汉高帝丙午），有燕人卫满者，亡命聚党，渡浿水，居秦之故地（逐朝鲜王箕准）自称王，都王俭（平壤，《东史纲目》云，汉惠帝戊申）。适孝惠帝时，天下始定，以满为外臣，满死传子，其子死立孙右渠。元封二年（公元前109年，开皇天皇四十九年），汉武帝遣涉何诱降右渠，右渠不奉诏，却发兵袭杀何，于是汉兵攻朝鲜。元封三年（公元前108年，开化天皇五十年），韩人杀右渠降，乃定朝鲜为四郡，真番、临屯，乐浪、玄菟是也。

《史记》柯维骐注云：

> 战国时，朝鲜准（箕准）僭称王，属于燕。其后燕人卫满破王准，有其地。至汉武，遂拔朝鲜，内属。

《增补文献备考》卷四十一评说之云，卫满燕人，因卢绾之故，亡命东渡浿水。汉惠帝元年丁未（《东史纲目》云，惠帝二年），诱朝鲜王箕准，逐而自立为王，国号亦称朝鲜，都平壤，传子至孙右渠。武帝元封三年，为汉所灭，三世共八十七年也。果则箕子之后裔称否，当秦始皇一统天下时（始皇二十六年庚辰）服属于秦，否之子准僭称王。后至西汉惠帝二年（公元前193年，孝元天皇二十二年），为燕人卫满所逐，箕氏灭。卫满都平壤为王，其孙右渠，以西汉武帝元封二年（公元前108年，开化天皇五十年）灭，卫氏三世八十六年也。

箕准为卫满所逐，南奔造金马郡都之，称马韩。《东史纲目》第一云：

> 王（准）南奔，攻马韩破之，自立为韩王，是为武康王。

又云：

> 今益山五金寺峰西，有双陵。《高丽史》云，后朝鲜武康王及妃陵也。（《东史纲目》，第112页）

所谓金马郡，云即今之全罗北道益山郡，尚未实证，据旧名而已。

第二章　三韩与三国之鼎立

汉以后，半岛之南部有三韩之称，所谓马韩、辰韩、弁韩是也。马韩者百济，辰韩者新罗，弁韩者任那，加之高句丽之勃兴，与百济、新罗鼎立，出现三国争衡之时代

第一节　三韩

前章所说之古朝鲜，大率为汉江以北之地，三韩者，汉江以南之地也。就三韩配于三国，崔致远《上大师侍中状》谓："东海外有三国，其名马韩、卞韩、辰韩。马韩则高句丽，卞韩则百济，辰韩则新罗也。"是为最初之错误，其后将错就错，异说纷兴。

《后汉书》卷百十五云：

> 韩有三种，一曰马韩，二曰辰韩，三曰弁韩。马韩在西，有五十四国，其北与乐浪，南与倭接。辰韩在东，十有二国，其北与濊貊接。弁韩在辰韩之南，亦十有二国，其南亦与倭接，凡七十八国……方四千余里，东西以海为限，皆古之辰国也……辰韩耆老，自言秦之亡人，避苦役适韩国，马韩割东界地与之……或名之为秦韩……弁辰与辰韩杂居，城郭衣服皆同……初朝鲜王准，为卫满所破，乃将其余众数千人走入海，攻马韩破之，自立

为韩王。准后灭绝，马韩人复自立为辰王。

汉江之南古称辰国，后分为三郡，三韩是也。然则辰韩之名，非始于秦之亡人，马韩在西，辰韩在东，弁韩在辰韩之南。《汉书》未有弁韩之名，盖弁韩与辰韩杂居名弁辰也。故《魏志》卷三十记：

> 韩……有三种，一曰马韩，二曰辰韩，三曰弁韩……马韩在西……辰韩在马韩之东……弁辰亦十二国。

出弁韩与弁辰二名，合而为一。据《大韩疆域考》卷二，马韩是今京畿南道及忠清全罗之地，其都为益山郡。辰韩是今庆州地方（庆尚道东北道）。弁辰是金海、固城、巨济、咸安等沿海之地。同书又云，弁辰者，驾洛（任那）也，新罗时之驾洛国在今之金海。要之马韩是京畿道、忠清南道、忠清北道（除忠州以北）及全罗南山道，跨五十四国。辰韩是庆尚北道、江原道之一部（三涉以南），庆尚南道之一部（洛东江以东）共十二国。弁韩介在于马、辰二韩，从洛东江流域扩至蟾津江间，有十二国。

第二节　新罗之独立

箕准之后虽有马韩人统制三韩，而辰韩先立王独立。《三国遗事》卷一云：

> 辰韩之地，古有六村……前汉地节元年壬子（古本云建武元年，又云建元三年等，皆误）三月朔，六部祖……议曰："我辈上

无君……盖觉有德人为之君主，立邦设都乎？于是乘高南望，杨山下……有一紫卵……剖其卵得童男……身生光彩……因名赫居世王……是日……有鸡龙现，而左肋诞生童女……营官室于南山西麓，奉养二圣儿，男以卵生，卵如瓠，乡人以瓠为朴，故因姓朴……年至十三岁，以五凤元年甲子，男立为王，仍以女为后，国号徐罗伐，又徐伐（币原氏云，'伐'音ポル或ブル，聚落之义），或云斯罗、又斯卢。初王生于鸡井，故云鸡林国，以其鸡龙现也。"一说脱解王时，得金阏智，而鸡鸣于林中，乃改国号为鸡林，后世遂定新罗号。

《三国史记》卷一、《东史纲目》第一上等谓，新罗始祖，姓朴氏，讳赫居世，前汉孝宣帝五凤元年（公元前57年，崇神天皇四十一年）即位，以为辰韩君主。是为新罗朴氏王系之始祖，五凤元年，史家所拟定也。王于平帝元始四年甲子（公元4年，垂仁天皇三十三年）薨，在位六十一年，寿七十三。赫居世王即位之十九年，弁韩人以国来降。又越二十一年，筑京城（今庆州）谓名金城。又依《三国史记》卷一，赫居世之三十九年，倭之东北一千里有多婆那国，国王之妻，经妊娠七年产大卵，王以为不祥，收椟中浮海任其所往，漂流到阿珍浦口（庆州郡阳南面罗儿里），有一老母开椟得一小儿养之，及长，风神秀朗，才智拔群。初椟来时有鹊飞鸣随之，故以昔为氏，解椟而出，故称其名脱解。第二南解王之五年，闻脱解之贤，妻以王女，七年为大辅，委以政事，是为昔氏之始祖，似为日本人也。

第二南解王、第三儒理王皆朴氏，至第四昔脱解王代之。其后，朴、昔二氏以年长为王。至第十三味邹王而金氏代之。王，金阏智之后也。《三国史记》卷一云，新罗之第四昔脱解王九年（后汉明帝永平八年也，《三国遗事》卷一作永平三年）金城之西，始林树间有鸡鸣声，遣瓠公（宰臣之名）视之，有金色小椟挂于树枝，白鸡鸣其下，王令人开之，有小男儿在其中，姿容奇伟，王喜，收养之，及长，聪明多智，乃名阏智，以其出自金椟，以金为姓，改始林为鸡林，因以为国号。故第四解脱王时，以鸡林为国号。始林在今庆州邑东南约半里，位月城西。同书卷二又云，阏智养子脱解王，长为大辅，智生势汉，汉生阿道，道生首留，留生郁甫，甫生仇道，道生味邹，味邹立代朴氏为第十三代王，是为金氏有国之始，相当于魏陈留王奂之景元三年（公元262年，神后六十二年）。

据同书，第十五基临王十年，复国号新罗，即西晋怀帝永嘉元年也。而国名尚未确定，第二十二智证王之四年，群臣奏曰：

> 始祖已来，国名未定，或称斯罗，或称斯卢，或言新罗，臣等以为，新者，德业日新，罗者，纲罗四方之义，则其为国号宜矣。（《三国史记》卷四，第51页）

由是定名新罗，时梁武帝天监二年（公元503年，武烈天皇五年）也。

《东史纲目》作新罗三姓传世之图如下：

新罗三姓传世之图　起汉宣甲子，亡于后唐潞壬乙未，传世五十五年，王历年992年（自公元前57年至后935年）

朴氏十世、昔氏八世、金氏三十七世　　〇女主及篡逆者姓名用□附出

朴氏　一世 始祖 —[国号斯声]— 二世 南解 — 三世 儒理 — 五世 婆娑 — 六世 祇摩 — 七世 逸圣 — 八世 阿达罗

昔氏　四世 脱解 [九年乙丑改号鸡林仇邹] — 九世 伐休 — 太子 骨正 — 十一世 助贲 — 十四世 儒礼 — 十五世 基临

十二世 沾解

次子十世 伊买 奈解 — 乞叔

于老 十六世 讫解 昔氏止此

未仇

金氏　十三世 味邹 [金阏智－势汉－阿道－首留－郁甫－仇道]

大西智 十七世 奈勿

十九世 [讷祇] — 二十世 慈悲 — 二十一世 炤智

十八世 实圣 讷只弑 实习（奈勿孙）二十二世 智证 四年癸未定号新岁

二十三世 法兴 立宗 — 二十四世 真兴 — 太子铜轮 二十五世 真智 — 二十六世 真平 国饭 — 二十七世 [女主善德] — 二十八世 [女主真德]

龙春 二十九世 太宗 — 三十世 文武 — 混－东土 三十一世 神文 — 三十二世 孝昭 — 三十三世 圣德 — 三十四世 孝成

三十五世 景德 — 三十六世 惠恭 奈勿七世孙－法宣－义宽－魏文－孝让 宣德弑 三十七世 [宣德] — 三十八世 元圣 — 三十九世 昭圣 — 四十世 哀庄 宪德弑

四十一世 [宪德] — 四十二世 兴德 宪贞 启明 四十三世 僖康 — 四十七世 景文 — 四十八世 宪康 — 四十九世 定康

四十四世 神武 — 四十五世 文圣 — 四十六世 宪安

五十世 [女主真圣] — 五十一世 孝恭 — 五十二世 神德 — 五十三世 景明 — 五十四世 景哀 甄萱弑 朴氏止此

五十五世 敬顺 —— 金氏止此，亡入高丽

第三节　高句丽之建国

　　新罗之始祖赫居世，即位二十一年，高句丽始祖东明王立，是前汉元帝建昭二年（公元前37年，崇神天皇六十一年）也。据《三国史记》卷十三，东明王姓高，讳朱蒙，始养于扶余王（《海东绎史》卷四云，扶余国今奉天府开原县）解夫娄之嗣金蛙王，为诸王子所忌，逃至卒本扶余（沸流水上游之地，《海东绎史》卷六云，其地当在江界府废间延江北），见其土壤肥美，山河险固，结庐于沸流水（或云今修佳江，又名浑江，系鸭绿江支流）上居之，以高为氏，国号曰高句丽。时朱蒙年二十二，西汉元帝建昭二年也。

　　王充《论衡·吉验篇》云：

　　　　东明（朱蒙）善射，王（北夷王）恐夺其国也，欲杀之，东明奔，南至掩淲水……因都王夫余故，北夷有夫余国焉。

《魏书》《北史》《好大王碑》等之记事，大略似此。

　　东明王之诞生地，传为今平安北道宁边郡百岭面草里野岩附近。王在位十九年，汉成帝鸿嘉二年壬寅（公元前19年，垂仁天皇十一年）薨，寿四十，尊称为东明圣王。按，高句丽非以朱蒙始。前汉武帝以前，五部别有王，武帝元封四年灭朝鲜分置四郡时，以之为县，属玄菟郡，东明王因其地立国号。

　　东明王之子为琉璃王。王之三十三年，伐梁貊灭之。《大韩疆域考》卷四云，濊貊本北狄之种，在《尔雅疏》之北狄五类中。濊，地名，貊，种类。貊有九种，濊貊其一也。后世亦有梁貊、小水貊、句丽貊之别种。梁浍在高句丽县之东，距沸流水不远。《三国史记》卷十五云，琉璃王之子，大神武王五年，伐扶余，杀其王带素，所谓扶余是四扶余之一，《东史纲目》谓带素之国是也。同王十五年伐乐浪，至二十年平定之。乐浪今之平安、黄海二道之地，其郡治在平壤，本汉领辖，但土酋属春川独立，谓之乐浪国。

《三国史记》卷十五云，第六太祖王之四年，灭东沃沮，至是高句丽之境土，东达沧海，南至萨水（安州清川），由是强大也。

高句丽传世之图 起汉元甲申，亡于唐高宗戊辰，传世二十八王，历年705年（自公元前37至后668年）

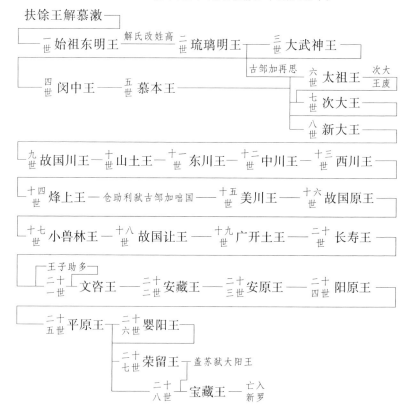

第四节 百济之建国

据《三国史记》卷二十三,百济之始祖温祚王,父邹牟,或云朱蒙。从北扶余避难至卒本扶余（或云盛京省兴京附近）。扶余王无子,唯有二女,知朱蒙为非常人,以第二女妻之。不久王薨,朱蒙嗣其位生二子,长曰沸流,次曰温祚（或云朱蒙到卒本娶越郡女生二子）,然朱蒙在北扶余所生之子类利（又云琉璃）来为太子,沸流、温祚怖难与十人之臣南行,沸流过汉山居弥邹忽（仁川地方）,温祚都于河南慰礼城,以十臣为辅翼,是前汉成帝鸿嘉三年（公元前18年,垂仁天皇十二年）也。《舆地志》曰,弥邹忽者,沸流所都,在今仁川府之南。《大韩疆域考》卷三,从《慰礼考》慰礼城在汉水之北,其故址在今汉阳城之东北。《南汉志》卷一亦载同一之说。王之十三年徙都汉水之南,即今广州古邑也。当时是谓河南慰礼城。

《笔苑杂记》云:

> 沸流、温祚,登儿岳山（今三角山）相可居之地,沸流都弥邹忽,温祚都慰礼城,后温祚移都南汉山城,即今广州,又移都北汉山城,即今汉阳。（《笔苑杂记》卷一,第249页）

《海东高僧传》卷一云:

> 《耆老记》云,高句丽始祖朱蒙娶高丽女,生二子,曰避流、恩祖,二人同志,南走至汉山开国,今广州是也。本以百家渡河,故名百济（未免为附会说）。

《三国史记》卷二十三云，温祚王十三年移都汉水之南，北有浿河，南有熊川，西穷大海，东极走壤（今春川界），盖要害之地也。

然最近史家以慰礼推定为京畿道广州之南汉山城，关于盖卤王，征以《日本书纪》之记事，断为似至文周王迁都，王在位四十六年，后汉光武帝建武四年戊子（公元28年，垂仁天皇五十七年）薨。

《东史纲目》所载之百济传世图如下：

百济传世之图 起汉成癸卯，亡于唐高癸亥，传世三十二主，历681年（自公元前18年至后663年）

扶余王解慕漱——夫娄——优台——（一世）始祖温祚王 解氏改姓扶余——（二世）多娄

（三世）已娄————（四世）盖娄————（五世）肖古————（六世）仇首

（七世）沙伴 古尔弑——（八世）古尔——（九世）责稽 貊人害——（十世）汾西 乐浪害

（十一世）比流——（十二世）契王

（十三世）近肖古——（十四世）近仇首——（十五世）枕流——（十六世）辰斯

（十七世）阿莘——（十八世）腆支——（十九世）久尔辛——（二十世）毗有——（二十一世）盖卤 勾丽害

支毗

（二十二世）文周——（二十三世）三斤——（二十四世）东城 苪加弑——（二十五世）武宁——（二十六世）圣王 新罗害

（二十七世）威德——（二十八世）惠王——（二十九世）法王——（三十世）武王——（三十一世）义慈

（三十二世）王丰——亡入新罗

第五节　佛教渡来以前朝鲜人之信仰

佛教渡来以前，朝鲜民族之信仰，虽不能知其详细大率，不难推想其为原始的多神教。《魏志》卷三十云：

> 夫余，在长城之北，去玄菟千里，南与高句丽，东与挹娄，西与鲜接，北有弱水，方可二千里（今东北吉林长春地方）……以殷正月祭天，国中大会，连日饮食歌舞，名曰迎鼓……有军事亦祭天，杀牛观蹄，以占吉凶，蹄解者为凶，合者为吉。（《魏志》卷三十，第3页）

可见，夫余族有祭天而祈其冥护，观牛蹄而卜吉凶之风。次就夫余之别种高句丽族，《魏志》所云如下：

> 高句丽在辽东之东千里，南与朝鲜濊貊，东与沃沮，北与夫余接，都于丸都之下，方可二千里（鸭绿江流域地方）……其俗节食，始治宫室，于所居之左右立大屋，祭鬼神，又祀灵星社稷……以十月祭天，国中大会，名曰东盟……其国东有大穴，名隧穴。十月国中大会，迎隧神，还于国东，上祭之，置木隧于神坐。（《魏志》卷三十，第4页右）

高句丽族天与鬼神祭，灵星、社稷、隧神祀，是其宗教也。复次就濊族，《魏志》云：

　　濊，南与辰韩，北与高句丽沃沮接，东穷大海，今朝鲜
之东，皆其地也（今江原道之地）……晓候星宿，豫知年岁丰
约……常用十月节祭天，昼夜饮酒歌舞，名之为舞天，又祭虎以
为神。（《魏志》卷三十，第5页）

　　候星宿而卜吉凶，祭天之外，又有礼拜虎之俗。《三国史记》卷
十三，有扶余王祭山川求嗣之记事。同书记为母后建神庙。同十四卷
建立东明王庙。同二十三卷记设大坛祭天地。

　　复次就朝鲜半岛之主要民族即韩族，《魏志》所记如下：

　　韩在带方之南，东西以海为限，南与倭接，方可四千里（汉
江以南之地）……常以五月下种讫，祭鬼神，群聚歌舞饮酒，昼
夜无休……十月农功毕亦复如之。信鬼神，国邑各立一人，主
祭天神，名之天君。又诸国各有别邑，名之为苏涂，立大木，县
（译者按，疑"悬"）铃鼓，事鬼神……其立苏涂之义，有似浮屠。
（《魏志》卷三十，第6页）

　　以上为记马韩之风俗者，皈依天神、鬼神，置祭主祭之，立大
木，悬铃鼓而事鬼神，其状有似佛塔者。《隋书》卷八十一叙辰韩之一
新罗风俗，云正月元旦拜日月神。以是《朝鲜佛教通史》著者李能和
以为，新罗国于东海之滨拜日月云。《三国遗事》卷一记新罗始祖赫
居世之诞生，身生光彩，鸟兽率舞，天地震动，日月清明，因名为赫
居世。注说明盖卿言也。或作弗矩内王，言光明理世也。李氏云弗矩
内朝鲜语ベールクーレ，即朝日红升之光景，新罗之姓是バク，即光
明，赫亦红日，居世者，理世也，上古之民，拜日月为自然之数，韩

族盖亦有此风。

中国民族之影响韩人亦不可轻视。箕准王时，秦室大乱，赵、燕、齐等汉族，避难入朝鲜者数万人。又燕人卫满，率千余人亡命来，汉人移住者益多。及汉武帝之代，帝灭朝鲜置四郡，以统治之。故行于汉人之间的阴阳、五行、图忏、术数、风水、卜筮、神仙等之信仰，流行半岛间，明矣。

《三国史记》"新罗第二主南解次次雄"之条云：

> 次次雄，或云慈充。金大问云，方言谓巫也，世人以巫事鬼神，尚祭祀，故畏敬之，遂称尊长者为慈充。(《三国史记》卷一，第17页)

由此可知有巫觋之势力。

第三章 海东佛教之起源

　　高句丽之第十七小兽王二年，秦王苻坚遣使者及僧顺道赠佛像经卷，是海东佛教之滥觞也。由是阅十三春秋，百济第十五枕流王即位之年，印度沙门摩罗难陀自晋来化，是为百济弘法之始。新罗从高句丽受佛教至第二十三法兴王十五年，始见三宝之兴隆。

第一节 高句丽并百济佛教之滥觞

　　从高句丽之始祖东明王即位至今已有409年，东晋简文帝咸安二年（公元372年，仁德天皇六十年），即第十七小兽王二年，秦王苻坚遣使者及僧顺道送佛像经文，是为佛法所通于海东之始。又王之四年阿道来，乃至五年创肖门寺，令顺道居之，创伊弗兰寺，令阿道住已。（《三国史记》卷十八，第253页；《东国通鉴》卷四，第107—108页）

　　以上为佛教渡来高句丽王朝之年月，由此以前传来之俗说虽多而不可信。然《高僧传》卷四《竺潜传》中，言及支遁道人与高丽道人书，赞称潜之高栖。道林东晋太和元年（公元366年，新罗奈勿王十一年）闰四月四日入寂，见同书。而太和元年是小兽王二年前七年，如高句丽人与道林之间有文书往复，由此可知民间当时已有信佛教者。

《海东高僧传》卷一云：

> 高句丽第十七解味留王（或云小兽林王）二年壬申夏六月，秦苻坚发使及浮屠顺道送佛像经文，于是君臣以会遇之礼，奉迎于省门投诚敬信……或说顺道从东晋来始传佛法，则秦晋莫辨何是何非……后四年神僧阿道至自魏（存古文），始创省门寺以置顺道。《古记》云以省门为寺今兴国寺是也，后讹写为肖门。又建伊弗兰寺以置阿道，《古记》云兴福寺是也，此海东佛教之始。

按，觉训著《海东高僧传》为高丽高宗王第二年乙亥（公元1515年，顺德天皇建保三年）事，观其序自明。训为觉月首座，高丽高宗王时人，与李奎报为友。

《补闲集》卷下云：

> 华严（大华严灵通寺）月首座，余事亦深于文章，有《草集》传士林，尝撰《海东高僧传》。

李仁老之《破闲集》云，华严月师少从仆游。又云，师为李公，称誉久之。

《东国李相国全集》卷十六云：

次韵文禅师哭觉月首座

世丧弥天释苑贤，我方闻讣倍凄然。

空余庐岳裁莲社，无复华亭载月船。

闻有诗评嗟未睹（师常著诗评不示予），

早修僧传仅终篇（师曾修《高僧传》）。

法门梁栋今颓折，后学凭谁讨十玄。

（《东国李相国集》上，第240页）

训所撰《海东高僧传》佚而不传。往年李晦光氏于星州某寺发现其残篇一册（二卷），收入《大日本佛教全书》者是也。觉训之学识才干似卓绝当时，惜哉！《海东高僧传》序中立奇异之说，云释尊年三十逾城出家，遂坐树成道，七十九入灭。秦始皇帝三十四年焚烧典籍，育王（阿育王）宝塔由是隐亡。后汉永平十二年，摩腾、竺法兰来仪汉庭，所云如是。残缺本二卷中之记事，亦讹不等。

《三国遗事》云，《僧传》（按，《海东高僧传》）谓顺道、阿道从魏来者误也，实至自前秦。又云肖门寺是今之兴国寺，伊弗兰寺今之兴福寺亦误也。句丽之都在安市城，一名安丁息，位辽水之北。辽水者，鸭绿江也，今曰安民江，岂松京（开城）之兴国寺哉？（《三国遗事》卷三，第304页左）

《高丽传》卷十云，释昙始，关中人，晋太元末年（公元396年，仁德天皇八十四年）赍经律数十部，往辽东宣化，盖高句丽闻道之始也。

又唐僧神清亦云：

晋昙始，孝武末（东晋也，帝临位深奉佛，符坚兵至，谢玄破也）适辽东，高丽开导始也。（《北山录》卷三，第11页右）

然此事乃顺道来仪之后二十五年也。

小兽林王以佛教渡来之年，始立大学，寻至五年，百济之近肖古王（三十年）初置博士。《东史纲目》云：

> 百济开国以来，未有文字，至是，始有书记，以高兴为博士，济俗爱坟史，解属文，能吏事，又知医药，著龟相，法阴阳五行之术。（《东史纲目》卷一，第 234 页）

由此可见中国文化东渐之势。

次就百济佛教。《三国遗事》卷三云：

> 《百济本纪》云，第十五（《僧传》云十四误）枕流王即位甲申（东晋孝武帝太元九年，公元 384 年，仁德天皇七十二年），胡僧摩罗难陀至自晋，迎置宫中礼敬。明年乙酉，创佛寺于新都汉山州（杨州），度僧十人，此百济佛法之始。（《三国史记》卷二十四，第 337 页；《东国通鉴》卷四，第 110 页；《海东高僧传》卷一）

乃知百济佛教后高句丽十三年也。《海东高僧传》卷一云，难陀，胡僧也，从竺乾入中国，惜哉，缺其评传。

第二节　新罗佛教之权舆

新罗佛教从第十九讷祗王时行于民间，梁武帝大通二年即至第二十三法兴王（《三国遗事》作十四年丁未）十九年，始为王臣所信。《三国史记》卷四、《东国通鉴》卷五、《海东高僧传》卷一云：

先是第十九讷祇王（自东晋安帝义熙十三年，公元 417 年，久恭天皇六年，至宋孝武帝大明元年，公元 457 年，雄略天皇元年）时，有沙门黑胡子从高句丽至一善郡（今善山郡），郡人毛礼于家中作窟室安置之。时梁帝之使来赐香于王，君臣不知其名与所用，遣人遍问，黑胡子见之云："焚此，则香气芬馥，所以达诚于神圣，所谓神圣未有过于三宝，一曰佛陀，二曰达摩，三曰僧伽，若烧此，发愿则必有灵应。"时王女有病，王令黑胡子焚香表誓，王女病寻愈，王喜馈赠尤厚，黑胡子出见毛礼与所得物，去不知所。又第二十一毗处王（自齐高帝建元元年，公元 479 年，雄略天皇二十三年，至东昏侯永元元年，同 499 年，武烈天皇元年）时，有阿道和尚（又云我道）来居毛礼之家住数年而死，其侍者三人留住讲读经律，往往有信奉者。至法兴王时，王欲兴佛教，群臣以为不可。近臣异次顿（时年二十二）奏曰："请斩小臣以定众议。"王曰："本欲兴道而杀不辜，非也。"答曰："若道之行，臣虽死无憾。"王召群臣问之，皆曰："今僧徒童头异服，议论奇诡而非常道，今若从之恐有后悔。"异次顿独曰："今群臣之言非也。夫有非常之人，然后有非常之事。今闻佛教渊奥，恐不可不信。"王曰："众人之言牢不可破，汝独异言不能两从。"遂下吏诛之。异次顿临死曰："我为法就刑，佛若有神，吾死必有异事。"及斩之，血涌如白乳，众怪之，不复非毁佛。

按《三国遗事》卷三，异次顿姓朴，字厌触。夹注云，或作异次，或云伊处，方音之别也。译云厌也，触、顿、道、睹、独等皆随书者之便，乃助词也，今译上不译下，故云厌触，又厌睹等也。异次顿之供养塔（柏栗寺六面石幢）收在今庆州温古阁。塔记异次顿殉难之事迹者，推定为唐元和十二年、新罗宪德王九年丁酉或十年戊戌所建立。

讷祇王以东晋安帝义熙十三年即位，若在位四十一年，当先于梁之天监四十四年，然则王无从梁得香之理。《海东高僧传》卷一记有吴使以五香献法兴王，王不知所用云云。《三国遗事》卷三论云，阿道与黑胡子其同一人欤，吾人亦以为阿道印度人，因其相貌称黑胡子，虽如别人之传，叙事全同而只时代异耳。

阿道之来高句丽，在小兽林王四年（公元 374 年），去丽至罗当于讷祇王时（公元 417 年，允恭天皇六年即位），不得为未雏王时（公元 262 年，神后六十二年即位）或毗处王时（公元 479 年，雄略天皇二十三年即位）。

庆尚北道善山郡海平面松谷调桃李寺《阿度和尚事迹碑》，盖补缀古说为之，而以异次顿为讷祇王之臣，似臆断之甚。中峰山竹林寺事迹中以异次顿为炤智王之臣。《海东高僧传》卷一所引朴寅亮《殊异传》之说，与《东师列传》卷一《阿度和尚传》，大略与《阿度和尚碑》同，并不可信。以是朝鲜佛教，先以高句丽始，次入百济，最后起于新罗，东渐之势，固当然也。

第四章 高句丽并百济之灭亡与佛教之盛衰

高句丽道教之输入，导致国家之衰亡，法运亦否塞。而名僧却不少，惠亮者迁于新罗为僧统。僧朗入梁为武帝所器重，并皆一时之麟凤。惠慈游化日本，为圣德太子之师而振教纲。昙微于日域文化大有贡献。慧观为僧正，在百济律学甚盛，出谦益、惠聪等名臣，然国步艰难，佛日亦西沉矣。观勒之于《三论》，道藏之于《成实》，皆为日本佛教史中一异彩。

第一节 高句丽之寺刹及沙门

高句丽佛教以第十七小兽林王之二年始，既叙之矣。小兽林王之弟，伊运继王位，是为第十八故国壤王（自东晋太元九年，公元384年，仁德天皇七十二年，至同十六年，公元391年，同七十九年）王九年（仁德天皇八十年）下令崇信佛教以祈福，于是高句丽佛教政治移植于人心，与原来俗习共行于民间。故《东史纲目》云：

> 丽人好祠鬼神、社稷、零星及日，以十月祭天大会，名曰寒盟。其国东有大穴，号隧神，亦以十月王自祭。又有神庙二所，曰扶余神，曰高登神，是始祖扶余神之子，盖河伯女朱蒙云。并

置官司守护，又有箕子可汗等神。事佛以来，尤敬信其法。旧俗常以三月三日，会猎乐浪之丘，获猪鹿，祭天及山川。(《文献通考参补》;《东史纲目》卷一，第238页)

又《北史·高句丽传》云：

> 常以十月祭天……信佛法，敬鬼神，多淫祠。

然则佛教入高句丽与祭天敬神之古俗非冰炭相反，却为水乳相和，以感化人心。盖佛亦作多神之一被崇拜，合于避祸招福之目的，故也。

第十九广开土王(自东晋太元十七年，公元392年，仁德天皇八十年，至同义熙八年，公元412年，允恭天皇元年)二年创九寺于平壤。又第二十一文咨王(自齐永明九年，公元491年，仁贤天皇四年，至梁天监十七年，公元518年，继体天皇十二年)七年创金刚寺，事见《三国史记》。尔后教化渐行，有留其名于沙门史者，第二十四阳原王(自梁大同十一年，公元545年，钦明天皇六年，至陈永定二年，公元558年，同十八年)之代法师惠亮其一也。新罗之《居柒夫传》云，居柒夫，少有远志，祝发为僧，游观四方，便欲觇高句丽。入其境，闻法师惠亮开堂说经，遂诣听讲。一日惠亮问曰："沙弥何自来？"对曰："某新罗人也。"其夕法师招来相见，握手密言曰："吾阅人多，见汝容貌定非常流，其殆有异心乎？"答曰："某生于偏方，未闻道理，闻师德誉来拜下风，愿师不拒卒以发蒙。"师曰："老僧不敏，亦能识子，此国虽小，不可谓无人知，恐欲执子，故密告之宜疾，归也可。"居柒夫欲还，师又语曰："相汝鸢颔鹰视，将来必为将师，若以兵行，无贻害我。"居柒夫曰："若如师言，不与师同好者有如曒日。"遂还国……真兴王（新罗）十二年辛未（句丽阳原王七年，公元551年），命居柒夫等八将军与百济侵高句丽，取十郡，至是惠亮法师领其徒出路上……于是居柒夫同载以归，使王见之，王以为僧统，始置百座讲会及八关之法。

《东史纲目》叙之：

> 新罗始置百座讲会，及八关之法。其法每岁仲冬，会僧徒于阙庭，置轮灯一座，列香灯四傍，又结两彩棚，呈百戏歌舞以祈福。八关者，一不杀生，二不偷盗，三不淫泆，四不妄语，五不饮酒，六不坐高大床，七不着香华，八不自乐观听。关者闭也，谓禁闭八罪不犯也。（《东史纲目》卷一，第296页）

次第二十五平原王（自陈永定三年，公元559年，钦明天皇二十年，至隋开皇九年，公元589年，崇峻天皇二年）之十八年（陈宣帝太建八年，敏达天皇五年），法师义渊为大丞相王高德之使入邺，见沙门法上问佛教之始末缘由。法上为魏、齐二代僧统，所部僧尼二百万余，当时最有道声。义渊之问答略云：

> 佛以姬周昭王二十四年甲寅生，十九出家，三十成道，当穆王二十四年癸未之岁。四十九年在世灭度，已来至今齐代武平七年丙申，凡经一千四百六十五年。后汉明帝永平十年经法初来，魏晋相传，至今流布云云。（《续高僧传》卷十，第8—9页右）

此说错误甚多，而朝鲜道俗凭法上之说自是始。

《海东高僧传》云：

释义渊，高句丽人也，世系缘致，咸莫闻也……性爱传法，意在宣通，以无上法宝，光显实难，未辩所因。闻前齐定国寺沙门法上，戒山慧海，肃人范物，历跨齐世为都统，所部僧尼不减二百万，而上纲纪，将四十年。当文宣时，盛弘释典……是时高句丽大丞相王高德，乃深怀正信，崇重大乘，欲以释风被之海曲，然莫测其始末缘由……遣渊乘帆向邺，启发未闻……渊服膺善诱，博通幽奥……既返国，揄扬大慧，道诱群迷……史不叙所终，故不书。

顺道、阿道之东来，正值秦王苻坚威势赫赫之时，弥天释道安最有盛名，然罗什尚未来化，佛教之研究尚在黎明期，因而难知顺道等奉如何宗义。东晋隆安五年（公元401年，履仲天皇二年）罗什入长安，为后秦主姚兴所推尊，盛唱三论，空宗蔚然而兴，同时佛陀跋陀罗译《华严》与《禅经》，为禅学开拓心田，高句丽缁流不免受其影响。《高僧传》卷八云：

度（法度）有弟子僧朗，继踵先师，复纲山寺（琅琊之嶰山）。朗本辽东人（高句丽），为性广学，思力该普，凡厥经律，皆能讲说，《华严》、三论最所命家。今上（梁武帝）深见器重，敕诸义，受业于山。（《高僧传》卷八，《法度传》末）

僧朗入梁精研佛学，最通《华严》、三论，武帝所器重，为一代学匠。据《日本书纪》卷二十，第二十五平原王之二十六年（公元584年，敏达天皇十三年）苏我马者于播磨国僧之还俗者，得名惠连之高丽人以为师，度司马达等之女岛曰善信尼，又度善信尼之弟子二人，曰禅藏尼、惠善尼。

《海东绎史》云，有定法师高丽人。夹注云，定法师咏孤石时，有陈诗，其诗如下：

> 迥石直生空，平湖四望通。岩根恒洒浪，树杪镇摇风。
> 偃流还渍影，侵霞更上红。独拔群峰外，孤秀白云中。(《古诗纪》)

高句丽婴阳王、名将乙支文德于萨水（清川）畔破隋大军。文德赠敌将仲文诗云："神策究天文，妙算穷地理，战胜功既高，知足愿云止。"是传朝鲜文献所藏最古之诗，而定法师之诗则比之更早。又《续高僧传》卷十八记高句丽沙门智晃通说一切有部，为当代之名匠，是属隋开皇中时。《续高僧传》云，高句丽之僧波若，入中国天台山，受智者之教观，以神异闻，寂于山中。

第二十六主婴阳王（自隋开皇十年，公元590年，崇峻天皇三年，至义宁元年，公元617年，圣德太子二十五年）六年（圣德太子摄政三年），惠慈亦往日本，为圣德太子之师。同王十三年（太子摄政十年），僧隆云聪。二十一年（太子摄政十八年），昙徵法定渡日。徵涉于五经，兼能技艺，于日本文化贡献不少。第二十七荣留王八年（自唐武德元年，公元618年，圣德太子二十六年，至贞观十五年，公元641年，舒明天皇十三年），（推古天皇三十三年）慧灌入日本，敕住元兴寺说空宗。是岁大旱，奉诏祈雨，著青衣讲三论时，大雨即下，推古天皇大悦，擢任僧正。后于河内国志纪郡创井上寺，弘三论宗，垂九龄灭度，为日本三论宗之始祖。先是，灌入隋谒吉藏于嘉祥寺，受三论幽旨。依《本朝高僧传》卷七十二，道登同王十一年（推古天皇三十六年）入唐，就吉藏究三论。舒明天皇初，从遣唐使往日本，住元兴寺专弘空宗。登于孝德天皇大化二年架宇治川大桥有功，为天皇所信任。《扶桑略记》卷四记以道登为高丽学生，出自山尼惠满之家云。《本朝高僧传》记高丽人道显，附贡船来，因敕住大安寺，以教授之暇，撰《日本世记》若干卷。《扶桑略记》卷六云，高丽留学僧行善以元正天皇养老二年归国。同五年，天皇下诏云：

> 沙门行善，负笈游学，既经七代，备尝难行。辩三五术，方归本乡，矜赏良深，如有修行。天下诸寺，恭敬供养，一同僧纲之例。

然则行善留学于高句丽之末，大约经五十年，七代而还。

要之高句丽之佛教，被罗什三论之影响，倾于空理者自然之势也，是不可不谓开拓海东之心田，为禅苗繁殖之素地者。何则？空者是禅观之初门也。

第二节　高句丽之灭亡

前记婴阳王二十二年（太子摄政十九年）隋炀帝大举讨伐高句丽，兵众一百十三万三千八百人，旌旒亘九百六十里。翌二十三年，帝进兵到辽水，高丽兵依水拒守，隋兵造浮桥三道而渡，大败之，进围辽东城，未能降，出兵三十万袭平壤不克。二十四年，帝命诸将从四面进，欲屠辽东城，闻适有叛人（杨玄感），急引军还。（《三国史记》卷二十，第275—282页）

第二十八宝藏王（自唐贞观十六年，公元642年，皇极天皇元年，至总章元年，公元668年，天智天皇七年）三年（皇极天皇二年），唐太宗督诸军，诏新罗、百济、奚契丹分道伐句丽。四年，太宗以李世勣为将，亲征辽东大胜之。然以寒威严酷，粮食将尽班师。同王二十年（齐明天皇七年），唐将苏定芬等与诸胡兵，分水陆道而进，破句丽于浿江，遂围平壤，无功而退。二十六年，唐高宗遣将军李勣等伐句丽。二十七年，攻陷平壤，获宝藏王，时高宗总章元年（公元668年，天智天皇七年）也。高句丽二十八王在公元705年而灭。（《三国史记》卷二十二，第288—309页）

第三节　道教输入与佛教之衰微

高句丽佛教虽一时呈隆昌之势，而未能发挥其真风与民间俗习并行，且唐勃兴以后，其威力加于朝鲜，招来道教之输入，佛教遂大废颓。第二十七荣留王七年，逆臣苏盖文告王曰："三教譬如鼎足，阙一不可。今儒释并兴，而道教未盛，请遣使于唐求之。"王上表陈请，唐高祖乃遣道士叔达等八人兼赐《道德经》，王喜，馆之佛寺，与国人共闻其讲说（《三国史记》云，宝藏王二年）。故《文献通考》云，高句丽，唐高祖时遣使请道教，沈叔安持诏以天尊像与道士至其国。

翌八年，王遣使求佛、老教法。第二十八宝藏王二年，遣使于唐求道教。据《三国遗事》卷三，高句丽末期，国人争奉五斗米教。《中国风俗史》云，五斗米即张道陵之教派也。

时沙门普德住盘龙寺，悯左道日炽，国祚之危，谏而不听，乃移百济之完山州（今全州）孤大山（高达山），为宝藏王九年六月，唐高宗永徽元年庚戌也。又云唐高宗乾封二年乙卯，宝藏王二十六年三月三日也，后说似可信。

李奎报《南行月日记》云：

夫全州者，或称完山，古百济国也……有中子山者最蓊郁，州之雄镇也。其所谓完山者，特一短峰耳。异哉一州之以此得号也。距州理一千步，有景福寺，寺有飞来方丈……昔普德大士，自盘龙山飞来之堂也。普德，字智法，尝居高句丽盘龙山延福寺，一日忽谓弟子曰："句丽唯尊道教，不崇佛法，此国不必久矣。安身避难，有何处所？"弟子明德曰："全州高达山，是安住不动之地。"乾封二年乙卯三月三日，弟子开户出见，则堂已移于高达山……海东明德大士，亦自捉鹰，为普德圣师之高弟。（《东国李相国集》上，第351—354页）

《三国遗事》卷三云：

大安八年辛未，祐世僧统（义天）到孤大山景德寺飞来方丈，礼普圣师之真。有诗云："涅槃方等教，传受自吾师，可惜飞房后，东明古国危。"跋云："高丽藏王，惑于道教，不信佛法，师乃飞房，南至此山。"

又云：

《僧传》云，释普德，字智法，前高丽龙冈县人也，详见下本传。常居平壤城，有山方老僧来请讲经，师固辞，不免，赴讲《涅槃经》四十余卷。罢席，至城西大宝山岩穴下禅观，有神人来请，宜住此地，乃置锡杖于前，指其地曰："此下有八面七段石塔。"掘之果然，因立精舍，曰是塔寺，以居之。

又云：

师（普德）有高弟十一人。无上和尚与弟子金趣等创金洞寺，寂灭、义融二师创珍丘寺，智薮创大乘寺，一乘与心正、大原等创大原寺，水净创维摩寺，四大与契育等创中台寺，开原和尚创开原寺，明德创燕口寺，开心与普明亦有传，皆如本传。

《佛祖源流》云：

普德圣师（乃至元晓、义湘）尝在于塔下，亲禀《涅槃经》，有弟子十一人，曰无上、寂灭、义融、智薮、一乘、水净、四大、开元、明德、开心，普通。（《佛祖源流》教圣之部，第1页左）

由此可见普德器局之大。

平安北道宁边郡那龙山面有龙门寺。传云，新罗文武王七年（丁卯），王出兵欲灭高句丽，宝藏王大惊，召寂照禅师托佛像经典云，今以战乱急迫避难，佛经奉安于神林，可期香供之不绝。禅师乃与其徒到龙门山，山水明丽，见一石窟（蜾龙窟），乃避难一岁余，后于窟之东约二里龙山创寺振玄风，是龙门寺也。

高句丽亦非无妖僧。第二十长寿王（自东晋义熙九年，公元413年，允恭天皇二年，至齐永明八年，公元490年，仁圣天皇三年）阴谋百济，以求间谍。时沙门道琳，应募入百济，以棋见盖卤王，甚亲昵。琳劝王大兴土木，仓廪（译者按，原作庚，疑误）虚竭，人民困穷，国运日危。琳还告之长寿王，王乃以兵三万攻百济，围主都汉城，纵火焚城门。盖卤王出宫西走，遂为丽人所杀，是长寿王六十三年（雄略天皇十九年）也。又高句丽之将灭时，唐将李勣围平壤，宝藏王出降，而泉男建犹固守，委军事于沙门信诚，诚密遣人请勣为内应，开门招唐兵，于是城遂陷，诚因功为唐，授银青光禄大夫，见《三国史记》卷二十二、二十五，《东国通鉴》卷八，《资治通鉴》卷二〇一等所载，是等妖僧不但于国君不忠不义而已，抑正法之逆贼也。

第四节　百济佛教与国家之衰灭

百济第十五枕流王元年，佛教渡来后，其盛衰之状，未见国史。第二十六圣王（自梁普通四年，公元 523 年，继体天皇十七年，至同承圣二年，公元 553 年，钦明天皇十四年）四年，沙门谦益从印度还，《朝鲜佛教通史》上编所引之《弥勒佛光寺事迹》云：

> 百济圣王四年丙午，沙门谦益矢心求律，航海以转至中印度常伽那大律寺，学梵文五载。洞晓竺语，深攻律部，庄严戒体，与梵僧倍达多三藏，斋梵本阿毗昙藏、五部律归国。百济王以羽葆鼓吹，郊迎，安于兴轮寺，召国内名释二十八人与谦益法师，译律部七十二卷，是为百济律宗之鼻祖也。于是昙旭、惠仁两法师著律疏三十六卷献于王，王作毗昙新律序，奉藏于台耀殿，将欲刻劂广布，未遑而薨。（《朝鲜佛教通史》上编，第33—34页）

百济佛教自摩罗难陀以来，直接从西天传来，渐次隆昌，至第二十六圣王之代，谦益渡天竺赍来五部律之梵本，因王命于兴轮寺与二十八人之名释译出律部七十二卷，为百济律宗之鼻祖。且昙旭、惠仁二师者律疏三十六卷，律学之发达可以观也。王又于十九年（梁大同七年），遣使表请梁武帝求《涅槃》等经义。二十三年（钦明天皇六年），造《丈六佛像制愿文》祈日本天皇之福祐（《日本书纪》卷十九）。三十年，以佛像经卷赠日本，开拓扶桑之佛教。《日本书纪》卷十九载，圣明王造《佛愿文》并上表文。据《日本书纪》卷二十云，第二十七威德王元年（钦明天皇十五年），僧昙慧等九人来日本，与僧道深等七人交代（道深等来日年时未详）。二十四年（敏达天皇六年），威德王以经师、律师、禅师、佛工、寺工赠日本。王之三十年，因敏达天皇请，日罗来日本。三十一年（敏达天皇十三年），鹿深臣请弥勒石像一躯，佐伯连请佛像一躯，从百济归日本。三十五年（崇峻天皇二年），遣僧惠聪、令斤、惠寔等献佛舍利，并贡僧聆照、律师令威、惠众、惠宿、道严、令开等。苏我马子请百济僧问受戒法，以尼善信等付百济国使，发遣学问，善信等渡济，学戒律三年，归国为日域戒学之权舆。四十二年（推古天皇三年），渡日之僧惠聪精通毗尼，授戒于苏我马子，为三宝之栋梁。

先是百济第二十一盖卤王（自宋孝建二年，公元455年，安康天皇二年，至同元徽二年，公元474年，雄略天皇十八年）以后国势渐衰。至第二十二文周王（自宋元徽三年，公元475年，雄略天皇十九年至，四年同，公元476年，同二十年）移都熊津（忠清南道公州）。今之公州山城公园是文周王以下五代六十八年之都城，城壁周围三千丈，高三十尺，老松楼亭点缀其中，有五百年之古刹灵隐寺，临锦江，风景最佳。又公州郡所前有百济时代之石水槽，其莲叶底座古雅可爱。距公州邑内五里半有麻谷寺，《事迹》记唐太宗贞观十年丙申，新罗善德王九年，慈藏创之，立塔安舍利，但不可信。云高丽明宗王时，智讷弟子守愚再兴此寺，似可信。大光宝殿所安大日之古像端严壮丽，该于殿前塔之佛像亦然。距邑内四里，鸡龙山下有岬寺，《事迹》云无染国师所创，并圆寂于此。境内有高五十尺，直径三尺的铁制竿幢，小塔一座，古雅优丽，最为可观。鸡龙山东麓有东鹤寺，传为新罗圣德王时怀义和尚所创立。

第二十六圣王亦以其十六年（宣代天皇三年）迁都泗沘（今扶余），国号南扶余。三十二年（钦明天皇十五年）为新罗人所杀。

第二十九法王（自隋开皇十九年，公元599年，圣德太子七年，至二十年，公元600年，同八年）元年，下令禁杀生，放民间所养之鹰鹞，又焚渔猎之具。二年，创王兴寺度僧三十人。同年大旱，王幸漆岳寺祈雨。第三十武王（自隋开皇二十年，公元600年，圣德太子八年，至唐贞观十四年，公元640年，舒明天皇十二年）娶新罗真平王第三公主善化。王及王妃信敬龙华山师山寺（今益山郡）之知命法师，即位后，一日欲幸师子寺，龙华山下之大池出现弥勒三尊，乃欲创大伽蓝于此，见知命问填池事，命以神力一夜推山填池为平地，乃创弥勒寺。真平王遣百工助之，弥勒寺古迹至今犹存。

按，全罗北道益山郡王宫有称马韩时代王宫遗址（不可信）之高台地，现存五重石塔。又同郡金马面有弥勒寺遗址，残存六层之花岗石塔，经鉴定为一千二百年前之作。

据《续高僧传》，武王时，百济人释惠现，少出家，专心诵《莲经》，祈祷请福，有灵应。兼攻三论，通其义，初住北部修德寺，有众则讲，无众则持诵，四远钦风，履满户外。后厌其烦，往居江南达拏山，静坐终于山中，同学收尸安石室中，虎啖之尽，唯舌残，经三周寒暑，舌犹红软，后变紫色如硬石，道俗敬之藏于石塔，俗龄五十八，即贞观初也。

武王三年（圣德太子十年），观勒游化日本，献其所赍之历本天文地理书并遁甲方术书。勒是三论学匠，旁通外学，居元兴寺，任僧正，盖知百济国运之不可救而移文化他邦也。其后百济沙门之往日本者，武王十年有道钦、惠弥等十人，又道藏、道宁等数人皆载僧史。道藏东渡（天武天皇白凤中）后，撰《成实论疏》十六卷，因而为成实宗之权证。第三十一义慈王（自唐贞观十五年，公元641年，舒明天皇十三年，至同显庆五年，公元660年，齐明天皇六年）十五年，法明尼来为内大臣镰子读《维摩经》，治其疾。二十年（公元660年，齐明天皇六年），唐高宗以苏定芳为将与新罗伐百济，俘王送唐，百济三十一王，六百七十八年灭。（《三国史记》卷二十八，第374页）。

依《扶桑略记》卷四，百济灭亡时，沙门义觉去日本，住难波百济寺，一夜诵《般若心经》，光从口出。

苏定芳讨平百济，刻其伟功之平济塔，今犹存忠清南道扶余郡，高三十四尺，苍古优雅，最可爱。定芳平济之功似大略录于古塔，刻文末尾，有显庆五年，岁在庚申（义慈王二十年）八月己巳，朔十五日癸未建，洛州河南权怀素书字样。又苏定芳凯旋后，就都督之任有刘仁愿之纪功碑，推定为新罗文武王癸亥（三年）所建，古刹皋兰寺亦现存于扶余。

顺便言驾洛国之佛教。驾洛国又称伽耶国，位于洛东江口，今之庆南南道金海地方。始祖金首露王以后汉光武帝建武十八年即位，乃新罗儒理王十九年，日本垂仁天皇七十一年（公元42年），第八代铚知王（一云金铚王）以宋元嘉二十八年（公元451年），日本允恭天皇四十年、新罗讷祇王三十五年登位。翌二十九年金首露王及王后创王后寺，是驾洛创寺之始。高丽一然因见该国金官城虎溪寺的婆娑石塔之奇古而为其作记。

　　智异山双溪寺七佛庵。传说，七佛庵者从金海驾洛国金首露王第四子至第十子计七人，从皇后之兄宝玉禅师由金海入伽耶修道，七年后遍行宜宁之修道山，泗川之卧龙寺、九龙寺等，遂至康州智异山结云上院坐禅二年。驾洛国太祖六十二年、新罗婆娑王二十四年癸卯八月十五日夜玩月，宝玉禅师以挂杖打散月影，七王子同时大彻玄旨。成道为：第一金王光佛，第二金王幢佛，第三金王相佛，第四金王行佛，第五金王香佛，第六金王性佛，第七金王空佛。七佛成道之地故名七佛庵。在新罗婆娑王时海东未有佛教，况禅师耶？其为禅宗传来以后之传说欤。七佛庵存药师石像，传为东晋孝武帝宁康三年（新罗小兽林王五年）作，以其为古像可知也。

第五章　三国一统与新罗之教学

新罗佛教在真兴王以后呈旭日升天之势，僧徒之入中国渡天竺求法者甚多。玄光赴陈传天台教观。圆光入隋传成实、涅槃、般若、四阿含。元晓、义湘同时出世，前者以经论之疏释独步古今，后者为华严一乘之鼻祖。慈藏明律之轨仪，而国人之受戒奉佛者十室八九。明朗、惠通亦传密教救国难，于是教学蔚然，兴于新罗，形成海东禅学之准备时代。

第一节　新罗之佛教

新罗宫廷之佛教始于第二十三法兴王（自梁天监十三年，公元514年，继体天皇八年，至同大同五年，公元539年，宣化天皇四年）十五年，已如上述。王英迈，善治国。其四年始置兵部。七年颁律令，创制百官朱紫之秩，且欲盛教化。十六年令禁断杀生。二十一年（公元534年，梁中大通六年），伐木天镜林建精舍，所谓大王兴轮寺是也，是为新罗创寺之始。二十三年，始称年号，曰建元元年，如上述新罗佛教虽呈俄然教兴之观，其素地早从第十九讷祗王（自东晋义熙十四年，公元417年，允恭天皇六年，至宋大明元年，公元457年，雄略天皇元年）之时开拓，经一百十余年民间乃有笃信佛教者。如异次顿其一人也。王薨，云葬于哀公寺之北峰，可知当时兴轮寺之外亦有寺刹存在。

　　至第二十四真兴王（自梁大同六年，公元540年，钦明天皇元年，至陈太建七年，公元575年，敏达天皇四年），奉佛益笃，士人争归崇。王之五年（钦明天皇五年），兴轮寺落成（其址在庆州面沙正里），乃许人出家为僧尼。十年，梁武帝遣使与入学僧觉德来，赠佛舍利。王令百官奉迎于兴轮寺之前。觉德，新罗人，为入梁求法之始及肇传舍利之人。十二年，遣将军居柒夫等侵高句丽，略取其十郡。此役，沙门惠亮从军自高句丽来，王尚亮为僧统，始设百座讲会及八关斋既如前记。十四年（钦明天皇十四年），筑新宫于月城之东，有黄龙之瑞，因改为佛寺，皇龙寺是也。依忠清北道报恩郡《俗离山法住寺记》，沙门义信，入竺求法，白骡驮经来，以是年开创寺，故曰法住寺。二十六年（钦明天皇二十六年），陈文帝遣刘思及入学僧明观，赠经论一千七百余卷。翌二十七年，皇龙寺成，沙门率居画老松于寺壁，鸟雀往往飞入之，率居画芬皇寺观音、断俗寺维摩像，亦称神品。三十三年，为战死将卒设八关斋于外寺七日。三十五年（敏达天皇三年），皇龙寺铸丈六佛像，用铜三万五千七斤，镀金一万一百九十八分。（《三国史记》卷四，第58—59页；《东国通鉴》卷五，第150—154页）

　　当时沙门玄光入陈求法，传天台教观。光，熊州（忠清南道公州）人，欲研禅法而求学陈国，诣南岳受业于惠思，授《法华》安乐行门，证《法华》三昧，受思之印可，返锡至江南，泛海还熊州翁山，结茅成梵刹，弟子多得法者（《宋高僧传》卷十八，第2—3页）。真兴王聚徒选士，教之孝悌忠信，又选人家娘子美艳者为原花，良家男子有德行者为花郎。三十七年，奉原薛郎为国仙，是花郎国仙之始。由是使人悛恶更善，上敬下顺，五常六艺，行于一代。一然云，史谓真智王之代，大建八年丙申始奉花郎，误也。

　　三十七年（敏达天皇五年），法师安弘入周（《本记》作隋，误）求法，与胡僧毗摩罗等二人回，上《楞伽》《胜鬘》二经及佛舍利。

《海东高僧传》卷二云：

> 释安舍，俗姓金，诗赋伊餐之孙也……真平二十二年，约与高僧惠宿为伴，似将乘桴，泛泥浦津……忽值风浪，回泊此滨。明年有旨……乃与聘国使同舟涉海，远赴天庭。天王引见，皇情大悦，勒配（译者按，疑"配"）于大兴圣寺，居住旬月之间，洞解玄旨……越二十七年，爰与于田沙门毗摩真谛、沙门农伽陀等俱来至此。西域胡僧直到鸡林，盖自兹也。

同书引崔致远撰《义湘传》云：

> 湘，真平建福四十二年受生，是年东方圣人安弘法师与西国三三藏、汉僧二人至自唐。《注》云，此天竺乌苌国毗摩罗真谛，年四十四。农伽陀，年四十六。摩豆罗国佛陀僧伽，年四十六，经由五十二国，始到汉土。遂东来，住皇龙寺，译出《栴檀香火星光妙女经》，乡僧昙和笔受。未几，汉僧上表乞还中国，王许而送之。

安弘与安合当为一人，胡僧毗摩罗与毗摩罗真谛当同一名，然则不过记同一事实而已。《海东高僧传》作第二十六真平王之二十七年（圣德太子摄政十三年），崔致远作同王之四十七年（建福四十一年），不知孰是。暂据《三国史记》：

> 至真兴王晚年，祝发被僧衣，自号法云，以终其身，王妃亦效之，为尼住自建之永兴寺。（《三国史记》卷四，第60页）

由此可知其奉佛之笃。按，《海东高僧传》卷一称法兴王逊位脱尘，住兴轮寺称法空，其妃亦为尼，住永兴寺，所云误也。法兴王时，兴轮寺尚未成，其证一；《三国史记》不记王让位事，其证二；王薨，王妃嗣位，是为真兴王。甫七岁，王太后摄政，由此足知让位之不可能，其证三；又按《阿道碑》，法兴王出家，法名法云，字法空云云，乃知《阿道碑》乃把真兴王与法兴王混同，其证四；法兴、真兴皆称法云，其王妃皆居永兴寺云，其混同昭昭可见，其证五。

王深敬信三宝，虽巡狩时令沙门随驾，列诸臣之上位，故咸镜南道咸兴郡下岐川存之《巡狩碑》记当时随驾沙门道人有法藏、慧忍等，次刻诸臣名。知异山《华严寺（求礼）事迹》云：

> 新罗真兴王五年甲子，缘起祖师传华严圆顿之幽玄，流通于海东，于是鸡林之大乘佛教始此。

《高丽史》僧大觉国师，南游智异山，礼缘起祖师，有诗曰：

> 伟论雄经罔不通，一生弘护有深功。
> 三千义学分灯后，圆教宗风满海东。

华严寺现存新罗时代之古塔，称烟起塔，藏石刻晋译《华严经》之残片，缘起所撰有《大乘起信论珠网》、《同拾击取妙》、《华严经开定决疑》、同《要诀》、《真流还源乐图》等。

第二节　圆光之教学

第二十六真平王（自陈大建十一年，公元 579 年，敏达天皇八年，

至唐贞观五年，公元631年，舒明天皇三年）元年（敏达天皇八年），
以释迦佛像赠日本，王之时代新罗高僧接踵而出，沙门圆光是第一人
也。据《续高僧传》卷十五、《三国遗事》卷四、《海东高僧传》卷二
等，圆光，俗姓朴（又云薛氏），新罗王京（今庆州）人，年十五怀求
法之志，乘舶造金陵，初听庄严旻（梁杨都庄严寺僧旻）之弟子讲经，
冀出尘，乃启陈王请归佛乘，帝许之，落发受具，游历讲肆，学《成
实》《涅槃》等。又投吴之虎丘山修定，综涉四《阿含》，通达八定，遂
有终焉之志，顿绝人事。时山下有信士请光出讲，始讲《成实论》，次
释《般若》，名望横流，播岭表，来学者甚多。逢隋兵乱，入杨都，望
见寺塔之火，赴救之，则无火但见光之缚于塔前，将杀之，既而怪其
神异，解放之。隋开皇九年，游帝都，以慧解之誉宣京师，本国王闻
之，频请还，乃随朝聘使还国，是真平王二十二年、隋开皇二十年
（圣德太子摄政八年）也。光住嘉栖岬（清道郡），常讲大乘经典，为
王臣之所归响。及年齿既高，乘舆入内，衣服、饮食并王后自营，不
许佐助。此时高句丽、百济常侵边鄙，真平王甚患之，欲请兵于隋，
令光作表，是王之三十年也。炀帝见表以三十万之兵伐高丽。真平王
三十五年即隋大业九年，隋使世王仪，于皇龙寺设百高座，圆光为上
首，令说经。唐贞观中，光示寂于皇龙寺，春秋八十余。

据《三国遗事》所引之古本《殊异传》云：

> 圆光于所住嘉栖岬置占察宝，以为恒规。时檀越尼纳田于占
> 察宝，今东北郡之田一百结是也，古籍犹存。

然则光其为占察法会之始乎。

同书卷五云，真平王时，比丘尼智慧多贤行，住安兴寺，依仙桃

山神母之灵祐，新修佛殿。春秋二季之十日，会善男善女设占察法会。《续高僧传》卷十三、《海东高僧传》卷二云，以彼建福五十八年，少觉不念经于七日，遗诫清切端坐，终于所住皇隆寺中，春秋九十有九，即唐贞观四年也。然若新罗建福元年是隋开皇四年甲辰，则贞观四年为建福四十七年而非五十八年，况建福乃以五十年终耶？此间必有误，云春秋九十有九亦不可信。《僧传》所谓皇隆寺当为皇龙寺之讹。其次《三国遗事》所载别传，不记入寂年月，只云享年八十四耳。且光于本国出家，三十余岁西学，留中国者十一年云。但光以缺出生死亡之年月，难定其正否，《三国史记》并《海东高僧传》智明条记真平王十一年圆光法师入陈求法，同二十二年归国。

圆光之资有圆安，资性颖敏，性希历览，乃游学四方，寻诸经论而跨转大纲，洞清忓旨。晚归心学，初住京寺，有道声，特进萧瑀奏请令住蓝田所造之津梁寺，四时供养无替。

其次沙门智明以真平王七年入陈求法。二十四年随入朝使东还，王钦其道风，褒为大德，后加大大德。又沙门昙育以王之十八年入隋，至二十七年随入朝使惠文还国。智明、昙育，《僧传》不见其名，其行业不详。王之十九年建三郎寺，其址现存庆州西川之畔。王之二十六年甲子，高僧崔公创全州威风寺（在所阳面），又王之三十八年（推古天皇二十四年）贡佛像于日本。

第三节　新罗沙门之入天竺

新罗僧人不但以入中国求法为己足，进而探览圣迹于西乾，为到五天竺求梵典法而殒命者亦不少。从第二十六真平王末期亘第二十七善德王之代，唐太宗贞观（公元627—649年）中，阿离耶跋摩（新

罗僧之梵名）入唐，转游方印度，住那烂陀寺，多闲律论，即同寺之
无常，事见义净《大唐西域求法高僧传》卷上。又同书云，新罗之慧
业，贞观中游西域住菩提寺，又于那烂陀寺学梵典，遂终于同寺，年
六十余。又同时新罗人玄恪，随太州之玄照（梵名般迦舍末底）至大
觉寺遇疾而卒，年四十余。玄照往吐蕃（西藏），得文成公主（唐太宗
女）之保护入北天竺，住阇阑陀国四载，学经律，南到大觉寺经四夏，
沉情《俱舍》，清想律仪，后留那烂陀寺三年，就胜光法师学《中论》
《百论》等，就宝师子大德受《瑜伽》十七地而归，重见文成公主，得
资给到洛阳。时高宗帝麟德中（自公元664年，齐明天皇十年，至公
元665年，同十一年），车驾幸东洛，因敕再入天竺，与义净相见于那
烂陀寺，卒于中印度庵摩罗跋国，年六十余。玄照之侍者慧轮（梵名
般若跋摩）亦新罗人，随照西行，住庵摩罗跋，困信者寺十载，次在
睹货逻僧寺（睹货逻人住之）闲《俱舍》。时那烂陀寺之西四十驿许，
沿殑伽河而下有密栗伽悉地钵娜寺（唐云鹿园寺），此寺近有一故寺，
但只有遗址耳，号中国寺。古老相传云，此昔室利笈多大王为中国僧
所造，当时唐僧二十许人，至大觉寺云。金刚座之大觉寺即僧诃罗国
王所造，师子洲之僧，旧住此。又同书云，玄太新罗人，梵名萨婆慎
若提婆（唐云一切智天）。高宗帝永徽中（自公元650年，孝德天皇白
雉元年，至公元655年，齐明天皇元年），取道吐蕃经泥波罗到中印
度，详检经论，旋东踵，诣大觉寺后归唐，莫知其终。（《海东高僧传》
卷二，《大唐西域求法高僧传》卷上）。

第四节　元晓之出世

次为学僧最博朝野之声望者元晓也。据《宋高僧传》卷四、《三

国遗事》卷四，元晓，俗姓薛氏，以真平王三十九年（隋大业十三年，公元617年）生于押梁郡南佛地村。一然释之曰：

> 唐《僧传》云，本下湘州之人。按麟德二年间，文武王割上州、下州之地，置歃良州，则下州乃今之昌宁郡也。押梁郡本下州之属县，上州则今尚州，亦作湘州也。佛地寺今属慈仁县，则乃押梁之所分开也。

幼名誓幢，性颖敏，幼而归佛，学无常师。

《三国遗事·智通传》云，晓尝从学于灵鹫山（通度寺山号）之朗智，谓：

> 元晓住磻高寺时，常往谒智（朗智），令著《初章观》文及《安身事心论》，晓撰讫，使隐士文善奉书驰达，其篇末述偈云："西谷沙弥稽首礼，东岳上德高岩前（磻高在灵鹫之西北，故西谷沙弥乃自称也）；吹以细尘补鹫岳，飞以微滴投龙渊。"（山之东有大和江乃为中国大和池，龙植福所创，故云龙渊）云云。通（智通）与晓皆大圣也。二圣而抠衣师之，道边可知。师尝乘云往中国清凉山，随众听讲，俄顷即还。彼中僧谓是邻居者，然罔知攸止。一日令于众曰："除常住外，别院来僧，各持所居名花异植，来献道场。"智明日折山中异木一枝，归呈之，彼僧见之，乃曰："此木梵号恒提伽，此云赫，唯西竺、海东二灵鹫山有之，彼二山皆第十法云地菩萨所居，斯必圣者也。"遂察其行色，乃知住海东灵鹫也。因此改观，名著中外。乡人号其庵曰赫木，今赫木寺之北岗有古基，乃其遗址。《灵鹫记》云，朗智尝云："此庵

址乃迦叶佛时寺基也。"掘地得灯缸二，隔元圣王代，有大德缘会，居山中（灵鹫山通度寺）撰师之传，行于世。

诸师制作目录，以晓记为新罗兴轮寺法藏门人。《大觉国师文集》中云，从高句丽来百济从普德学《涅槃经》，可知其学无常师也。尝欲与义湘俱西游，中途遭风雨，隐于道旁土龛间，迨明晨视之，则古坟骸骨之旁，天犹淫霖难前。又寄埏甓之中，至夜有鬼为怪。元晓叹曰："前之寓宿，谓土龛而且安，此夜留宿，托鬼乡而多祟，则知心生故种种法生，心灭故龛坟不二。又三界唯心，万法唯识，心外无法，胡用别求，我不入唐，仍返国。"

不久发言狂悖，示迹乘疏，或制疏讲《杂华》，或抚琴乐祠宇，或寓宿闾阎，或坐禅山水，异迹颇多。尝与瑶石宫寡公主私通，生薛聪，由是自号卜性（一作小性）。聪，博通经史，为新罗十贤之一。元晓尝以《华严经》之"一切无碍人，一道出生死"之意作歌流世。住芬皇寺纂《华严疏》，终至第四十《回向品》。又疏《金刚三昧经》，成五卷，敷演于皇龙寺。晓寂年，《高仙寺誓幢（元晓之幼名）和上塔碑》云：

> 垂拱二年三月卅日终于穴寺，春秋七十也。

垂拱二年当唐则天皇后之代，新罗第三十一神文王六年（天武天皇朱鸟元年，公元 684 年）也。晓住高仙寺，又居穴寺，有神足九人，皆称大德。

第五节　薛聪及其文艺

《东京杂记·薛聪略传》记云，薛聪，字聪智，元晓子也，生而明锐，既长，博学善属文，能书，以方言解九经，训导后生，又以俚语制吏札，行于官府，官至翰林。高丽显宗时，赠弘儒侯，从祀文庙。（《东京杂记》第111页）

薛聪之文，传世者仅《花王戒》耳。《神文王本纪》云：

> 神文王以仲夏之月，处高明之室，顾薛聪曰："今日宿雨初歇，薰风微凉，虽有珍馔哀音，不如高谈善谑，以叙伊郁，吾子必有异闻，盖为我陈之。"聪曰："唯，臣闻昔花王之始来也，植之以香苑，护之以翠幕，当三春而发艳，凌百花而独出。于是自迩及遐，艳艳之英，夭夭之灵，无不奔走上谒，唯恐不及。忽有一佳人，朱颜玉齿，鲜装艳服，伶俜而来，绰约而前曰：'妾履雪白之沙汀，对镜清之海，以沐春雨而去垢，快清风而自适，其名曰蔷薇。闻王之令德，期荐枕于香帷，王其容我乎？'又有一丈夫，布衣韦带，戴白持杖，龙钟而步，伛偻而来，曰：'仆在京城之外，居大道之傍，下临苍茫之野景，上倚嵯峨之山色，其名曰白头翁。窃谓左右供给虽足，膏梁以充肠，茶酒以清神，巾衍储藏，须有良药以补气，恶石以蠲素，故曰虽有丝麻，无弃菅蒯，凡百君子，无不代匮，不识王亦有意乎？'或曰二者之来，何取何舍。"花王曰："大夫之言，亦有道理，而佳人难得，将如之何？"大夫进而言曰："吾谓王聪明，识义理来焉，今则非也。凡为君者，鲜不亲近邪佞，疏远正直，是以孟轲不遇以终身，冯唐

郎潜而皓首，自古如此，吾其奈何。"花王曰："吾过矣。"于是，
王愀然作色曰："子之寓言，诚有深志，请书之，以为王者之戒。"
遂擢聪以高秩。

薛聪之子仲业，以唐大历十四年、光仁天皇宝龟十年（新罗惠恭王
十五年）使于日本，见《高仙寺誓幢和上塔碑》，并见《续日本纪》。

第六节　元晓之著书并与禅学之关系

根据义天撰《诸宗教藏总录》、永超撰《东域传灯目录》、源空撰
《诸宗经疏目录》、谦顺撰《诸宗章疏录》、兴隆撰《佛典疏钞目录》，
加之其他诸录之记载，则元晓著述如下：

《华严经疏》、《华严经纲目》、《大涅槃经宗要》、《法华经宗
要》、《无量义经宗要》、《方便品料简》、《入楞伽经疏》、《楞伽经
宗要》、《维摩经宗要》、《金光明经疏》、《金刚般若经疏》、《般若
心经疏》、《大慧度经宗要》、《金刚三昧经论》、《金刚三昧经记》、
同《私记》、《胜鬘经疏》、《不增不减经疏》、《般舟三昧经疏》、同
《略记》、《解深密经疏》、《大无量寿经疏》、同《宗要》、同《私
记》、《小阿弥陀经疏》、同《通赞疏》、同《义记》、《弥勒上生经
疏》、同《宗要》、《方广经疏》、《梵纲经疏》、同《宗要》、同《略
疏》、《菩萨戒本私记》、同《持犯要记》、《璎珞本业经疏》、同《别
记》、《四分律羯磨疏》、同《疏科》、同《行宗记》、同《济缘记》、
《大乘观行》、《大乘起信论疏记》、同《宗要》、同《别记》、同《大
记》、同《料简》、《成唯识论宗要》、同《论疏》、《瑜伽论中实》、

《因明论疏》、同《记》、同《判比量论》、《摄大乘论疏》、同《世亲
释论略记》、《清辨护法空有诤论》、《中边论疏》、《掌珍论宗要》、
同《料简》、《广百论宗要》、同《旨归》、同《摄要》、《三论宗要》、
《成实论疏》、《调伏我心论》、《安身事心论》、《求道譬喻论》、《初
章观心论》、《宝性论料简》、《阿毗昙名教》、同《义章》、《阿毗昙心
大义》、《杂阿毗昙义疏》、《杂集论疏》、《二障章》、《十门和诤论》、
《二谛章》、《一道章》、《游心安乐道》、《发心文》、《六情忏悔法》。

凡八十一部，附黑点者存书也。

据《宋高僧传》，国王（未详其名）设百座《仁王经》大会，偏搜
硕德，本州举进元晓，诸僧恶其为人，潜于王不纳。不久，王妃患瘫
肿，王乃敕晓讲《金刚三昧经》。晓曰："此经以本始二觉为宗，以案
几安于牛两角之间，置其笔砚，始终于牛车作疏五卷。"王克日于黄
龙寺令敷演，时有薄徒窃盗新疏，以事白王，延三日，重录成三奏，
号为《略疏》，现存《金刚三昧经》三卷。此经悉总摄大乘之深义妙
谛，名摄《大乘经》《金刚三昧经》《无量义宗经》。经中说转诸识，入
唵摩罗，转心之诸识归入第九清净识，为真谛三藏之九识说之本据，
故元晓释之记一切众生同一本觉，又说摄万法于一佛乘如大海之中，
一切众流无不入。水在江中，名为江水。水在淮中，名为淮水。水在
河中，名为河水。俱在海中，唯名海水。法亦如是，俱在真如，唯名
佛道是也。复次说理入、行入，是为菩提达摩之二入四行基础，果然，
则本经之疏释与禅道之勃兴大有关系也。

看《起信论疏》，词义两者俱妙。本论说宗体云：

　　　大乘之为体也，萧焉空寂，湛尔冲玄。玄之玄之，岂出万像

之表。寂之寂之，犹在百家之谈。非像表也，五眼不能见其躯，在言里也，四辩不能谈其状。欲言大矣，入无内而莫遗，欲言微矣，苞无外而有余。引之于有，一切用之而空，获之于无，万物乘之而生，不知何以言之？强号之谓大乘，自非杜口大士，目击丈夫，谁能论大乘于离言，起深信于绝虑者哉。所以马鸣菩萨，无缘大悲，伤彼无明妄风，动心海而易漂，悯此本觉真性，睡长夜而难悟，于是同体智力堪造此论，赞述如来深经奥义，欲使为学者暂开一轴，遍探三藏之旨，为道者永息万境，遂还一心之原。所述虽广，可略而言。开二门于一心，总括摩罗百八之广诰，示性净于相染，普综逾阇十五之幽致。至如鹄林一味之宗，鹫山无二之趣，金鼓同性三身之极果，《华严》《璎珞》四阶之深因，《大品》《大集》旷荡之至道，日藏、月藏微密之玄门。凡此等辈中，众典之肝心，一以贯之者，其唯此论乎。故下文言，为欲总摄如来广大深法无边义故，应说此论。此论之意，既其如是，开则无量无边之义为宗，合则二门一心之法为要，二门之内，容万义而不乱，无边之义，同一心而混融，是以开合自在，立破无碍，开而不繁，合而不狭，立而无得，破而无失，是为马鸣之妙术，起信之宗体也。

《宋高僧传》卷五《清凉澄观传》云，又于淮南法藏，受《海东起信疏义》。然则晓之草《本疏》，即为法藏、澄观等中国学匠之所重也。

第七节　元晓之思想

晓疏诸经必以一乘圆教为其立脚地，故两卷《无量义经宗要》

云，夫众生心性，融通无碍，泰若虚空，湛犹巨海。若虚空故，其体平等，无别相而可得，何有净秽之处？犹巨海故，其性润滑，能随缘而不逆，岂无动静之时……秽土净国本来一心之。《佛说阿弥陀经疏》《游心安乐道》皆有同一序说。且《弥勒上生经宗要》中，以弥勒为法性与真如同一，谓弥勒菩萨之为人也，远近莫量，浅深无测，无始无终，非心非色，天地不能载其功，宇宙不能容其德，八圣未尝窥其迹，七辩无足谈其极，窈窈冥冥，非言非默者乎。《涅槃宗要》中，说涅槃之体用，谓涅槃之为道也，无道而无非道，无住而无非住，是知其道至近至远，证斯道者，弥寂弥暄。弥暄之故，普震八声，通虚空而不息。弥寂之故，远离十相，同真际而湛然。由至远故，随教逝之，绵历千劫而不臻。由至近故，忘言寻之，不过一念而自会也。《大乘六情忏悔》中，说诸佛之一体无二，谓诸佛不异而亦不一，一即一切，一切即一，虽无所住而无不住，虽无所为而无不为，一一相好，一一毛孔，遍无边界，尽未来际，无障无碍，无有差别，教化众生，无有休息。所以者何？十方三世，一尘一念，生死涅槃，无二无别。《法华宗要》中，谓此经正以广大甚深一乘实相为所诠宗……一切众生，并是一佛乘人，皆为佛子，悉是菩萨，以皆有佛性，当绍佛位故……一乘理者，谓一法界，亦名法身，名如来藏……一乘教者……一言一句，皆为佛乘，一相一味，是故甚深……一乘因者，一切众生所有佛性……一乘果者，法佛菩提，如《寿量品》云，如来如实知见，三界之相，无有生死，若退若出，亦无住世及灭度者。《大慧度经宗要》中，谓般若为至道也，无道非道，无至不至，萧焉无所不寂，泰然无所不荡，是知实相无相，故无所不相，真照无明，故无不为明……斯则假名妄相，无非真性，而四辩不能说其相，实相般若，玄之亦玄之也。贪染痴暗，皆是慧明，而五眼不能见其照，观照般若，损之又损之也。其所言虽有多少相违，而晓之思想常立脚于一乘圆教可知矣。

第八节　密教之传来与慈藏之教化

第二十七善德女王（自唐贞观六年，公元632年，舒明天皇四年，至同二十年，公元646年，孝德天皇大化二年）三年，芬皇寺（其址并塔现存庆州）成。王又建天文台，现存庆州月城之北之瞻星台是也。四年，沙门明朗，自唐还传密教。据《三国遗事》卷五，明朗，字国育，新罗沙干才良之子。良有三子，长圆教大德，次义安大德，朗其季也。以善德王元年入唐，入龙宫传密教。四年（贞观九年）还东，其师承未详。朗创金光寺。先是善德王元年，有密本法师，诵《药师经》治王疾，又传为丞相金良图驱群鬼，理其疾。密本当亦密教僧，然明朗之名大高，称神印宗之祖。五年，女王有疾，设百高座于皇龙寺令讲《仁王经》，度僧百人，以祈平快。是年，慈藏法师入唐求法。

《续高僧传》卷二十四、《三国遗事》卷四并准《三国史记》，慈藏者，科罗金氏之子（《东史纲目》云，俗名善宗，真骨苏判金茂林之子，一作金武林子）。早丧二亲，深厌世华，投身林壑独修白骨观。适台辅有阙，门阀当位，累征不赴。王（真平王）大怒曰："不就斩之。"藏曰："吾宁一日持戒而死，不愿百年破戒而生。"王愧服，许令出家。于是求法之志决，以善德王五年即唐贞观十年（唐《传》作十二年）受敕，与门人僧实等入唐，登清凉山拜文殊大圣，感得舍利、袈裟等，乃下北台入京师，因太宗帝敕居胜光别院。性乐静寂，架室终南山云际寺（一云谒圆香大师）之东嶎而居。留三年（当时南山律宗兴于唐），神人受戒灵应日多，既而再入京，敕赐绢二百匹用充衣服。至贞观十七年，善德王上表请藏还，太宗帝诏令入宫礼觌甚渥，藏请大藏一部并像幡花盖，赍还本国，是殆朝鲜有大藏之始。王命住芬皇寺，请于宫中讲《摄大乘论》。又于皇龙寺讲《菩萨戒本》七日七夜。朝廷议曰，佛教东兴虽百龄，其于住持修奉轨仪阙如也，非夫纲理，无以肃清，乃敕藏为大国统。由是国中之人，受戒奉佛，十室八九。创灵鹫山通度寺（庆尚南道梁山郡），筑戒坛，以度四来。又改营生缘之里第为元宁寺，讲《华严》万偈。尝以邦国服章与诸夏不同，拟改，准唐仪。于是第二十八真德王三年（公元649年）即唐贞观二十三年，始服中国衣冠。明年即高宗帝永徽元年，奉正朔行永徽之号。自后朝鲜使臣，每朝觐列于上蕃。暮年辞京辇，建水多寺于江陵府而居。寺址在江原道平昌郡珍富面，所造寺塔十有余所，撰诸经戒疏十余卷，作《出观行法》一卷。义天撰《诸宗教藏总录》中举《四分律羯磨私记》《十诵律木叉记》。《日域传灯》目录中举《阿弥陀经疏》。《佛典疏钞》目录中举《阿弥陀经义记》。《三国遗事》卷三云：

　　慈藏法师西学……忽有神人问："汝国有何留难？"藏曰："我国北连靺鞨，南接倭人，丽、济二国，迭犯封陲，邻寇纵横。"……神人云："今汝国以女为王，有德而无威，故邻国谋之，宜速归本国。"藏问："归乡将何为利益乎？"神曰："归本国，成九层塔于寺（皇龙寺）中，邻国降伏，九韩来贡，王祚永安矣。"……贞观十七年……归国，以建塔之事闻于上，善德王议于群臣，群臣曰："请工匠于百济，然后方可。"乃以宝帛请于百济，匠名阿非知，受命而来……其塔刹柱记曰："铁盘已上高四十二尺，已下一百八十三尺。"慈藏以五台所授舍利百粒分安于柱中。贞观十九年乙巳（善德王十四年），塔初成。

　　据同书，九层塔建为降伏九敌国，第一层日本，第二层中华，第三层吴越，第四层托罗，第五层鹰游，第六层靺鞨，第七层丹国，第八层女狄，第九层濊貊是也。塔与皇龙寺丈六尊像，真平王玉带，称为新罗之三宝。

　　藏又往太伯山建石南院，即为净岩寺。江南道旋善郡《太白山净岩寺事迹》云：

> 　　太宗贞观十九年乙巳，慈藏创立佛舍利塔……慈藏入唐，于五台山得舍利，归国，善德王供养……拜师为国统……师奏建皇龙寺九级塔藏舍利，次立月精寺十三层塔藏舍利，因开中台，安佛颅……后建通度寺戒坛，藏舍利佛顶骨。

> **佛塔偈（慈藏作）**
>
> 万代轮王二界主，双林示灭几千秋。
>
> 真身舍利今犹在，普使群生礼不休。

　　据《通度寺（灵鹫山通度寺在庆尚南道梁山郡）创建由绪》，慈藏于终南山云际寺，感得世尊顶骨及舍利百枚、毗罗金点袈裟一领、贝叶经一卷还本国。至贞观二十年丙午，与善德王行至鹫栖山下九龙渊，为龙说法，填池筑金刚戒坛，传其中安置舍利四枚、牙齿、顶骨、贝叶。今通度寺所存之金刚戒坛，虽后人拟，古而典雅足观。舍利塔依然存旧观，坛石、灯笼等雕刻最优美也，禅堂之华严曼陀罗一帧，诚值赏玩。慈藏之袈裟、锡杖、铃、香炉等遗物现存。又《通度寺记》云：

> 　　万历壬辰，岛夷之变，国家奔走，梦月松风，亦未免祸。

吁！戒坛圣骨，并被贼取，幸蒙天祐，得返本处，于时松云大师命门下敬岑、太然、性元、雪雄等督役而重创之，金刚戒坛宛如似昔年。

后真觉国师，题通度寺戒坛云：

> 释尊舍利镇高台，覆釜腰边有大瘢。
> 闻道黄龙灾塔日，连烧一面示无间。

又题佛袈裟云：

> 殷勤稽首敬皈依，是我如来所着衣。
> 因忆灵山猊座上，庄严百福相巍巍。

《古记》云，五台山月精寺者，慈藏法师自唐还，欲见文殊其身，结庵山麓。住七日，不能遂其志，去妙梵山创净岩寺。后信孝居士来住慈藏茅庵之地。次梵日门人信义头陀，创庵住之。后水多寺长老有像来住，渐成大寺，月精寺是也。

据《续高僧传》卷二十四，新罗沙门圆胜，以唐贞观元年入唐京，定慧双修，护法为心，与慈藏为同襟，返国开讲律部，大盛戒学。

第九节　惠通之密教

第二十九太宗王（自唐永徽五年，公元654年，孝德天皇大化五年，至同显庆五年，公元660年，齐天明六年）二年，高句丽、百济与鞑鞨联兵侵新罗，取其三十三城。实际寺之僧道玉从军与百济战死，盖新罗人报国尽忠之精神横溢之所致也。七年，王与金庾信戮力请兵于唐，唐将苏定芳所率十三万兵与金庾信以精兵五万讨百济，义慈王降，遂灭其国。第三十文武王（自唐龙朔元年，公元661年，齐明天皇七年，至同永隆元年，公元680年，天武天皇白凤八年）四年，禁擅以财货田地施佛寺，为佛寺滥费金品之弊，即现于此时也。五年，沙门惠通传密教。据《三国遗事》卷五，惠通，不详其氏族，入唐谒无畏三藏，服勤三载，未被开授，乃悱愤立于庭，头载火盆，须臾顶裂，声如雷，三藏见之，撤火盆，以指按裂处，诵神咒，疮合如平日，有瑕作"王"字状，因号王和尚。三藏深器之，传印诀。时唐公主有疾，高宗帝请救于三藏，三藏举通代己，通咒黑白二种豆为神兵，逐蛟龙出，疾遂廖。毒龙来新罗害生甚多，乃于高宗帝麟德二年（文武王五年）还国黜龙。第三十二孝昭王（自唐嗣圣九年，公元692年，持统天皇六年，至同十八年，公元701年，文武天皇大宝元年）时，王女有疾，诏通治之，疾忽愈。王大悦，拜通为国师，密教之风于是大振。以上记事颇可疑，何则？按《宋高僧传》卷二，李华撰《善无畏三藏行状》，善无畏之名闻于中国在睿宗帝时，玄宗帝开元元年，帝梦见异僧，以丹青写之殿壁，及无畏之来与梦符合，乃尊为教主。而无畏入长安，乃开元四年丙辰（公元716年）也，果然则惠通还新罗（高宗帝麟德二年）后五十一年无畏至长安，通何从无畏受密教哉？

高宗帝时，无畏未渡唐，然则无畏令通疗公主之疾之说亦不可信。虽然密教之传中国非始自唐代，当西晋帛尸黎密多罗既译出《大灌顶经》《大孔雀神咒》等，其后历代有密部经典之翻传，然则惠通入唐其从何人得之耶？

据《元亨释书》卷一,《越州龙兴寺顺晓》云:

> 昔开元朝,三藏善无畏从佛国大那兰陀寺传大法轮,转至大唐国,传付传法弟子义林,是国师大阿阇梨也,年一百三岁,见(日本延历二十三年,哀庄王五年)今在新罗国转大法轮。

然则善无畏之法至哀庄王时,尚依义林而传于新罗也。

《三国遗事》卷二云:

> 上元元年(文武王十四年)甲戌二月,刘仁轨为鸡林总道管,以伐新罗(上元二年二月也)。王甚悼之,会群臣,问防御策,角干金天尊奏曰:"近有明朗法师,入龙宫,传秘法而来,请诏问之。"朗奏曰:"狼山之南,有神游林,创四天王寺于其地,开设道场则可。"……乃以彩帛营寺,草构五方神像,以瑜伽明僧十二员,明朗为上首,作文豆娄秘密之法……唐兵舡皆没于水,后改建寺,名四天王寺。

四天王寺址在庆州邑南一里,狼山之南东麓,同寺碑之断片藏总督府博物馆,至近年从寺址发现阳刻四天王施釉之砖之断片。

第十节　三国之一统与义湘之华严宗

文武王八年(唐总章元年),王与唐将李勣等协力攻高句丽,陷平壤,虏宝藏王送唐,三国一统之功于是告成。翌九年,以信惠法师为政官大书省参与政事。是岁,唐僧法安来传高宗帝之命,求磁石，乃遣使献之。十年（公元670年，天智天皇九年），法安为高句丽人所杀。同年，高僧义湘自唐还，传华严宗。义湘，俗姓金氏（又云朴氏），鸡林府人，真平王四十七年（唐高祖武德八年）生，廿岁出家（又云年二十九岁依京师皇福寺落发）。真德王四年庚戌（高宗帝永德六年），年二十六欲与元晓同伴入唐，出辽东，边戍以为间谍者，囚闭累旬，仅免还。文武王元年辛酉（唐高宗龙朔元年），会唐使船西还，便乘入中国。寻诣终南山至相寺谒智俨（杜顺之嗣），入室受华严妙旨，与贤首法藏为同学。既而本国丞相金仁问等先囚于唐，高宗帝欲大举东征，仁问等密告之湘，湘以成享二年（文武王十一年，天智天皇十年）归国，事闻于朝。文武王命神印大德明朗设密坛法攘之（上元元年、二年）。《三国遗事》卷二云，文武王欲于京师筑城廓，时湘上书王云："政教明，则虽草丘划地而为城，民不敢逾，可以洁灾进福；政教苟不明，则虽有长城，灾害未消。"于是罢其役。江原道襄阳郡《洛山寺事迹》云，同寺为义湘归国之年即文武王十一年开创，义湘作梅檀之观音为本尊。临苍海有义湘台，云为拜观音之真容。湘作百日之行处，有观音窟，梵音海潮音，日夜不绝。

《三国遗事》卷三记洛山寺观音是义湘于同所海岸观音窟拜真容所塑。又梵日国师大中十二年戊寅二月十五日，于洛山下安水中发现之正趣菩萨像云。

义湘在文武王十六年（唐高宗仪凤元年），龄五十二，因王命创浮石寺于大伯山（庆尚北道荣州），开演华严一乘。至第三十三圣德王元年（唐嗣圣十九年，公元702年）寂，春秋七十八。生前撰《法界品钞记》《大华严十门看法观》《华严一乘法界图》《白花道场发愿文》等。《宋高僧传》叙湘之操行如下：

国王钦重，以田庄奴仆施之。湘言于王曰："我法平等，高下共均，贵贱同揆，《涅槃经》八不净财，何庄田之有，何奴仆之为。贫道以法界为家，以盂耕待稔，法身慧命借此而生矣。"……湘贵如说行，讲宣之外，精勤修练，庄严刹海，靡惮暄凉。又常行义净洗秽法，不用巾帨，立期干燥而止。持三法衣瓶钵之余，曾无他物。

湘作《华严一乘法界图》，此图于唐总章元年戊辰（文武王八年）在唐中之作，如下：

```
一－微－尘－中－含－十　初－发－心－时－便－正－觉－生－死
一－量－无－是－即－方　成　益－宝－雨－议－思－不－意　涅
即　劫　远－劫　念－一　别　生　佛－普－贤－大－人　如　槃
多　九　量－即　一　切　隔　满　十　海－入－能－境　出　常
一　世　无　一－念　尘　乱　虚　别　印－三－昧－中　繁　共
即　十　是－如－亦－中　杂　空　分－无－然－冥－事－理－和
即　世－互－相－即－仍－不　众－生－随－器－得－利－益－是
一　相－二－无－融－圆－性－法　叵－际－本－还－者　行　故
一　诸　智　所－知－非－余　佛　息－尽－宝－庄－严－法　界
中　法　证　甚－性－真－境　为　忘　无　随－家－归－意　实
多　不　切　深－极－微－妙　名　想　尼　分－得－资　如　宝
切　动　一　绝－相－无　不　动　必　罗－陀－以－粮　捉　殿
一　本－来－寂　无－名　守　不　不－得－无－缘　善　巧　穷
中－一－一　成－缘　随－性－自　来　旧－床－道－中－际－实　坐
```

第十一节 义湘门人及其十刹

义湘门人有十大德，各通一乘之义，悟真、智通、表训、真定、真藏、道融、良圆、相源、能仁、义寂是也。智通学于灵鹫山朗智，后入义湘之门。

《三国遗事》叙其传云：

歃良州（今梁山）阿曲县之灵鹫山（通度寺山号）有异僧，庵居累纪，而乡邑皆不识。师亦不言名氏，常讲《法华》，仍有通力。龙朔初（文武王元年）有沙弥智通，伊亮公之家奴也。出家年七岁，时有鸟来鸣曰："灵鹫去，投朗智为弟子。"通闻之，寻访此山，来憩于洞中树下，忽见异人出曰："我是普贤大士，欲授汝戒品，故来尔。"因宣戒讫，乃隐。通，神心豁尔，智证顿圆，遂前行路，逢一僧，乃问："朗智师何所住？"僧曰："奚问朗智乎？"通具陈神鸟之事，僧莞尔而笑曰："我是朗智，今兹堂前亦有鸟来报：'有圣儿，投师将至矣，宜出迎。'故来迎尔。"乃执手而叹曰："灵鸟惊尔投吾，报予迎汝，是何祥也，殆山灵之阴助也。"传云山主乃辨才天女，通闻之泣谢，投礼于师，既而将与授戒。通曰："予于洞口树下，已蒙普贤大士乃授正戒。"智叹曰："善哉，汝已亲禀大士满分之戒。我自生年来，夕惕殷勤念遇至圣，而犹未能昭格，今汝已受，吾不及汝远矣。"反礼智通，因名其树曰普贤。通曰："法师住此其已久？"智曰："法兴王丁未之岁，始寓足焉，不知今几？"通到山之时，乃文武王即位元年辛酉岁也，计已一百三十五年矣。通后诣义湘之室，升堂睹奥，颇资玄化，实为《锥洞记》记主也。

次就湘之门人真定有下之美谈。

　　真定，罗人也，白衣时而家贫不娶，佣作受粟，以养孀母。家中计产，唯折脚一铛而已。一日有僧到门，求化营寺铁物，母即以铛施之。既而定从外归，母告之故。"且虞子意何如尔？"定喜现于色曰："施于佛事，何幸如之，虽无铛又何患，乃以瓦盆为釜。"闻人说义湘法师在大伯山说法利人，即有响慕之志，告于母曰："毕孝之后，当投于湘法师。"母曰："佛法难遇，人生大速。"乃曰："毕孝不亦晚乎，曷若趁予不死，以闻道闻，慎勿因循，速斯可矣。"定曰："萱堂晚景，唯我在侧，弃而出家，岂敢忍乎。"母曰："噫，为我妨出家，令我便堕泥黎也。虽生养以三牢七鼎，岂可为孝。予其衣食于人之门，亦可守其天年，必欲孝我，莫作尔言。"定沉思久之，母即起罄倒囊储，有米七升，即日毕炊。且曰："恐汝因熟食经营而行慢也，宜在予目下，喰其一，橐其六，速行速行。"定饮泣固辞曰："弃母出家，其亦人子所难忍也，况其怀浆数日之资，尽裹而行，天地其谓我何？"三辞三劝之，进途宵往，三日达大伯山，投湘公，名曰真定。居三年，母之讣音至，定跏趺入定七日乃起……既出定以后，事告于湘，湘率门徒，归小伯山之锥洞，结草为庐，会徒三千，约九十日，讲《华严》大典，门人智通随讲，撮其枢要，成两卷，名《锥洞记》。

就表训《三国遗事》卷二云：

景德王一日诏表训大德曰："朕无祐不获其嗣，愿大德请于上帝而有之。"训上告于天帝，还来奏云："帝有言，求女即可，男即不宜。"王曰："愿转女成男。"训再上天请之。帝曰："可则可矣，然为男，则国殆矣。"训欲下时，帝又召曰："天与人不可乱，今师往来如邻里，漏泄天机，今后宜更不通。"训来以天语谕之。王曰："国虽殆，得男而为嗣，足矣。"于是满月王后生太子，王喜甚。至八岁，王崩，太子即位，是为惠恭大王。幼冲，故太后临朝，政条不理，盗贼蜂起，不遑备御，训师之说验矣……自表训后，圣人不生于新罗云。

表训著有《华严经文义要决问答》，又《金刚山表训寺传》为表训所创，而《寺记》皆朝鲜世祖王以后事耳。关于义寂，所著有《大涅槃经纲目》、同《义记》、《大涅槃经云何偈》、《法华经料简》、同《灵验记》、《成唯识论未详诀》、《瑜伽义林》、《梵网经菩萨戒本疏》、《大无量寿经疏》、《观无量寿经纲要》。

《智异山双溪寺记》有关于湘之门人三法之记事云：三法，新罗文武王十六年丙子，投仪相禅师受具，聪慧能解经律。曾闻中国曹溪六祖慧能之道望，欲参问而未遂其志。以唐玄宗先天二年（新罗圣德王十二年）闻六祖入寂，其痛恨之。其后经六年金马国弥勒寺僧圭晶自唐还，读其赍来之《法宝坛经》，至谓大师曰："吾灭后五六年当有人取吾首。"私念言："吾当力图，以作吾邦万代之福田。"乃请借二十千金于金庚信之夫人法净尼，卷商船入唐，寓洪州开元寺。时有大悲禅伯，本国柏栗寺之僧也，二人相亲议，与寄留此寺张净满二十千金，取来六祖顶相（开元十一年），垂夜半供养于法净尼所住之灵妙寺。后有一僧现梦以诗告云："吾归此土，佛国有因缘，康州智山下，葛花雪里天。人境同如幻，山水妙如莲，我法本无心，幽宅卜万年。"乃与大悲往探康州智异山，时当十二月，积雪如峰，气暄如春，万花烂漫，遂于此地斫石为函，安以深空，于其方建一座兰若，以专修禅定，历修十八年，至新罗孝成王三十八年己卯七月十二日，沐浴坐诵《坛经》而逝，门人仁慧、义净等，奉全身归葬于云岩寺。

上叙传中，所云取来六祖顶骨而供养，殆不可信。真鉴国师于智异山花开谷就三法和尚遗址建一寺曰玉泉寺，今双溪寺是也。

就华严道场，崔致远撰《法藏和尚传》夹注云：

> 海东华严，大学之所，有十山焉。中岳公山美理寺，南岳智异山华严寺，北岳浮石寺，康川（今陕州）伽耶山海印寺、普光寺，熊州（今公州）迦耶峡普愿寺，鸡龙山岬寺。《括地志》所云，鸡蓝山是朔州（今春川）华山寺，良州（今梁山）金井山梵语（鱼）寺，毗瑟山玉泉寺，全州母山国神寺，更有汉州（今广州）负儿山（三角山）青潭寺，此十所。

湘传教智异山华严寺，建之浮石寺之翌年，即有刻于仪凤二年（文武王十七年，公元 677 年）晋译《华严经》之石经，今犹见残缺之存。又同寺《华严经社愿文》为资新罗宪康王之冥福，王弟定康王命华严寺写晋本六十卷，贞元本四十卷，上之石。云其为谁作难定。

浮石寺为湘之根本道场。《寺记》云，义湘以唐高宗仪凤元年所创，元顺帝之代烧亡，至高丽恭愍王圆融国师（碑在寺前）重创。现存祖师堂（安义湘像）成于高丽辛禑王三年，为特别保护建筑物。无量寿殿为辛禑王二年重修，于全朝鲜为最古之木造建筑，殿中有弥勒

像，雄伟端丽，高丽朝唯一之塑像也。其他有四天王、帝释梵天六幅
之壁画。同寺藏晋、贞元三译之《华严经》板亦散佚残缺，不堪一览。

梵鱼寺称武烈王二年乙卯义湘所创，是属湘入唐以前。寺后有元
晓庵，其讲经所云，有义湘台，传湘修禅之地，然则湘其曾讲法梵鱼
耶？至海印寺是哀庄王三年所创，湘灭后一百一年也。唯湘非目弘教
十刹，唯举崔致远时代之十刹而已。

据《圆宗文类》，义湘之同学法藏从唐西京崇福寺寄书海东，尊
湘曰海东新罗大华严法师，赞叹如来灭后光晖佛日，再转法轮，令法
久住者唯其法师，赠其著作。湘检其藏否，请示箴海，书末云：

> 《华严探玄记》二十卷，两卷未成。《一乘教分记》三卷、《玄
> 义章》等杂义一卷、别翻《华严经》中梵语一卷、《起信疏》两
> 卷、《十二门论疏》一卷、新翻《法界无差别论疏》一卷，以上并
> 因胜诠法师抄写将归。今月二十三日新罗僧孝忠师遗金九分，云
> 是上人所寄，虽不得书，顶荷无尽。今附西国君持澡罐一口，用
> 表微诚，幸请（一作愿）捡（一作俭领）谨宣。(《续藏经》第一
> 辑，第二编，第八套，第五册，第 422 页)

如是，法藏论胜诠，致书义湘，盖孝昭王元年即唐中宗帝嗣圣九年
（公元 692 年）也。

崔致远撰《法藏和尚传》云，湘受法藏之疏记，自为捡之，掩室
探讨，涉旬方出，命真定、相圆、亮元、表训分讲《探玄记》，人各五
卷，告之曰："博我者藏公，起予者尔辈也。"

又湘在唐之时，与南山道宣交游事，见《三国遗事》卷三。

第十二节 新罗武烈王与文武王之功业

百济末期有义慈王勇敢，攻城野战夺新罗之数十城，干戈不绝。新罗第二十九武烈王忧之，自往唐，谒太宗帝乞援。太宗崩，高宗立，遣将军苏定方以兵十三万讨百济。新罗王令将军金庚信领精兵五万从之。百济王大败，与太子被囚，其国遂灭，为唐所并吞，是武烈王七年（公元660年，齐明天皇六年）也。如是新罗既平百济，更欲灭高句丽，再请兵于唐，高宗帝乃以李勣为将伐句丽。新罗第三十文武王命金庚信等三十将军会之，平壤遂陷，丽王宝藏出降，是文武王八年（唐高宗帝总章元年，公元668年）也。于是高句丽为唐之领土，现出新罗全盛时期。王之十四年二月，于宫中穿池积石以造山，栽花草，养珍禽奇兽。今庆州月城北，临海殿址，有雁鸭池是也。

文武王平时谓僧知义曰："倭寇常侵，朕死当葬于东海中之大岩上，愿为护国之大龙。"乃从遗教，烧王之柩于东海上。（《东史纲目》，第424页）

《东国舆地胜览》云：

> 倭国数侵新罗，文武王患之，誓死为龙，护邦国而御寇盗。将薨，遗命葬我东海滨水中，神文王从之。

盖王为据佛教行荼毗礼之始。

第六章　大贤之唯识与胜诠之华严

元晓、义湘以后，西泛求法者益多，如慧超跋涉五天竺，遍诣圣迹。又圆测、憬兴、道证、大贤等阐唯识之幽微，胜诠明华严一乘之妙谛，律师真表盛为占察法会，西方往生之净业亦大行，现出新罗之国运隆昌与佛教之黄金时代，然而杂信杂行亦勃兴，佛教熟烂之弊亦不可看过。

第一节　新罗之十圣

《三国遗事》卷四记：

东京兴轮寺金堂十圣

东壁坐庚向泥塑，我道、压触（异次顿）、惠宿、安含、义湘；西壁坐甲向泥塑，表训、蛇巴、元晓、惠空，慈藏。

惠宿，真平王时，惠空，善德王时出世，现神异，并见《三国遗事》卷四。

遂往边山苏来寺……至元晓房，有木梯高数十级，叠足凌兢而行，乃得至焉……傍有一庵，俗语所云蛇包圣人所昔住也。以

元晓来居，故蛇包亦来侍，欲试茶进，晓公病，无泉水，此水从
岩罅忽涌出，味极甘，如乳，因尝点茶也。（《东国李相国集》上，
第353—354页）

蛇巴、蛇包，未知孰是，似为元晓侍僧。予谓元晓、义湘、慈藏，杰
人也，未足以为圣。元晓学识有余，而操行不伴之，义湘虽少撰述，
而神足如云，为一代大匠。表训以神异知，不知学德如何？慈藏学德
兼备，不虚高僧之名。奇迹传闻以为圣，十圣之名其实不符也。

第二节　圆测等唯识之研究

与义湘同时人，先湘入唐者有圆测。测，讳文雅，新罗王之孙，
三岁出家，十五闻常、辨二法师之讲。其入唐也，太宗皇帝赏其才，
赐度牒，令住京师元法寺，寻从学玄奘三藏，通《瑜伽》《唯识》《成
实》等论，大小乘圣经。《宋高僧传》卷四云，玄奘讲新翻之《唯识
论》，授慈恩窥基，圆测赂守门者隐而闻之。又奘讲《瑜伽论》也，同
前盗听，不后于基，盖基与测为难兄难弟，足暗示共相竞不让之状。
测被召为西明寺大德。则天武后初，应义解之选入译经馆。中天竺地
婆诃罗三藏，奉敕译《密严经》等时，为五大德上首参与之。据崔知
远撰《圆测和尚讳日文》，则天武后垂拱中，神文王累表请还本国，似
乃一度归国再返唐。武后万岁通天元年（孝昭王五年）七月二十日，
寂于佛授记寺，寿八十四，所著《成唯识论疏》、同《别章》、《二十唯
识论疏》、《成唯识应钞》、同《光钞》、《瑜伽论疏》、《观所缘缘论疏》、
《俱舍论释颂钞》、《解深密经钞》、《仁王经疏》、《金刚般若经疏》、《般
若心经赞》、《无量义经疏》。

次圆测门人有入唐僧胜庄。《圆测法师佛舍利塔铭序》记为圆测学徒大荐福寺大德胜庄法师，所著有《最胜王经疏》《成唯识论诀》《梵网经述记》《杂集论述记》《大因明论述记》。

次有圆测之门人道证，入唐从测究唯识，以孝昭王元年东还，奉《天文图》，所著有《成唯识论纲要》、同《要集》、《辨中边论疏》、《因明理门论疏》、同《述记》、《般若理趣分经疏》。

次据《宋高僧传》卷四，新罗之顺憬，附唐高宗帝乾封中（文武王六年）入贡使臣入中国。时玄奘三藏，长逝垂二年，憬于因明有所自得，奘之高弟窥基虽知憬所之比量见有过失，而重其才识。憬在本国多著述，其所宗为法相大乘义教也。佛典目录举憬所撰《法华经料简》《唯识论料简》《因明正理论钞》。

再次新罗之神昉亦入唐，与玄奘之高弟窥基并列译场，撰成《唯识论要集》。遁伦也新罗人，作《成唯识论要诀》。智仁也新罗人，入唐之译场，撰六卷《律钞记》《佛地论疏》《显扬论疏》《杂集论疏》。

第三节　憬兴之盛名与胜诠之弘法

第三十一神文王（自唐开耀元年，公元681年，天武天皇九年，至同嗣圣八年，公元691年，持统天皇六年）元年，为文武王建感恩寺于东海边。翌二年幸之，得名竹，做万波息笛，寻到祇林寺（善德王十二年创）。据《日本书纪》卷三十，王之七年（持统天皇元年），新罗僧尼多归化日本。同年，王送还日本学问僧明聪、观智等，别献金、铜阿弥陀，金、铜大悲菩萨、大势至菩萨各一躯。据《元亨释书》卷二十一，王之十年（持统天皇四年），新罗沙门诠吉赴日本。王之代，大德憬兴有盛名为国老。

《三国遗事》卷五云：

> 神文王代，大德憬兴，姓水氏，熊川（公州）人也。年十八出家，游刃三藏，望重一时。开耀元年（高宗帝年号，公元681年），文武王将升遐，顾命于神文曰："憬兴法师可为国师，不忘朕命。"神文即位，封为国老，住三郎寺……一日将入王宫，从者先备于东门之外，鞍骑甚都，靴笠斯陈，行路为之辟易。一居士（一云沙门）形仪疏率，手杖背筐来，憩于下马台上，视筐中干鱼也，从者呵之曰："尔着缁，奚负触（译者按，疑浊）物耶。"僧曰："与其挟生肉于两股间，背负三市之枯鱼，有何所嫌？"言讫起去，兴方出门，闻其言，使人追之，至南门文殊寺之门外，抛筐而隐，杖在文殊像前，枯鱼乃松皮也。使来告，兴闻之叹曰："大圣来戒我骑畜尔。"终身不复骑。兴之德馨遗味，备载释玄本所撰《三郎寺碑》。

兴所著有《俱舍论钞》、《大涅槃经疏》、《法华经疏》、《成唯识论贬量》、同《枢要记》、同《义记》、《瑜伽论疏》、同《释论记》、《显扬论疏》、《因明理门义钞》、《大乘起信论问答》、《金光明经述赞》、同《略赞》、《解深密经疏》、《无量寿经述赞》、《阿弥陀经略记》、《三弥勒经疏》、同《逐义述文》、《灌顶经疏》、《药师经疏》、《十二门陀罗尼经疏》、《金刚般若料简》、《四分律羯磨记》、《法苑记》、《拾毗尼记》。

第三十二孝昭王（自唐嗣圣九年，公元692年，持统天皇朱雀六年，至同十八年，公元701年，文武天皇大宝元年）元年，唐法藏门人胜诠携来《华严疏钞》附义湘，华严之妙旨愈益彰海东矣。诠入唐就法藏问圆旨，至是带《探玄记》等来。《三国遗事》卷四云：

胜诠乃于尚州领内，开宁郡境，开创精庐，以石髑髅为官属，开讲《华严》。新罗沙门可归，颇聪明，识道理，有传灯之续，乃撰《心源章》，其略云："胜诠法师，领石徒众，论议讲演，今葛项寺（其址在庆尚北道金泉郡）也，其髑髅八十余枚，至今为纲司所传，颇有灵异。"

胜诠传教之后，僧梵修入中国求新译后分《华严经》，观师《义疏》，还东流演，时当唐贞元十五年己卯（昭圣王元年）也。澄观《疏》从兴元元年正月至贞元三年十二月成，然则撰述，后十二年而东传也。《三国佛法传通缘起》云，新罗学生、大安寺审祥入唐见法藏传《华严》。天平十二年庚辰，因敕于金钟寺讲《华严》三年，天平十四年壬午寂，是日本《华严》讲经之始。孝昭王元年始创望德寺，为唐室祈福。据《开元释教录》卷八，沙门明晓以是年入唐，请将真言之妙义流通海东，乃于佛授记寺之翻经院译《羂索陀罗尼》一部令流布。六年，设望德寺落成法会，王感释尊现身，受斋，建释迦寺并佛无寺。

第四节　大贤之法相与真表之占察

第三十三圣德王（自唐嗣圣十九年，公元702年，文武天皇大宝二年，至同开元二十四年，公元736年，圣武天皇天平八年）二年，新罗之智凤、智鸾、知雄奉日本文武天皇之敕入唐，谒朴阳之知周（慈恩之孙）学法相宗，还日本弘演。智凤、智鸾，各授法义渊。义渊有上足七人，玄昉僧正、行基菩萨、宣教大德、良敏大僧都、行达大僧都、隆尊律师、良辨僧正是也。十一年，名臣金庾信之妻落发为尼，曰法净。第三十四孝成王之薨，遗命于法流寺南火化，骨散东海。

第三十五景德王（自唐天宝元年，公元742年，圣武天皇天平十四年，至广德二年，公元764年，凉仁天皇天平宝字八年）五年，行大赦，度僧百五十人。十年，佛国寺并石佛寺成，大相金大城之发愿所也。一然云：

> 金大城为现生二亲，创佛国寺，为前生爷娘创石佛寺，请神琳、表训二圣师各住焉……将雕石佛也，欲炼一大石为龛盖，石忽三裂，愤恚而假寐。夜中天神来降，毕造而还。城方枕起，走趺南岭，热香木以供天神，故名其地为香岭。其佛国寺云梯石塔雕镂石木之功，东部诸刹未有加也。古乡传载如上，而寺中有记云，景德王代，大相大成以天宝十年辛卯创佛国寺，历惠恭世，以大历九年甲寅十二月二日大城卒，国家乃毕成之。初请瑜伽大德降魔住此寺，继之至于今。与古传不同，未详孰是。《新罗国东吐含山华严宗佛国寺事迹》，庆历六年（高丽靖宗王十二年）丙戌二月日国尊曹溪宗圆镜冲照大禅师一然撰。

《三国遗事》云："大相大成天宝十年（景德王十年）辛卯创佛国寺……大历九年（惠恭王十年）甲宣十二月二十日大城卒，国家即毕成之。"

同寺藏崔致远撰《毗庐佛并二菩萨像赞并序》《释迦如来佛幡赞并序》《阿弥陀佛像赞并序》云：

> 东海名山有佳寺，华严佛国为名字，主人宗衮亲修置，标题

四语有深意（一作义）。华严寓目瞻莲藏，佛国驰心系安养，欲使魔山平毒嶂，终令苦海无惊浪。可爱比丘所设施，能遵檀越奉心期，东居西想写形仪，观身落景指崦嵫。各于其国兴福利，阿閦如来亦奇异，金言未必辨方位，究竟指心令有地。妄生妄号空对空，浮世修行在慎终，既能安堵仰晬容，谁谓面墙无咸通。景行支公与远公，存没皆居佛国中。

据《佛国寺古今历代记》，金大城欲请神琳、表训二大德居佛国寺，寺未落成而殁。国家成，请瑜伽大德住之。又云唐光启三年丁未，其圣王元年重创佛国寺，请圆测讲《华严》。光启三年乃圆测灭后一百九十二年也。

十二年夏大旱，沙门大贤奉敕祈雨，贤不详其出处。《梵网经古迹抄》云，大贤初习华严，后入法相。《备忘钞》云，讳大贤，或曰太贤，此师德行隐故，不见僧传。或曰玄奘弟子圆测，圆测弟子道证，道证弟子大贤也。《撮要启蒙》云，本师之制，通有二部：一是《素怛览藏古迹记》，二是《阿毗达摩藏古迹记》。《三国遗事》云，大贤住南山茸长寺，寺有慈氏石丈六，贤常旋绕，像亦随贤转面。贤精通唯识，东国后进，咸遵其训，中华学士，往往得此为眼目。天宝十二年癸巳夏大旱，诏入内殿讲《金光明经》，以祈雨。一日斋次，献净水迟，监吏诘之，供者曰："宫井枯涸，远汲故迟。"贤闻之曰："何不早云。"及昼讲时捧炉点燃，斯须井水涌出，高七尺许，阖宫惊骇，因名金光井云。

贤究相宗奥旨，刊定邪谬，游刃八识，东国后进皆遵其训。贤所著如下：

《华严经古迹记》、《大涅槃经古迹记》、《法华经古迹记》、《金光明经述记》、同《料简》、《仁王经古迹记》、《金刚般若经古迹记》、同《新译经古迹记》、《般若理趣分经注》、《般若心经古迹记》、《观无量寿经古迹记》、《大无量寿经古迹记》、《小阿弥陀经古迹记》、《称赞净土经古迹记》、《弥勒上生经古迹记》、《弥勒下生经古迹记》、《弥勒成佛经古迹记》、《药师经古迹记》、《梵网经古迹记》、同《戒本宗要》、《大乘起信论内义略探记》、《成唯识论学记》、同《诀择》、同《学记》、《因明论古迹记》、《正理门论古迹记》、《瑜伽论古迹记》、同《纂要》、《五蕴论古迹记》、《显扬论古迹记》、《摄大乘论世亲释论古迹记》、同《无性释论古迹记》、《杂集论古迹记》、《中边论古迹记》、《观所缘论古迹记》、《掌珍论古迹记》、《广百论古迹记》、《唯识论广释本母颂》、《大乘一味章》、《成业论古迹记》、《释名章》、《大乘心路章》。

计四十二部，黑点示存书。

《备忘钞》云，大贤制作多名古迹，示卑下语也。言依诸家所释之踪迹取要录之，斯乃有典据，不擅作己意。如制《梵网经古迹记》，依义寂、法藏之疏记云。十三年夏，王请大德法海于皇龙寺讲《华严》，海现灵威。同年，铸皇龙寺钟。十四年，铸芬皇寺药师铜像。十七年，金刚山乾风寺成，同寺位于江原道高城郡。景德王十七年戊戌，发征和尚，重创圆觉古寺（传之阿道创），与贞信良顺等三十一人设念佛万日会，是为念佛万日会之滥觞。元圣王三年丙寅万日圆成，传三十一人肉身凌空西往云。二十二年，创断俗寺。《三国遗事》云，贤士信忠入智异山落发，为王创断俗寺。《别记》云，天宝七年戊子（景德王七年），王之宠臣李俊（一作纯）改创槽渊寺小寺为大刹，名断俗寺。二十三年，律师真表，铸金山寺之弥勒丈六像，至惠恭王二年，安置于金堂。

母岳金山寺在全罗北道金堤郡。《寺记》云，百济法王元年，王所创建，新罗善德王二年，慈藏奉敕命将来佛舍利，于此寺建塔藏舍利，是为现存之松台石钟塔，值古雅爱称。有后百济王甄萱，为其子神剑幽闭于金山寺之遗迹。现在伽蓝乃壬辰（文禄役）灾祸以后所重创，为木造建筑之最雄大者，如弥勒殿三层之高屋耸空，殿内安弥勒（三十三尺）、妙音（二十九尺）、法轮（二十九尺）三像，为特别保护建筑物。舍利塔十三层，塔新罗善德王二年作，为最优秀之艺术品，现存弥勒像非真表时代之作明甚。

据《三国遗事》卷四，真表，完山州（今全州）人，姓井氏。年十二投金山寺顺济落发。济一日语曰："吾僧入唐于五台，感文殊菩萨现受五戒。"表问曰："勤修几何得戒耶？"济曰："精至则不过一年。"表乃遍历名山，诣保安县，留锡仙溪山不思议庵，捐身苦修三七日，有灵应，感得地藏菩萨化现授戒本，时唐开元二十八年三月十五日，龄二十有三也。又感得弥勒化现授《占察经》二卷，并证果简子一百八十九介。表既受教法，下山住金山寺。景德王二十三年（唐代宗帝广德二年），铸丈六弥勒像安置金堂。后出金山，行至高城郡，入皆骨山（金刚山）创钵渊薮，开占察法会，住七年。俗离山永深等从表传《供养次第秘法》一卷、《占察善恶业报经》二卷，一百八十九简子，创吉祥寺于俗离山，设占察法会。景德王闻之，迎入宫，受菩萨戒，嚫租七万七千石，椒庭列岳，皆受戒，品施绢五百端，黄金五十两，表皆受之，分施诸山广兴佛事。

表与其父钵渊同修道业，登寺东之大岩而化。得法之领袖有永深、宝宗、信芳、体珍、珍海、真善、释忠等，皆为山门之祖。永深传简子住俗离山，为克家之子。永深之资有心地，如后叙之。

《三国遗事》所载之《真表传简》、关东《枫岳钵渊薮石记》，皆充满荒唐故事，加之年代矛盾，不足取信，待后贤之订正耳。《宋高僧传》卷十四虽亦有《真表传》，亦无一可取者。当时新罗沙门，入竺求法者不少，而与玄奘、义净等同遗伟绩者，慧超一人也。慧超《往五天传笺释》云：

> 开元七年（玄宗帝年号，公元719年）不空金刚三藏东来……师事金刚智三藏。十五年（公元727年）十一月上旬，慧超历涉五天，还至安西……建中元年（德宗帝年号，公元780年）四月十五日，慧超译经。慧超在唐凡五十四年……按，新罗国慧超，年未至弱冠，去乡国入唐，不久附海舶，经昆仑、佛逝、师子洲达五天竺，遍诣圣迹，遂取北天路还至安西，龄当近三十，加以在唐之期，将算八十四、五，其长寿可知也。（《游方传丛书》第一，第61—63页）

第五节　念佛之流行与杂信杂行

《三国遗事》卷五，第三十文武王时，沙门广德心期西方，或唱名，或作十六观而往生，其友严庄亦诣元晓问津要，一意修观而西升也。第三十五景德王（自唐天宝元年，公元742年，圣武天皇天平十四年，至广德二年，公元764年，天平宝字八年）十四年（唐天宝十四年，公元755年），康州善士数十人，欣求西方，于州境创弥陀寺，约万日作契。时阿干贵珍之家有一婢名郁面，随其主念佛九年，是年正月二十一日礼佛弃其身于小伯山下。贵珍舍其家为法王寺，后有怀镜大师者重修之，蔚为东南名蓝。

同书又云，据贵珍《本传》，是元和三年（公元808年）戊子第四十哀庄时。又云，景德王之代，歃良州（今梁山）有五比丘，念佛求西方几十年，忽圣众来迎，大放光明向西去。又庆州南山东麓有一异僧，常念弥陀，声闻城中，三百六十坊十七万户无不闻其声，人异之，无不致敬。

圣德王之代，庆尚道昌原府白月山色人夫得、朴朴二人，出家入山，夫得求弥勒，朴朴念弥陀。王八年（景龙三年）己酉四月八日，观音出现，夫得化为弥勒尊，朴朴变为弥陀，放光说法，全身蹑云而逝。天宝十四年乙未，景德王即位，闻斯事，以丁酉岁遣使创大伽蓝，号白月山南寺。广德二年甲辰七月十五日，寺成，更塑弥勒尊像安金堂，额曰"现身成道弥勒之殿"。又塑弥陀像安讲堂，额曰"现身成道无量寿殿"。由此可想见念佛流行之状。景德王之代，新罗王子无漏入西域。《宋高僧传》卷二十一、《神僧传》卷八并《续文献通考》云：

> 无漏，姓金氏，新罗王之子也。少慕释子，附海舰达于中华。欲游五竺，礼佛八塔，既渡沙漠，涉于田。己酉，至葱岭，入大伽蓝，其中比丘皆不测之僧也……群僧语之曰："观师化缘，合在唐土……漏意其圣贤之言必无唐发，如是却回。"临行谓漏曰："逢兰即住。"所还之路山名贺兰，乃冯（译者按，疑"凭"）前记，遂入其中，得白草谷，结茅栖止。无何安史兵乱，玄宗幸蜀，肃宗训兵灵武……召不至，命朔方副元帅中书令郭子仪，亲往谕之，漏乃爰来……及旋，置之内寺供养，累上表章，愿还旧隐，帝心眷重，未遂归山，俄云示灭焉……先是漏行化多由怀远县，因置庙署，谓之下院。丧至此，神座不可辄举，众议移入，

构别堂宇安之，则上元三年也。

新罗无相入蜀大施化益亦同时。《神僧传》卷七并《宋高僧传》卷十九云：

> 释无相，新罗国人也，彼土王第三子。以开元十六年至于中国，玄宗召见，隶于禅定寺，后入蜀资州，谒智诜禅师。有处寂者，预知相至，与号曰无相，中夜授予袈裟，遂入深溪谷岩下坐禅，有黑犊二，交角盘礴于座下，近身甚急……相殊不倾动，每入定，多是五日为度……常行杜多，复构精舍于乱墓间。属明皇避难入蜀，迎相入内殿，供礼之。成都县令杨翌，疑其幻惑，乃追至，命徒二十余人曳之，徒近相身，一皆战栗，心神俱失，由是劝檀越，造净聚、大慈、菩提等寺。先居净聚本院……相之弟本国新为王矣，惧其却回，其国危殆，将遣刺客来屠之，相已冥知矣……其神异多此类也。以至德元年（公元756年）卒，寿七十七。

新罗之元表，亦渡唐而入西域。《宋高僧传》卷三十云：

> 元表，本三韩人也。天宝中（景德王代），来游华土，仍往西域，瞻礼圣迹。遇心王菩萨，指示支提山灵府，遂负《华严经》八十卷，寻访霍童，礼天冠菩萨，至支提石室而宅焉……涧饮木食，后不知出处之踪矣。于时，属会昌搜毁，表将经，以华榈木函盛，深藏石室中。殆宣宗大中元年丙寅，保福慧评禅师，素闻往事，躬率信士，迎出甘露都尉院，其纸墨如新缮写。

唯当时观音灵验之信仰大起，故新罗古传，关于众生寺、柏栗寺、敏藏寺之观音灵异，芬皇寺千手大悲之灵应，见《三国遗事》卷三。又义湘创洛山寺拜观音之真容见同书。加之，密教之杂信，笼络人心，金谷寺僧密本诵《药师经》理善德王之疾，为丞相金良图驱逐群鬼。又金庾信之友有一老居士，与因惠法师竞神力破之，而治名秀天者之疾。景德王十九年庚子四月二日并现，浃旬不灭。僧明月作《兜率歌》禳之有效，月常为亡妹设斋，作乡歌祭之，有异迹。月常居四天王寺，一夜，乘月明吹笛中，过门前大路，月轮停止，因名其地明月里，彼因此有名于世。又新罗之俗，每年仲春，从初八至十五，都人士女，竞选兴轮寺殿堂为福会。《三国遗事》中记虎之化为人妻，由此可证当时之杂信杂行。

第六节　第一期之学艺

百济古尔王五十二年（公元285年，应神天皇十六年），送博士王仁于日本，献《论语》及《千字文》，可证儒学之早行于三韩。又高句丽以小兽林王二年（公元372年，仁德天皇六十年），立大学教子弟，然则佛教渡来以前既有学艺之进步可知。与小兽林王同时，百济之近分仇首王元年条云，王为太子时，与高句丽人战胜之，将军莫古解曰："尝闻道家之言，知足不辱，知止不殆，今所得多矣，何必多求。"是足示当时老庄之学行于百济。新罗真兴王六年，命居柒夫等，广集文士修撰国史。善德王九年，遣子弟于唐，入国学，令就经学。又高句丽婴阳王十一年，诏大学士李文真约古史为新集五卷。国初用文字时，有人记事一百卷，名曰《留记》，至是删修也。次百济武王四十一年，仿新罗之例，遣子弟于唐入国学。次新罗真德王二年，金春秋入唐，诣国学观释典及讲论，太宗皇帝赐新撰《晋书》而还。又新罗文武王时，强首者因王命作《请释放金仁问》之表文，奉于高宗皇帝，见《三国遗事》卷二。且强首幼时，其父问曰："尔学儒乎，学佛乎？"首曰："愚闻之，佛世外教也，愚人间人，安用学佛为？愿学儒者之道。"乃就师读《孝经》，典礼《尔雅》《文选》。太宗王即位，唐使来传诏书，有难读处，强首释之，事见本传。神文王二年（公元682年，天武天皇白凤十年），立国学，置卿一人掌之，可见大学制度于是成。圣德王十三年，以孝贞为通文博士，掌书表事。同王十六年，太监金守忠自唐还，上文宣王十哲、七十二弟子画像。同王二十七年，王弟金嗣宗入唐，入学国学。先是神文王时，薛聪为大儒，于文艺有贡献，既如前叙。景德王六年，于国学置诸业博士助教。同王八年，置天文博士一员，漏刻博士六员。

观圣德王十八年，建元之广州甘山寺（址在庆州郡内东面）《弥勒造像记》，并十九年同寺《阿弥陀如来造像记》，明记老庄哲学之逍遥物外与佛教之玄寂常照相调和之文辞。

新罗学制载《三国史记·职官志》。以《周易》《尚书》《毛诗》《礼记》《春秋》《左氏传》《文选》分之为业，有博士或助教一人；或以《礼记》《周易》《论语》，或以《春秋》《左氏诗》《毛诗》《论语》，或以《尚书》《论语》《孝经》《文选》教授。诸生读书以三品出身，能读《春秋》《左氏传》或《礼记》或《文选》通其义，兼明《论语》《孝经》者为上；读《曲礼》《论语》《孝经》者为中；读《曲礼》《孝经》者为下。若能兼通五经三史、诸子百家之书者，超擢用之。

第七节　第一期佛教艺术品之遗物

　　新罗一统时代当唐代文化之极盛期，输入中国六朝以来之文艺，而佛教艺术达其顶点。都城内外为八百八寺之伽蓝林立也。现在（京城博物馆）金、铜弥勒菩萨像之端严妙相，与日本推古式佛像相照应，传北魏之佛像形式。存于庆州南山之药师如来坐像（今在博物馆）同存庆州甘山寺址之弥陀及弥勒石像有唐开元七年铭记。现存佛国寺之大日弥陀铜佛坐像、柏栗寺之等药师如来之像，雄伟端丽，足眩人目。尤其石窟庵（古名石佛寺）之释迦如来，周壁之金刚力士、四天王、十大弟子像，释尊背后之十一面观音等为代表的新罗雕刻之刻作，称为东洋第一，系新罗三十五代景德王十年建立。现存掘获同王之代之四面佛石，令好古之士徘徊不能去。就古塔，残存新罗二十七代善德女王三年创建之芬皇寺九层塔之下三层，可想当时之雄姿。塔侧见和净国师元晓碑之龟基、永敬寺址之三重石塔、净惠寺十三层塔、景德王十年所建立佛国寺之多宝塔，为代表释尊塔之奇古优美之新罗一统时代而有余。石窟庵三重塔，温雅可观也。庆州温古阁陈列品中，景德王为其父圣德王以十二万片之铜，欲铸造大钟，其志未成而升天。其子惠恭王七年所铸造奉德寺（寺为太宗王、圣德王创）钟，背神钟之名，雄浑壮丽，全朝鲜第一。钟铭为朝散大夫前太子司议郎翰林金弼奚撰。圣德王二十四年（唐开元十三年）有铭与五台山（江原道平昌郡）上院寺钟同，当时艺术之盛况可思。又大正十年凤凰台附近古冢发掘金冠，五十七个勾玉附纯金璎珞，其他黄金铐带、耳饰、黄金碗等，金装之刃剑有珠玉，灿烂夺目，京城博物馆藏。大正十三年从凤凰台附近古坟中所掘获殆为同样之金冠。

附录一 《三代日》

《三国史记》云：

> 新罗真圣王二年，王素与角干魏弘通，至是当入内用事，仍命与大矩和尚修集乡歌，谓之《三代目》。

是如中国之《诗经》，日本之《万叶集》，为朝鲜文古歌集，由僧徒之手集录之。若其书存在，其裨益当不少，惜哉，今亡。

附录二 万佛山

《三国遗事》卷三、《海东绎史》卷二十七云：

> 景德王又闻唐代宗皇帝优崇释氏，命工作五色氍毹，又雕沉檀木，与明珠美玉为假山，高丈余，置氍毹之上。山有巉岩怪石洞穴，区隔每一区内，有歌舞伎乐、列国山川之状，微风入户，蜂蝶翱翔，莺雀飞舞，隐约视之，莫辨真假。中安万佛，大者逾方寸，小者八九分，其头或巨黍者，或半菽者，螺髻白毛，眉目的皪，相好悉备，只可仿佛，莫得而详，因号万佛山。更镂金玉，为流苏幡盖，庵罗薝蔔，花果庄严，百步楼阁，台殿堂榭，都大虽微，势皆活动，前有旋遶比丘像千余躯，下列紫金钟三簴，皆有阁，有蒲牢，鲸鱼为撞，有风而钟鸣，则旋遶僧皆仆，拜头至地，隐隐有梵音，盖关捩在乎钟也。虽号万佛，其实不可胜记，既成，遣使献之。代宗见之叹曰："新罗之巧，天造非巧也。"乃以九光扇，加置岩岫间，因谓之佛光。四月八日，诏两街僧徒，于内道场礼万佛山，命三藏不空念赞密部真诠千遍以庆之，欢者

皆叹伏其巧。

附录三　金刚山榆岵寺金像五十三躯

金刚山榆岵寺之释迦如来五十三尊，虽新罗之作，其年时不详。高丽闵渍撰《榆岵寺迹》略云，金刚山有五名，一皆骨、二枫岳、三涅槃、四金刚、五枳怛。国初道诜（行状在后章）相地理，题此山云："耸云沿海龙盘势，谷裹三躯特地平，颔下一区为佛国，腹中双堰是人城。"今之摩诃衍正所谓颔下一区也。《新罗古记》云，义湘初入五台山，次入是山，山之东谷有寺曰榆岵，有五十三佛像。按《古记》，佛灭度后，文殊受佛遗嘱，行化舍卫城，劝三亿家铸佛像，复铸一钟，诸像中相好全备者，择五十三，合安钟内，为之记其事。盖铸而覆其钟，泛之海令漂流有缘之地。月氏国王赫炽得佛钟，营一殿以奉安，殿忽成焉。王知佛之无意于留，再泛之海，由是历诸国，漂到金刚山东面安昌县（今杜城县）浦江，时西汉平帝元始四年，新罗第二主南解王元年（公元 4 年，垂仁天皇三十三年）也。其夕，佛自舁钟下陆，县宰卢偆闻之，驰至其所，则佛既亡入山，乃追入洞门，中有大池，池边有一榆树，即见挂钟树枝，列佛于池岸。县宰归，奏之王。王驾幸，就其地创寺安置之，因榆树名其寺。后有一僧，以尊像之久薰于香火，成黳黑，沸灰汤洗之，忽雷雨暴作，五十三尊皆飞腾列梁上，就中三佛腾空去，不知所之，其后主社者渊冲叹佛数之缺，特铸三像欲安之，旧佛皆斥而不容，向所失三佛，其二佛在九渊洞之万仞石壁上，下人力之可及者还之，其不可及者今尚存，其一佛在水精寺北绝壁上，寺僧以连梯下之，安于旧所，后又移船岩。越二十四年丁亥（东汉武帝建武十三年），襄州府裴裕奉安于旧列云之。荒诞不经，不可以为史实，而今所存之四十四躯，为新罗之作明也。崔瀣曰：

夫佛法东流，始于汉明帝永平八年乙丑而行东国，又始梁武大通元年丁未，其后乙丑，有四百一年之久。苟信彼说，是中原寥寥未知有佛。六十一年以前，东人已为佛立庙，其最可笑者也。(《东国舆地胜览》卷四十七，第5页)

金刚山古有百八寺，表训、正阳、长安、摩诃衍、普德窟、榆伱名刹为最。

附录四　五台山真如院缘起

《三国遗事》卷三记五台山真如院之由来云：

新罗净神大王(译者按，疑神文王)太子，宝川(一作宝叱徒)、孝明二昆弟，到河西府(今溟州江陵)世献角干家留一宿。翌日过大岭，各领一千人，到省乌坪游览累日。忽一夕，昆弟二人密约方外之志，不令人知，逃隐入五台山……到山中，青莲忽开地上，兄太子，结庵而止住……北台南麓，亦青莲开处，弟太子孝明，亦结庵而止，各勤修业。一日同上五峰瞻礼，次东台满月山，有一万观音真身现在；南台麒麟山，八大菩萨为首一万地藏；西台长岭山，无量寿如来为首一万大势至；北台象王山，释迦如来为首五百大阿罗汉。中台风庐山又名地庐山，毗卢遮那为首一万文殊，如是五万真身一一瞻礼。每寅朝，文殊大圣到真如院今上院地，变现三十六种形，两太子并礼拜。每日早朝，汲于洞水，煎茶供养，至夜各庵修道。净神王(译者按，疑神文王)之弟与王争位，国人废之，遣将军四人到山迎之。先到孝明庵前呼万岁……乃奉孝明归即位，理国有年。神龙元年(圣德王四年)

乙巳三月初四日，始改创真如院。大王（圣德王）亲率百僚到山，营构殿堂，并塑泥像文殊大圣，安于堂中，以知识灵卞等五员长转《华严经》，仍结华严社……此山乃白头山之大脉，各台真身常住之地……东台观音有圆通社……南台地藏有金刚社……西台弥陀有水精社……北台释迦有白莲社……中台大日有华严社……宝川庵改华严寺……以华严寺为五台社之本寺。

第二编

禅道蔚兴之时代

概　说

　　海东禅道是中国禅宗第四祖道信之资，由法朗发其滥觞，南顿之道义继之。洪陟与道义同时，唱西堂之门风，道义成迦智山一派，洪陟为实相山之始祖。慧昭亦续道义活用马祖门下之禅机，惠哲则桐里山之祖文圣王之所重。加之，无染创唱《无舌土论》，梵日立教外别传之异议，智诜承四祖道信之法统，为景文王所崇信。行寂别出一只手，鼓吹青原门下石霜之禅，顺之传来沩仰宗示圆相之妙用。如是，于唐传入比较健全之宗风，不得不成为新罗之光荣。且王臣之归响炽然，不管宠遇优待，而远名利全衲僧之清节，其功永不可没。从新罗惠恭王之初至敬顺王之终大凡一百九十一年，是名禅道蔚兴之代。

第一章　海东禅道之滥觞

海东禅道是唐土第四祖之资，以法朗为其滥觞。朗之嗣为神行，行入唐传北宗禅，由是经四十余年。道义传南顿，及煽西堂之玄风，教外法门始明于青丘也。然而时人多习于摸象，疑别传之真龙，有达摩之遇梁武之遗憾。道义之禅，师资相承形成迦智山之一派，禅门九山之一也。洪陟也与道义同时传西堂之门风，为实相山之祖，是九山之一。

第一节　法朗与神行之禅宗初传

海东禅道为唐土四祖道信之傍，出始于法朗。崔致远撰《道宪国师智诜碑》云：

> 双峰（四祖）子法朗，孙信行，曾孙遵范，玄孙惠隐，末孙智诜。

《大东禅教考》所引之杜中书《正伦纂铭》（四祖铭）云：

> 远方高士，异域高人，无惮险途，来至宝所（谓法朗）。

　　然则朗西学于唐太宗时即新罗善德王时期，得四祖道信之心要可以推知，而归国之年不详，就法朗之门人信行《道宪碑》云：

　　　　唯行（信行）大师，然时不利兮，道未亨也，乃浮于海，仍闻于天。肃宗皇帝，躬贻天什曰："龙儿渡海不凭筏，凤子冲虚无认月。"师以山鸟、海龙二句为对，有深旨哉，东还三传，至大师（智诜）。

即法朗之门人，信行见朗后，以法之未行而入唐也。信行一作神行。行，于第三十六惠恭王（自唐永泰元年，公元765年，称德天皇天平神获元年，至同大历十四年，公元779年，光仁天皇宝龟十年）之代，张化门于智异山。其传见知异山断俗寺（在知异山东洞口有崔致远所书"广济岩门"四字刻石，又有读书堂，后废）所建之金献贞撰《神行碑》。按《海东金石苑》卷一，神行，东京（今庆州）人，姓金氏，年方壮学律，苦练二年，更上踞蹦山见法朗，顿领奥旨。朗叹云："善哉，心灯之法尽在于汝矣。"勤求三岁之后，欲远渡海求佛慧，孤帆直到唐，值有凶荒，盗贼乱边。吏人捉神行拘系二十四旬，事解后，参志空。空，大照禅师入室之门人也。朝夕钻仰三年，始开灵府。志空临灭度告行云："汝今归本，晓悟迷津，激扬觉海。"言论而逝。行还至鸡林，传三昧之明灯。以第三十六惠恭王十五年（唐大历十四年，公元779年），寂于断俗寺，春秋七十六。所谓大照禅师乃北宗之祖，神秀之高弟普寂也。按《释氏稽古略》卷三云：

　　　　京都唐兴寺普寂禅师。《旧唐史》云，寂生河东马氏，少时遍参高僧学经律，师事神秀凡六年，秀奇之，尽以道授之。秀入京，因荐之于则天，得度为僧。秀殁，天下好释氏者咸师事之。
中宗闻其高行，特下制令代神秀统其法众。玄宗开元十三年有
旨移居都城，时王公士庶争来礼谒。寂严重少言，难见其和悦之
容，远近尤以此重之。至是开元二十八年入寂，有敕赐号大照
禅师……师嗣秀，秀嗣五祖，嗣子唯政一行。(《续藏经》第一辑，
第二编乙，第六套，第一册，第 16 页左)

乃知大照禅师是北宗初祖神秀之高弟普寂，志空是其门人。神行
则普寂之孙，从空传入北宗者。然则神行是四祖道信之嫡孙，同时为
普寂之嫡孙，神行之法三传成曦阳山之一派，禅门九山之一也，如后
叙之。

第二节　鳌藏寺与海印寺之创立

第三十七宣德王（自唐建中元年，公元 780 年，光仁天皇宝龟
十一年，至同兴元年，公元 784 年，桓武天皇延历三年）遗诏依佛制
焚其尸，撒骨灰于东海。第三十八元圣王（自唐贞元元年，公元 785
年，桓武天皇延历四年，至同十四年，公元 798 年，同十七年）时，
皇龙寺（又云华严寺，又云金刚寺）之释智海，因王请入内，讲《华
严》五旬。又王父孝让，为追荐其叔父，建鳌藏寺（其址在庆州郡内
东面）。太宗王统三国后，藏鳌于溪谷创寺故名。寺有阿弥陀殿，内
安弥陀及众神像。昭圣王妃桂花夫人为王之冥资作之。金陆珍撰造像
碑文，乃集刻王羲之之文字。大正三年，从寺址发现碑之断片，藏总
督府博物馆。王时高僧缘会，居灵鹫山（通度寺）每日读莲经，修普
贤观行，常有莲数朵四时不萎（今灵鹫山龙藏殿是缘会旧居），王闻

其瑞，拜为国师。[《僧传》云，宪安王封为二朝正师号（照），咸通四年卒，与元圣年代相（示）未知孰是？] 第三十九昭圣王（自唐贞元十五年，公元799年，恒武天皇延历十八年，至同十六年，公元800年，同十九年）元年，沙门梵修入唐得新译后分《华严经》，澄观《义疏》而还。第四十哀庄王（自唐贞元十九年，公元800年，桓武天皇延历十九年，至同元和三年，公元808年，平城天皇大同三年）三年秋，创伽耶山海印寺。

庆尚南道（陕川郡）伽耶山海印寺古籍云：

> 有顺应、理贞两大士，入中国求法……二师还国，到牛头山，自东北逾岭而西……甚叶其意，借草而坐入定……时新罗第三十九王（四十之误）哀庄大王，王后患发背，良医无效……遣使臣……请邀还王宫，二师不许……授以五色线。曰："宫前有何物？"答曰："有梨树。"师曰："持此线，一头系于梨树，一头接于疮口，即无患。"其使还报于王，王依言试之，梨枯患差，王感之敬之，使国人建立兹寺焉。时哀庄王三年壬午，即唐贞元十八年也（公元802年）。

同寺以所藏《大藏经》版知名，经版造于高丽高宗时，八万一千二百五十八枚，经卷总数一千五百十二种，六千七百九十卷。

王册皇龙寺沙门正秀为国师。正秀尝从三郎寺还，适当严冬，雪深日暮，经由天严寺门外，有一乞女，产儿冻卧，见其濒死，脱衣与之，以保全母子之命。王闻之，册为师。七年，禁建创佛寺，又禁佛寺用金银、锦绣为器服，是欲救滥设佛事之弊也。

第三节　道义之南禅

第四十一宪德王（自唐元和四年，公元809年，平城天皇大同四年，至同宝历元年，公元825年，淳和天皇天长二年）元年，创海眼寺为愿刹。朝鲜仁祖王时，改为银海寺者是也。王十三年，道义始传南顿之禅，是北禅神行寂后四十余年也。道义是唐僧马祖道一高弟西堂智藏之嗣。《景德传灯录》揭西堂之嗣鸡林道义之名为人知，先是新罗之本如，从南岳怀让得法，而《传灯》列其名而已。《宋高僧传》卷十云：

> 唐虔州西堂释智藏……随大寂（马祖）移居龚公山，后谒径山国一禅师与其谈论周旋……得大寂付授衲袈裟，时亚相李公兼国相齐公映中郎裴公通皆倾心顺教，元和九年（宪德王六年）四月八日终，春秋八十，夏腊五十五。

由此可知智藏乃于德宗、宪宗之代开其化门。《祖堂集》卷十七载道义之传云：

> 雪岳（江原道）陈田寺，元寂禅师嗣西堂，在溟州（江陵）师讳道义，俗姓王氏，北汉郡人……因瑞出家，法号明寂。以建中五年岁次甲子，随使韩粲，号金让恭，过海入唐，直往台山，而感文殊，空闻圣钟之响，山见神鸟之翔，遂届广府宝坛寺，始受具戒，后到曹溪，欲礼祖师之堂，门扇忽然自开，瞻礼三遍而出，门闭如故。次诣江西洪州开元寺，就于西堂智藏大师处，顶

谒为师，决疑释滞。大师犹若撖石间之美玉，拾蚌中之真珠，谓
曰："诚可以传法，非斯人而谁？"改名道义，于是头陀而诣百丈
山怀海和尚处，一似西堂和尚，曰江西禅脉总属东国之僧钦，余
如碑文。(《祖堂集》卷十七，第5页)

然则道义乃以德宗帝建中五年（784）甲子即宣德王五年入唐，
见西堂、百丈二大老。在唐三十七年，以穆宗帝长庆元年（公元821
年）即宪德王十三年归国。故《寂照塔铭》记："洎长庆初，有僧道义，
西泛睹西堂之奥。"同塔注云："宪德王十三年，北宗神行先导，南宗
道义继至。"

第四节　道义之不遇

道义虽传南禅，时人泥于教纲，未信直指之要谛，机缘未熟，犹
如达摩之于梁武。《寂照塔铭》云：

> 有僧道义，西泛睹西堂之奥，智光侔智藏而还。始语元契
> 者，缚猿心护奔北之短，矜鹢翼诮图南之高，既醉于诵言，复嗤
> 为魔语，是用韬光庑下，敛迹壶中，罢思东海东，终遁北山北
> （盖江原道雪岳陈田寺）。

由所云观之，义弘通禅道，未有成效。其所唱道，时人以为魔
说，反加以讥谤，于是韬光隐于北山，犹如达摩之冷坐少林。又新罗
金颖撰武州（全罗南道光州）《迦智山宝林寺普照禅师塔铭》云：

初道义大师者，受心印于西堂，后归我国。说其禅理，时人唯尚经教与习观存神之法，未臻无为任运之宗，以为虚诞，不之崇重，有若达摩不遇梁武也。由是知时未集，隐于山林，付法廉居禅师，居雪山亿圣寺，传祖心，辟师教。

是亦云道义为时人所不信也。

第五节　道义之思想

至道义思想更无史料可窥知，然高丽僧天颐所撰文《禅门宝藏录》卷中云：

智远僧统，问道义国师云："华严四种法界外，更有何等法界？五十五善知识行布法门外，更有何等法门？即此教以外，谓别有祖师禅道云者乎？"道义答曰："如僧统所举四种法界，则于祖师门下，直举正当理体，冰消一切之正理。拳中法界之相尚不可得，于本无行智，祖师心禅中文殊、普贤之相尚不可见，五十五知识行布法门，正如水中泡耳。四智菩提等道，也犹金之矿耳，则诸教内混杂不得。故唐朝归宗和尚对一大藏明得个什么问？但举拳头。"智远又问："然则教理行果，信解修证，于何定当？何得佛果？得成就乎？"义答曰："无念无修，理性信解修证耳。祖宗示法，佛众生不可得，道性直现耳。故五教以外，别传祖师心印法耳。所以现佛形象者，为对难解祖师正理之机，借现方便身耳。纵多年传读佛经，以此欲证心印法，终劫难得耳。"智远起礼曰："素来暂闻佛庄严教训耳，佛心印法，窥觑不得，来

乃投师礼谒。"(《海东七代录》;《续藏经》第一辑，第二编，第十八套，第五册，第499页右)

由是观之，道义宗门乃马祖门下之直传，闻教家之说四法界，则直举拳头，问是什么法界，问一大藏教明得个什么，亦取举拳头答之的手段者，斥经教不立文字，别为传心印之说，如其以无念无修为心要，亦马祖门下之通义耳。

第六节　心地之占察会

第四十二兴德王（自唐宝历二年，公元826年，淳和天皇天长二年，至同太和九年，公元835年、仁明天皇承和二年）二年，入唐僧丘德赍来佛经若干卷，王及诸山僧出兴轮寺之前路迎之。七年，释心地重修瑜伽精舍（焰智王十五年始创），时恰隆冬，桐华发于雪里，改名桐华寺（八公山也）。

心地是第四十一宪德王金氏之子，生而孝悌，天性冲睿，以志学之年落彩，寓止中岳（今公山）。适闻俗离山永深设法会传真表文佛骨简子，决意披寻。既至后期，参例不许，乃席地叩庭随众礼忏，经七月大雨雪，所立地方十尺许，雪飘不下。众见其神异许入堂，执谦称羔，退处房中，向堂潜礼，肘颡俱有血。地藏菩萨日来慰问，洎席罢还山，途中见二简子（第八、第九）贴在衣褶间，持回告深，深曰："简在函中，那得至此？"捡之封题依旧，开视已亡。深，深异之，重袭藏之。又行如初，再回向之。深曰："佛意在子，子其奉行。"乃授简子，顶戴还山，卜地构堂安圣简，今桐华寺钑堂北有小井是也。本朝（高丽）睿王，尝迎圣简于内，致瞻礼，忽失九者一简，以牙代之，送还本寺。据说两简系《占察经》一百八十九中第八者所欲受得妙戒，第九者所曾受得戒具也。

第七节 道义之迦智山与洪陟之实相山

道义之嗣有廉居。金颖撰《普照塔碑》云："初道仪（一作义）大师隐于山林，付法于廉居（一作巨）禅师。"又云："我祖国则以仪大师为第一祖，居禅师为第二祖。"廉居演化于雪山（江原道）亿圣寺，其行实未明，其塔在江原道原州郡地正面安昌里兴法寺址，但移于京城内塔公园，转移时发现志版，今藏博物馆。版记："会昌四年，岁在甲子，季秋之月两旬，九月迁化。"乃知居顺世于唐武宗帝会昌四年（文圣王六年，公元844年），从道义、廉居至体澄形成迦智山之一派，是禅宗九山之一，如后所叙。与道义同时有洪陟（《传灯》作洪直），同受法西堂。《祖堂集》卷十六云："东国实相和尚嗣西堂，师讳洪直，谥号证觉大师凝寂之塔。"《寂照塔碑》云：

> 及兴德大王纂戎，宣康太子监抚，去邪医国，乐善肥家。有洪陟大师，亦西堂证心，来南岳休足，氀冕陈顺风之请，龙楼（一作德）庆开雾之期，显示密传，朝凡暮圣，变非蔚也……试觇其宗趣，则修乎修没修，证乎证没证，其静也，山立，其动也，谷应，无为之益不争而胜，于是乎，东人方寸地虚矣。能以众利利海外，不言其所利，大矣哉。

云云明记洪陟传禅于兴德王之代。更云东归则前所叙北山义、南山陟。然则道义与洪陟相前后而化别南北，传禅于海东也。《景德传灯

录》卷十记，新罗洪陟禅师法嗣德兴大王宣康太子，陟之化益其较义
为深者耶？惜哉，语要无存者。洪陟之法，相传为实相山之一派，为
禅宗九山之一。金包光氏云：

> 实相山即今全罗北道南原郡山内面智异山实相寺。新罗兴
> 德王三年开山，开祖洪陟国师，别名南汉祖师，新罗宪德王时入
> 唐，谒西堂传心法。兴德王即位初归国，休足南岳（今智异山）
> 兴德大王宣康太子皈依之，敕修实相寺住之，门下有片云秀徹
> 等出身之弟子千余人。依《寂照塔碑》，南岳洪陟国师之入唐求
> 法虽在北山道义国师之后，还国后，建之伽蓝，形成门派，以实
> 相山为九山之最先。然则海东之传禅，洪陟国师实为初祖，其嗣
> 法秀徹（一作澈）国师，为实相山之第二祖，密阳郡莹原寺开祖
> 也。新罗宪德王七年出世，投正法得度，就缘虚律师受具，后得
> 景文王与宪康王之皈依，大振宗风，真圣王七年示灭，门下有饮
> 光等数百人，传遗法于后世。

洪陟之资秀澈略传如下。雪峰深源寺《秀澈和尚楞伽宝月塔碑》
云："秀澈生于唐元和十二年（宪德王九年），寂于唐景福□年（真圣
王七年），春秋七十七。幼失怙恃，志学之年愿出家，就缘虚律师落
发，习经于天宗大德，寻诣福泉寺依润法大德受具，学华严修禅，于
智异山知实寺览诸章，大张化门。第四十八景文王问教禅同异？奏对
称旨。第四十九献康王亦敬信澈，敕住深源山寺，居无何，令弟子粹
忍义光等卜智异山北胜地，入实相寺。碑记祖西堂□父南岳陟，示其
法系，碑文磨灭多不可读，推定其大略已耳。

第二章　慧昭、惠哲、体澄、无染之禅风

　　与道义同时有慧昭，得马祖门人沧州神鉴之心印归国，受王臣之归响。寻有惠哲，传西堂之法，为文圣王所重，开桐里山。山为禅门九山之一也。体澄又继道义之绪唱直指之大道。无染续之，振作麻谷家风，为景文王之师。染之《无舌土论》，明禅教差异，以煽扬禅风。染之法道，成圣住山一派，是亦禅门九山之一也。

第一节　慧昭之兴禅

　　当第四十二兴德王之代，真鉴禅师慧昭又扇扬祖道。据《海东金石苑》卷一所载之崔致远撰《知异山双溪寺（河东郡）教谥真鉴禅师碑铭》，慧昭，俗姓崔氏，全州金马（全罗北道益山郡）人。以唐代宗大历九年生，德宗贞元二十年，三十二岁时渡唐，遂至沧州谒神鉴。鉴，马祖门人，《宋高僧传》卷二十有其行业记。便就鉴削染，顿受印契。昭，形貌黯然，众目曰黑头陀。宪宗元和五年，三十七岁于嵩山少林寺受具足戒。时有同乡僧道义，先访道华夏，与昭邂逅为道友，相伴而参寻四方。义先归故国，昭即入终南山住止观三年，后出织芒屦，施旅人者又三年，文宗太和四年（兴德王五年，公元830

年）五十七岁载还本国。兴德王迎劳之云："道义禅师向已归止，上人继至，为二菩萨。昔闻黑衣之杰，今见褛褐之英，弥天慈威，举国欣赖寡，人行当以东鸡林之境，成妙（一无此字）吉祥之宅也。"始挂锡尚州（庆尚北道）露（一作雪）岳长柏寺，来学者充堂。乃至知异山，于花开谷（全罗南道）故三法和尚之遗址建堂宇住之。泊文宗开成三年，第四十四闵哀王降玺书馈斋费，赐号为慧昭。昭，示为避圣祖之讳易之也。仍贯籍大皇龙寺，征入京不起，幽栖数年，请益者如稻麻。遂历访奇胜之地，于南岭（今全南河东郡）之麓创禅刹，建六祖影堂，师即六祖之玄孙也。始名玉泉寺，后改为双溪寺，今存崔致远撰本碑，及慧昭之愿佛为寺宝。至宣宗大中四年（文圣王十二年，公元850年），告门人云："万法皆空，吾将行矣。一心为本，汝等勉之。无以塔藏形，无以铭纪迹。"言讫而化，报龄七十七。第四十九宪康王追谥真鉴禅师。昭，天资朴实，粗服粝食，贵贱老幼，接之如一，守其忏俗，全道人风格。善梵呗，学者满堂，实东国鱼山之权舆也。

第二节　惠哲与桐里山

慧昭归国后九年，唐文宗开成四年（第四十五神武王九年），惠哲（一作徹）又传西堂之法到东。崔贺撰《武州（全罗南道长兴郡）桐里山大安寺寂忍禅师碑》略云：惠哲，字体空，姓朴，庆州人。年志学出家，止浮石山（庆尚北道荣州郡）听《华严》，二十二岁受大戒。宪宗帝元和九年（宪德王六年）入唐，谒智藏于龚公山。云："某生缘外国，问路天池，远不中华，故来请益。傥他日，无说文说，无法之法，流于海表，幸斯足也。"藏知其志之坚，密传心印。未几，遇藏入灭，去而历观名山灵境，到西州浮沙寺披寻大藏三年，以文宗开

成四年（神武王元年，公元839年）还新罗。时武州谷城郡（今全罗
南道同郡）东南有山曰桐里（一名凤头山），中有精舍名大安，诚三
韩之胜地也。哲拥锡来游，爰开教化。第四十六文圣王（自唐开成五
年，公元840年，仁明天皇承和七年，至同大中十年，公元856年，文
德天皇齐衡三年）闻哲之道声，频赐业慰问，又遣使问治国之要。哲上
封事若干条，论时政急务，王甚嘉之。懿定咸通二年（公元861年，景
文王元年）无疾而寂，年七十七，景文王追谥曰寂忍。传灯西堂门人举
新罗惠禅师，恐即惠哲耶。哲入唐之初尝与罪徒同船，郡监知，捕遂
枷禁，哲不言黑白，同下狱。既处刑，三十四人皆身首异处，次及哲，
颜色怡悦，不似罪人，自就刑所，郡监不忍杀之，寻有命令释放。惠
哲门下有道诜国师、如禅师等。其法系成一派，是为桐里山，禅门九
山之一也。桐里山今全罗南道谷城郡桐里山泰（一作太）安寺是也。

第三节　入唐僧与新罗院

当是时新罗沙门入唐传法者渐多，遂至于大唐创立新罗院。日
本总觉大师圆仁于《入唐求法巡礼行记》卷二，文宗帝开成四年（第
四十五神武王元年，仁明天皇承和六年）六月条，记青州都督府管内
（山东省）登州文登县清宁乡赤山村有赤山法华院云：

> 文登县清宁乡赤山村，山里有寺，名赤山法华院，本张宝高
> 初所建也。张有庄田，以充粥馓。其庄田，一年得五百石米，冬
> 夏讲说，冬讲《法华经》，夏讲八卷《金光明经》，长年讲之……
> 当今新罗通事押衙张詠，及林太使王训等专勾当。（《大日本佛教
> 全书》；《游方传丛书》第一，第201页）

又同书开成五年三月条云，于青州安置新罗院。同书卷三会昌五年四月条记，唐僧侍奉新罗沙门为师匠。同卷四会昌五年七月条云，到楚州访新罗坊，由此可知新罗人朝贡之时，僧徒入唐者多。

第四节　体澄

惠哲还乡后一年，第四十六文圣王（自唐开成四年，公元839年，仁明天皇承和六年，至同大中十年，公元856年，文德天皇齐衡三年）二年（唐开成五年），体澄自唐还，于迦智山振作道义之禅道。据新罗金颖撰《武州（全罗南道长兴郡）迦智山宝林寺普照禅师碑铭》，体澄姓金，熊津（忠清南道公州）人，登龆龀出家，投花山劝法师座下听经。唐太宗太和元年，于加良峡山普愿寺受具戒。时道义门人廉居在雪山亿圣寺，澄往参之，苦修一心，遂授法印。文宗开成二年，同志、贞育、虚怀（一作处会）等出沧波入中国，游方历三五州，多谒知识，乃云："我祖师所说，无以为加，何劳远适？"开成五年（文圣王二年，公元840年）还故国，于是檀信倾心，禅道继踵，遂居武州（光州）黄壑（一作鹤）兰若而旺化门，时第四十七宪安王三年（宣宗大中十三年）也。王闻道声，使以长沙县副守金彦卿为使，请至辇下，澄以疾辞。同年冬，请移迦智山寺。寺，元表大德之旧居也。王四年，金彦卿凤执弟子礼，尝为入室之宾，至是减请俸，舍私财铸卢舍那佛像，以安置梵宇。第四十八景文王元年，十方信徒大增，建伽蓝，化城忽出现于海东。第四十九宪康王六年（公元880年），遗诫门人而终。享龄七十七，弟子八百余人，为迦智山门派之第三祖（第一道义、第二廉居），王谥曰普照（《朝鲜金石总览》上，第61—64页）。与体澄同时有江原道襄阳郡沙林寺（其址在西面）之弘觉禅师，弘通书史，读诵经典，往海印寺参讲宴，遍访禅席，出世弘法，学者云屯。又于灵岩寺修定累月，称缁门之模范。师之碑乃集刻王羲之之字者，收在总督府博物馆。

第五节　无染之圣住山

第四十六文圣王（自唐开成四年，公元839年，仁明天皇承和六年，至同大中十年，公元856年，文德天皇齐衡三年）七年，无染亦传马祖下之心印还海东。崔致远撰《教谥大朗慧和尚碑塔》略云，无染，俗姓金氏，武烈王（太宗）八代孙。以第四十哀庄王元年（唐德宗贞元十六年，云十七年者误）生，年十二剃染于雪山五色石寺（襄阳五色洞），师事法性禅师数年。性深器之，奖入唐，乃去学《华严》于释澄大德，西泛遇风涛之怒，飘流至剑山岛（黑山岛），得免鱼腹之厄。泊唐穆宗长庆元年（宪德王十三年，公元821年），随正朝使王子昕西渡，达芝罘山麓。乃诣大兴城南山至相寺，遇《华严》讲席，由是转游洛阳佛光寺，问道如满。满，马祖之嗣，香山白乐天之道友。而应对有惭色，语无染云："吾阅人多矣。罕有如是新罗子矣，他日中国失禅，将问之东夷耶。"次参蒲州麻谷山宝彻，彻，亦马祖之嗣。见染服勤不择劳，嘉其苦节，一日传心印。居无何，遇彻之迁化，游化四方以恤孤独视病痛为己任，虽祁寒酷暑无倦容，闻其名者遑礼曰东方大菩萨。如是经二十（作三十者误）余年，以武宗会昌五年（《祖堂集》作六年。文圣王七年，公元845年）归国，由是请益者麇集。既而北行选终焉之所，会邂逅王子昕。昕云："有一寺在熊川（公州）坤隅（谓蓝浦圣住寺），是吾祖临海公（金仁问）受封之所……匪兹哲孰能兴灭继绝。"染答云："有缘则住。"宣宗大中元年始居之，道大行，寺大成，问津者四来，不计其数。文圣王聆而甚嘉之，飞手教优劳，改寺榜为圣住寺（旧名乌合寺），编录于大兴轮寺。及第四十七宪安王嗣位，礼遇太渥。至第四十八景文王即位，钦重染不让先王。懿宗咸通十二年（景文王十一年），召至都，拜为师，郡夫人、世子等环瞻仰之。王问曰："般若之绝境，则境之绝者或可闻乎？"答曰："境既绝矣，理也无矣。斯印也，默行尔。"问对契旨，憾相见之晚。由是卿相士庶，请谒者多，俄如居樊笼中。染既亡去，王知不可强，以尚州深妙寺距都不远，令居之。僖宗乾符三年，景文王不豫，命近侍曰："亟迎我大医王来。"使到寺，染曰："山僧足及王门，一之谓甚。知我者谓圣住，为无住，不知我者谓无染，为有染乎。然顾与吾君有香火因缘，忉利之行有期矣，盖就一诀。"便步入王宫，设药言施，箴戒以慰其心，翌日直归圣住。僖宗中和元年，第四十九宪康王召至京，加法称曰广宗。第五十定康王又召，以老辞。第五十一真圣女王二年即僖宗文德元年（公元888年）化，春秋八十九（《祖堂集》作九十）。（《朝鲜金石总览》上，第72—82页）

无染资性恭谨，不伤和气，慈风满室，学徒悦随。接宾客不别尊卑，学者目以禅师。食必与众同粮，衣亦与人共之，凡有营葺，必先众服役，每言"祖师尝踏泥，吾岂暂安栖"，乃至运水负薪，皆亲作之。其克己励物皆类是，门人有名者二千人，坐道场者有僧亮、普慎、询父（一作从）、僧光等。真圣女王谥曰大朗慧。

第六节　《无舌土论》

天颐《禅门宝藏录》卷上引海东无染国师《无舌土论》云：

　　问:"有舌、无舌其义云何?"答:"仰山云:'有舌土者即是佛土,是故应机门。无舌土者,即是禅,是故正传门。'"问:"如何是应机门?"答:"知识扬眉动目而示法,此皆为应机门,故有舌,况语言也。"问:"如何是无舌土?"答:"禅根人是,此中无师无弟也。"问:"若然者,何故古人云师资相传耶?"答:"章敬云,喻如虚空,以无相为相,以无为为用。禅传者亦然,以无传为传,故传而不传也。"问:"无舌土中,不见能化,所化者,与教门如来证心中,亦不见能化、所化,云何别耶?"答:"教门之至极,如来证心,名曰海印定。三种世间法印现而永无解,是则有三种世间迹也。今祖代法者,等闲道人心里,永不生净秽两草,故不荒三种三世草,亦无出入迹,所以不同也。净则真如、解脱等法,秽则生死、烦恼等法也。所以古人云,行者心源如深水,净秽两草永不生。又佛土者,前服定慧之服,入燃灯穴内,今放却定慧之衣,立玄地,故有踪迹。祖土者,本来无脱,不脱不着一条线,故与佛土大别也。"(《续藏经》第一辑,第二编,第十八套,第五册,第495页左)

　　依此说,无染严加区别佛教与祖道,以佛教为应机门、言说门、净秽门,祖道为正传门、无说门、不净不秽门。又同书所引与法性禅师之问答,区别禅教,以教比百官之守其职,以禅比帝王之拱默而百姓安。无染之法,形成圣住山一派,禅门九山之一也。圣住山旧址在今忠清南道保宁郡嵋山面。

第三章 梵日、道允、智诜、行寂、顺之等之禅风

　　有领马祖高弟盐官之禅机者梵（一作品）日，传教外别传之异义，开法阇崛山，禅门九山之一也。道允诣南泉门下，折中参允，道声闻一时，其法系成师子山一派，是亦禅门九山之一。有智诜继承唐土四祖道信之法统，为景文王所重，立曦阳山之一派。有行寂参青原门下之石霜，孝恭王待以国师之礼。顺之又传沩仰宗，活用圆相。玄昱传章敬之禅，创立凤林山一派。审希被景明王宠遇，说法紫殿。新罗之末，禅道隆昌，因而可知也。

第一节 梵日之阇崛山

　　梵日以文圣王九年还国，传马祖门下盐官之法。《祖堂集》卷十七云：

　　　　溟州（江原道江陵郡）崛山故通晓大师嗣盐官，法讳梵日，鸠林冠族金氏……以元和五年（宪德王二年）庚寅正月十辰……诞生……年至一五，誓愿出家，咨于父母，二亲共相谓曰："宿缘善果，不可夺志，汝须先度，吾未度也。"于是落采，辞亲寻山入道。年至二十，到于京师，受具足戒……洎乎太和（文宗）年

中，私发誓愿，往游中华，遂投入朝王子金公义琮，披露所怀，公以重善志，许以同行，假其舟楫，达于唐国……遍寻知识，参彼盐官济（一作齐）安大师。大师问曰："什么处来？"答曰："东国来。"大师进曰："水路来？陆路来？"对曰："不踏两路来。""既不踏两路，阇梨争得到这里？"对曰："日月东西有什么障碍？"大师曰："实是东方菩萨。"梵日问曰："如何即成佛？"大师答曰："道不用修，但莫污染，莫作佛见、菩萨见，平常心是道。"梵日言下大悟。殷勤六年后，师到药山。药山问："近离什么处？"师答曰："近离江西。"药山曰："作什么来？"师答曰："寻和尚来。"药山曰："此间无路，阇梨作么生寻师？"对曰："和尚更进一步即得，学人亦不见和尚。"药山曰："大奇，大奇，外来青风冻杀人。"欲恣游方，远投帝里。值会昌四年沙汰僧流，毁坏佛宇，东奔西走……遂隐商山，独居禅定，拾坠果以充斋，掬流泉而止渴，形容枯槁，气力疲羸，未敢出行，直逾半载……后以誓向韶州，礼祖师塔，不遥千里，得诣曹溪。香云忽起，盘旋于塔庙之前，灵鹤攸来嘹唳于楼台之上。寺众愕然，共相谓曰："如此瑞祥，实未曾有，应是禅师来仪之兆也。"于是思归故里，弘宣佛法。即以会昌六年（七年之误）丁卯（大中元年，文圣王九年）八月，还涉鲸浪返于鸡林，亭亭戒月光流玄兔之城，皎皎意珠照彻青丘之境。暨大中五年正月，于白达山宴坐，溟州都督金公，仍请住崛山寺。一坐林中四十余载，列松为行道之廊，平石作安禅之座。有问："如何是祖师意旨？"答曰："六代不曾失。"又问："如何是衲僧所务？"答曰："莫踏佛阶级，切忌随他悟。"咸通十二年三月景文大王，广明元年宪康大王，光启三年定康大王，三王并皆特迁御礼，遥申钦仰，拟封国师，各差中使，迎赴京师。大师久蕴坚贞，榷乎不赴矣。忽于文德二年己酉（昭宗龙纪元年，公元889年，真圣王三年）四月末，召门人曰："吾将他往，今须永诀，汝等莫以世情浅意乱动悲伤，但自修心不堕宗旨也。"即以五月一日，右肋累足，示灭于嵩山寺上房，春秋八十，僧夏六十，谥号通晓大师，塔名延徽之塔。（《祖堂集》卷十七，第6—8张）

《禅门宝藏录》中录梵日答真圣王辨禅教两义语云：

> 我本师释迦，出胎说法，各行七步云："唯我独尊。"后逾城往雪山中，因星悟道，既知是法，犹未臻极，游行数十月，寻访祖师真归大师，始传得玄极之旨，是乃教外别传也。故圣住和尚（无染），常扣《楞伽经》，知非祖宗，舍了却入唐传心。道允和尚披究《华严经》，乃曰："圆顿之旨岂如心印之法，亦入唐传心，此乃非其根，未能信之别旨耳。"（《海东七代录》）

若果为梵日语，则妄谬已甚。释尊成道之后，数十月遇真归大师，传玄极事未见佛传。无他为主张教外别传而作之假说。如真圣王，昏淫而紊纪纲，浅虑而污于迷信，不足与语禅也。梵日之法，形成阇崛山之一派，为禅门九山之一。阇崛山在江陵五台山中，故《朗圆大师碑》记"行至五台谒通晓大师（梵日）。"门下有朗圆、朗空等十人神足，大炽门风。

第二节　道允与南泉之禅

与梵日同年还国，传南泉门下之禅者为道允。《祖堂集》卷十七云：

> 双峰（绫州双峰寺）和尚嗣南泉，师讳道允，姓朴，汉州
> 偶岩（京畿道始兴郡孔岩乎）人也。累叶豪族，祖考仕宦，郡谱
> 详之。母高氏，夜梦异光，莹煌满室，愕然睡觉，有若怀身。父
> 母谓曰："所梦非常，如得儿子，盖为僧乎。"寄胎十有六月载诞
> （元圣王十四年），尔后日就月将，鹤貌鸾姿，举措殊侪，凤规异
> 格，竹马之年，摘花供佛，羊马之岁，累塔娱情，玄关之趣昭然，
> 真境之机卓尔。年当十八，恳露二亲舍俗为僧，适于鬼神寺，听
> 于花严教。禅师窃谓曰："圆顿之筌蹄，岂如心印之妙用乎？"遂
> 披毳挈瓶，栖云枕水。泊于长庆五年（宪德王十七年），投入朝
> 使，告其宿志，许以同行。既登彼岸，获觐于南泉普愿大师，伸
> 师资之礼，目击道存。大师叹曰："吾宗法印归东国矣。"以会昌
> 七祀（文圣王九年）夏初之月，旋届青丘，便居枫岳，求投者风
> 驰雾集，慕来者星逝波奔。于是景文大王闻名归奉，恩渥日崇。
> 咸通九载（景文王八年，公元868年）四月十八日，忽诀门人曰：
> "生也有涯，吾须远迈，汝等安栖云谷，永耀法灯。"语毕，怡然
> 迁化，报年七十有一，僧腊四十四霜，五色之光从师口出，蓬勃
> 而散漫于天。伏以今上宠褒法侣，恩霈禅林，仍赐谥澈鉴禅师澄
> 昭之塔矣。（《祖堂集》卷十七，第17—18张）

南泉乃马祖下三大士之一，马祖尝称之曰："超于物外。"允所传
之宗风，禅机峻峭，可卜而知也。

第三节　折中与师子山

　　崔彦扴撰《新罗国师子山兴宁寺（原州师子山法兴寺）澄晓大师塔碑》云，折中，𪚐岩（一作德岩）人，以唐敬宗宝历二年（兴德王元年）生。年七岁睹禅侣之乞食者，怀慕出家之志，至五冠山寺谒珍传法师。十有五直诣浮石，听《华严》妙旨。十九受具足戒。适闻枫岳有道允，久游中华，才还故乡，特往参礼。允云："灵山别后，记得几生，邂逅相逢，来何暮矣？"乃许入室。允曩于中国谒南泉普愿，折中由是服勤于允，不离左右，得嗣东山之法。其后谒慈忍（入唐传法僧之一），一见如旧识。中指水瓶云："瓶，非瓶时如何？"答云："汝名什么？"中云："折中。"忍云："非折中之时阿谁？"答云："非折中之时，无人如此问。"忍云："名下无虚事（一作士），折中不奈何，阅人知几个，如汝无多。"如是十六年，精究参学，遂践得意忘言之境。僖宗中和二年，前国统威公奏，令住谷山寺，而近京辇不惬雅怀。时师子山有释云："闻中之德冠华夷。"招之，中乃率众往居此寺，四方来学者如稻麻。第四十九宪康王钦其道风，飞凤笔令赴龙庭，隶师子山（江原道原州郡）兴宁禅院于中使省。第五十定康王亦屡屡遣人远伸赞仰。第五十一真圣王遣使表国师之礼，中固辞不受。昭宗光化三年（孝恭王四年，公元900年）坐亡，寿七十五。第二十二孝恭王赠谥澄晓大师。《朝鲜佛教通史》下编所录碑文云乾宁二年寂者，误也。乾宁二年，折中年登七十而已。《金石总览》谓乾宁七年即光化三年可信。（《朝鲜金石总览》上，第157—162页）

　　道允、折中之法形成师子山一派，是亦禅门九山之一也。师子山，今江原道原州郡师子山法兴寺是也。

与此同时大通亦传仰山之禅归国，大振宗风。新罗金颖撰《忠州（忠清北道堤川郡寒水面）月光寺圆朗禅师塔碑》略云，大通，字太融，姓朴氏，登冠岁就学，聪明敏捷，通晓诸子百家，既而解褐披缁。唐武宗会昌五年（文圣王七年），投圣鳞大德受具戒，居丹岩寺练行不怠。时师兄慈忍禅师自唐归，造谒之，又抵枳山习定三月，后依广宗（无染）大师，宗器重之。宣宗大中十年（文圣王十八年），入唐至仰山，师事澄虚大师，传黄梅之心印。由是巡礼名山，历参禅伯。懿宗咸通七年（景文王六年）还本国。广宗遣使邀请，慈忍致书请住月光寺（道证之建），乃于本寺显示玄机，道誉大扬。景文王仰其德化，诏慰劳之。僖宗中和三年（宪康王九年，公元883年）入灭，年六十有八。（《朝鲜金石总览》上，第83—86页）

第四节　智诜与曦阳山

第四十八景文王十一年，皇龙寺九层塔改造，十三年落成。智诜以此时盛化海东。海东禅家属马祖下者极多，反之有属四祖下之旁系者，智诜是也。诜当第四十八景文王（自唐咸通二年，公元861年，清和天皇贞观三年，至同乾符元年，公元874年，同十六年）、第四十九主宪康王（自唐乾符二年，公元875年，清和天皇贞观十七年，至同光启元年，公元885年，光孝天皇仁和元年）二代开化门。智诜，号道宪，俗姓金氏，王都人。以唐穆宗长庆四年（宪德王十六年）生，其身仞余，其面及尺，容貌魁岸，语言雄亮。九岁丧父，投浮石山梵体大德就学。文宗开成五年，十七岁受具于琼仪律师，持律清苦，不服缯絮，不穿靯履，居鸡蓝山水石寺，练习不懈，受禅道于惠隐禅师。时景文王遣使招之，诜固辞不起，由是芳名流世。懿宗咸通五年，

四十一岁移贤溪山安乐寺。及宪康王之代有沈忠者，深归诜德，礼足
为弟子，就曦阳山（庆尚北道闻庆郡）腹之胜地，乞构禅宫。乃往观
之，爱山形水势之奇，于此建堂宇住之。僖宗中和元年（王七年），王
遣使定疆界，赐榜曰凤岩寺。寻请出山，迎憩于禅院寺，引月池宫问
心要，适睹金波之影，映玉诏之心，告王云："是则是，余无所言。"王
欣契云："金仙花月所传风流，固宜于此。"遂拜为忘言师。王乞留不
许，便遣有司送还山。中和二年（宪康王八年，公元882年）归寂，寿
五十九。宪康王谥曰智证大师。（《朝鲜金石总览》上，第88—96页）

　　据崔致远之碑铭，智诜乃四祖道信旁出之法孙也，法系如下：

　　　　双峰（四祖号）子法朗，孙信行，曾孙遵范，玄孙惠隐，末孙
　　智诜。

　　法朗以下传灯未列其名。智诜之禅成曦阳山之一派，为禅宗九山
之一。今庆尚北道闻庆郡曦阳山凤岩寺也。得师之凤毛者有杨孚、性
蠲、继徽等。

第五节　行寂与石霜之禅

　　第四十九宪康王（自唐乾符二年，公元875年，清和天皇贞观
十七年，至光启元年，公元885年，阳成天皇仁和元年）三年，于皇
龙寺设百高座讲经，王亲幸听之。五年，于灵鹫山东麓，创望海寺。

　　行寂入唐参石霜庆诸还，亦在宪康王之代。行寂，俗姓崔氏，以
唐文宗太和六年（兴德王七年）诞生，削染至伽耶山海印寺列讲席，
闻《华严》之妙头。宣宗大中九年，于福泉寺官坛受具戒，又诣崛山

寺谒通晓大师（朗圆之师梵日），许入室。服膺数载，未能休歇，乃怀西游之志。懿宗咸通十一年（景文王十年），三十九龄投朝贡使金紧策（一作荣），同舟入唐。至京，居左街宝堂寺孔雀王院。未几，因敕入内，懿宗帝问："远涉沧溟，有何求事？"行寂曰："贫道幸获观风上国，问道中华。今日叨沐鸿恩，得窥盛事，所求遍游灵迹，追寻赤水之珠，还耀吾乡，更作青丘之印。"帝嘉其言，赐厚物。由是至五台山华严寺礼文殊。南行，僖宗乾符二年至成都府巡谒静众精舍，礼无相大师影堂。无相者，新罗人也。因闻石霜庆诸盛化门，往参叩，有得摩尼之思。庆诸，道吾圆智之嗣。智，药山惟俨之嗣也。新罗僧参青原门下者以行寂为首。既而游衡岳，又远达曹溪拜祖塔，四远参寻，以僖宗光启元年（宪康王十一年）归国，乃重上崛山谒通晓（梵日），又携瓶钵访山水。昭宗乾宁元年（真圣王八年），至王城。及第五十二孝恭王即位，重禅宗，遣使征赴皇宫。昭宣帝天祐三年（孝恭王十年），寂诣京邑，王待以国师之礼。第五十三神德王时，又征寂赴关。后梁贞明元年，以南山实际寺为禅刹居之。既而有女弟子曰明瑶夫人，以石南山寺请为住持。翌贞明二年（公元916年，神德王五年），染微疴，报龄八十五顺世，谥朗空。行寂之碑从庆尚北道奉化郡太子寺移建于景福宫勤政殿，以金生之文字集刻也。弟子信宗、周解、林俨等为上首，有五百余人。（《朝鲜金石总览》上，第181—186页）

新罗沙门得法石霜之轮下者，有钦宗、法虚及朗。石霜法嗣九峰道虔之门有新罗国清，云盖元之门有新罗卧龙，谷山藏之门有新罗之瑞岩、百岩、大岭，不详其行业。此外雪峰义存门下有新罗无为，临济义玄门下有新罗之知异，洞山良价门下有新罗之金藏，皆不过留其名而已。

第六节　顺之之沩仰宗

顺之亦于是时弘通沩仰宗。《祖堂集》卷二十云：

五冠山（京畿道长湍府）瑞云寺和尚嗣仰山寂禅师。师讳顺之，俗姓朴氏，浿江人也。祖考并家业雄豪，世为边将，忠勤之誉，遗庆在乡。母昭氏，柔范母仪，芬芳闾里，怀娠之日，频梦吉祥，免腹之时，即多异端，昔贤知此，今又征焉。及于竹马之期，渐有牛车之量，凡为嬉戏，必表殊常。已至十岁，精勤好学，属词咏志，即见凌云，剖义谈玄，如同照镜。既登弱冠，道芽早熟，厌处喧哗之地，长游静默之中，遂乃恳告二亲，将随缁侣，志不可夺。所天容许，便投五冠山剃发，仍适俗离山（忠清北道报恩郡），受具足戒，行同结草，心比护鹅。因游公岳，忽遇神人，邀请化成宫阙，若兜率天，说法应缘，倏焉殄灭。若非德至行圆，孰能致感如此也。洎乎大中十二年（宪安王二年），私发誓愿，拟游上国，随入朝使，利涉云溟，乘一只之船，过万里之浪，曾无惧念，不动安禅，径到仰山慧寂和尚处，虔诚礼足，愿为弟子。和尚宽尔笑曰："来何迟，缘何晚，既有所志，任汝住留。"禅师不离左右，咨禀玄宗，若颜回于夫子之下，如迦叶于释尊之前，彼中禅侣，皆增叹伏。乾符（唐僖宗）初（景文王十四年），松岳郡女檀越元昌王后，及子威武大王，施五冠山龙岩寺，便往居焉，今改瑞云寺也。

师有时表相现法，示徒证理迟疾。此中四对八相，○，此相者所依涅槃相，亦名理佛性相，与群生众圣，皆依此相。相虽不异，迷悟不同，故有凡夫有圣，谓识此相者，名为圣人，迷此相者，名为凡流。是故龙树在南印土，则为说法，对诸大众，而现异相，身如月轮，当于座上，唯闻说法，不见其形。彼众之中有一长者，名曰提婆，谓诸众曰："识此瑞不？"众曰："非其长圣谁能辨耶？"尔时提婆心根宿静亦见相，默然契会，乃告众曰："今此瑞者，师现佛性，非师身者。无相三昧，形如满月，佛性之义。"语未讫，师现本身座上。偈曰："身现圆月相，以表诸佛体；说法无其形，用辨非声色。"若有人将此月轮相来问，相中心着牛字对也。

　　⊕，此相者，牛食忍草相，亦名见性成佛相。何以故？《经》云："雪山有草，名为忍辱，牛若食者，则出醍醐。"又云："众生若能听受咨启大涅槃，则见佛性故。"当知草喻妙法，牛喻顿机，醍醐喻佛，如是则牛若食草，则出醍醐；人若解法，则成正觉，故云牛食忍草相，亦名见性成佛相也。○犇，此相者，三乘求空相。何以故？三乘人闻说真空，有心趣向，未证入真空，故表圆相，下画三牛也。若将此相来问，以渐次见性成佛相对之。⊕，此相者，露地白牛相。谓露地者佛地，亦名第一义空。白牛者，咨法身之妙慧也，是故表一牛入圆相也。问："何故月轮相下着三兽？又月轮相中心着牛字对之耶？"答："月轮相下三兽是表三乘，月轮相中心一牛是表一乘，是故举权乘来现实入证对之。"问："向前已说月轮相中心着牛，是牛食忍草相，何故又言月轮相中心着牛者？露地白牛相也，两处皆是同相同牛，何故说文不同耶？"答："说文虽别，相及牛则不异。"问："若也不异，何故两处各现同相同牛耶？"答："虽相及牛则不异，见性迟疾不同故，两处各现同相同牛。"问："若论见性迟疾各别者，食忍草牛与露地白牛，谁迟谁疾耶？"答："食忍草牛，则明华严会中顿见实性之牛，故疾。露地白牛，则明法华会中会三归一牛故，是故说文虽则不同，证理不异故。举同相同牛，明理智不异，不言来处全同也。"

牛〇，此相者，契果修因相，何以故？初发心住虽成正觉而不碍众行，慧等佛地，行不过位故，表此相也。古人云履践如来所行之迹则此相也。若有人将此相来问，又作月轮相，中心着卐字对之。卐，此相者，因圆果满相也。问："何故月轮相上头着牛字来，月轮相中心着卐字对之？"答："月轮相上头着牛字者，契果修因相，月轮相中心着卐字者，因圆果满相，举因来现果对之。"〇牛，此相者，求空精行相，谓门前草庵菩萨求空故。《经》云："三僧祇修菩萨行，难忍能忍，难行能行，求心不歇故，表此相也。若有人将此相来问，月轮中心着王字对之。"王，此相者，渐证实际相。何以故？若有菩萨经劫修行，坏四魔贼，始得无漏真智证入佛地，更无余习，所恰似圣王降伏群贼，国界安宁，更无怨贼所恰，故表此相也。此下两对四相，遣虚指实。牛入，此相者，想解遣教相，谓若有人依佛所说一乘普法，善能讨寻，善能解脱，实不错谬，而不了自己，理智全依他人所说故，表此相也。若有人将此相来问，则去上头牛字对之。入，此相者，识本还源相。《经》云："回神住空窟，降伏难调伏，解脱魔所缚，超然露地坐，识阴般涅槃者，即此相也。"问："何故去上头牛字，不去圆相中心人字耶？"答："圆相中心人字者，表理智，上头牛字者喻人想解。若有人虽依教分析三藏教典，而未显自己理智者，尽是想解，想解不生，则理智现前，故去上头牛字，不去圆相中心人字，是故《经》云：'但除其病而不除法。'"问："何故不许凡人依教学法耶？"答："若是智者依教，何用识心，凡人依教无益。"

问："诸佛所说三藏经典有所用不？"答："不是不许依教悟入，依教想解只是虚妄，是故佛告阿难，虽复忆持十方如来十二部经，清净如理如恒河沙，只益戏论，当知依教想解无益。"问："何故教云闻佛教者，尽成圣果。又云一毫之善，发迹驻佛？"答："下根依教不悟，想解无益。此下根人依教薰种，待后世者，谁谓无益。闻佛教者，尽成圣果，一毫之善，发迹驻佛，何况广学经论及讲说者。"Ⓐ牛，此相者，迷头认影相，何以故？若有人不了自己及净土，信知他方佛净土，一心专心往生净土，见佛闻法故，勤修善行，念佛名号及净土名相故，表此相也。志公笑云："不解即心即佛，真似骑驴觅驴者，即此相也。若有人将此相来问，则去圆相下牛字对之。"Ⓐ，此相者，背影认头相。问："何故去下头牛字，不去圆相中心人字耶？"答："众生未发真智，未达真空，故专求他方净土及佛，往生净土，见佛闻法。众生若回光发智，达得真空，自己佛及净土，一时齐现，不求心外净土佛，故不去圆相中心人字，去下牛字也。"问："如何是自己佛及自己净土？"答："众生若发真智，达得真空，即真智是佛，空是净土。若能如是体会，何处更求他方净土及佛也。是故《经》云：'将闻持佛，佛何不自闻闻。'"又此下四对五相。○，此相者，举函索盖相，亦名半月待圆相。若有人将此相来问，更添半月对之，此则问者举函索盖。答者将盖著函，函盖相称故，已现圆月相也。圆月相则表诸佛体也。○，此相者，把玉觅契相，若有人将此相来问，圆月中心著某对之，此则问者把玉觅契，故答者识珠便下手。Ⓐ，此相者，钓入索续相，若有人将此相来问，其字边添着人字对之，此则问者钓入索续，故答续成宝器也。㊫，此相者，已成宝器相，若有人将此相来问，又作圆月相中心着土字对之。㊉，此相者，玄印旨相，回然超前现众相，更不属教意所摄，若有人似个对面付果然不见，故三祖云毫厘有错天地玄隔，然不无玄会之，谁能识此相也。若是其人见而暗会，如子期听伯牙之琴，提婆见龙树之相。不是其人，对面不识，似巴人闻白雪之歌，鹙子入净名之会。假使后学根机玄利，将是则顿晓，如鸡把卵啐啄同时。相性迟钝者，学而难晓，似盲人相色而转错耳。师有时说三遍成佛篇，于中有三意。云何为三？一者证理成佛，二者行满成佛，三示显成佛。言证理成佛者，知识言下，回光返照，自己心源，本无一物，便是成佛；不从万行渐渐而证，故云证理成佛；言行满成佛者，虽已穷其真理，而顺普贤行愿，历位广修菩萨之道，所行周备，悲智圆满，故云行满成佛也。

言示显成佛者，如前证行满，自行成佛已毕，今为众生示显成佛，八相成道矣。

和尚享年六十五迁化也，谥号了悟禅师真原之塔。（《祖堂集》卷二十，第1—13张）

果然，则沩仰宗中圆相之葛藤，因顺之而传新罗，其为生相传死相之风者耶？

第七节 开清之禅并玄昱、审希之凤林山

行寂之同门有开清。崔彦扐撰《溟州（江原道江陵郡城山南普光里）普贤山地藏禅院朗圆大师碑铭》略云，开清，俗姓金氏、鸡林人。以唐宣宗大中八年诞，八岁就学，习儒学，后投华严山寺正行出尘，学《杂华》奥旨。受具后，至蓬岛之锦山，寓鹿苑阅大藏，修禅经三

载，既而闻通晓大师（梵日）道声，上往五台（江原道平昌郡）。通晓云："来何暮也，待汝多时。"直许入室，暗受心印。昭宗龙纪元年，通晓入寂后，檀信请住普贤山寺，宝殿涌出，来学云集。第五十五景哀王闻清之德高天下，遣中使表国师之礼。后唐明宗长兴元年（恭顺王三年，公元930年），示灭于普贤山，春秋七十七，谥朗圆大师（《朝鲜金石总览》上，第140—144页）。

上述碑铭于年月有讹舛。第一、大中八年四月十五日诞生，大中末年受具足戒于康州严川寺官坛。若大中末年是十三年，则开清年甫六岁而云："八岁则初为鼓箧，十年暗效横经，甘罗入仕之事，学穷儒典，子晋升仙之岁，才冠孔门，此时特启所天，恳求入道，父许之。"然则大中末年尚未出家，如何得受具耶？又同光八年秋九月二十四日示灭于普贤院法堂，俗年九十六，僧腊七十二。同光八年相当于长兴元年，清年才七十七岁耳。

当时玄昱传章敬之禅，而闵哀、神武、文圣、宪安四王皆归响之。《祖堂集》卷十七云：

> 东国慧目山（京畿道骊州郡北内面）和尚嗣章敬（怀晖）。师讳玄昱，姓金氏，东溟冠族，父讳廉均，官至兵部侍郎……以贞元三年五月五日诞生……年至壮齿，志愿出家，既持浮海之囊，遂落掩泥之发，元和三年遂受具戒。长庆四年（宪德王十六年）入于大唐，至太原府，历居二寺，颇（译者按，疑"愿"）志已成，随本国王子金义宗奉诏东归，以开成二年（僖康王二年，公元837年）九月十二日达于本国武州会津（全罗南道罗州郡）南岳实相安之。敏（一作闵）哀大王、神武大王、文圣大王、宪安大王，并执师资之敬，不征臣伏之仪。每入王宫，必命敷座诵

法，自开成末，结茆于慧目山埵。景文大王命居高达寺，奇香妙药，闻阙必供，暑葛寒裘，待时而授。九年（懿宗帝咸通九年，公元868年，景文王八年）秋解夏之始，忽告门人曰："我今岁内法缘当尽，你等宜设无遮大会以报百岩（章敬初住柏岩）传授之恩，终吾志也。"十一月十四日中夜，忽尔山谷震动，鸟兽悲鸣，寺钟击而不响三日。十五日未曙，遽命侍者，撞无常钟，肋席而殁，享年八十二，僧腊六十耳。（《祖堂集》卷十七，第5张）

第五十一真圣王（自唐光启三年，公元887年，光孝天皇仁和三年，至同乾宁三年，公元896年，宇多天皇宽平八年）元年，幸皇龙寺设百高座亲听法。二年，命僧大炬修集乡歌，炬与王之宠臣魏弘协力成之，《三代目》是也。五年，盗贼蜂起，弓裔叛投北原（今铁原）之贼梁吉。裔，新罗王系之人，入世达寺（后名兴教寺）为僧，曰善宗，乘王朝纪纲紊乱，盗贼四起而叛也。六年，甄萱据完山（全州）叛。萱，尚州人，农民之子，从军入王京，因防戍功为将军。至是叛，国运衰颓之状不难推想，而至于禅道，毫无衰兆。

新罗崔仁滾撰《昌原（庆尚南道）凤林寺真镜大碑塔碑》略云，审希，俗姓金氏，以唐宣宗大中九年生，幼好佛事，九岁谒惠目山之圆鉴（玄景），参叩精勤。懿宗咸通九年，圆鉴卧疾，告希云："此法本自西天，东来中国，一花启发，六叶敷荣，历代相承，不令断绝。我曩游中土，曾事百岩（章敬初住柏岩），百岩承嗣于江西，继明于南岳。南岳则曹溪之家子，是嵩岭之玄孙。虽信衣不传，而心印相授，长嗣如来之教，长开迦叶之宗，汝传以心灯，吾付为法信。"言讫顺世。年十九受具，巡访名山胜境，从僖宗文德元年至昭宗乾宁四年顷（自真圣王二年至八年），宴坐松溪，学人云集。次栖迟雪岳接禅客，真圣王召之不起，避烟尘驻溟州（江原道江陵郡）。托山寺以栖心，无何，闻金海（庆尚南道）之西有禅林，出山到进礼（庆尚南道昌原郡），进礼城诸军事金律熙，迎入城中，造精庐居之，以请益。第五十二孝恭王特遣使伸敬仰，以此寺水石烟霞适于修禅，建以为禅宇，号凤林寺。知金海府明义将军金仁匡，皈依禅门，为功德主，助建宝坊。兴轮寺上座彦琳等，卑辞厚礼招希，乃以后梁贞明四年（高丽太祖元年）诣辇下。第五十四景明王延入蕊宫，表师资之礼，申赞仰之仪，因请说法。此日随希上殿者，上足景质等八十人，赐法膺大师尊号，其后还旧隐。后梁龙德三年（景明王七年，公元923年）灭度，年七十。（《海东金石苑》）

　　玄昱、审希之法，相传成凤林山之一派，为禅门九山之一。凤林山旧址，在今庆尚道昌原郡上南面。

第八节　新罗灭亡与当时名匠

　　第五十二孝恭王（自唐乾宁四年，公元897年，宇多天皇宽平九年，至梁乾化元年，公元911年，醍醐天皇延喜十一年）二年，弓裔设八关斋。十五年，弓裔改国号曰泰封。裔自称弥勒佛，头戴金帻，身披方袍，以长子为青光菩萨，季子为神光菩萨，出则常骑白马，使童男、童女奉幡盖，香华前导，命比丘二百余人梵呗随后。又自述经二十余卷，其言妖妄，有僧释聪评曰皆邪说怪谈也，裔闻之，以铁椎打杀聪。第五十四景明王（自梁贞明三年，公元917年，醍醐天皇延喜十七年，至唐同光元年，公元923年，同延长元年）二年，弓裔麾下，推戴王建为王，国号高丽。而裔出奔，为人所杀。第五十五景哀王（自唐国光二年，公元924年，醍醐天皇延长二年，至天成二年，公元927年，同五年）二年，于皇龙寺设百座通说禅教，饭僧三百，王亲行香致供，是通说禅教之始也。《三国遗事》卷三载，新罗末，普耀禅师再入吴越，载《大藏经》还。师，海龙王寺之开山祖。又云天成三年戊子（恭顺王元年），默和尚入唐，亦载《大藏经》来云。

《佛祖统纪》卷八云，新罗僧义通，入中国研天台奥义，大盛教观。义通，字惟远，俗姓尹氏，以新罗景哀王四年（后唐明宗天成二年）生，幼师龟山院释宗，受具后学《华严》《起信》。晋天福中，入中国，诣天台云居（德韶居之），忽契悟，及谒螺溪（义寂）闻一心三观之旨，留受业，久之道声闻四远。乃还本国，欲大教化，假路四明将登舶，郡守钱惟治（忠懿王俶之子）闻师来，加礼延屈，咨问心要，复请为菩萨戒之师。钱公曰："或尼之，或使之（孟子曰行或使之，止或尼之），非弟子之力也。如曰利生，何必鸡林乎？"因止其行。开宝元年（宋太祖），漕使顾承徽受诲，舍宅为传教院，请居之。太平兴国四年，法智始从学。同七年四月，太宗皇帝赐额曰宝云。雍熙元年，慈云始从学，敷扬教观者几二十年，端拱元年十月二十一日寂，寿六十三。

当时有传曹洞禅风者，庆猷、迥微二人是也。《高丽国踊岩山五龙寺（京畿道开城郡峋南面址）法镜大师塔碑》云，庆猷，俗姓张氏，唐懿宗咸通十二年（新罗景文王十一年）生。僖宗文德元年，从通度寺灵宗律师受具，随朝贡使西泛，参云居道膺。当时庆猷、迥微、丽严、利严称海东四无畏大士。云居曰："闻言识士，见面知心，万里同居，千年一遇。"于是潜付慧灯，密传法要。梁武太祖开平二年（孝恭王十二年），还本国达武州（全罗南道）会津。后梁贞明七年（太祖王四年，公元921年），于日月寺法堂示寂，寿五十一，谥曰法镜大师。

（《朝鲜金石总览》上，第163—166页）

据《康津（全罗南道）无为寺先觉大师塔碑》，迥微，俗姓崔氏，以唐懿宗咸通五年生。年十七蕴脱尘之志，直诣迦智山宝林寺参谒体澄。僖宗中和二年于华严寺官坛受具足戒，既而欲拜祖塔于曹溪。洎昭宗大顺二年，与朝贡使俱入唐。适闻云居道膺之玄化，参之，膺谓："吾子归矣，早知汝来。"由是探玄辟幽，密传心印，以唐昭宗天祐二年（孝恭王九年）还本国，住无为岬寺。王（不详何人）闻迥微从吴越新至新罗，匿摩尼于海隅，骤凤笔赴龙庭。王谓微曰："吾师人间慈父，世上导师。"碑记缺舍命之年，俗年五十有四，僧腊三十有五，乃知微入寂当后梁贞明三年（公元917年，景明王元年），谥曰先觉大师。碑记多缺损，记事缺明晰，才抄出一斑耳。（同上，第169—174页）

景哀王四年，甄萱侵入王京，王与妃嫔游鲍石亭，宴娱不之觉，为萱所拘自尽。庆州南山西麓沿溪流有鲍石亭址，见曲水宴之遗迹犹存。第五十六主敬顺王（自唐天成三年，公元928年，醍醐天皇延长六年，至同清泰二年，公元935年，朱雀天皇承平五年）八年，甄萱之子神剑，幽其父于金山寺，杀其弟金刚而自立。萱在金山寺三月，与其子女爱妾投奔高丽太祖。同年，以国弱势孤，不能自守，与群下议降高丽太祖，太祖改新罗为庆州郡。新罗共五十六王九百九十二年而灭，时公元九三五年，朱雀天皇承平五年也。

高丽之一然论新罗末期佛教之弊云：

> 奉浮屠之法，不知其弊，至使闾里比其塔庙，齐民逃于缁褐。兵农寝小，而国家日衰，几何其不乱且亡也哉？

佛事之滥设出于福国利民之祈祷精神，而却招亡国残民之祸，岂不可畏哉。

附录一

新罗文豪崔致远，有一代盛名，学殖渊博，文章绚烂，新罗名僧之碑文多出其手。致远，字海夫，号孤云，庆州沙梁部人。《三国遗事》卷一云：

> 觜山珍支村（新罗六村之一）长曰智伯虎，初降于花山，是为本。彼部崔氏祖，今曰通仙部，柴巴等东南村属焉。致远乃彼部人也。今皇龙寺南、味吞寺南有古墟，云是崔侯古宅也，殆明矣。

少而精敏，好学，年十二随商舶入唐，父诫之云："十年不第进士，则勿谓吾儿，吾亦不谓有儿，往矣勤哉。"致远学业日进，唐僖宗乾符元年，十八岁举进士，为宣州溧水县尉，进承务郎侍御史内供奉。时黄巢反，高骈为兵马都统讨之，辟致远为从事，委以书记之任，其表状书启，多出其手。其檄有"黄巢不唯天下之人皆思显戮，抑亦地中之鬼已议阴诛"之语，巢不觉下床，由是名振天下。及年二十八，有归宁之志，以僖宗帝光启元年（宪康王十一年）还新罗。宪康王乃任为侍读兼翰林学士兵部侍郎知端书监事，然不能行其志，出为大山郡（全罗北道泰仁）太守。如是致远西事唐，东归故国，皆遇乱世，动辄得咎，自伤不遇，复无进仕意，逍遥山林之下，自放江海之滨，枕藉书史，啸咏风月。庆州南山、刚州冰山、陕州清凉寺、知异山双溪寺与合浦县（庆尚南道昌原郡）是皆游化之处。最后以第五十一真圣王

八年（唐昭宗乾宁元年），隐于伽耶山海印寺，与母兄，僧贤俊及定玄
为道友，栖迟偃仰以终老。《破闲集》中云：

> 一旦早起出户，莫知其所归，遗冠屦于林间，盖上宾也。寺
> 僧以其日荐冥禧。

据《桂苑笔耕》自序，致远所著有私试今休赋五首一卷，一言、
七言今体诗共一百首一卷，杂诗赋共三十首一卷，《中山覆篑集》一
部五卷，《桂苑笔耕》一部二十卷，现存者唯《桂苑笔耕》而已。《崔
孤云文集》三卷，海印寺藏。《桂苑笔耕》中多存文章。同书目录记卷
外书目云：

> 《桂苑笔耕》二十卷、《经学队仗》三卷。

上有成帙。

> 《中山覆篑集》五卷，私试时体赋一卷，五言、七言时体诗
> 一卷，杂诗赋一卷，《四六集》一卷，《东国舆地说古今年代历》，
> 《上时务书》，《元集》三十卷。

上并有题目，不得其文。

致远之寓海印寺也。尝自挥毫，选清溪、奇岩、碧潭、石桥等，
书武陵桥、学士台、七星台、红流洞、泚笔岩、吟风濑、吹笛峰、完
在岩、光风濑、霁月潭、喷玉瀑、落花潭、叠石台等之名刻，今仍传。
又海印寺藏致远撰《海印寺善安住院壁记》（唐光化三年作）、《顺应

理贞赞》。海印之希朗大德尝讲《华严》，致远赞之。其一云：

> 龙堂妙说入龙宫，龙国龙神定欢喜；
>
> 龙猛能传龙种功，龙山益表义龙雄。

崔孤云之诗，多充满愁悒之气。

秋夜雨中

秋风唯苦吟，举世少知音；窗外三更雨，灯前万里心。

题云峰寺

扪葛上云峰，平看世界空；千山分掌上，万事豁胷中。

塔影日边雪，松声天半风；烟霞应笑我，回步入尘笼。

春晓偶书

叵耐东流水不回，只催诗景恼人来；

含情朝雨细复细，弄艳好花开未开。

乱世风光无主者，浮世名利转悠哉；

思量可恨刘伶妇，强劝夫郎疏酒杯。

有新罗伽耶山海印寺结界场记，可以想见当时之状况。

附录二

忠清道忠州北津崖有金生寺。金山，新罗人，父母微，不知其名，其世系。生于景云二年，自幼能书，平生不攻他艺，年逾八十，犹操笔不休，隶书行草皆入神，至今往往有真迹，学者传宝之。崇宁中，高丽学士洪灌，随进奉使入宋馆于汴京，时翰林待诏杨球、李革，奉帝敕至馆书图簇。灌以《金生行草》一卷示之，二人大骇曰："不图今日得见王右军手书。"灌曰："非是，此乃新罗人金生所书也。"二人笑曰："天下除右军，焉有妙笔如此哉！"灌屡言之，终不信。生修头陀行，居是寺，因以为名。(《东国舆地胜览》卷十四，第16—17页)

第三编

禅教并立之时代

概　说

　　高丽太祖敬信佛法，因其保护，禅道益隆昌，曹洞之真风传于世，英衲多辈出。定宗以后，禅教并行。至光宗定国师、王师之制。洎文宗、宣宗之代文教大兴。义天再兴天台之教观，教乘之流行，佛典之刊行，称空前绝后，而宫廷佛教汲汲于祈福禳灾，佛事繁行，妖僧乘机流毒害。毅宗以后，紊乱愈益加。神宗之代，知讷以命世伟材，创唱独立之禅，曹溪山一派，呈代表禅门之观。讷之嗣慧谌著《禅门拈颂》，其书永为看话之凭依。忠烈以后，王威日衰，喇嘛之迷信亦污人心，虽非绝无大德禅匠，而行解二者俱不纯。至忠宣之代，亡国的佛事旺然，无真乘之可见。如忠惠狂荒淫纵，社稷如累卵。加之恭愍重用妖僧，虽则有普愚、慧勤等之禅法行世，不足救之。尔后暗君劣主相继，与高丽之末日同时，佛光亦西倾矣。从高丽太祖十九年丙申（公元936年，朱雀天皇承平六年）至恭让王二年辛未（公元1391年，后龟山天皇元中八年），大约四百五十五年，名曰禅教并立之代。

第一章　高丽之太祖与诸禅师

高丽太祖器宇广大，有济世之量。统青丘，树王业，深信佛法，造塔建刹，禅道乃益盛。利严传曹洞正宗，受太祖之崇信，立须弥山一派。同时庆甫再转洞上之机轮，就让又传石霜之玄机，而见于太祖，宠遇甚渥。加之玄晖将来九峰之心印，被太祖优赏。丽严之参云居，璨幽之诣投子，亦在此时。允多、中湛，亦被太祖宠遇。

第一节　高丽太祖与道诜

高丽太祖姓王氏，讳建，松岳郡人。唐僖宗乾符四年（公元877年）生，器宇广大，有济世之量。时新罗政衰，群贼竞起，甄萱叛据南州（全罗北道全州），号后百济。弓裔据高句丽之地（江原道铁原），国号泰封。唐昭宗乾宁三年，太祖之父世祖，以松岳郡投裔，裔大喜，以太祖为松岳（开城）城主，时年二十。由是出征四方树战功，代裔为王，国号高丽，改元天授。盖起于高句丽故地得名也。时后梁贞时四年即新罗景明王二年（公元918年，醍醐天皇延喜十八年）也。《高丽世系》略云，太祖王建之先名虎景，自称圣骨将军。虎景生康忠，康忠有子宝育，天资慈惠，入知异山修道。宝育之女配唐贵姓，生作帝建，作帝建晚年居俗离山长岬寺，常读佛典卒。作帝建之子曰隆建，是即世祖而太祖之父也。时桐里山有道诜，与世祖相见如旧识，同登鹄岭究山水之脉，上观天文，下察地理，筑松岳之新第，预言将一统三韩，诞生英主云。此是高丽毅宗王之臣金宽毅《编年通录》所记多加，后人假作，多妄谈加之。《松京志》云：

> 《丽史》论曰，金永夫、金宽毅皆毅宗朝臣也。宽毅作《编年通录》，永夫采而进之。其札子亦曰宽毅访集诸家私蓄文书，其后闵渍作《编年纲目》，亦因宽毅之说。独李齐贤援据《宗族记圣源录》，斥其传讹之谬。齐贤一代名儒，岂无所见而轻有议于时君世系乎？……《太祖实录》乃政堂文学修国史黄周亮所撰也。周亮仕太祖孙显宗朝。太祖时事，耳目所及，其于追赠，据实书之。以贞和为国祖之配，以为三代而略无一语及于世传之说。宽毅乃毅宗时微官，且去太祖二百六十余年，岂可舍当时实录，而信后代杂出之书邪？（《松京志》卷七，第8页右—左）

所云有理义，然道诜与太祖之关系非可否定者。

第二节　道诜小传

按，高丽崔椎清撰《白鸡山玉龙寺先觉国师碑铭》略云，道诜为桐里山惠徹（一作哲）之嗣，俗姓金氏，新罗灵岩（全罗南道）人。年十五祝发，隶于月游山华严寺，学习《大经》。唐武宗会昌六年（新罗文圣王八年），年二十，忽自念言："大丈夫当离法自静，安能兀兀守文字间耶？"适惠徹从西堂智藏传密印，开堂于桐里山，诜往参之，廓然超悟，时年二十三。后至曦阳县（全罗南道）白鸡山玉龙寺，爱其幽胜，改葺堂宇居之。宴坐忘言三十五载，此诜所以称为玉龙子。新罗宪康王遣使奉迎，留禁中。诜以玄言开发君心，未几请还山。一日告门人曰："吾将行矣，乘缘而来，缘尽则去，理之常也，何足悲伤。"言讫跏趺而寂。享年七十二，唐昭宗光化元年（公元898年，新罗孝恭王二年）也。孝恭王谥曰了空禅师。（《朝鲜金石总览》上，第560—561页）

第三节　关于道诜之妄说

《朝鲜金石总览》所载《道诜国师实录》略云，诜，朗州人，字光宗，法号庆宝，烟起，其别号也。生于新罗真德王末季，年才十三长文艺，落发于本州月岩寺。时因唐帝梦感，遣使令诜入唐，卜幽居。诜从一行禅师学，诜在处于溪确岩薮之间爇火而坐，故寻之者往，必见烟起，以是称烟起祖师。后移住光阳县（全罗南道）白鸡山玉龙寺，宴坐忘言殆三十年，示寂时大唐元和元年三月十日，享年七十二。朗州月出山道岬寺为诜之所创，如寺僧所记，诜以唐玄宗开元二十六年生，宪宗元和元年三月十八日寂，是称《道诜实录》，伪谬颇多。同书载一行禅师《传钵录》，是亦不径之妄说，不可信。崔惟清撰《道诜碑》文末云：

> 益研阴阳五行之术，虽金坛玉笈、幽邃之诀，皆印在胸次。于是为王太祖，启圣期于化元，定成命于幽数，其原皆自吾师发之，宜在襃大而追崇之。故显王有大禅师之赠，肃祖加王师之号，仁宗追封为先觉国师，毅宗又命刻碑以寿其传。若国师之于太祖，其事甚伟，盖先识之于降生之前，而施其效于身没之后，

其神符冥契，有不可思议者。于戏师之道其诣于极者，与佛祖合，寓于迹者，若张子房之受书于神，宝志之预言未兆，一行之精贯术数者耦欤。师所传阴阳说数篇，世多有之，后之言地理者皆宗焉。

可以知道诜通阴阳谶纬，为世所重。前记《实录》并《高丽世系》记道诜入唐从一行学地理还，大误也。一行以唐玄宗开元十五年入灭，由是经一百一年，文宗之太和元年道诜始生，关于诜记录，妄添甚多，可以推知也。

第四节　风水之迷信

道诜与风水之迷信有不可离之关系，是说所由来远。《汉书·艺文志讲疏》云：

> 《堪舆金匮》十四卷。师古曰许慎云，堪天道，舆地道也。亡。郑玄曰，堪舆虽有郡国所入度，非古数也。今其存者，十二次之分野也。（周官保章氏注）此汉人所传堪舆之说也。今俗谓风水家，曰堪舆。（《汉书·艺术志讲疏》，第27页）

汉人既有关于风水著作，此种书中最古者名《青鸟经》，称后汉时代作。又风水，有谓始于晋郭璞者。

《中国风俗史》云：

> 坟墓必择吉地，谓之相墓术。此术之流传，世谓始于晋郭

璞，故璞有《葬经》一书。今观璞本传，称璞葬母暨阳，去水百步，或以近水言之，璞曰："当即为陆矣。"其后果沙涨数十里。又璞为人葬墓，晋明帝微服观之，问："主人何以葬龙角？"主人曰："郭璞云此葬龙耳，当致天子。"帝曰："当出天子耶？"主人曰："非出天子，能致天子至耳。"此璞以相墓传名之确证也。（《中国风俗史》，第110页）

《中国文化史》云：

> 宋齐而下……其时盛行葬术，以是著名者有孔恭、高灵文等，风水迷信之说，因此启矣。（《中国文化史》上，第159页）

如此阴阳风水迷信，南北朝时既行于中国，于唐代更支配人心。于朝鲜，新罗之名将金庾信庶孙严，好方术，赴唐学阴阳之法，长遁甲之术。大历中（惠恭王在位中），还东为司天大博士。庆州初月山大崇福寺是真圣王时为元圣王追福建立者，其碑文中，明显表现风水之信仰，然则新罗末，此迷信之流行可知矣。

第五节　太祖与神印宗并宝壤

太祖创业之际，海贼来扰，时有广学、大缘二师，受安惠、朗融（金庾信信敬之僧）等密教，称神印宗名匠。王乃请学、缘二师禳镇贼。二师以长兴二年辛卯（新罗敬顺王四年）随太祖上京，随驾焚修。王赏其劳，于二人父母忌给宝壤白寺，后建现圣寺为神印一宗之根本道场。又据《云门寺缘起》，云门寺（庆尚北道清道郡云门面）开祖宝壤，乡井氏族不详，到大国传法而归本国。时三国扰动干戈不止，于是就清道郡鹊岬之古寺址创寺，名鹊岬寺。未几，高丽太祖一统三国，闻师之道誉，以清泰四年丁酉（太祖王二十年），赐额曰云门寺。师入唐回，先住推火之奉圣寺，适太祖东征到清道境，有山贼聚犬城，倨傲不降。太祖至山下问制贼之术，答曰："夫犬之为物，司夜不司昼，守前忘其后，宜以昼击其北。"太祖从之，贼果降。太祖喜而每岁给近县之租五十硕供香火。奉圣寺后迁鹊岬，大创之，即云门寺也。

伽倻山海印寺之希朗，亦太祖之福田，同寺古籍云：

> 新罗末，僧统希朗住持此寺，得华严神众三昧。时我（高丽）太祖，与百济王子月光战，月光保美崇山，食足兵强，其敌如神，太祖力不能制，入海印寺师事朗公。师遣勇敌大军助之，月光见金甲满空，知其神兵，惧而乃降。太祖由是敬重奉事，纳田五百结。

希朗讲《华严》于海印寺，崔致远赞之有偈：

> 步得金刚地上说，比丘海印寺讲经。
> 扶萨铁围山间结，杂华从此成三绝。

均如法师传中，记希朗者太祖之福田也。

太祖时，今之忠清北道槐山郡长延面台城里觉渊寺有通一大师，入中华求法，泊东还，为太祖崇信，学者多宗之。

第六节　太祖与利严之曹洞正宗

高丽崔彦㧑撰《海州（黄海道海州郡）须弥山广照寺真澈（一作徹）大师碑铭》略云，利严，俗姓金氏，十二投迦耶岬寺出家，以唐僖宗光启二年受具足戒。洎昭宗乾宁三年（新罗真圣王十年，公元896年），遇入浙使崔蓺熙之西泛，遽起雪浪抵邘江。适闻云居道膺玄风，直诣其门。膺，洞山之嫡嗣也。膺云："一别匪遥，再逢何早。"严云："未曾亲侍，宁道复来。"膺默许之。服勤六载，潜受法印。由是遍参知识，四远参寻，乃以后梁太祖乾化元年（新罗孝恭王十五年）还国，达罗州（全罗南道）会津。爰有金海府（庆尚南道）知军府事苏律熙，于胜光山修堂宇，倾诚请住，乃住此四星霜。太祖闻其道声，召至都，迎于舍那内院。无几，请于宫中，待以师资之礼。王问云："弟子恭对慈颜，直申素恳，今则国仇稍扰，邻敌交侵，犹似楚汉相持，雌雄未决，至于三纪，常备二凶，虽切好生，渐深相杀。寡人曾蒙佛诫，暗发慈心，恐遗玩寇之愆，仍致危身之祸。大师不辞万里，来化三韩，救蓺昆岗，昌言有待。"对曰："夫道在心不在事，法由己不由人。且帝王与匹夫所修各异，虽行军旅，且愍黎元。何者？王者以四海为家，万民为子，不杀无辜之辈，焉论有罪之徒，所以诸善奉行，是为弘济。"王乃抚几叹云："夫俗人迷于远理，预惧阎摩，至如大师所言，可与言天人之际矣。所以救其死罪，时缓虔刘，怜我生灵，出于涂炭，此皆大师之化也。"其后虽频住京辇，改岁时，初常注目山川，欲择终焉之地。王不阻其道情，遂许之。临别，利严告王云："仁王弘誓，护法为心，遥垂外护之恩，永蓄苍生之福。"太祖十五年（后唐明宗长兴三年），下敕于开京（开城）西北海州（黄海道）之阳，择灵山，构精舍居之，此即须弥山广照寺也。由是学徒多聚会下。一日谓众："今岁法缘当尽，必往他方，吾与大王，曩有因缘，今当际会，须为面诀，以副心期。"便至辇下。王为兵马出于马律，不遇而还，坐化于本寺，时太祖十九年（后晋天福元年，公元936年），春秋六十七。太祖谥曰真澈大师。（《朝鲜金石总览》上，第125—130页）

上足门下有处光、道忍、贞能、庆崇等，大官高位者，皈依者多。利严之法，相传成须弥山一派。须弥山在今黄海道海州郡首阳山内须弥山广照寺之旧址是也。禅门九山至是全成，九山总称曰曹溪宗。

朝鲜现行之《禅门礼忏仪》文，记大迦叶以下至慧能六祖法系，次列禅门九山之祖师，谓：

> 道义（迦智山）、梵日（阇崛山）、哲鉴（师子山）、无染（圣住山）、玄昱（凤林山）、道宪（曦阳山）、慧徹（桐里山）、利严（须弥山）、洪陟（实相山）。

第七节　太祖之奉佛

《东国通鉴》卷十二云，太祖即位元年（后梁贞明四年，公元918年），设八关会，其仪于阙庭置轮灯一座，四旁列香灯，又结两彩棚，各高五丈余，呈百戏歌舞于前。其四仙乐部，龙、凤、象、马、车、船皆新罗故事也。百官袍笏行礼，观者倾都，王御楼观之，每岁以为常。《东国通鉴》卷十二并《高丽史·太祖本纪》云，太祖二年，迁都松岳郡（开城），升郡为开州，创建宫阙。又建法王、慈云、王轮、内帝释、舍那、天禅（普膺）、新兴、文殊、圆通、地藏等十寺于京内。四年，建大兴寺于五冠山（京畿道长端府西），迎僧利言（利严）师事之。五年，舍旧宅为广明寺，令瑜伽法师昙谛住持，又创日月寺于宫城西北。六年，福府卿尹质使梁，还献五百罗汉画像，命置于海州（黄海道）崇山寺。七年，创外帝释院、九耀堂、神众院、兴国寺。十一年，新罗僧洪庆于唐闽府航载《大藏经》一部到礼成江，王亲迎置于帝释院。十二年，天竺三藏法师摩睺罗来，王备仪迎之，居龟山寺。明年，三藏入寂。同年，建安和禅院为大匡王信之愿堂。《东国通鉴》卷十二云，太祖尝谓内奉卿崔凝曰："昔新罗造九层塔，遂成一统之业，今开京（开城）建七层塔，西京（平壤）建九层塔，冀借玄功，除群丑，欲合三韩为一家，卿为我作发愿之疏。"凝遂进制。十九年，太祖讨平后百济统合三韩，时后晋天福元年（公元936年，朱雀天皇承平六年）也。

李齐贤撰《开国寺重修记》云，清泰十八年（疑天授十八年），太祖用术家之言，造开国寺，募卒伍为工徒，破戈楯充结构，所以示偃兵息民也。大祖之得意可想见。

第八节　庆甫之曹洞禅

庆甫传曹洞正宗，兢让传石霜真风在太祖之代。金廷彦撰《光州（全罗南道）晞阳县白鸡山玉龙寺洞真大师碑》云，庆甫，字光宗，姓金氏，灵岩（全罗南道）鸠林人。以唐懿宗咸通九年生，幼投夫仁山寺落发，后上白鸡山谒道乘（智诜），十八岁于月游山华严寺禀具戒，尔后学无常师，历谒圣住无染、崛山梵日发玄机。唐昭宗景福元年（新罗真圣王六年），入唐参抚州疏山之匡仁。仁，洞山之嗣也。仁云："格、汝、鲸（一作鲽）海龙子耶？"由是许入室，遂得心传。仁大喜云："东人可与语者惟子。"因授心印。由是游方，往江西谒老善。善云："白云锁断行人路。"甫云："自有青山路，白云那得留。"如是搜胜景，诣真僧后，适值归舟。以后梁龙德元年（新罗景明王五年，太祖四年）达全州临陂郡。甄萱为后百济主，命居州之南福禅院，未几移于白鸡山玉龙寺，学徒云集。洎后晋天福元年，太祖钦其清高，敕赴阙，相见甚悦。第二惠宗王亦继先志仰法力，第三定宗王践祚亦召入京。后汉乾祐元年（定宗王三年，公元948年）舍世，寿八十。定宗王追谥曰洞真大师。（《朝鲜金石总览》上，第189—194页）

《朝鲜佛教通史》上编有：

> 孝恭大王奉以遗风，继之先志，注精心而亹亹，祈法力以孜孜，奄弃人间，已归天上。文明大王，陟降致美，莅祚重光，联华弘天竺之风，握镜昭海邦之俗，仍飞凤笔，储降象轩。越三年，龙集协洽（未也），四月二十日，大师将化。

孝恭应为义恭，即高丽第二惠宗义恭王，非新罗之孝恭王。又文明王是高丽之第三定宗文明王也。后晋开运四年丁未，庆甫八十岁，是其入寂之年，故碑云："存父母体八十春。"付灯于疏山法嗣中，佚庆甫之名。

第九节　兢让与曦阳山之玄风

高丽李梦游撰《静真国师碑》略云，兢让，俗姓王氏，公州（忠清南道）人。幼就学，投本州南学院如解禅师出家，以唐昭宗乾宁四年受戒于鸡笼山（忠清南道）普愿寺。后谒西学院杨孚（智诜之嗣），问直指之旨。昭宗光化二年（孝恭王四年），西渡达江淮境。乃欲往雪峰，到飞猿岭上搬米，遇禅徒同路行。徒中一人指枯椿曰："枯木独占定，春来不复荣。"让接曰："迥然尘境外，长年乐道情。"众皆叹服。由是访知识于诸方名山，上谷山谒道缘。缘，石霜之嫡嗣也。乃问曰："石霜宗旨的意如何？"答曰："代代不曾承。"让言下大悟，默契玄机。是偈曰："十介禅子同及弟，榜头岩过总得闲；虽然一介不回头，自有九人出世间。"缘因造《三生颂》，令众和之，让取毫折理成《韶高》之章，于是广被吟传。由是登五台，至云盖，游洞山，以后唐同光二年（太祖王七年，公元924年）归国，达全州（全罗北道）喜安县浦口。时野寇山戎出没，不便弘教，让庇影山中，韬光晦名，而桃李之蹊，遂不能沉藏。众请住康州（庆尚南道晋州）伯严寺，是后唐明宗天成二年也。由是访道者接踵，道声远闻。新罗景哀王（自同光二年至天成二年）寓书赞其德，号曰奉宗大师。后唐清泰二年，迁至曦阳山（庆尚北道闻庆郡）麓，住凤岩，营构禅室，以诱启学徒，恢弘祖道。当时高丽太祖，归心佛法，招四方有道之僧。让往见太祖，应对契王意，乃相谓曰："玄奘法师往游西域，复归咸京译出金言，秘在宝藏降及贞元，以降来新本经论寖多，故近岁遣使闽瓯，求购弘宣。今幸兵火已潜，释风可振，欲更写一本，分置两都，于意如何？"让曰："此实有为功德，不妨无上菩提，雅弘经传，能诣佛心，其佛恩与王化，可地久而天高，福利无边，功名不朽矣。"从此太祖敬仰日深，宠遇甚渥。后晋高祖天福八年，太祖薨，而第二惠宗嗣位，及后晋出帝开运三年第三定宗立，让为说法，王赠磨衲袈裟一领并新写《华严经》八帙。光宗元年，又以书请让入京，设斋筵宫中，伸赞仰之诚。问以政道之要，应对契旨，令移居舍那禅院，加尊号曰证空大师。让留京二年，以后周广顺三年还故山。后周显德三年（光宗七年，公元956年）寂，享年七十九。光宗谥曰静真大师。下是碑文中记兢让之法系云：

江西一传沧州鉴，鉴犹东顾，传于海东。谁其继者，即南岳（智异山也）双溪慧昭禅师焉。昭复传贤溪王师道宪，宪传康州伯严扬孚禅师，孚即我大师严师也。

以道宪即智诜为慧昭之嗣，与《寂照塔碑》以诜为四祖下惠隐之嗣不同，海东传法之记录漫然者多，记嗣法二祖之故，其正系难定矣。

第十节　玄晖与圣住山系之宗风

玄晖亦在太祖王时传石霜门下九峰之禅。《忠州（忠清北道）净土寺法镜大师塔碑》云，玄晖，俗姓李氏，全州南原人。以唐僖宗乾符六年生，投灵觉山寺谒深光大师，有所契。光，无染之嗣，麻谷之孙，圣住山门人也。昭宗光化年于伽耶山受具后，至天祐三年（新罗孝恭王五年），沿海独往，遇乘槎者请俱西，凌洋达彼岸。由是逦迤西上，遂至九峰山下参谒道乾（道虔），乾问曰："阇梨头白。"对曰："玄晖目不知。"曰："阇梨自己为什么不知？"对曰："自己头不白。"入室参禅，才留一句，得心要，游学四方观名山胜境。以后唐同光二年（太祖七年）归国，太祖乃遣特使奉迎郊外。翌日延入九重，待以国师。太祖事佛精勤，敕住净土寺，诸方闻风来学者百千。后晋天福六年（公元941年，太祖二十四年）坐灭，年六十三，谥曰法镜大师，弟子阔行等三百余人。（《朝鲜金石总览》上，第149—156页）

《碑》记二问答录：

或问："万行皆空，云何故行？"对曰："本无苦乐，妄习为因，众生妄除，我苦随灭，更于何处，犹觅菩提？"又问："（太祖）修行功用，远近当殊。"答曰："滴水下岩，即知朝海。"又问：
"了言相信，先会暗同，争奈童蒙，如何劝发？"曰："儿喉即闭，
乳母奚为。"

可以见晖为人之风规。

第十一节　利严与曹洞之真风

圣住山系人利严亦于此时传洞上之真风。高丽崔彦㧑撰《弥智山
（京畿道杨平郡龙门面）菩提寺大镜大师碑铭》略云，利严，俗姓金
氏，九岁发离尘之心，投无量寿寺住宗法师削染，初学《华严》。僖宗
广明元年，受大戒，渐认教宗之非真实，倾心参玄。时有嵩严山（圣
住寺）广宗（无染）善知识之名远闻，严往依之，入室累数载。僖宗
光启三年（一作文德元年）冬，广宗寂后，南行上灵觉山，谒深光。
光，广宗之嗣，为一方宗匠。严师事之，服勤数年。由是下山西泛，
达江表西上，礼见云居山道膺，春秋寒暑，累数回竟得心印。于是辞
云居，重超鲸水，以后梁太祖开平三年（新罗孝恭王十三年）归武州
升平（全罗南道顺天郡）。爰有知基州诸军事上国康公萱，慕严之禅
德，其令誉闻于太祖。太祖召诣辇下，严谓王曰："国富民安不让于
肯庭之境，尧仁舜德唯侔于华夏之朝。"王曰："三五之时，太平之运，
寡人虚薄，何以当之？"王舍菩提寺请住持，由是参学多集。后唐明
帝天成四年（太祖王十五年，公元929年）入寂，春秋六十有九。太
祖谥曰大镜大师。传灯云居法嗣中，逸丽严之名，受业弟子有融、阐、
昕、政等五百余人。（《朝鲜金石总览》上，第130—134页）

第十二节　璨幽与凤林山之宗风

高丽金廷彦撰《广州（京畿道）慧目山高达院（京畿道骊州郡北内面上桥里）元宗大师慧真塔铭》略云，璨幽，字道光，俗姓金氏，鸡林河南人。以唐懿宗咸通十年生，年甫十三出家，谒尚州（庆尚北道）公山三郎寺文融谛。谛，真镜大师审希之嗣。谛知其法器，令师事慧目山之审希，便诣慧目，精究妙理，高悟玄机。及年二十二受具于杨州（京畿道）三角山庄义寺，既而以审希移住光州（全罗南道）松溪禅院，特至松溪拜谒。希云："白云千里万里，犹是同云，明月前溪后溪，尝无异月，爰因识识，只在心心而已。"于是立远游之志。昭宗景福元年（新罗真圣王六年），乘商舶入唐，于舒州桐城县参投子山大同。大同，翠微无学之嗣。无学，丹霞天然之嗣，石头希迁之孙也。便悟微言于舌底，认真佛于身中。将辞时，投子云："莫远去，莫近去。"幽云："虽然非远近，要且不停留。"投子云："既验心传，何须目语。"由是访诸山名刹，适值本国归舟，后梁龙德元年（太祖四年）达康州（庆尚南道晋州郡）德安浦，遥诣凤林（庆尚南道冒原郡），归觐真镜（审希）。镜喜，令住三郎寺，居三冬，出诣京辇入觐太祖。太祖请住庆州天王寺，而爱慧目山之幽胜移住之。于是问津者云集，成一大禅林。未几，太祖薨，第二惠宗即位，王亦敬信佛法，赐幽茗馞并纹罗法衣。惠宗薨，第三定宗践祚，赠袈裟法衣。洎定宗薨，第四光宗代，赐号为证真大师，迎入王城之舍那院。越三日，于重光殿开法筵，即奉以服冕为国师，赐银瓶、银香炉、金钿、瓷钵、水晶念珠、法衣等。又于天德殿设法筵，令升座说法。有僧问："如何是向上一路？"幽云："不从千圣得。"又问："既不从千圣得，从上相传，从何而有。"对云："只为不从千圣得，所以从上相传。"又问："与么？即二祖不望西天，达摩不到唐土。"对云："虽不从千圣得，达摩不虚过来。"由是辞宫阙，乞归休，王许之。王制《诵德》诗寄幽云："慧目高悬耀海乡，真身寂寂现和光。贝中演法开迷路，钵里生莲入定场。一喝成音收雾净，二门离相出尘凉。玄关远隔山川外，恨不奔波谒上房。"后晋世宗显德五年（光宗王九年，公元958年）将化，示众云："万法皆空，吾将往矣，一心为本，汝等勉旃。心生法生，心灭法灭，仁心即佛，宁有种乎？如来正法，其护之勖之哉。"言毕，俨然坐化，年九十。光宗追谥元宗大师。弟子有昕弘、同光、幸近、传印等五百余人。（《朝鲜金石总览》上，第207—213页）

第十三节　太祖与允多及忠湛

据高丽孙绍撰《武州（全罗南道）谷城县桐里山大安寺广慈大师塔铭》云，允多，字法信，京师人。以唐懿宗咸通五年生，八岁出尘，远诣桐里山五众，务参玄。如和尚（惠哲之嗣）曰："心专石也穿，志切泉俄涌，道非身外，即佛在心。宿习者觉于刹那，蒙昧者滞在万劫，如来说谕，为情钝则开语，为根利则略言，汝自好看，不在吾说也。"既而于迦耶岬寺受具，芳声闻远近。后归故山益洞达禅旨，离声色里，出是非关，衲子盈门，玄风大振。时太祖统合三韩立新王朝，聆多之声价，遣使请，一度诣九重，乃以竹杖、芒鞋达京，王喜，令留仪宾寺。数日后召入宫，待以宾礼，问曰："古师云心即佛，心何如？"答曰："若到涅槃者，不留于佛心。"问："佛有何过，即得如此？"答曰："非有过，心自无过。"问曰："朕受天之祐，救乱诛暴，何以则生民保义。"答曰："殿下不忘今日之问，国家幸甚，生民幸甚。"问曰："大师以何德行化诸众生？"答曰："臣僧自救不了，何得解脱他缚。"允多三礼而退，王命安置于兴王寺黄州院，命有司监多供馈。一日念王曰："麋鹿野纵，甘伏丘壑，猥承御命，来住王城，恐惧情深，轩鹤梁鹈，未足喻也。伏望许从微情，俾云归古山，鱼游深壑，为赐大矣。"王许之，令还桐里故山。后晋出帝开运二年（惠宗王二年，公元945年），告众曰："生也有限，灭而未定，吾今欲行，各自珍重。佛言波罗提木叉，是汝大师，吾亦以此言嘱汝，汝等遵行，吾不死矣。"令焚香念佛，合掌而逝，年八十二。（《海东金石苑》）

就允多之法系，《碑》有："法祖西堂传于徹，徹传于先师如，如传于吾师，即西堂曾孙也。"然则多是西堂智藏曾孙，徹即桐里山之惠徹（哲），如为徹之嗣可知。

忠湛，俗姓金氏，以唐懿宗咸通十年生。幼丧父母，投长纯禅师。纯，亡父之友也。昭宗龙纪元年，于武州（全罗南道）灵神寺受具足戒，学相部，究毗尼，后入中国求法，以天祐中归海东。太祖待以王师之礼，优遇尤至，演化兴法约三十年。后晋天福五年（太祖王二十三年，公元940年）七月十八日，告门人曰："万法皆空，吾将去矣，一心为本，汝等勉旃。"言讫而化，年七十二。《朝鲜金石总览》所载《原州（江原道原州郡地正面）灵凤山兴法寺真空大师碑》，即忠湛之碑，为太祖亲制，集唐太子文字刻之。《栎斋稗》云：

> 北原（原州）兴法寺碑，我太祖亲制其文，而崔光胤集唐太宗皇帝书，模刻于石。辞义雄深伟丽，如玄圭赤舄，楫让廊庙，而字大小真行相间，鸾飘凤泊，气吞象外，真天下之宝也。（《栎斋稗说后集一》）

碑之断片现存景福宫勤政殿，惜哉，多缺略忠湛之行业不详，就其法系有：

> 雪山成道，烟洞证心，传十八代之祖。

未经考定，待识者之教耳。

第十四节　太祖之遗训

太祖二十一年，西天竺僧弘梵大师喹哩嚩日罗来化，本摩竭陀国大法轮菩提寺沙门也。王备威仪迎之。二十三年，天护山开泰寺成，设华严法会，亲制疏文。第五王子出家，是为证通国师。二十六年（后晋天福八年，公元943年）王薨，寿六十七，有遗训十条，太祖亲授大臣朴述希。而如后人之伪撰，有仿佛表现太祖之精神者。

> 其一曰，我国家大业，必资诸佛护卫之力，故创禅教寺院，差遣住持焚修，使各治其业。后世奸臣执政，徇僧请谒，各业寺社，争相换夺，切宜禁之。其二曰，诸寺院皆道诜推占山水顺逆而开创。道诜云，吾所占定外，妄加创造，则损薄地德，祚业不永。朕念后世国王公侯、后妃朝臣，各称愿堂，或增创造，则大可忧也。新罗之末，竞造浮屠，衰损地德，以底于亡，可不戒哉……其六曰，朕所至愿，在于燃灯，八关燃灯，所以事天灵及五岳名山，大川龙神也。（《高丽史》卷二，第26—27页；《东国通鉴》卷十三，第110—113页）

长兴五年甲午（太祖十七年），太祖伐百济大胜。二十三年，创开泰寺，设华严道场，亲制愿文，明记佛威之庇护，天力之扶持。见其与遗训之言合一其旨。《白云山内院寺事迹》云：

> 太祖敕诸州，建丛林，设禅院，造佛造塔，几至三千五百余所。

虽失少夸张，可以知太祖致力于三宝兴隆，大矣。

第十五节　雪峰门下之高丽僧

《景德传灯录》卷十八云：

> 杭州龙华寺真觉大师灵照，高丽人也。萍游闽越，升雪峰之堂，冥符玄旨。居唯一衲，服勤众务，闽中谓之照布衲。一夕指半月问溥上座："那一片什么处去也？"溥曰："莫妄想。"师曰："失却一片也。"众虽叹美，而恬淡自持，初止婺州齐云山……次居越州镜清院，海众悦随。

《祖堂集》卷十一云：

> 自传雪峰密旨，便住浙江，钱王钦重，敬赐紫衣，号真觉大师。

《传灯录》云：

后湖守钱公卜杭之西关，创报恩院，延请开法，禅众翕然依附。寻而钱王建龙华寺，迎金华傅大士灵骨道具置焉，命师住持。晋天福十二年丁未闰七月二十六日，终于本寺，寿七十八。

《祖堂集》卷十一并《景德传灯录》卷十九云：

泉州福清院玄讷禅师，高丽人也。初住福清道场，传象骨之灯，学者归慕。泉守王公问："如何是宗乘中事？"师叱之。僧问："如何是触目菩提？"师曰："阇梨失却半年粮。"曰："为什么失却半年粮？"师曰："只为图他一斗米。"问："如何是清净法身？"师曰："虾蟆曲蟮"。问："教云唯一坚密身，一切尘中现，如何是坚密身？"师曰："驴马猫儿。"曰："乞师指示。"师曰："驴马也不会。"问："如何是物物上辨明？"师展一足示之。师住福清三十年，大阐玄风，终于本山。

由此可想见当时中国及高丽禅僧之风格。

附带说明，太祖有真空大师继迦智山之法系。新罗崔彦扐撰《毗卢庵真空大师普法塔碑（庆尚北道荣州郡丰基面三街里）》略云，真空大师（欠讳），俗姓金氏，鸡林人。以唐大中九年（文圣王十七年）出，至志学之年就学，厌俗辞家，问道于迦耶，请善融和尚为师。唐咸通十五年（景文王十四年）具戒，穷三藏深悟玄理。和尚知其法器，令游方，乃辞岩穴，诣雪岳陈田寺，拜道义之灵塔，追感真师之影，永申弟子之仪。由是无师自悟，乃栖迟道树，偃仰禅林。后南游玉京，西寻金海，从学者甚多。檀越重葺小伯山寺请居之。清泰四年（高丽太祖二十年），上京谒高丽太祖，贺统一之大功，同年归故山，遗诫门人而寂。传法弟子有玄让、行熙等四百余人，寿八十三，谥曰真空大师。碑文缺字多，难绎师之法系，且认为道义之法裔。

第二章　教禅之隆昌与文教之勃兴

第三主定宗以后，教禅双行。至第四主光宗，始推名德以为国师、王师之制。时智宗入中国传法眼宗，大张化门。光宗以后，祈福禳灾，佛事繁兴，其弊乃次第著。第八主显宗王至，由刻藏欲以禳丹兵。第十一主文宗王之代，文教大张，有高丽十二徒之称。

第一节　国师、王师之制及奉佛之弊

第三主定宗王（自后晋开运三年，公元946年，朱雀天皇天庆九年，至后汉乾祐二年，公元949年，村上天皇天历三年）仿太祖奉佛之风，愈益隆盛。王于元年备仪仗奉佛舍利，步到十里之所，安于开国寺（太祖创之）。又纳谷七万石于诸大寺，各各置佛，名经宝及广学宝，以劝学法者。第四主光宗王（自后汉乾祐三年，公元950年，村上天皇天历四年，至宋开宝八年，公元975年，圆融天皇天延三年）二年，创大报恩寺于城南，为太祖愿堂，又创佛日寺于东郊，为先妣刘氏之愿堂。五年，创崇善寺资先妣之追福。九年（公元958年），始用双冀之议设科举，以诗赋颂及时务策取进士，兼取明经、医卜等业，文风大兴。又始设僧科，仿文科授僧阶，有禅师、大禅师、重大师、三重大师等位。十一年，吴越王钱俶遣使求天台教籍，沙门谛观持教疏入宋,见螺溪义寂,兴隆天台宗。

《佛祖统纪》卷十云:

> 法师谛观,高丽国人。初吴越王因览《永嘉集》"同除四住"之语,以问韶国师,韶曰:"此是教义,可问天台义寂。"即召问之,对曰:"此智者妙玄,位妙中文。唐末教籍,流传海外,今不复存。"于是吴越王遣使致书,以五十种宝往高丽求之。其国令谛观来奉教乘,而《智论疏》《仁王疏》《华严骨目》《五百门》等,禁不令传。且戒观师,于中国求师问难,若不能答,则夺教文以回。观师既至,闻螺溪善讲授,即往参谒,一见心服,遂礼为师。尝以所制《四教仪》藏于箧,人无知者。师留螺溪十年,一日坐亡,后人见故箧放光,开视之,唯此书而已。由是盛传诸方,大为初学发蒙之助云。

十四年,创归法寺。十八年,令沙门均如居之。《大华严首座圆通两重大师均如传》略云,均如,俗姓边氏,以天祐十四年(后唐贞明三年,新罗神德王六年)生于黄州(遁台叶村)。及志学之岁诣复兴寺之识贤受业。无几,投灵通寺之义顺习教学。昔新罗之季,伽耶山海印寺有二华严宗匠,一曰观惠,后百济甄萱之福田;二曰希朗,高丽太祖之福田也。各有门徒势如水火,观惠之法门号南岳(智异山),希朗之法门为北岳(浮石寺)。均如,北岳之法孙,见二宗有矛盾,欲融多歧于一辙,与仁裕首座共唱归一之旨,靡然成风。又华严教中有先公之《钞》三十余义,如删文之烦者,现意之微者,引经论以订之。撰有《搜玄方轨记》十卷、《孔目章》八卷、《五十要问答记》四卷、《探玄记释》二十八卷、《教分记释》七卷、《旨归章记》二卷、《三宝章记》二卷、《法界图记》二卷、《十句章记》一卷、《入法界品抄记》一卷行于世。又依普贤之十种大愿，作十一章之歌播人口，及歌成，翰林学士崔行归以诗译之，时宋太祖乾德五年（高丽光宗王十八年）也。光宗帝发大愿，于松岳下新建归法寺，寺成，诏均如令住持。宋开宝六年（光宗王二十四年）六月七日入寂，寿五十七。

王之十九年，创弘化、三归、游岩等寺，以僧惠居为国师，坦文为王师，是国王二师制度之始。二十五年，惠居入寂，坦文为国师。惠居，姓朴氏，年十六落发，十九受具，参寻四方，称为戒珠明朗，学德双全。太祖钦其道望，三征不起。定宗二年，拜王师。光宗十三年，赐圆明妙觉之号。十九年，为国师。二十五年，圆寂，谥曰洪济。王信谗言，多杀无辜，内怀疑惧，欲消罪恶，故广设斋会，禁屠杀，行放生，以为佛事。忠清南道论山郡存灌烛寺弥勒石佛，称为僧慧明之作，身长五十五尺，周围三十余尺，传王之代所造。

第六主成宗王（自宋太平兴国七年，公元982年，圆融天皇天元五年，至同至道三年，公元997年，一条天皇长德三年）元年，令百官议时政得失，崔承老上书云：

窃闻圣上为功德斋，或亲碾茶，或亲磨麦，臣愚，深惜圣体之勤劳也。此弊始于光宗，崇信谗邪，多杀无辜，惑于浮屠果报之说，欲除罪业，浚民膏血，多作佛事，或设毗卢遮那忏悔法，或斋僧于毬庭，或设无遮水陆会于归法寺。每值佛斋日，必供乞食僧，或以内道场饼果出施丐者，或以新池穴口与摩利山等处鱼梁为放生所。一岁四遣使，就其界寺院，开演佛经。又禁杀生，御厨肉（译者按，疑"内"）膳，不使宰夫屠杀……当是时，子背父母，奴婢背主，诸犯罪者，变形为僧，及游行丐乞之徒，来与

诸僧，相杂赴斋者亦多，有何利益？（《高丽史》卷九十三，第67页）

太祖逝仅六年，光宗即位佛事之弊已如是。四年，禁舍家为寺。七年禁正、五、九之三长月屠杀。十年（宋淳化二年），韩彦恭从宋还，献大藏，王迎入内殿邀僧开读。王遣宋沙门三十六人，就杭州永明寺智觉禅师参禅。王时，今之忠清北道忠州郡东良面荷川里净土寺有弘法国师，年登十二剃染，后唐长兴元年（新罗敬顺王三年）于北山摩诃岬坛受具，便乘入朝侍郎玄信之舡入唐参禅还，成宗王加大禅师。穆宗王赐圆光遍照国师之徽号，令住奉恩寺，淹留无几，辞归山，王亲饯之，遂到开天山净土寺韬光忘机有年，既而入寂，谥曰弘法。弟子有僧统文业等数十人。

第二节　坦文与《华严》及显宗之刻藏

忠清南道瑞山郡云山面《普愿寺法印国师塔碑》云，国师坦文，华严学匠也。字大悟，俗姓高氏，广州（京畿道）高烽人。以唐昭宗光化三年生，年甫五岁，心在离尘。谒北汉山庄义寺信严，习《杂华》。年十五于本寺受具。太祖九年（后唐天成元年），王后有娠，坦文祈安产有验，太祖与手诏优劳之。尔后住九龙山寺讲《华严》。后唐清泰元年，西伯山有神朗，纂觉贤之余烈，演方广之秘宗。文往西伯谈圆理，朗应对有惭色。第二主惠宗及嗣位，写《华严经》三本于天成殿设法筵，令文讲之。第三主定宗王践祚，于九龙山置谈筵，以文为法主。第四主光宗王十四年，建归法寺以文主之。十九年，王赐弘道三重大师之号，躬诣内道场拜为王师。二十五年（宋开宝七年，公元 974 年）拜为国师，文以老病辞，请还故山，王许之，率百官卫送，行至迦耶山寺，僧徒迎之如佛。同年春，俨然坐化，年七十六。有大弟子灵撰、一光、明会、芮林、伦庆、彦玄、弘廉等。（《朝鲜金石总览》上第 223—232 页）

第七主穆宗王（自宋盛平元年，公元 998 年，一条天皇长德四年，至同大中祥符二年，公元 1009 年，同宽弘六年）以后，佛事益繁兴。王二年，创真观寺于城南，为太后愿刹。三年，创崇教寺为愿刹。六年，太后皇甫氏逼大良院君询令为僧。先是，太后之外族金致阳祝发出入宫掖，成宗杖而配流远地。成宗薨，再入阁门，与太后私，无所畏忌，于洞州创星宿寺，于宫城西北隅建十王寺，祈阴助。至是太后生子，欲与致阳谋为王，强逼询令出家，初居崇教寺，后移寓三角山神穴寺。太后虽欲杀之，遂免，而即位，是即显宗王也。宫中之紊乱，信仰之堕落如是。七年，遣使于宋，求官本大藏经，为欲校合固有之前后（南北）二藏及契丹藏刻之故也。王九年，于禅教僧徒大德以上加法号，年六十以上者加职有差。十年，建真观寺九层塔。

第八主显宗王（自宋大中祥符三年，公元 1010 年，一条天皇宽弘七年，至同天圣九年，公元 1031 年，后一条天皇长元四年）元年，复成宗所废之燃灯会，从王宫国都以至乡邑，以正月望燃灯二夜。同年，又复八关会，王御威凤楼观乐。其先成宗王恶其杂技烦扰罢之，几废三十年，依崔沆之请复之。忠清南道天安之圣居山天兴寺钟以是年成，今在李王家博物馆。王元年，契丹大举入冠，王南行避难，丹兵犹屯松岳城，于是上群臣发愿刻《大藏经》版藏符仁寺，欲因佛力斥攘敌。义天于其《文集》卷十五云：

显祖则雕五十轴之秘藏，文考乃镂十万颂之契经。

三年，撤庆州朝游宫，以其材修皇龙寺塔，集僧内殿讲《仁王般若经》，创重光寺。八年，西女真之揩信捕契丹之东京崇圣寺道遵来。九年，重修开国寺塔（今在京城）安舍利，设戒坛，度僧三千二百余人，饭僧十万。创大慈恩玄化寺，请于宋真宗帝得《大藏经》，资考妣之冥福。十一年，设一百狮子座于内庭，讲《仁王经》三日，岁为常例。亲幸玄化寺，击新铸之钟，以僧法镜为王师，令主玄化寺。十二年，取庆州高仙寺之金罗袈裟、佛顶骨，昌林寺之佛牙置内殿，亲如玄化寺篆碑额，令翰林学士周佇撰碑文，其碑现存开城。十三年，韩祚自宋还，真宗帝赐以圣惠方阴阳二宅书，乾兴历、释典一藏。十七年，幸海州神光寺。同年，诏左右两街都僧统通真光教圆济弘道大师迥竞等建奉先弘庆寺，今忠清南道天安郡成欢面大弘里有其寺址。十八年，创惠日重光寺，征发役夫工匠，宰辅谏官皆奏，百姓劳弊，不宜兴作。左承宣李环云："为佛造寺，功德无量，民劳何伤？"二十年，设藏经道场于会庆殿，饭僧一万，征有妻之僧充重光寺役徒。《玄化寺碑》阴记云："王发愿为邦家之鼎盛，社稷之康安，每岁从四月八日设三天三夜弥勒菩萨会。又为追荐二亲冥福，每秋从七月十五日设三天三夜阿弥陀佛会。又特命工人雕造《大般若经》六百卷，三本《华严经》《金光明经》《妙法莲华经》等印板，置于玄化寺，立别号为《般若经宝》，令永印施十方。"

第三节　法眼宗之传来

当时智宗传法眼宗。智宗，字神则（一作明），姓李氏，全州人。年甫八岁，抛竹马驾真乘，会弘梵三藏来寓舍那寺，乃投之落饰。未越岁，三藏还中印，乃转学于广化寺之景哲。后周显德六年，臻谷下告入中国求法之志，光宗王闻之，亲设钱筵。于是浮海达吴越，先参永明寺之延寿。按，《永明延寿传》云，高丽国光宗大成王，览寿之言教，遣使赍书叙弟子之礼，奉金丝织成僧伽黎衣、紫水晶念珠、金澡罐，彼国僧三十六人受寿之印记，令还高丽弘法。盖宗其三十六人之一欤？寿问："为法来耶，为事来耶？"宗云："为法来。"寿云："法无有二，而遍沙界，何劳过海来到这里？"对云："既遍沙界，何妨过来。"寿开青眼优待，即传心印。峻丰二年（光宗王十二年辛酉），抵国清寺，拜净光，受《大定慧论》并天台教。宋太祖开宝元年，僧统赞宁等请宗于传教院讲《大定慧论》及《法华》。开宝三年东还，光宗王优奖，署大师，延请居金光禅院，加重大师。至景宗王践祚，除三重大师。成宗王朝，迁住积石寺。穆宗王加光天遍照至觉知满圆默禅师之号，令住持佛恩寺、外帝释院等。显宗王令居广明寺，赐法称曰寂然。契丹开泰（宋大中靖符六年）二年，王拜宗为王师，优礼至笃。越三年，加普化之号。宋真宗天禧二年（显宗王九年，公元1018年），振锡入云烟，止于原州（江原道原州富论面）贤溪山居顿寺，未浃旬坐化，年八十有九，谥曰圆空。（《朝鲜金石总览》上，第253—258页）

《东国僧尼传》云：

道峰山慧炬国师（清凉益禅师法嗣）

师始发机于净慧之室，本国主思慕，遣使来请，遂回故地。国主受心诀，礼待弥厚。一日，请入王府上堂，师指威凤楼，示众云："威凤楼为诸上座举扬了，诸上座还会么？傥若会，且作么生会？若道不会，威凤楼作么生不会？珍重。"师之言教，未被中华，亦莫知所终。

然则慧炬亦当为三十六人之一。

第四节　佛事繁兴

　　当时祈祷佛教之流弊是佛事之繁兴。佛事之繁兴，成僧徒之腐败如下。第九主德宗王（自宋明道元年，公元 1032 年，后一条天皇长元五年，至景祐元年，公元 1034 年，同七年）即位之前年，幸毬庭，饭僧三万。元年，幸外帝释院、王轮寺、奉恩寺、玄化寺等十次，于膺乾殿受菩萨戒，以法镜为国师。第十主靖宗王（自宋景祐二年，公元 1035 年，后一条天皇长元八年，至同庆历六年，公元 1046 年，后冷泉天皇永承元年）二年，许凡有四子者，须一子出家，令于灵通、崇法、普愿、桐华等寺戒坛试所业经律得度。同年，于毬庭饭僧一万。七年，于会庆殿设藏经道场。八年，设百座道场，饭僧一万。九年，妙香山普贤寺成。高丽仁宗十九年，金富轼撰《普贤寺碑》云，普贤寺是显宗王十九年戊辰探密禅师甫创安心寺。靖宗王八年壬午，宏廓禅师（探密之嗣）于安心寺东南建二十四大伽蓝，领三千人盛兴禅门，是即普贤寺也。月波兑律师撰《普贤寺事迹》中记，光宗王十九年戊辰，探密创安心寺。成宗王元年壬午，宏觉立普贤寺。兑律记寺碑误解金国年号而配合干支也。十二年（宋仁宗庆历七年），命侍中崔齐颜诣毬庭行香，令拜送街衢经行。经行者分京城街衢为三道，各以彩楼子担《般若经》前行，僧徒具法服步行读诵，监押官亦以公服步从，巡行街衢为民祈福，名之经行。由是岁以为常。遇王生日，每于外帝释院设祈福道场七日，令百官于兴国寺、东西两京、四都护、八牧于所在佛寺行之。第十一主文宗王（自宋庆历七年，公元 1047年，后冷泉天皇永承二年，至同文丰五年，公元 1082 年，白河天皇永保二年）元年制云，虑诸州府县，逐年盛设轮经会，外吏凭此聚敛，以成劳弊，固非作福之意，今后醉饱娱乐之事并宜禁断。是禁托佛事而逞醉饱娱乐也。而其弊，源实在朝廷。是岁，王亲设《般若》道场于乾德殿，百座《仁王经》道场于会庆殿，《金刚经》道场于文德殿，于毬庭饭僧一万。王率公卿大夫如奉恩寺，以王师决凝为国师。凝，华严之学僧，浮石寺圆融国师是也。二年，又设百座《仁王》道场于会庆殿三日，饭僧一万，于外山名寺饭僧二万。六年，设斋饭僧三万。七年，王受菩萨戒于乾德殿。八年，又受菩萨戒于内殿。九年制云：

> 古先帝王，尊崇释教，载籍可考。况圣祖以来，代创佛寺，以资福庆……昔达摩对武帝言，造塔造寺，殊无功德，是尚无为功德，不尚有为功德也。且圣祖造寺者，一以酬统合之志愿，一以厌山川之违背耳。今欲增创新寺，劳民于不急之役，怨讟交兴，毁伤山川之气脉，灾害必生，神人共怒，非所以致太平之道也。

王明言造寺造塔之弊害，躬不能革其弊。十年，创兴王寺于德水县，饭僧三万，幸帝释院，以海麟为王师。

第五节　决凝与海麟之道誉

《浮石寺圆融国师碑》（庆尚北道荣州郡浮石面）略云，决凝，字慧日，俗姓金氏，溟州人。以宋乾德二年甲子（光宗王十五年）生，年十二入龙兴寺剃染，于德兴寺官坛受具。二十八岁赴选佛场为大德，穆宗、靖宗皆重之。靖宗王八年，封为王师，于奉恩寺行抠衣之礼。文宗王元年，拜为国师。凝常住华严三昧，所祈有灵应。晚年于故乡创一寺，赐华严安国寺之敕额。先是，靖宗王八年，语门人云："泉石可以濯昏蒙，松罗可以遗身世，吾以此始，亦以此终。"遂请还旧山，王许，而令居浮石寺。凝尝印写《大藏经》一部置安国寺。文宗王七年化，报年九十。门人有广证、证海、秀兰、作贤、元祖等一千四百三十八人。

《原州（江原道原州郡富论面法泉里）法泉寺智光国师塔碑》略云，海麟，字巨龙，俗姓元氏，原州人。以宋太宗雍熙元年诞生，投法皋寺就学于宽雄大师。雄之上京麟又随之，就海安寺俊光剃染，一闻千悟，日达法要，雄悦，命名海潾。统和十七年（宋咸丰二年），于龙兴寺官坛受具，时年十八。一夜梦到海滨手捉小鱼吞之，觉解之曰："鱼则鳞也。"因名海鳞，字巨龙。二十一岁赴王轮寺大选为大德，以为惭后于义龙，冀先于仁兽，故改鳞为麟。都讲真肇会历算之法，麟乃请学之，时统和之末，显宗王五年也。宋真宗大中祥符十年（天禧元年），显宗王赐明了顿悟之号。天禧五年（显宗王十二年），张讲会于镐京（平壤）重兴寺，大振玄风。王加重大师，住水多寺十年。临德宗王朝授三重大师，赐磨衲法服并徽号。重熙十四年（宋庆历六年），靖宗王擢授僧统。洎文宗王践祚，召讲唯心妙义于琳宫，道俗归响者多。侍中李子渊，使其第五子落发服勤，金山寺（全罗北道金堤郡）住持三重大师韶显是也。重熙二十三年（宋至和二年），文宗王命住玄化寺。清宁二年（宋嘉祐元年）十一月，幸内帝释院，拜为王师。四年（宋嘉祐三年）五月，幸报恩寺，拜为国师。咸雍三年（宋治平四年），请退休于法泉寺，王乃幸玄化寺饯之，令慰送本寺。同年（文宗王二十一年，公元1067年）十月二十三日趺坐而化，报年八十四，赠谥曰智光。（《朝鲜金石总览》上，第283—291页）

门人有法灵、韶显等一千余人，碑记报年八十七，其恐误乎？

第六节　文宗之佛事及文教

文宗王十年制云：

> 释迦阐教，清净为先，远离垢陋，断除贪欲。今有避役之
> 徒，托号沙门，殖货营生，耕畜为业，估贩为风，进违戒律之
> 文，退无清净之约。袒肩之袍，任为酒罂之覆，讲呗之场，割为
> 葱蒜之畴。通商买卖，结容醉娱，喧杂花院，秽臭兰盆，冠俗之
> 冠，服俗之服，凭托修营寺院，以备旗鼓歌吹，出入宫闱，唐突
> 市井，与人相斗，以致血伤。朕庶使区分善恶，肃举纪纲，宜令
> 沙汰。中外寺院，其精修戒行者，悉令安住，犯者以法论。（《高
> 丽史》卷七，第110页）

僧风之堕败如是。加以佛事益盛。十一年，设消灾道场于寿春宫三
日，设于乾德殿五日。十二年，如奉恩寺，册海麟为国师，烂圆为王
师，受菩萨戒于乾德殿。十三年，制两京及东州郡一家有三子者，许
一子为僧。十四年，设天帝释道场于文德殿。十七年，契丹送《大藏
经》，王备法驾迎于西郊。十八年，饭僧一万。十九年，御景灵殿召
王师烂圆，令王子煦祝发为僧，煦即义天也，居灵通寺，号祐世僧
统。二十年，幸妙通寺，设摩利支天道场，限从今三年禁中外屠杀。
二十一年（宋治平四年），兴王寺成，记云：

> 凡二千八百间，十二年而功毕。王欲设斋以落之，诸方缁

流，坌集无算。命兵部尚书金阳、右街僧录道元等，择有戒行者
一千赴会，仍令常住。特设燃灯大会五昼夜，勒令百司及安西
都护、开城府、广、水、杨、东、树五州，江华、长湍二县，自
阙庭至寺门，结彩棚栉比鳞次，连亘相属，辇路左右。又作灯山
火树，光照如昼。是日，王备卤簿，率百官行香，施纳财衬，佛
事之盛，旷古未有。（《高丽史》卷八，第122页；《东国通鉴》卷
十七，第255页）

二十四年，如兴王寺，设庆成会于新创之慈氏殿，经宿还。出王
子窥，令落采于玄化寺。二十七年，特设燃灯会，赞新造之佛像，街
衢点灯两夜各三万盏，重光殿及百司置彩楼、灯山作乐。二十八年，
设文豆娄道场于东西四天王寺二十七日，以禳敌兵。三十一年，幸
兴王寺转新成之金字《华严经》。三十二年，兴王寺金塔成，以银为
里，以金为表，如是致佛教之隆昌。同时儒学亦大有可观者。始高丽
太祖幸西京，创设学校，置博士。光宗九年，行科举，大隆文风。成
宗五年，发教令兴周公、孔子之风。同六年，置经学博士于十二牧教
子弟。同九年，于西京置修书院抄史籍藏之。同十一年，创立国子监，
命有司广营书斋与学舍，给田庄充学粮。穆宗王六年，命三京十道之
博士，师长荐举有才学者。文宗十年，印出书籍置诸学院。又文宗时，
文宪公崔冲，以文学经义为世人信服。冲设乐圣、大中、敬业、诚明、
造道、率性、进德、大和、待聘之九斋，教诲后进，文教大兴。九斋
生徒之名声重故，欲应举者往学于九斋。又隶名九斋藉中，谓文宪
公徒，称冲曰海东孔子。冲以文宗二十二年卒。冲时，名儒之立徒者
十一，侍中郑培杰之弘文公徒（一称熊川徒），参政庐旦（一作朝）之
匡宪公徒，祭酒金尚宾之南山徒，仆射金无滞之西园徒，侍郎殷鼎之

文忠公徒，平章金义珍（一云郎中朴明保）之良慎公徒，平章黄莹之贞敬公徒，柳监之忠平公徒，侍中文正之贞宪公徒，侍郎徐硕之徐侍郎徒，龟山徒（师名未详）是也，合冲之文宪公徒称高丽十二徒。

洪良洪撰《九斋学堂遗墟碑》云：

> 东方学校之兴由先生始，世称海东夫子。先生讳冲，字洪然，生于高丽成宗丙戌，在中国宋太宗雍熙三年也。于时周、程诸贤未出，孔孟之道未明于天下，而先生奋起海外，独以斯文为任。其名九斋如诚明率性，出于《中庸》之训，则表章《中庸》先于程子，而传道之功暗合于千岁之下，呜呼盛哉。(《松京志》卷七，第 31 页左)

《补闲集》云：

> 十二徒冠童，每夏会山林肄业，及秋而罢，多寓龙兴、归法两寺。(《补闲集》卷中，第 118 页)

由此可知十二徒之学生有寓大寺读书之风。

第三章　鼎贤之瑜伽、义天之台教与李资玄之禅

文宗王时，国师鼎贤通瑜伽而现异迹。至宣宗王之代，义天入宋传台教，中兴教观，大力刊行佛典。教雄继之，振作智者之真风。诏显虽张法相之教纲，宫廷佛教汲汲于资福禳灾，甚多妖妄。昙真之学德亦不过助长迷信。民间有李资玄之禅，为热恼迷乱中之一清凉剂。及仁宗王即位，妙清之妖术，至于贻丑后世。

第一节　鼎贤之瑜伽

文宗王时，国师鼎贤通瑜伽密教，颇现神异。金显撰《慧炤国师塔碑》（京畿道安城郡二竹面七长里）之要云，鼎贤，俗姓李氏，幼投光教寺忠会大师落饰。十三从漆长寺（一作七长寺）融哲学瑜伽，于灵通寺戒坛受具。统和十四年（成宗王十五年），赴弥勒寺之五教大选，声名振讲场。己亥（穆宗王二年），王敕加大师。及显宗王之代现异迹，益被优遇。德宗帝即位，下令住法泉寺，又任僧统，移居玄化寺，赐紫绣之僧伽梨。重熙乙酉（靖宗王十一年），开建三角山沙岘寺，法旋风化一乡。文宗王践祚（宋庆历六年），命讲《金鼓经》，赐紫绣僧伽梨。又戊子（文宗王二年），于文德殿讲八卷之《金经》，祈雨有验。翌年，王幸奉恩寺，拜为王师。至文宗王八年（公元1054年，

宋至和元年）甲午，以老病请退休，王乃于奉恩寺备法仪，加懿号，礼为国师，送入漆长寺。尔后宴坐绳床，披一衲，止息万缘。十一月五日，遣诫门人毕，趺坐而化，年八十三，谥慧炤国师。(《朝鲜金石总览》上，第273—279页）

门人有灵念、咄云、仁祚、甚泉等数十人。《七贤山七长寺事实记》云，慧炤国师生于安城郡，落发于广教山冲会大师，广参智识，入中国继临济正脉，时宋太祖遣使请入宫中咨问法要。师之还本国，太祖王建下敕建七长寺，令师安禅垂化。至戊子岁寂，寿八十三，金显撰之碑立于弘济馆之左云云。《七长寺重建记》载清宁历中（文宗王十年）慧炤创建，皆与金显之本碑相违，与太祖王年代悬隔，其为错误，明矣。

《三国遗事》卷三云，高丽睿庙之时，慧照国师奉诏西学，市来辽本《大藏经》三部，一本今在定惠寺，与睿宗王时代不同。

《东文选》所载鸡足山慧社沙门《祭慧炤国师》文有云："航海西迈，得净因之髓。泊还东土，化洽时，天子北面为一国之师。"然则鼎贤为入宋传法者耶？净因当即净因道臻。

慧诏门人贯乘，有下之记载。《补闲集》云：

尹文康公彦颐，晚节尤嗜禅味，退居钤平郡金刚斋，自号金刚居士。每入郭，跨黄牛，人皆识之。与慧炤门人贯乘禅师为友，相得甚欢。时贯乘住广明寺，置一蒲庵，止容一座，约曰："先逝者，坐此而化。"一日跨牛诣，贯乘同饭已，曰："吾归期不远，告别来耳。"言讫径去。贯乘遣人随其后，送蒲庵，公见之笑曰："师不负约，吾行决矣。"遂取笔书偈云："春夏秋分，花开叶落，东复西兮，善养真君。今日途中，反观此身，长空万里，一

片闲云。"出毕坐庵而逝。(《补闲集》卷上，第761页)

二人之襟怀洒洒状，可想见也。

第二节　宣宗之信佛与义天之天台宗

文宗乘高丽之隆运而盛教学，崇佛敬僧，超于前代。继文宗者，第十三主宣宗王(自宋元丰七年，公元1084年，白河天皇应德元年，至同绍圣元年，公元1094年，崛河天皇嘉保元年)元年，普济寺贞双等奏，九山(禅宗)门参学僧徒乞依进士之例三年一选，王从之。二年，始令驾幸时奉《仁王般若经》为前导，遵宋制也。是岁，王受菩萨戒，设百高座道场于会庆殿，讲《仁王经》三日，饭僧三万。四年，如兴王寺庆大藏殿之成，宋商徐戬等二十人，来献新注《华严经》板，设斋游宴，饭僧三万。六年，设楞严道场于乾德殿七日，饭僧三万，新铸十三层黄金塔于会庆殿。王太后创国清于西郊，此寺成天台六山之根本道场。九年，王太后设天台宗礼忏法于白州(黄海道海州郡)，见佛寺约一万日。同年，王不豫，移文德殿亲医药，忽有所感，作古风长篇。其末句云："药效得否何敢虑，浮生有始岂无终。唯应愿切修诸善，净域超升礼梵雄。"王盛年而有是句，不怪疑者无之。十年，王相城东建立弘护寺。

义天之行状见金富轼撰《开城灵通寺大觉国师碑》、林存撰《仁同仙凤寺大觉国师碑》、朴浩撰《开城兴王寺大觉国师墓志》。讳煦，俗姓王氏，字义天，文宗王之第四子也。以宋至和二年(文宗九年)生，年十一亲受教于王师烂圆而落采，受学华严教观。烂圆入寂后，与其徒讲学，又会当时戒律宗、法相宗、涅槃宗、法性宗、圆融宗、禅寂宗等之学僧论道，文宗王褒之为祐世僧统。时宋治平四年（文宗王二十一年），义天年十三。天有入宋传法之志，与宋之净源法师书信往复。天之《请入宋求法表》，有去年八月得大宋两浙华严阇梨净源法师书一道。至宣宗王元年，入内诚请，王乃会群臣议之，皆以为不可。肃宗王在藩邸，一日同谒太后，偶语及之曰："天台三观最上真善，此土宗门未立，甚可惜也，臣窃有志焉。"太后设垂随喜，肃宗王亦愿为外护，乃于宣宗王二年（公元1085年，宋元丰八年），率弟子寿介等，微服至贞州（京畿道丰德），乘商舶渡海，抵密州境。哲宗帝闻之，令居京师之启圣寺，数日乃引见于垂拱殿。天请参名德，帝许之。两街僧高才硕学堪为师范者，推荐东京觉严寺之华严法师有诚，天抠衣下风，欲行弟子礼。试三辞之后受之，乃进曰："某甲海外之鄙人也，虚襟求道之日久，未有所得，愿师慈悯，开我迷云。"答曰："古佛刳心而为法，至有求一文一句而舍转轮王位。今上人能之，可谓难矣。愿同志一乘，同修万行，以游花藏海者，吾之愿也。"由是往返问答，明天台、贤首，判教同异及两宗幽妙之义，曲尽其说。后日，诣相国寺谒圆炤宗本。又往兴国寺，见西天竺三藏天吉祥习梵书，问西天之事。阅月上表，请就杭州华严座主净源之讲下受业，诏听之，差主客员外郎杨杰伴行。过金山参见佛印了元，达杭州大中祥符寺谒净源，源知其为法器，倾蕴奥教授。天又请慈辩大师从谏讲天台一宗之经论，与诸弟子共听受，临别从谏付诗及手炉、如意。既而宣宗王宣母后之志，上表请天归国。《佛祖统纪》卷十三，从谏条云：

　　义天慕法，滞留中国，朝廷以其国母思忆，促其归。师（从谏）谕之曰："高僧道纪，负经游学，以母不可舍，遂荷与俱，谓经母皆不可背，以肩横荷。今僧统贤于纪远甚，岂为经背母使忧忆乎？"义天于是有归志。

乃于元祐元年抵京见帝，留数日，辞阙，再到杭州，于南山慧因院听讲净源之《华严》大义。讲毕，源赠以炉拂，表付法之信。次上天台山礼智者之塔，述发愿文，誓传教海东。及至明州，往育王参见大觉怀琏，历问六宗中铮铮者。净源、怀琏、芳其、慧琳、元照、从谏等，往来凡十有四月。随本国朝贺使之四达海东，时宣宗王三年（宋元祐六年，公元1086年）也。天之至，礼成汉，王奉太后出奉恩寺以待，其迎迓异仪之盛前古无比。天献释典及经书一千卷，王敕令主兴王寺。天奏于兴王寺置教藏都监，从宋、辽、日本购书籍。元祐六年，南游搜集古书，刊行一千零十部四千七百四十余卷。宣宗王九年，于全罗南道顺天之曹溪山仙岩寺（道诜初创）修止观，重兴该寺。仙岩寺称藏天所用之锦绣卓衣并二十五条袈裟，各条见绣佛名、经名及佛祖名。仙岩寺是湖南三岩寺之一，另二寺则灵岩郡月出山龙岩寺、光阳县白鸡山云岩寺是也。宣宗王十一年（宋绍圣元年），入洪圆寺，寺乃顺宗王所建。同年，退居海印寺，有终焉之志。绍圣二年，肃宗王即位，诏令入都，再住持兴王寺。绍圣四年，住国清寺，始讲天台教。国清是仁睿太后所经始，肃宗王继之毕功。一时学者来集者几千人。肃宗王三年（宋元符元年），命第五子（一作四子）侍之，天手落其发，圆明国师澄俨是也。六年（宋建中靖国元年，公元1101年）有疾，右肋而化，享年四十七，册为国师，谥大觉。

《大觉国师文集》所载《新集圆宗文类序》云：

我国家，一统三韩，仅二百载，光扬三宝，诱掖群迷，累朝

敦外护之缘，当世协中兴之化，缅承附嘱，实在休明。每年春秋
于大内会庆殿，请百法师开设看大藏经会等道场佛事。又三年一
度，置仁王、般若百座大会，祭僧三万人以为恒式。

以此足见令法久住之诚意。

第三节　义天之言行

金富轼记义天之言行云：

> 尝言曰，禅家所谓不借筌蹄，以心传心，则上上根智者也。
> 脱或下士，以口耳之学，认得一法，自以为足，指三藏十二分
> 教，刍狗也，糟粕也。又乌足观者，不亦误乎？乃劝学《楞伽》
> 《起信》等经论。

足见义天之慊焉于禅门。又云：

> 天性至孝，善事父母不怠。及其亡，则穷思毕情，以营功
> 德，至自烧臂。后值讳日，亦如之。

又天之讲《盂兰盆经》发辞云：

> 说梵网菩萨大戒，谓孝顺父母、师、僧三宝。孝顺至道之
> 法，孝名为戒，乃至广说十重、四十八轻者，此是称性大大戒，
> 孝之极也。

其纯孝有可钦仰者。金氏又云：

> 师欲立言，以垂不腐，而志莫之遂。尝以群言汗漫，摄其精
> 要，类别部分，名曰《圆宗文类》。又欲会古今文章，补于教，以
> 为《释苑词林》，而未及参订，至后乃成，故去取失当。门人集所
> 著诗文，残篇断藁，存者无几，绌次为二十卷，此皆卒尔落笔，
> 非将以贻后也。故于生前有以其文写而刻之者，取其板梵之。当
> 时北辽天祐帝闻其名，送大藏及诸宗疏钞六千九百余卷，其文
> 书、药物、金帛，至不可胜计。燕京法师云谞、高昌国阿阇梨尸
> 罗嚩底亦皆尊响，以策书法服为问。辽人来使者皆请见，以土
> 物，借手而拜。吾使入辽，则必问师之安否？最日本人求文书于
> 我，其目有《大觉国师碑志》，其名现四方，为异国所尊又如此。

天能致力弘法阐化，为四方之所景仰如是。天之门人一时有名者
百六十人，金富轼之碑列其名。林存之碑记文祖二十三年赐号祐世，
授职僧统，恐误也。金富轼之碑有丁未七月乙酉教书褒为祐世僧统，
文宗王之二十一年丁未也。义天文集并外集，虽其板缺损，今犹藏海
印寺。

第四节　台教东传之史料

天台教观之传来东国，非始于义天。新罗之玄光见南岳慧思而证
法华三昧，既如前记。据《佛祖统纪》云：

> 晁说之《仁王般若疏序》曰，陈隋间，天台智者远禀龙树，

立一大教，九传而至荆溪，荆溪复传而至新罗，曰法融、曰理应、曰纯英，故此教播于日本，而海外盛矣。

盖从荆溪湛然传于新罗云，月窗居士金大铉著《禅学入门》之跋（鼎镐撰）中云：

> 我东□新罗中叶，高僧法融、理应、英纯、联锡游唐，俱得天台下三世左溪东阳大师之妙法，以华以香供奉我槿域（朝鲜之异名）苍生，无虑数百年之久，洎夫汉阳定鼎之后，华亦萎，而香亦消。

从左溪传于新罗。据义天《新创国清寺启讲辞》谓：

> 天台一枝明夷于代。昔者元晓称美于前，谛观法师传扬于后。（《大觉国师文集》卷三）

传于新罗之元晓。

《佛祖统纪》卷二十三云：

> 法师子麟，四明人。五代唐清泰二年，往高丽、百济、日本诸国授智者教。高丽遣使李仁日送师西还，吴越王镠于郡城建院，以安其众（今东寿昌）。

因此五代之时，既有台教之传。且至于高丽而谛观，精通此法门。

《吴越王传》云：

宋太祖建隆元年十月，初天台教卷经，五代之乱残毁不全。吴越王俶，遣使至日本、高丽以求之，至是高丽遣沙门谛观，持论疏诸文，至螺溪谒寂法师，一宗教文复还国中。螺溪以授宝云，宝云以授法智，法智大肆讲说，遂专中兴教观之名。

如是高丽亦有台教。谛观之渡宋是高丽光宗王四年，即宋太祖建隆元年，其后一时中绝，义天再兴之，故以天为天台之始祖耳。

第五节　义天之思想

义天自称高丽国传华严大教沙门，通华严之秘奥，明圆教之微旨，故其思想有大与禅学合者。

> 此心其体清净，其用自在，其相平等，不分而分。虽说三义，圣凡一体，依正不二。迷之则烦恼生死，悟之则菩提涅槃。推之于心，则为心也，推之于物，则为物也，故得世、出世间一切诸法皆同一性，无有差别。所以古人道，入荒田不拣信手拈来草，触目是菩提，临机何不道者，良以耆婆之手，草木皆药故也。(《大觉国师文集》卷四》)

又云：

> 良以此法在众生为万惑，在菩萨为万行，在如来为万德。故使毗卢得之，谓之果分，普贤得之，谓之因分，众生日用而不知……情见若破，法界圆现，一切众生无不成佛者。

以此等语句，置之禅录中，谁得辨之哉。天不同于当时流行之三教一致之说，乃云：

> 十善五戒人乘也，四禅八定天乘也，四圣谛法声闻乘也，十二因缘缘觉乘也，六度万行菩萨乘也。以言乎人乘，与周孔之道同归，以言乎天乘，共老庄之学一致，先民所谓修儒道之教，可以不失人天乘之报，古今贤达皆以为知言也。其或后之三乘出世之法，岂与夫域内之教同日而言哉。(《大觉国师文集》卷十三）

可以证其卓见。然而至于往生思想，天又不出时潮外，征之以追荐净源所云可知：

> 脱洒尘区，优游净域。(同上书，卷十四）

义天之诗偈，文集所载，有禅味者少，道学者多。如下二三例所示：

偶　感

微莅三界门，旅泊有谁闲。可惜甘贫子，宝山空手还。

学院书事

卜居幽静寺，掩户避喧哗。有意怜颓景，何必惜落花。
尘缘那足顾，吾道可兴嗟。寂寂无人识，松窗日又斜。

海印寺退居

海印却胜庐岳寺，伽耶还似虎溪流。
远公高迹虽难继，且喜终焉志已酬。

同：

> 屈辱多年寄帝京，教门功业耻无成。
> 此时行道徒劳尔，争似林泉乐性情。

关于义天之门人戒膺，《补闲集》云：

> 无碍智国师戒膺讲道外，游刃于文章。睿王邀入大内，苦请留，师作诗云："圣敕严命辞未得，岩猿松鹤别江东；多年幸免鱼吞饵，一旦翻为鸟在笼。无限旅愁宫里月，有时归梦洞中风；不知何日君恩报，瓶锡重回对碧峰。"即往太白山卜居将终焉。上复遣使征之，屡诏不受。（《补闲集》卷下，第147页）

《破闲集》云：

> 太白山人戒膺，大觉国师嫡嗣也。幼时寓僧舍读书，大觉隔墙闻其声曰："此其法器也。"劝令祝发在门下，日夕孜孜钻仰，优入阃奥，继大觉弘扬大法四十余年，为万乘敬仰。常不离辇谷，累请归太白山，手建觉华寺，大开法施，四方学者辐辏，日不减千百人，号法海龙门。（《破闲集》卷中，第23—24页）

又关于惠素，《破闲集》云：

> 西湖僧惠素，该内外典，尤工于诗，笔迹亦妙。常师事大觉国师为高弟……常随国师所在讨论文章，国师殁，撰行录十卷。

金侍中（富轼）摭取之以为碑。住西湖见佛寺……侍中纳政后，骑驴数相访，竟夕谈道。上素闻其名，邀置内道场，讲《华严》宝典，赐白金。（《破闲集》卷中，第24页）

第六节　教雄之天台教与韶显之法相学

《开城国清寺妙应大禅师墓志》（庆尚北道闻庆郡山北面金龙寺藏）略曰，教雄，字应物、镐京（平壤）人。俗姓朴氏，年九岁投长庆寺禅师释赞落发。赞寂后，谒双峰寺禅师翼宗为师，会大觉国师，兴台宗弘扬教观，宗就学之，雄亦也随之，学智者之宗旨，名声大振。乾统元年（宋建中靖国元年，肃宗王六年），国家始辟台宗大选，令国师主盟，雄赴之，登上上品为大德，覆讲于国清寺，讲明经论，传法学徒者数年，大弘天台宗风。其后因事被贬住洪州（忠清南道洪城郡）白岩寺，在山谷之间七年许，行益修，德益进，且从华严、瑜伽性相之学以至儒学、老庄、医卜、阴阳之说，无不穷其源，涉其派。一日，游伽耶寺，于古藏中发现《瑜伽论》百卷，负还读之。天庆五年（宋政和五年，睿宗王十年），因圆明国师（澄俨）之奏，睿宗授以三重大师。至庚子（宋宣和二年，睿宗王十五年）授禅师。仁宗即位，赐紫绣袈裟，令转住外帝释院。乙卯（宋绍兴五年，仁宗王十三年）转住国清寺，升大禅师。皇统二年（公元1142年，宋绍兴十二年）七月十六日有疾，西向端坐而化，年六十七。

墓志云：

> 大觉国师肇立台宗，募集达摩九山高行释流，方且弘扬教观，开一佛乘最上法门。

然则义天乃从九山禅门募名匠以资天台教之复兴也。

法相之学匠韶显亦出于是时。《金山寺（全罗北道金堤郡）慧德王师塔碑》略云，韶显，字范围，俗姓李氏。以太平纪历十有七（八之误）年戊寅（宋宝元元年）生。年甫十七，就海安寺海麟国师落发，学《金光明经》《唯识论》。清宁七年（宋嘉祐六年），赴王轮寺大选场为大德。咸雍五年（宋熙宁二年），加重大师。翌六年，文宗王聆显才德，引见于延德官，令第六王子（名窥）出尘师事之。俗离山法住寺导生僧统是也。太康五年（宋元丰二年），文宗王命有司于内殿张法席，令显为主法，加普利之号。及宣宗王即位，下批署为僧统，时年四十七。大安（宋元丰八年）初，手校《唯识》，开发奥秘。显曾于金山寺（全北金堤郡）之南相胜地创之一院，号广教。乃从太康九年（宋元丰六年）至其晚年考正慈恩所撰之《法华玄赞》《唯识述记》等章疏三十二部三百五十三卷，募工开板，以便流通。内典之外，好仁义之术，博览经史，至诗篇笔札无不精究。心常乐上生，逐月画慈氏尊像，每岁集徒礼忏设斋，从太康元年（宋熙宁八年）至寿隆二年（宋绍圣三年）止首尾二十二稔。太康末，宣宗王随喜赐彩画并御书一通。又施纳净财于中外之本宗诸寺，每年设法会，画释迦如来及奘基二师、海东六祖之像，各安其寺，令学者生敬。寿隆二年（肃宗王元年，公元1096年）十二月十八日于玄化寺奉天院深夜看经次，示微疾，嚼杨枝漱口，念弥勒如来名号入寂。王追封为师，谥慧德，寿五十九。（《朝鲜金石总览》上，第296—303页）

门人有导生僧统以下一千余人。

第七节　妄信之流行与降魔军

第十四主献宗王（宋绍圣二年，公元1095年）元年，宋商黄冲等三十一人与法相宗僧惠珍、省聪来，王命近臣备轩盖迎珍，居普济寺。珍常曰，欲见普陀落伽山圣窟，朝议竟不许。王于乾德殿受木叉戒。第十五主肃宗王（自宋绍圣三年，公元1096年，至同宗宁四年，公元1106年，崛河天皇永长元年，五年同，长治二年）元年，引见惠珍于宣政殿，惠珍、省聪各赐明悟三重大师之号，讲《仁王经》于会庆殿，饭僧一万。时有传道诜之术者金谓碑，奏请迁都南京（杨州）。金之传云：

> 金谓碑，肃宗元年为卫尉丞同正。新罗末，有僧道诜入唐学一行地理之法而还，作秘记以传，谓碑学其术，上书请迁都南京。曰："《道诜记》云，高丽之地有三京，松岳为中京，木觅壤为南京，平壤为西京。十一、十二、正、二月住中京，三、四、五、六月住南京，七、八、九、十月住西京，则三十六国朝天。"（《高丽史》卷一百二十二，第516页）

可知道诜之方术，愈益惑人心之深。二年，国清寺成，王亲设庆赞道场，又设百高座于会庆殿，饭僧一万。三年以后，设罗汉斋数回。六年，广明寺僧光器伪造阴阳书，事觉杖流。王幸妙通寺设摩利支天道场。又幸日月寺庆金字《妙法莲华经》之成，与后妃、太子登寺后之岗，置酒为乐，御史谏而止。禁男女僧尼群聚作万佛会，是虽称佛事，以宴乐为目的，害风教故也。平州（黄海道平山郡）妖僧觉真，妄言阴阳，眩惑众人，诏流于谷州（黄海道谷山郡）。又诏曰："元晓、义湘为东方圣人也。无碑记谥号，厥德不暴，朕甚悼之，其赠元晓大圣和静国师，义湘大圣圆教国师，有司即所住处勒石纪德，以垂无穷。"同年，仁王会饭僧五万。七年，设佛顶道场于文德殿，幸玄化寺庆银书《瑜伽显扬论》，设大藏会于神护寺，从阙至寺，夹路点灯及数万，设斋饭斋不胜记。十年诏曰：

> 今诸道州郡司牧，清廉忧恤者，十无一二；慕利钓名，有伤大体，好贿营私，残害生民，流亡相继，十室九空，朕甚痛焉。（《东国通鉴》卷十九，第5页）

国民之流亡如是，加以女真来侵，二十以上男子为兵，四时训练，选僧徒为降魔军。

《燃藜室记述别集》卷十二云：

> 肃宗九年选僧徒为降魔军……每国家兴师，亦发内外诸寺随院僧徒分属诸军。

盖有僧军之权舆也。由是宫廷佛教为资福禳灾妖妄不经，与禅道之精神全不同矣

第八节　滥设佛事与王师昙真

第十五主睿宗王（自宋崇宁五年，崛河天皇嘉承元年，公元1106年，至同宣和四年，鸟羽天皇保安三年，公元1122年）即位之年，以玄

化寺德昌为王师。元年，受菩萨戒于乾德殿，命僧昙真说禅祈雨。王盛行街衢经行，人民效之，于所在之里行读，适有雨。设盂兰盆斋于长龄殿，以荐肃宗王之冥祐。又召名德讲《目连经》，是盖高丽盂兰盆斋之始。百座仁王会，饭僧三万。二年，御明庆殿以昙真为王师。百座仁王会，斋僧三万，常年如是。始置元始天尊像于玉烛亭，迷信之风益盛。三年，女真入寇，王纳香油、弓剑于京内寺院，又讲《药师经》于文德殿禳贼兵。受菩萨戒于乾德殿，又设斋数次禳贼兵。四年，设会饭僧三万，前后二回。五年，设孔雀明王道场于文德殿。九年，以昙真为国师，乐真为王师。十一年，如普济寺，听昙真说法。十二年，以德缘为王师。十五年，迎佛骨入禁中。初王字之使宋，徽宗帝赐以佛牙、头骨，盛于金函。字之还，置外帝释院，至是置山呼亭。王之代，华严学匠昙真（一作乐真）弘宣一乘，补益国家。存于庆南陕川郡伽耶面般若寺址之《元景王师碑》记真之行状，而碑文残缺，不可读。其大要云，昙真，字子正，俗姓申氏，利川郡（京畿道）人，出家依景德国师（烂圆欤？）受业。辽之咸雍四年戊申（宋熙宁元年）赴大选场为大德，由是不离景德之门。景德寂后，大觉（义天）继法，素知真之为人，言之未尝不欣然听纳。肃宗王在藩邸请真为讲主，设百日大会，听众数百人，由是名声益振。大觉西泛，求法于宋土，宣宗王命真及慧宣、道隣等追从之。大觉诣宋，参学诸师，真随其后，多所启发。杭州惠因院晋水法师，一见如旧，每以温颜接之。馆伴杨杰闻之曰："子正所学深远，可以为人师。"哲宗帝元祐元年（宣宗王三年）还东。同三年，辞归所住。大觉为馈赆曰："昔晋水法师以炉拂传我，我以传之于子，宜勉之，发扬吾道。"肃宗王即位，制加首座。甲申季（宋崇宁三年），敕为僧统。辛巳岁（宋建中靖国元年），大觉方辑集诸宗章疏，真等义学之僧相与校正，乃命工镂板。睿宗王二年

（宋大观元年），为王师。翌戊子（宋大观二年）以来，住奉先、昙华、佛国、安严等名刹。甲午（宋政和四年，公元1114年），封为国师。王以归法寺为真燕息之所，以法水寺为香火之所，及示疾，王命御医往诊之，真曰："老病人之常态，无烦理也。"遗海毕，入灭，寿七十，追谥曰元景。（《朝鲜金石总览》上，第316—322页）

第九节　李资玄之禅

宫廷佛教虽多悖禅道精神，在民间则非无禅者。据《江原道春川郡清平山文殊院记》：

> 春州清平山者，古之庆云山，而文殊院者，古之晋贤院也。初禅师永玄，自唐来于新罗国，至太祖即位之，十八岁在。乙未，新罗静（敬顺）顺王纳士，是时后唐清泰二年（敬顺王八年）也。至光庙二十四年，禅师始来于庆云山，创兰若，曰白岩禅院，时大宋开宝六年也。至文庙一十三年（二十二年），岁在戊申。故散骑常侍知枢密院事李公颎为春州道监仓使，爱庆云胜境，乃即白岩之旧址，置寺曰普贤院，时熙宁元年也。其后希夷子弃官隐居于兹……易山名曰清平……易院名曰文殊……希夷子，即李公之长男，名资玄，字真精，容貌瑰伟，天性恬淡。元丰六年（顺宗王元年）登进士第，至元祐四年（宣宗王六年）以大乐署丞，弃官逃世，行至临津，过江自誓曰："此去不复入京城矣。"其学盖无所不窥，然深究佛理，而偏爱禅寂，自称尝读《雪峰语录》云："尽乾坤是个眼，汝向甚么处蹲坐？"于此言下，豁然自悟……既而遍游海东名山，寻访古圣贤遗迹，后周（译者按，

疑游）慧炤国师（鼎贤）住持山邻华岳寺，往来咨问禅理，居山惟蔬食衲衣……尝谓门人曰："吾穷读大藏，遍阅群书，而《首楞严经》乃符印心宗，发明要路，而禅学人未有读之者，良可叹也。"遂令门弟阅习之，而学者浸盛睿庙……命赴阙，公不欲负过江初心，竟不奉诏。政和七年（睿宗王十二年），乘舆幸于南京（汉城）……以其年八月，谒于南京。上曰："道德之老，积年倾慕……"既坐，进茶汤，从容说话，仍命诣至于三角山清凉寺，上乃往返咨问禅理。公于是进心要一篇，既而固请还山……至宣和三年（睿宗王十六年），尚书再奉王命诣于山中，特开楞严讲会，而诸方学者来集听受。四年，今上（仁宗王）即位……赐茶香衣物。七年（仁宗三年）寂，享年六十五。至建炎四年（仁宗八年）秋八月，特赐谥曰真乐公。所著文章，有《追和百药道诗》，《南游诗》一卷，《禅机语录》一卷，《布袋颂》一卷。（《东文选》卷六十四，第429—432页）

希夷子之禅无师承，独脱无依，于《雪峰语录》与《楞严》有所得。盖于高丽似为禅学独立第一人，知讷独创禅宗之先驱。鼎贤、坦然等皆游其门，故《文殊院记》有门人安和寺住持坦然书，然传如后节所叙。

《破闲集》云：

真乐公资玄……年二十七，仁至大乐署令，忽致叩盆之患，拂衣长往，入清平山，葺文殊院以居之。尤嗜禅说，学者至，则辄与之入幽室，竟日危坐忘言，时时举古德宗旨商论，由是心法流布于海东，惠照（鼎贤）、大鉴（坦然）两国师，皆游其门……

睿王谒仰真风，累诏征之，对使者曰："臣始出都门，有不复践京华之誓，不敢奉诏。"……上知其不可屈致，特幸南都召见，问以修身养生之道。对曰："古人云，养性莫善于寡欲，惟陛下留意焉。"上嗟赏不已曰："言可闻，而道不可传，身可见，而志不可屈，真颖阳之亚流也。"（《破闲集》卷中，第21—22页）

又云：

鹤林人金生笔法奇妙，非晋魏人所跂望。至本朝（高丽）唯大鉴国师、学士洪灌擅其名，凡宝殿花楼额题及屏障铭戒，皆二公笔也。清平真乐公卒，西湖僧惠素（大觉门人）撰祭文，而国师书之，尤尽力刻石以传，世谓之三绝。（《破闲集》卷下，第43页）

按《祭真乐公文》，江西见佛寺沙门慧素述，靖国安和寺沙门坦然书。

权适亦参李资玄。权适，字得正，安东府人。十三岁能属文，十九丁父忧，服除与先生长者赋诗，饮酒有过人之气，游清平山文殊寺谒李资玄，资玄授以禅诀，许为道友。二十游北原开善寺，读《起信论》，未终卷感悟流涕。睿宗王选高才者五人入中华就学，适中其选，时政和五年也。同七年归东，历仕为礼部侍郎、翰林侍读学士。仁宗王二十四年丙寅卒，享年五十三。

方仁宗王之代，祖膺炽化导。《醴泉龙门寺事迹》云，新罗禅师杜云，与梵日共入唐传法还，于今之庆尚北道醴泉郡龙门面结草庵修道。高丽太祖初，兴义兵至山下，闻师名，驻车庵前顶礼，伸师资之礼。天下定后，太祖建立精舍，师之法相承至大禅师膺。

祖膺，海州人，年十四就慧昭国师之门禅师英甫落采。乙巳年（未详），中曹溪选，历住七寺。癸酉岁（未详），为三重大师。至己□，转禅师。翌年，为大禅师，住鸣凤寺。乙亥（未详），欲设普济国谈禅斋，向长安行，至阴竹县地，见里石院之焚荡，乃施行装褥席金银，重修馆院。丁亥冬（未详），设大豆羹粥以施行人。辛巳（未详），住京北山大兴寺，行慧照国师入唐传来之仪轨。癸巳（未详）年，被制命为鸣凤寺丛林法主。及乙酉（肃宗王十年？），为金州安国寺五十日谈禅会之主盟。己亥年（睿宗王十五年？），与大师（法嗣）资严协力重兴龙门寺。又癸未甲申（毅宗王十七八年？）间，南方盗贼大起，乃设一万僧斋，以救贼难。师学识渊博，高道卓行，为丛林之模范。资严亦善士，脱屣红尘，遍游名山，至是，而龙门寺鼎新矣。

第十节　妙清之妖术

第十七主仁宗王（自宋宣和五年，鸟羽天皇保安四年，公元1123年，至同绍兴十六年，近卫天皇久安二年，公元1146年）亦准先王之例，斋醮频繁，前后饭僧三万，凡十三回。妖妄之徒乘此得成奸恶。王即位之年，以德缘为国师，以学一为王师。七年，从大安寺迎佛骨置仁德宫。八年，设呵咤波拘神道场，又设无能胜道场，其法甚诡诞，从妖僧妙清之言也。十二年，以妙清为三重大统。十三年（宋绍兴五年），妙清、柳岊、赵匡等以西京（平壤）反，金富轼为元帅讨平之。《高丽史》云：

　　妙清，西京（平壤）僧……仁宗六年，日者白寿翰……谓妙清为师，二人托阴阳秘术以惑众。郑知常亦西京人，深信其说，以为上京（开城）基业已衰，宫阙烧尽无余，西京有王气，宜移御为上京。乃与近臣内侍郎中金安谋……遂腾口交誉……遂奏妙清圣人也，白寿翰亦其次也，国家之事，一一咨问而后行……王虽持疑，以众口力言，不得不信。于是妙清等上言，臣等观西京……阴阳家所谓大华势，若立宫阙御之，则可并天下，金国执贽，自降二十六国皆为臣妾。王遂幸西京……七年，新宫成，王又幸西京，妙清之徒或上表劝王称帝建元，或请约刘齐，挟攻金灭之……王御新宫乾龙殿，受群臣贺，妙清、寿翰、知常等言，方上坐殿，闻空中有乐声，此岂非御新阙之瑞乎？……明年，西京重兴寺塔灾，或问妙清曰："师之请幸西都为镇灾也，何故有此大灾？"妙清惭赧……曰："上若在上京，则灾变有大于此，今移幸于此，故灾发于外，而圣躬安妥。"信妙清者曰："如是岂可不信也。"……妙清又说王，筑林原宫城，置八圣堂于宫中。八圣一曰护国白头岳太白仙人实德文殊师利菩萨，二曰龙围岳六通尊者实德释迦佛，三曰月城岳天仙实德大辨天神，四曰驹丽平壤仙人实德燃灯佛，五曰驹丽木觅仙人实德比婆尸佛，六曰松岳震主居士实德金刚索菩萨，七曰甑城岳神人实德勒叉天王，八曰头岳天女实德不动优婆夷……十年始修宫阙……及开基，妙清使弘宰等及勾当役事员吏，皆公服序立，将军四人，甲而剑立四方，卒百二十人枪，三百人炬，二十人烛而环立，妙清在中，以白麻绳四条，长三百六十步，四引作法，自言此太一玉帐步法，禅师道诜传之康靖和，靖和传之于我，临老得白寿翰传之，非众人所知也……妙清、寿翰等尝密作大饼，空其中，穿一孔，盛熟油，沉于大同江，油渐出浮水面，望之若五色，因言曰："神龙吐涎，作五色云，此嘉瑞也。"……十二年，王以妙清为三重大统、知漏刻院事，赐紫……十三年，妙清……据西京反……国号大为，建元天开，号其军曰天遣忠义……西人遂斩妙清……于是，枭三人首于市。(《高丽史》卷一百二十八，第 606—609 页)

王臣之迷信，教法之紊乱，遂危及国家，迷信毕竟不如无信何。

仁宗王之文臣尹诵，博学好佛教。诵，春州横川县人，太祖王六世之外孙也。仁宗王命注进《贞观政要》。又王之十一年癸丑，奉王旨撰集古词三百首，名《唐宋乐章》。二十四年，纂《太平广记》撮要诗一百首进上。其年，据唐玄奘法师西域记，撰进《五天竺国图》，晚年读佛典，手书《法华经》一轴。当时佛教徒之思想颇低劣，故《知异山水精社记》云：

> 社主津亿，俗姓李氏……十一出家投玄化寺，慧德王师(韶显)受业……学业日进，众所推服……乃欲结净社于名山……闻智异山有废寺曰五台……师闻而勇往而得所，欲因留而除地焉。海印寺住持僧统翼乘……大舍私财，以助其费……堂殿宇舍，清净整顿，使人超然生净土想……一会之众……共期西方……凡与于入社者，无问存亡；刻名为简。每值半月，依《占察业报经》说，出简掷轮，占善恶之报，以所得善恶，分为两函，其陷恶报者，会众为之代忏，还复掷轮，得善报乃已……欲与云集之众，同一解脱，限未来际……师乃索水精一枚，悬无量寿像前，以表明信，因以名其社。经始于大宋宣和五年癸卯七月，至建炎三年己酉十月告毕，设落成法会三日。(《东文选》卷六十四，第 433-434 页)

净土往生之思想与占察善恶之妄信调和而行，当时佛教之堕落，可以想见。

第十一节　佛寺之盛观

据《高丽图经》《高丽古都征》《舆地胜览》等，王城内外寺刹甚多。安和寺在松岳紫霞洞，太祖王十三年所创，睿宗王重修，有宋徽宗亲书能仁之殿匾额，太师蔡京书门额曰靖国安和之寺。普济寺又名演福寺，在王府之南，泰安门内。太祖王壬申（新罗神德王元年）重创，权近作记，恭愍王尝大设文殊会。兴国寺在广化门东南，毅宗王十四年春，于此寺受中外之朝贺。国清寺宣宗王六年王太后所创，在西郊亭西。兴王寺在国城之东南维。法王寺太祖王二年所创，在宣仁门内，设八关会。王轮寺太祖王二年所创，在松岳之麓。大兴寺太祖王四年创于五冠山，迎利言居之。日月寺创于太祖王五年，在宫城西北。开国寺太祖王十八年创，置律学僧。贤圣寺太祖王十九年创，在炭岘门内。奉恩寺光宗王二年创于城南，为太祖之愿堂。归法寺创于光宗王十四年，在炭岘门外。真观寺创于穆宗王二年，在龙首山麓，为太后之愿刹。崇教寺穆宗王三年创，为王之愿刹。弘护寺宣宗王十年所创，在城东。天寿寺肃宗王所创，在城东。甘露寺在五凤峰下，文宗王时，李子渊仿中国润州甘露寺所建。旻天寺忠宣王元年舍寿宁宫为寺，追福母后。妙莲寺在三岘里，忠烈王九年，齐国大长公主重修。广明寺在延庆宫北，传为舍太祖王归宅为寺。龟山寺在松岳昭格殿之东。福灵寺在松岳西麓。佛恩寺在太平馆北洞。龙兴寺在归法寺侧。十王寺在宫城之西北隅，穆宗王时金致阳所建。观静寺在帝释山。甑山寺、海安寺在城西。乾圣寺在松岳。神孝寺在广德山。肃陵寺、妙觉寺、青云寺、补国寺、慈云寺、西普通寺在永平门外。云岩寺又名光岩寺在舞仙峰下，恭愍王肃斋宫也。内帝释院太祖王七年创，外帝释院太祖王七年创，在松岳东麓。九曜堂太祖王七年创，醮星之处，在松岳文麓。神众院太祖王七年创。广兴寺太祖王十九年创。弥勒寺、内天王寺，皆太祖王十九年创。新兴寺太祖王二十三年重修。崇善寺兴宗王五年创。弘代寺、游岩寺、三归寺皆光宗王十九年创。重光寺显宗王三年创。大云寺靖宗王所创。大安寺在天磨山，文宗王重兴。弘圆寺又名洪圆寺。奉严寺在凤鸣山下。济危院、妙通寺、东西大悲院，医病济人之处。又有奉光寺、佛福藏、高圆寺、法华寺，彰信寺等。

《高丽图经》于睿宗王时代叙王城内外诸寺之状况云：

兴王寺在国城之东南维，出长霸门二里许，前临溪流，规模极大。其中有元丰间（宋神宗帝）所赐夹纻佛像，元符中（哲宗帝）所赐藏经，两壁有画。王颙尝语崇宁使者刘达等云："此文王翊德山（谓徽也）遣使告神宗皇帝，模得相国寺，本国人得以瞻仰，上感皇恩，故至今宝惜也。"稍西即洪圆寺。入长霸门，溪北为崇化寺，南为龙华寺。后隔一小山，有弥陀、慈氏二寺，然亦不甚完葺。崇教院在会宾门内。普济、道日、金善三寺在太安门内，鼎足而峙。隔官道之北由岩山，又有奉先、弥勒二寺并列。稍西即大佛寺地。王府之东北，兴春宫相距不远有二寺，一曰法王，次曰印（即刻经）。由太和北门入，则有龟山、王轮二寺，适安和寺所由之途也。广真寺在将作监之东。普云寺在长庆宫之南。自崇仁门出，正东即洪护寺。又东北出安定门，则有归法、灵通二寺。惟顺天馆之北，有小屋数十间，榜曰顺天寺。自人使

　　至馆一月，僧徒昼夜歌呗不绝，榜云以祈国信使副一行平善，盖由衷之信，非一时矫伪也。

可想见当时寺院之盛观。《宋史·高丽传》所谓："王城有佛寺七十区也。"

第四章　学一与坦然之禅风
及僧人之堕落

与义天等之宣扬台教对峙而唱祖师禅者为学一。一识见不凡，而不能脱时代之毒烟。坦然被仁宗王之宠眷，又为宋僧所重。然而毅宗王以后，法门紊乱最甚，之印、宗璘、德素、智偁等之教学无力救之，僧人之暴行言语绝矣。

第一节　学一之禅风

有王师学一者，唱祖师禅与义天之天台宗对峙。《庆北清河郡云门寺圆应国师碑》略云，学一，字逢渠，西原保安人。年甫十□依真藏落发，十三具戒，谒香水惠含。一日，含举僧问长庆："如何是学人出身路？"庆云："是你出身路之因缘。"一于此有省。由是精究洞明禅旨，兼学经律论。尤于大般若得三昧力，救人疾病。宋神宗元丰七年（宣宗王七年），赴选佛场中上科。时大觉义天入宋传华严天台，以哲宗元祐元年还，尊崇智者别立宗家，丛林衲子属台宗者十之六、七。一哀祖道之凋落，孑然孤立，以身任之。肃宗王四年（宋元符二年），义天于弘圆寺置圆觉会，欲以一为副讲师，一固辞不应。王之第四子澄俨（圆明国师）年九岁，一日忽暴死，暖气都绝，无知所以救之。一密念大般若，良久乃苏，于是义天特加敬重。睿宗王元年（宋崇宁五年），加三重大师。三年（宋大观二年），禅师。九年（宋政和四年），大禅师。十七年（宋宣和四年），王有疾，召一内殿，欲拜为王师，一固辞不受。王既登遐，仁宗王践祚，册为王师，幸明庆殿申弟子礼。仁宗王元年（宋宣和五年），祈雨有效。同年，主盟选席，时学者盛谈二种之自己，一曰："自己只一，安有二哉？从今已往，宜禁止之。"人致疑其间者众，及至慧洪《僧宝传》，判古师三失，以分自己为一失，由是乃得断惑。金天会四年（宋康靖元年），请归老云门，王不许，住安南之琼岩听自便。同七年（宋建炎三年），潜出琼岩至广州，十月九日入云门，学者辐辏。一训其徒以明自己为急，痛下钳锤，禅悦之外，务行布施。皇统二年（宋绍兴十二年，仁宗王二十年）二月八日，山中火作，众不能灭，一不起座向山而祝，雨降火灭。同四年（仁宗王二十二年，公元1144年）十一月十五日示疾。□二月九日，沐浴整法衣，说遗偈曰："五阴云一片，散灭□无余，□□孤轮月，清光溢太虚。"叉手端坐而逝。王备礼册为国师，赠谥圆应，阅世九十三（《朝鲜金石总览》上，第348—352页）。学一以明自己为学道之要，正合祖师道之本旨，惜哉，杂行杂修，禅道不纯，高丽佛教之弊，诚可哀哉！

第二节　坦然之演化

断俗寺之坦然出世于此时。《断俗寺大鉴国师碑》略云，坦然，俗姓孙氏，年甫十三通六经大义。十五，补明经生。肃宗王在藩邸时，闻其贤，招致宫中，令为其子睿宗王之傅。然有出尘之志，入京北山安寂寺落发，时年十九。素欣禅悦，依广明寺慧昭国师（鼎贤）遂得心要。及肃宗王即位，征赴辇谷十年。辽乾统四年（肃宗王九年，宋崇宁三年），中大选，命住中原义林寺。睿宗王践祚，尤爱重然。九年（甲午），特授三重大师。十二年（丁酉），住禅岩寺。十五年（庚子），制加禅师。仁宗王即位（壬寅），特赐袈裟。九年（辛亥），制加大禅师，赐金襕袈裟。十七年（已末），移住广明寺。王仰然之道德，每有大事必咨问。尝以所作《四威仪颂》并《上堂语句》附商舶寄宋之阿育王山禅师介谌，复书极加叹美。又道膺、戒环寺大禅伯，致书通好，约为道友。二十三年（乙丑），封为王师，就金明殿行北面抠衣之礼。毅宗王践祚，礼待益厚。元年（丁卯），请归老晋州断俗寺。九月入寺，玄学之徒，云臻辐辏，不减数百人。八年（甲戌），有疾述偈云："廓落十方界，同为解脱门，休将生异见，坐在梦中魂。"十二年戊寅（宋绍兴二十八年，公元1158年），复示疾，说偈云："圣辰□□，独玩心宗，廓然快乐，游泳清风。"端坐而化。（《朝鲜金石总览》上，第563—564页）

《五灯全书》以坦然为育王之无示介谌之嗣。介谌法系相承：黄龙慧南——晦堂祖心——灵源惟清——长灵守卓——无示介谌。

《补闲集》云：

> 大鉴国师坦然，笔迹精明，诗格高淡，所过多题咏。三角山文殊寺诗曰："一室何寥廓，万缘俱寂寞；路穿石罅通，泉透云根落。皓月挂苍楹，凉风动林壑；谁从彼上人，清坐学真乐。"作《四威仪颂》寄宋朝介谌禅师，师见而奇之，即以衣钵遥传之。（《补闲集》卷下，第147页）

坦然之遗偈云："廓然落十方界，同为解脱门。"得祖道之真矣。可云宋僧览其颂所以叹赏，然而育王介谌至传衣钵则未免滥授之弊，然既从慧昭传心要，何更要育王之剩法哉？

第三节 法门之紊乱

第十八主毅宗王（自宋绍兴十七年，近卫天皇久安三年，公元1147年，至乾道六年，高仓天皇嘉庆二年，公元1170年）以后，法门紊乱日益加甚。王元年，祷嗣于灵通寺，讲《华严经》五十日。十年，如兴王寺，赏从事法会转《华严经》者，令写金银字《华严经》二部藏于兴王寺弘教院，祈嗣有验故也。十一年，卜者内侍荣仪进襄祫之说，王信之，命灵通、敬天等五寺作佛事。荣仪谓："国家基业之远近，人君寿命之修短，只由于襄祷之勤怠。"王颇惑此说，置司祈襄。仪又言："如欲延寿，须事天帝释及观音菩萨。"乃画其像分遂（译者按，疑"送"）中外寺院，广设梵采，号曰祝圣法会。又于安和寺塑置帝释须菩萨，集僧昼夜连声唱诸菩萨之名号，称连声法席。荣仪阳示勤苦，终霄礼拜。又命诸寺张法会，有以千万日为限者，因而京外之府库倾竭，人皆怨之。总持寺之僧怀正又以咒术得幸，恩宠无比，僧徒之求职赏者，皆趋附贿赂，贪鄙无厌。十二年，王好作佛事，缁徒盈溢宫廷，恃怙恩宠，附托宦官，侵扰百姓，竞造寺塔，其害日甚。十九年，内侍侍郎金敦中、待制金敦时，重修观澜寺为祝厘之所，植松柏杉桧、奇花异草，筑坛为御室，饰以金碧，台砌皆用怪石，张宴于寺西台，帷帐器皿珍馐，极其华侈。王与宰辅近臣欢洽，赐敦中等白金罗绢丹丝甚厚。二十一年，与僧觉倪（睿宗王宫人子）赋诗张宴，酣饮极乐。王方外患内忧频起之时，从恣无度，激起武臣愤怒，遂为郑仲夫、李义夫等放于巨济。

第四节 之印之禅学与逆乱之世相

之印出世正在毅宗王之代。《智勒寺广智大师墓志》略云，之印，字觉老，自号灵源叟。以契丹乾统壬午（宋崇宁元年，肃宗王七年）生，年九岁，投慧昭（鼎贡）国师祝发，习禅那。十五年，中佛选。己亥（宋宣和元年，睿宗王十四年），奉诏住法住寺。丁未（宋建炎元年，仁宗王五年），拜三重大师。壬子（宋绍兴二年，仁宗王十年），加禅师。毅宗王元年（宋绍兴十七年，金皇统七年），加大禅师。三年（宋绍兴十九年），王赐亲笔广智之号，丛林以为荣。而印以为荣宠非衲子之意，仍请归所住智勒寺，王不许。十年（宋绍兴二十六年）春，卜朱溪县（全罗北道锦山郡）裳山小寺，遁去居之。十一年，王敕赴阙下，召对寿德宫太平亭，宠眷甚渥。印，器识宏远，禅学之外，该教观，善属文，妙得于古诗。十二年（宋绍兴二十八年，公元1158年）七月，遽婴足疾，八月十二日示偈曰："吾年五十七，返本是今日。性宅周沙界，蓬庐宁寄质。"翛然长往，享年五十七。（《朝鲜金石总览》上，第377—378页）

第十九主明宗王（自元乾道七年，公元1171年，高仓天皇承安元年，至同庆元三年，公元1197年，后鸟羽天皇建久八年）天资孱弱，军国大事皆委之武臣，耽声色，致叛臣逆徒之跳梁，武臣之专横，兵及起四方，夺掠流血行于日。权臣李义方等擅恣横逆，杀戮文臣，凌辱谏官，举朝野为修罗场。而王唯如寺院事饭僧斋醮耳。王元年，以僧德素为王师。同年，李高伏诛，高怀非望，与法云寺僧修惠、开国寺僧玄素等相结，日夜宴饮遂作伪制，至是为李义方所杀。四年，归法寺僧百余人，犯城北门，杀宣谕僧录彦方，李义方率兵千余击杀数十僧，余皆散去。重光、弘护、归法、弘化诸寺僧二千余人，集城东门，门闭不能入，乃烧城外人家，延烧崇仁门，欲入杀义方兄弟，义方知之，征集府兵逐之，斩僧百余，府兵亦多死者。乃令府兵分守城门，禁僧出入，遣府兵破重光、弘护、归法、龙兴、妙智、福兴等寺，兄李俊仪止之。义方怒曰："若从尔言，则事不成。"遂焚其寺，取货财、器皿以归，僧徒要击于路夺还，府兵死者甚众。俊仪骂义方曰："汝有三大恶，放君弑之，取其第宅姬妾一也；胁奸太后女第二也；专擅国政三也。"义方大怒，拔剑欲杀之，文克谦止之曰："以弟杀兄，恶莫大焉。"李义方纳其女于东宫，擅威福，为众所愤。时尹鳞瞻治兵四郊，僧徒亦从军，义方偶出宣义门外，郑筠密诱僧宗昰等托求诉，随义方后，伺隙斩之，捕俊仪等皆诛之。僧徒以为贼臣之女不可配东宫，奏黜义方之女，遂聚于普济寺不发，王遣使慰谕。七年，兴王寺之僧上变云，元敬国师、僧统冲曦潜结僧徒谋篡逆，逮捕鞫之，知其诬。八年，兴王寺僧有诉寺僧德水县人欲作乱者，散员高子章实知之，逮僧及子章流远岛。庆尚北道醴泉郡《龙门寺重修记》云："明宗王九年，会九山学徒五百人，设五十日谈禅会，请断俗寺之孝淳禅师教习《传灯录》、《楞严经》、《仁岳集》（存疑）、《雪窦拈颂》等，而祝寺之重修。"

　　十年，召集嬖妾纯珠、明春等所生儿女数十于宫中，皆衣斑斓，载以鸠车，嬉戏于内庭。以太后患乳肿召弟僧冲曦侍病，曦多乱宫女，又通公主，秽声外闻。流宗昰等十余僧于海岛。宗昰与郑筠杀李义方，出入后庭无所忌，至是得罪，法门之紊乱，可谓达其极矣。

第五节　宗璘、德素和智俙之教观与
僧人之滥秽

明宗王代，宗璘以华严，德素、智俙以天台有盛名，而僧人之滥秽，法门之衰颓，愈益加甚。《大华严浮石寺赠谥玄悟国师碑铭》略云，宗璘，字重之，俗姓王氏，年甫十三欲为沙门。仁宗王尝恐大觉之余风无嗣人，至是欣然命圆明国师（澄俨）就佛日寺授戒，时仁宗王辛酉十九年，璘年十五也。毅宗王即位丙寅（宋绍兴十六年），下令为首座，历住归法、浮石等寺，负一代之雅望为僧统。金皇统七年（宋绍兴十七年，毅宗王元年），王迎入大内，命为大弟削发，礼仪之盛，自古未有如是。庚寅（宋乾道六年，金大定十年），明宗王践祚，加佐世之号。辛卯（宋乾道七年，明宗王元年），召主内殿，赐满绣之袈裟一领。己亥（宋淳熙六年，公元1179年）六月二十九日化，赠谥玄悟国师，春秋五十三。

次就王师德素之行迹，《忠北永同郡宁国寺圆觉国师碑》略云，德素，字慧约，俗姓田氏，落发于大禅师教雄（洪圆寺僧统）之门。雄常言："兴吾宗者，必此沙弥。"一日，入大藏堂，开函拨卷辄能通之。仁宗王叹曰："此僧异日必为大法师。"仁宗王二十一年登亥（宋绍兴十三年），游历山水至蔚州灵鹫山栖止，四方学者请益者益多。毅宗王七年癸酉（宋绍兴二十三年），加禅师，寻为大禅师。甲寅（明宗王二十四年？），备礼封崇（王师或国师）。甲午（未详）十一月，遇微疾，西向坐，合掌而化。

又《开城灵通寺智俙墓志》云，灵通寺通昭僧统智俙，字致原，南原（全罗北道）人。俗姓尹氏，幼而为僧，师事洪圆寺僧统教雄。

戊午（宋绍兴八年，仁宗王十六年），年二十八中宗选。壬申（宋绍兴二十二年，毅宗王六年），首住灯口寺，其化及于渔人。庚寅（宋乾道六年，毅宗王二十四年），除三重大师。己亥（宋淳熙六年，明宗王九年）岁，为首座。丁未（宋淳熙十四年，明宗王十七年），任僧统。己酉（宋淳熙十六年，明宗王十九年），典领中选。翌庚戌，国家设百座仁王会于大观殿，以俦为空门领袖。壬子（宋绍熙三年，公元1192年）四月，掌宗选，始生退步之志，下栖三角山圆觉社，澹如无所事事，时年八十，上章请退，十二月卒。

明宗王十一年春，行燃灯大会，王御帐殿欢乐，夜与群臣宴饮，日晏未罢，军校皆使酒鼓谍，尊卑无等，王亦醉而起舞，重臣谏止之。十五年，有侍御史二人与宦官崔东秀会于广真寺为流头饮。国俗以六月十五日沐发于东流水，拔除不详，因会饮，名之流头饮。十七年，有僧日严行信仰治疗，《林民庇传》云：

> 林民庇……性佞佛，常写佛经。有僧日严在全州，自谓能使眇者复视，死者复生。王（明宗）遣内侍琴克仪迎之在道，冒彩甗巾，乘驳马，以绫扇障其面，徒众遮拥，人不得正视。来寓普贤院，都人无贵贱老幼，奔走谒见，里巷一空。凡盲聋躄哑，有废疾者，狼藉于前，僧以扇挥之。迎入天寿寺，居南门楼上，宰辅大臣亦趋谒。士女兢布发以籍僧足，僧令唱阿弥陀佛，声闻十里，其盥漱沐浴之水，苟得涓滴，贵如千金，无不掬饮，称为法水，能理百病。男女昼夜杂处，丑声播闻，祝发为徒，不可胜数。时一人谏止者，明宗渐验僧诈，放还其乡。初僧诳人曰："万法唯一心，汝若勤念佛，曰我病已愈，则病随而愈，慎勿言疾之不愈。"于是，盲者言已视，聋者言已闻，以故人易惑。（《高丽史》

卷九十九，第 161 页）

二十二年，命嬖婢之子善思为僧，年甫十岁，衣服礼秩，与嫡无异，称为小君，出入禁中，颇张威福。诸嬖妾之子，皆剃发住名寺，用事纳赂，侥幸者多依附。二十六年，权臣崔忠献兄弟上书云。

今一二浮图山人也，常徘徊王宫，而入卧内。陛下惑于佛，每优容之。浮屠者，既冒宠，屡以事干秽圣德，而陛下敕内臣，勾当三宝，以谷取息，于民弊不细矣。惟陛下斥群髡，使不迹于宫。（《东国通鉴》卷二十八，第 157 页）

以王子之僧小君、洪机、洪枢、洪规、洪钧、洪觉、洪贻等在内干政，令外出还本寺，黜嬖僧云美、存道。二十七年，忠献王遂废王，王道、佛法二者俱衰如是。

第五章　知讷之禅学独创

新罗至道义以来，朝鲜祖道不过中国禅学之延长，然至神宗王之代，知讷以命世之伟材创唱独立禅宗。讷《真心直说》决择了然，解悟高明，如坠于知解而文字不拘，青丘之禅书，虽多无及之者。讷之禅盖与圭峰宗密极为相似者。

第一节　曹溪山之开祖知讷

当高丽第二十主神宗（自宋庆元四年，后鸟羽天皇建久九年，公元1198年，至嘉泰四年，土御门天皇元久元年，公元1204年）、第二十一主熙宗（自宋开禧元年，土御门天皇元久二年，公元1205年，至嘉定四年，顺德天皇建历元年，公元1211年）之时，曹溪山之知讷宣扬独立宗旨。金富轼之子金绥撰碑略云，知讷，俗姓郑氏，自号牧牛子，京西洞州（黄海道瑞郡兴）人。八岁投曹溪之云孙宗晖（法系未考）出家。年二十五，以宋孝宗帝淳熙九年举僧选。未几，南游抵昌平（全罗南道罗州郡）清源（一作凉）寺挂锡。一日阅《六祖坛经》，至"真如自性起念，六根虽见闻觉知，不染万像，而真性常自在"之文惊喜，起绕佛殿，颂而思之，自有所得。越淳熙二年（明宗王十五年），寓下柯山普门寺（庆北醴泉郡）读《大藏经》，得李长者《华严论》，搜抉索隐，潜心圆顿观门。适有旧友得才者，请住公山居祖寺（永川郡银海寺东北安兴寺），于是习定均慧，日夜不怠数年。至宋宁宗庆元四年（神宗王元年），与禅侣入智异山，隐栖于上无住庵，由是专精内观，屏黜外缘，有得法之瑞相。一日得《大慧语录》，至"禅不在静处，亦不在闹处，不在日月应缘处，不在思量分别处"之文，忽然契会，由是慧解益高，为众所宗仰。庆元六年（神宗王三年），移居松广山吉祥寺（升平郡富有县，今全南顺天郡），留十一年，或谈道，或修禅，四方来学辐辏，王公士庶，投名入社者亦数百人。知讷尝劝人诵《金刚经》，演《六祖坛经》义，开以李长者之《华严论》，以《大慧语录》为羽翼。因开三门接人，一、惺寂等持门；二、圆顿信解门；三、径截门，多依是修行信入者，禅学之盛近古无其比。亿宝山之白云精舍、积翠庵、瑞石山（公州无等山）之圭峰兰若、祖月庵，皆讷所作，往来修禅之道场之。第二十一主熙宗王素重其名，及即位，改号为曹溪山修禅社，亲书题榜，又赐满绣之袈裟，时宋宁宗开禧元年也。同帝嘉定三年（熙宗王六年，公元1210年），设法筵数旬以荐母，谓社众曰："吾住世语法不久，宜各努力。"三月示疾卒，阅世五十三，熙宗王谥曰佛日普照国师。（《朝鲜金石总览》下，第949—952页）

《松广寺嗣院事迹碑》文云：

明宗时普照国师在公山念佛岬使其徒守愚求安禅之处，遂得此地。

《松广寺沿革》云：

初创新罗时，慧璘作吉祥山松广庵……高丽明宗王二十七年，守愚起土木……神宗王元年，智讷入山……熙宗王元年创立……修禅社也。

修禅社是今曹溪山松广寺，藏普照国师之愿佛，精巧优美，最可爱敬。同寺藏大觉义天刊之北本《涅槃经疏》一册，同刊本《法华经赞述》卷一，外二册。同寺知讷以后，十六国师住持于此。

《松广寺嗣院事迹碑》云：

> 普照没后，传真觉、清真、真明（冲镜）、晦堂（慈真）、慈精（疑静）、圆鉴、慈觉、湛堂、妙明（慧鉴）、慈圆（妙严）、慧觉、觉俨、净慧（复庵）、弘真、高峰。弘真以上皆为国师，而凡十六世承法嗣院不绝，实是丛林罕观（译者按，"观"应为"睹"）之盛迹也。

第二节 《真心直说》之梗概

知讷著《真心直说》，理路井然，有秩序，有组织，为朝鲜禅书中之白眉。此书所附之《诫初心学人文》之末，有泰和乙丑冬月海东曹溪山老衲知讷志。泰和是金之年号，乙丑相当南宋宁宗开禧元年（熙宗王元年，公元1205年），然则可知为讷晚年之作。《真心直说》之要云，第一真心正信。谓信自己本来是佛。第二真心异名。谓《般若经》所谓菩提，《华严经》之法界，《金刚经》之如来，《金光明经》之如如，《净名经》之法身，《起信论》之真如，《涅槃经》之佛性，《圆觉经》之总持，《胜鬘经》之如来藏，祖师门下之自己、妙心、主人翁、没弦琴、无尽灯、心印、心源皆真心之异名。第三真心妙体。谓真心之本体，超出因果，通贯古今，无诸对待，如大虚空，遍一切处，妙体凝寂，湛然常住，是一切众生本有之佛性，乃一切世界生命之根源也。第四真心妙用。谓在胎名神，处世名人，在眼观照，在耳听闻，在鼻嗅香，在口谈论，在手执捉，在足运奔，无非真心之妙用。第五真心体用一异。谓体用如水波，非一非异。第六真心在迷。谓真心凡圣共具，凡夫覆于妄心，真心不现前，如白玉之在泥。第七真心息妄。谓无妄心处即菩提也。于心于事，于事无心，此息妄之法。略有十种，觉察、休歇、泯心存境、泯境存心、泯心泯境、存境存心、内外全体、内外全用、即体即用、透出体用是也。第八真心四仪。谓证真心，不只习坐观，行亦禅、坐亦禅，四威仪无不通。第九真心所在。谓真心遍一切处，故处处菩提路，头头功德林。第十真心出死。谓生死本来无，众生颠倒妄见生死。第十一真心正助。谓以无心息妄者正也，习众善为助。第十二真心功德。谓三心四智、八解六通皆在其中。十三真心验功。谓真心之成熟，渐次如牧牛，当积累功夫。第十四真心无知。谓真心无知而知，无憎爱、无取舍，平等心也，平常心也。第十五真心所往。谓真心达，则四生六道一时消殒，山河大地悉是真心，故临命终，自然业无所系，虽有中阴，所向自在，而天上人间，随意寄托，是《真心直说》之大旨也。明英宗帝正统十二年，大天界蒙堂所撰跋，云："十六章始于正信，终乎所往。"然《续藏经》第一辑，第二编，第十八套，第五册并《禅门撮要》所收，正十五章也。

第三节　《修心诀》之要旨

知讷于《真心直说》之后附《诫初心学人文》，内中详说初心之用心，由此可窥讷之行状性格之一端。讷《修心诀》说得不如《真心

《直说》之分明，然思想则有相似处。讷提言云：

> 若欲求佛，佛即是心，心何远觅，不离身中。色身是假，有生有灭，真心如空，不断不变。故云，百骸溃散，归火归风，一物长灵，盖天盖地。(《续藏经》第一辑，第二编，第十八套，第五册，第481页左）

是身灭心常之见，为禅者之一大窠臼。岂讷不曾遇明师而坠这个鬼窟么？讷《修心诀》亦劈头载这个语，盖是如彼信仰之中心点。然而知讷之《六祖坛经跋》云：

> 忠国师诃破南方佛法之病，可谓再整颓纲，扶现圣意，堪报不报之恩。我等云孙，既未亲承密传，当依如此显传门诚实之语，返照自心本来是佛，不落断常，可谓离过矣。若观心不生灭，而见身有生灭，则于法上而生二见，非性相融会者也。是知依此一卷灵文，得意参详，则不历僧祇，速证菩提。

可以知讷自认身灭心常之为非。

讷《修心诀》力说处，有顿悟、渐修两门。顿悟、渐修，云者如谓先悟后修。故云：

> 夫入道多门，以要言之，不出顿悟、渐修两门耳。虽曰顿悟、渐修，是最上根机得入也。若推过去，已是多生依悟而修，渐薰而来。至于今生，闻即发悟，一时顿毕。以实而论，是亦先悟后修之机也。则而此顿、渐两门，是千圣轨辙也。(《续藏经》

同上，第五册，第482页右）

顿悟者，悟凡夫即佛渐修者，因法力而重修也，故引证圭峰语云：

> 圭峰深明先悟后修之义曰，识冰池全水，借阳气以熔消，悟凡夫而即佛，资法力以薰修。冰消则流润，方呈溉涤之功，妄尽则心虚通。（同上）

更说明顿悟云：

> 凡夫迷时，四大为身，妄想为心。不知自身是真法身，不知自己灵知是真佛也……一念回光，见自本性，而此性地，元无烦恼，无漏智性，本自具足，即与诸佛分毫不殊，故云顿悟。（同上）

次说明渐修云：

> 顿悟本性，与佛无殊，无始习气，难卒顿除。故依悟而修，渐薰功成，长养圣胎，久久成圣，故云渐修也。（同上书，同页左）

即凡夫虽本来是佛，不借修行则依然无佛力，久久修行，而成佛果，是与教家之旧见无大差，尚未契曹溪之直指也。

讷以空寂灵知之心为本来面目，云：

> 诸法如梦，亦如幻化，故妄念本寂，尘境本空。诸法皆空之处，灵知不昧，此空寂灵知之心，是汝本来面目。

名之以清净之心体，称为众生之本源觉性，谓为三世诸佛之胜，净明心也。而以空寂与灵知配体与用，又合定慧之二，故云：

> 自性、体用二义，前所谓空寂、灵知是也。定是体，慧是用也……定则慧，故寂而常知，慧则定，故知而常寂。（同上书，第483页左）

是谓定慧双修之行，《修心诀》所说不出于此。

第四节　知讷之识量

知讷之识见，因下记之书而得知。

《法集别行录节要》并入《私记》：

> 牧牛子曰：荷泽神会是知解宗师，虽未为曹溪嫡子，然悟解高明，决择了然。密师宗承其旨，故于此录中，伸而明之，豁然可见。今为因教悟心之者，除去繁词，钞出纲要，以为《观行龟鉴》。（一纸右）

圭峰宗密，尝评北宗、洪州（马祖）、牛头三宗：

> 上三家见解异者，初一切皆妄（北宗），次一切皆真（洪州），

后一切皆无（牛头）。若就行说者，初伏心灭妄（北宗），次信任情性（洪州），后休心不起（牛头）。

洪州常云，贪、嗔、慈悲皆是佛性……彼宗于顿悟门，虽近而未的，于渐修门而全乖。牛头已达空故，于顿悟门而半了，以忘情故，于渐修门无亏。北宗但是渐修，全无顿悟故，修亦非真。荷泽则必先顿悟，依悟而修。（五纸右—左）。

以上宗密之评，缺妥当。知讷能分别之，论云：

先以荷泽所示言教，决择自心性相体用，不堕空寂，不滞随缘，开发真正之解。然后历览洪州、牛头二宗之旨，若合符节，岂可妄生取舍之心耶。（六纸左）

且引证之，以宗密《禅源都序》云：一息妄修心宗（北宗），二泯绝无寄宗（牛头），三直现心性宗（洪州荷泽），洪州与荷泽为同一宗之文，可谓明眼。宗密云：

诸教开张，禅宗撮略。撮略者，就法有不变、随缘二义，就人有顿悟、渐修两门。二义现，即知一藏经论之指归，两门开，即见一切圣贤之轨辙，达摩深旨，意在斯焉。（七纸右）

密以摩尼珠之净，明喻不变，以对外物现差别色，相比随缘，摩尼虽明净，对黑物而现黑色，见现黑色，着相人不信珠之明净，是大小乘法相及人天教中人也。假令肯信明珠，黑色缠覆故，待磨拭揩洗后，始谓为明珠，此北宗之见解也。又有人，永不见明珠之体故，以

为青、黄、赤、白皆是珠，见赤琥珀、黑櫄子认为是摩尼，不了真摩
尼色，见明净却以为非珠，是洪州之见解也。又有人，知种种之色皆
虚妄，计摩尼珠亦都是空，以为色相皆空之处，乃是不空明莹之珠，
是牛头之见解也。然而莹净圆明，方是摩尼之体，黑色等悉皆虚妄，
正见黑时，黑本无黑，但是明耳。青黄等亦尔，于诸色相一一但见莹
净圆明，于珠不惑，是荷泽之见解也。

以上宗密之评，有贬他宗扬自宗之病，而知讷不迷之，最后判荷
泽之见解云：

> 悟解高明，决择了然。

宗密所论，在于破末学之弊：

> 古人对机门中，各有善权，不可如言妄生彼我之见，当须
> 将此明镜，照见自心，决择邪正，定慧双修。（十二纸左—十三
> 纸右）

所云为妥当之见。

宗密说顿悟、渐修二门云：

> 顿悟者，谓无始迷倒，认此四大为身，妄想为心，通认为
> 我。若遇善友，为说如上不变、随缘。性相体用之义，忽悟灵明，
> 知见是自真心，心本恒寂，无边无相，即是法身，身心不二，是
> 为真我。即与诸佛分毫不殊，故云顿也。（十三纸右）

讷云：

教学者真妄别执，自生退屈，闻禅者见性成佛之谈，以顿教离言之理为过，不知圆悟此中本心之体用性相，而安乐富贵与佛同。禅学者知径践佛地之义，才有自心开发之处，而不知解行有浅深，多有法慢。《华严论》云，凡夫于信因中，契诸佛果德，分毫不谬，方成信也。知此意则不自屈，不自高。

次引清凉澄观《华严经疏》之语：

若云本具一切佛德，名之为悟。一念具足，十度万行，名之为修。即修如饮大海水、悟如得百川味。（二十纸左）

以说修证，可谓稳健之解释。

复次讷以元晓之《弥陀证性偈》引《金刚般若经》，示先悟后修之正道，亦为圭峰之本意。其意是：

本来是佛，自性清净，自性解脱，然后摆拨万缘，专精保任，自然成就，离垢清净，离障解脱。（三十一纸左）

与吾永平门下之本证妙修之义合。

复次说见性云：

直指人人现前，一念见性成佛耳。今言性者，是一心本法性，非性相对之性。永嘉大师云："一念者，是正觉灵知之念也。"

　　志公和尚颂云："大道晓在目前，迷倒愚人不了，一念之心即是，何须别处寻讨？"是也。（四十六纸右）

可谓得要也。讷之禅立脚于华严。故其所引证最多的是宗密、澄观、永明延寿之语。

　　最后引大慧之语句，示智解荡尽之可能。

　　　　上来所举言句，虽提接来机，而旨在心识思议之外，能与人去钉拔楔，脱笼头卸角驮。若善能参详，可以净尽前来佛法知解之病，到究竟安乐之地也。须知而今末法修道之人，先以如实知解，决择自心，真妄生死本末了然。次以斩钉截铁之言，密密地仔细参详，而有出身之处，则可谓四稜着地，掀掷不动，出生入死，得大自在者也。（五十七纸左）

可云婆心亲切也。又《私记》是金大安元年己巳（宋嘉定二年，熙宗王五年）讷所撰，亦晚年之作。

第五节　《圆顿成佛论》与《看话决疑论》

　　讷之《圆顿成佛论》，对于禅道说教者之误解，以示禅有契于《华严》之奥旨。故引证李长者之《华严论》，而提唱：

　　　　自己无明分别之种，本是诸佛不动智也。

　　又引《如来出现品》所谓：

自心念念常有佛，成正觉。

之文以证成之，且说：

自己身、语、意及境界之相，皆从如来身、语、意境界中生。

以明生佛互融之义。又示诸佛自心之相用云：

十方诸佛虽有名号差殊，依正庄严分别，皆是自心普光明智之相用，俱非外物也。

于华严论主之颂中举：

佛是众生心里佛，随自根堪无异物。
欲知一切诸佛源，悟自无明本是佛。

结论是；

众生相即如来相，众生语即如来语，众生心即如来心，乃至治生产业、工巧技艺，皆是如来普光明智，运为之相用，都无别异也。

次论古今禅门达者见性成佛，非只一分性净之体，乃具相用者。举《证道歌》：

> 心镜明鉴无碍，廓然莹彻周沙界，万像森罗影现中……一性圆通一切性，一法遍含一切法……诸佛法身入我性，我性还共如来合。

讷之文，并引邵武、大慧等之语云：

> 如是等开悟本心，得见自心镜内，帝网重重无尽法界者，禅门传记中不可胜数。

讷之《看话决疑论》，在破教者之疑网，明看话之本义，而其说唯见堕于大慧看话禅之窠臼中，大要与《圆顿成佛论》相似。

《圆顿成佛论》《看话决疑论》，此二书乃无衣子慧谌发现知讷之遗稿，金之贞祐三年乙亥五月上梓，见无衣子《诗集》所载跋。

第六节 知讷之念佛要门

知讷怜时人不断十恶，无视因果，谄曲邪令，妄欲以念佛往生极乐之弊，草《念佛要门》，说十种念佛。

> 第一，戒身念佛者，当除杀盗淫，身器清净，戒鉴圆明。而后端身正坐，合掌向西，一念欻（译者按，疑"敬"）念南无阿弥陀佛，数无穷尽，念无间断，乃至坐忘非坐，一念现前时，是名戒身念佛。
>
> 第二，戒口念佛者，当除妄语、绮语两舌恶口，守口摄意，身净口净，而后一念敬念南无阿弥陀佛，数无穷尽，念无间断，

乃至口忘非口，自念现前时，是名戒口念佛。

　　第三，戒意念佛者，当除贪、嗔、痴、慢，摄意证心，心鉴无思，而后一念深念南无阿弥陀佛，数无穷尽，念无间断，乃至意忘非意，自念现前时，是名戒意念佛。

　　第四，动忆念佛者，当除十恶，正持十戒，于动用周旋，造次颠沛，一念常念南无阿弥陀佛，数无穷尽，念无间断，乃至动极即静，自念举现前时，是名动忆念佛。

　　第五，静忆念佛者，十戒既净，一念不乱，于静身闲事，幽夜独处，一念专念南无阿弥陀佛，数无穷尽，念无间断，乃至净极即动，自念举时，是名静忆念佛。

　　第六，语持念佛者，对人接话，呼童警仆，外感随顺，内念不动，一心静念南无阿弥陀佛，数无穷尽，念无间断，乃至语忘无语，自念现前时，名为语持念佛。

　　第七，默持念佛者，口诵之念既极，无思之念默契，梦觉不昧，动静恒忆，一念默念南无阿弥陀佛，数无穷尽，念无间断，乃至默忘不默，自念举时，名默持念佛。

　　第八，观相念佛者，观彼佛身，充满于法界，妙光金色，普现于群生前，想知佛光，照我身心，俯仰观听，了非他物，至意至诚，一念极念南无阿弥陀佛，数无穷尽，念无间断，于十二时中、四威仪内，常敬不昧时，是名观相念佛。

　　第九，无心念佛者，念佛之心，久化成功，渐得无心三昧，无念之念，不举而自举，无思之智，非圆而自圆，不受而自具，无为而自成，是名无心念佛。

　　第十，真如念佛者，念佛之心既极，无了之了，三心顿空，一性不动，圆觉大智，朗然独尊，一真法界，洞然明白，是名真如念佛。

以上十种念佛，发自一念真觉。一念真觉顿悟也，十种念佛渐修也，由浅至深，念佛功极则日日时时一切处，阿弥陀佛之真体冥现其前，临终时，被迎九品莲台上，往生上品，可以知禅观与念佛之非二致。

第七节　宫廷佛教之腐败

在民间虽有如知讷之大器振作禅道，而宫廷佛教则与庸主神宗、熙宗同渐次腐败，僧人参与政权之争夺，执干戈从流血之事。第二十主神宗王（自南宋庆元四年，公元1198年，后鸟羽天皇建久九年，至同嘉泰四年，公元1204年，土御门天皇元久元年）元年，私僮万积等为乱，聚兴国寺，又将会于普济寺，似结僧人党之。五年，庆州之别抄军与永州有隙，引云门贼及符仁、桐华两寺僧徒攻永州。第二十一主熙宗王（自南宋开禧元年，公元1205年，土御门天皇元久二年，至同嘉定四年，公元1211年，顺德天皇建历元年）五年，青郊之释吏三人，谋杀崔忠献，诈为公牒，召集诸寺僧徒，方牒之至归法寺。寺僧告之忠献，杀韩琦等九人。七年，王与内侍王濬明等欲杀崔忠献，忠献以事诣寿昌宫谒王。有顷，入王内，中官给忠献从者曰："有旨赐食。"乃引而入郎庑间。俄有僧俗十余人，持兵器突至，击忠献使者，忠献知变，仓皇奏曰："愿上救臣。"王默然闭户不纳。忠献不知所为，遂投匿知奏事房纸障间，有一僧三度入索，竟不获。忠献子瑀等，在重房闻事急，即入，扶忠献而出。忠献之党与僧徒相格斗，僧徒败走。忠献怨王，废而迁江华，是熙宗王七年，宋宁宗嘉定四年也。第二十二主康宗王（自南嘉定五年，公元1212年，顺德天皇建历二年，至同六年，公元1213年，同建保元年）元年，王于内殿受菩萨戒二年，于内殿再受菩萨戒，以至谦为王师。第二十三主高宗王（自南宋嘉定七年，公元1214年，顺德天皇建保二年，至开庆元年，公元1259年，后深草天皇正元元年）三年，契丹兵入侵，焚妙香山普贤寺。四年，兴王、景福、王轮等诸寺僧从军与契丹战者，欲谋杀崔忠献，佯若奔溃者，晓至宣义门，急呼曰："丹兵至。"门者拒不纳，僧徒破（译者按，"破"原作"鼓"，误文）关入，杀门者，将攻忠献之家。忠献遣家兵击之。僧魁中矢仆，僧徒散走。忠献之军，追斩三百余人，闭城门，大索僧人皆杀之，前后所杀，凡八百人，积尸如山，流血成川。（《东史纲目》第三，第125页）

　　同年，崔忠献信术者之言，坏乾元寺，以禳丹兵。十年，崔瑀（忠献之子）造黄金十八层塔及花瓶各一置于兴王寺，共重二百斤。十三年，崔瑀发肿，从两府至椽吏皆设斋作疏祈祷，都下为之纸价贵，可以知当时人心之趋势。

第六章　了世之参禅、高宗之刻藏及其时代思想

知讷创曹溪山而宗风大盛，诣其门者甚多。天台之学匠了世亦参讷相契如。高宗王恐契丹之侵入，刻大藏。其相李奎报，信佛敬僧，而放旷不检，耽溺诗酒，人心之趋向，可以卜知也。

第一节　了世之参禅

天台之学匠了世参知讷而相契。《白莲社（全罗道康津县南万德山）圆妙国师碑》略云，了世，字安贫，俗姓徐氏，新繁县（庆尚南道陕川郡）人。以金大定三年（毅宗王十七年）生，年十二习天台教观。二十三入僧选。专志宗乘，不数年洞晓指归。金承安三年（宋庆元四年）春，上都设法会于高峰寺，名缁云集，异论蜂起，了世登座一吼，众皆詟伏。同年，开堂于灵洞山长渊寺，时牧牛子以偈寄世，以《修禅劝》云："波乱月难显，室深灯更光，劝君整心器，勿倾甘露浆。"世见而心惬，径往从之。居数年，牧牛子移社江南，世又随而南。金泰和八年（熙宗王四年），住月生山药师寺。一日，宴坐念言："若不发天台妙解，永明寿百二十病何由逃出？"因自警悟，及讲妙宗，至是心作佛，是心是佛，不觉破颜。自后乐说妙宗，辩慧无碍。又修忏精猛，日礼五十三佛十二遍，禅流号曰徐忏悔。耽津县（全罗

南道长兴郡）信土等请世于南海山侧古万德寺旧基创伽蓝。以金之大
安三年（南宋嘉定四年）起工，立屋八十余间，至贞祐四年（南宋嘉
定十年，高宗王四年）落成，乃大开道场接学者。南宋绍定五年（高
宗王十九年），始结普贤道场，修法华三昧，求往生净土，一依天台
之三昧仪，手度弟子三十八人，四众入社者三百余人。遁影山林五十
年，未曾蹈京尘。日课《法华》一部，《准提咒》一千遍，弥陀佛号
一万声。自谓一门教诲，浩汗学者迷津，乃撮纲要出三大部节要。南
宋嘉熙元年（高宗王二十四年），高宗王嘉其德，赐禅师之号。淳祐
五年（高宗王三十二年，公元 1245 年），有微疾，卧倚唱云："诸法实
相，清净湛然，言之者失理，示之者乖宗，吾宗《法华》一大事，随
分妙解，唯此而已。"又唱元晓之《澄性歌》云："法界身相难思议，寂
然无为无不为，至以顺彼佛身心，故必不获已生彼国。"跌坐面西，告
众云："五十年山林朽物，今日行矣。各自努力为法勉旃。"僧问："临
终在定之心即是净土，更欲何之？"世云："不动此念，当处现前，我
不去而去，彼不来而来，感应道交，实非心外。"言讫而化，享龄
八十三。高宗王命有司册为国师，谥曰圆妙。（《东文选》卷一百十七，
第 211—214 页）

第二节　僧风之颓败与高宗之刻藏

至第二十三主高宗王（自宋嘉定七年，顺德天皇建保二年，公元
1214 年，至同开庆元年，后深草天皇正元元年，公元 1259 年）之代，
僧风之堕败益甚。其二十七年，权臣崔瑀（忠献之子）之孽子，僧万
宗、万全，皆聚无赖恶僧为门徒，唯以货殖为业，金银谷帛，以巨万
计。门徒分据名寺，倚势作威，横行远近，鞍马衣服，皆效鞑靼，更

相称曰官人。恣行不义，或强奸人妻，或擅乘驿骑，或凌辱官吏，无所不至。三十八年，以朴瑄之家为净业院，集城内居僧尼之，筑外墙禁出入，先是僧尼杂处而有丑声也。二十一年，王闻日本僧圆尔高德附贡船，斋书问法要，尔记宗教大旨以答之。

当王时，契丹大入寇，蒙古亦侵入，攻城野战无休止，故王设消灾、佛顶、无能胜、华严神众、天兵神众、功德天等道场禳之，奉安御衣于南京（扬州）之假阙祈延祚，遣使登山川以祷神兵，而敌兵退，则事偷安宴乐。《东史纲目》云：

> 四十六年（宋开庆元年，公元 1259 年），王病笃，遣近臣诉诸神祠……王使郑世臣设法席于穴口寺，世臣还奏其状。王曰："予梦有老比丘，劝念《法华经》，今闻卿言，实符所梦。且予在潜邸，游穴口，闻文殊鸟声，卿亦闻之乎？"对曰："臣诣法席，诚如上梦，恍有一老比丘在侧诵经，更视，则不见。又有鸟来鸣，其声云文殊师利摩诃萨。"王悦之。（《东史纲目》三，第214页）

因而可知王信仰之所在。

先是显宗王刻《大藏经》藏之符仁寺，然高宗王十九年为蒙古兵所毁，板本皆归乌有。于是二十四年，与群臣发愿立都监。十六年，毕刻藏之功。三十八年，乃幸江华城西门外之大藏经版堂，率百官行香，欲以此禳蒙兵也。《李相国文集》所载《大藏刻版君臣祈告文》（丁酉年行）略云：

> 国王讳与太子、公侯、伯、宰枢、文虎（译者按，疑"武"）

百僚等，重沐斋戒，祈告于尽虚空界十方无量诸佛菩萨及天帝释为首三十三天一切护法灵官甚矣，达旦之为患也，其残忍凶暴之性，已不可胜言矣……凡所经由，无佛像、梵书悉焚灭之，于是符仁寺之所藏大藏经板本，亦扫之无遗矣。呜呼积年之功，一旦成灰，国之大宝丧矣……今与宰执、文虎百僚，同发洪愿，已置句当官司。俾之经始，因考厥初草创之端，则昔显宗二年，契丹主大举兵来征，显祖南行避难，丹兵犹屯松岳城不退，于是乃与群臣发无上大愿，誓刻成《大藏经》板本，然后丹自退。然则大藏一也，先后雕镂一也，君臣同愿亦一也，何独于彼时丹兵自退，而今达旦不尔耶？但在诸佛多矣，鉴之如何耳？苟至诚所发，无愧前朝，则伏愿诸佛圣贤三十三天，谅恳迫之祈，借神通之力，使顽戎丑俗，敛纵远遁，无复蹈我封疆……则弟子等当更努力，益护法门，粗报佛恩之万一耳。(《李相国集》下，第14—15页)

乃知仿显宗雕造《大藏经》板禳契丹兵，再发愿刻藏之大业，乃以禳鞑靼兵耳。

第三节　代表当时佛教信徒之李奎报

高丽佛教，毅宗以后，熟烂已甚，其衰颓之兆历历可证。崔惟清、林民庇、任濡等信仰最笃。高宗时，有一代文豪李奎报，奉佛敬僧，称笃信者，其当时之代表人物也。徐居正云：

李文顺奎报，少以文章自负，时李仁老、吴世材、林椿、赵通、皇甫抗、咸淳、李湛之等称为七贤，饮酒赋诗，傍若无人。
（《东人诗话》卷上）

奎报，字春卿，黄骊县（江原道原州郡）人。以宋乾道四年（毅宗王二十二年）生，幼聪敏，善诗文，放旷不检，以诗酒风月为事。明宗王十九年，二十二岁中司马试第一。二十四，丁父忧，寓天磨山（开城北），自号白云居士。吴东阁世才，称名儒，一见相许，为忘年友。宋庆元五年，三十二岁任全州（全罗北道）书记，为政刚猛，同僚所忌惮，无何解职。熙宗王三年，四十岁初入翰林，以文敏累迁。四十八岁为右正言知制诰，经左右司谏。五十二岁免官，出为桂阳府副使一年，以礼部郎中、起居注知制诰召，任太仆少卿、宝文阁待制、将作监、国子祭酒、翰林侍讲学士等。宋绍定三年（高宗王十七年），六十三岁因事流渭岛。翌年，蒙宥还京。六十五岁起用为正之义大夫、判秘书省事、宝文阁学士、庆成府右詹事。高宗王二十二年，六十八岁拜参知政事、修文殿大学士、判部事太子保。七十致仕。宋淳祐元年（高宗王二十八年，公元1241年），七十四逝。

《东国李相国集》之终尾所载《诔》云：

　　不独穷究经史，至于幽文僻说、佛书道帙，无不遍阅。晚年尤信佛法，常诵《楞严》，又嗜读《洗心经》，穷大衍之数。其卒也，传忽离常寝，西向卧，以右胁着席，翛然而化。王哀悼，赠谥曰文顺公，有《东国李相国全集》四十一卷、《后集》十二卷行世。

第四节　李奎报之人生观

唯当奎报之时，逆臣当路，权势倾内外，贤良多被害，王道全衰。故虽媚权附势者亦时感不安，动不免穷厄死亡，此所以奎报以诗酒自慰，送放旷不检之生涯，以老庄之遗意安心。奎报于《畏赋》说口之为祸门云：

> 铭可鉴兮金缄口，诗可观兮垣属耳，一语一默，荣辱所自……是以圣人不畏于人，唯畏于口，苟慎其口，于行世乎何有？（《东国李相国集》上，第2—3页）

《梦悲赋》云：

> 富贵兮如浮，琼华兮易悴……以须臾之一梦，悟荣辱之相酬。（同上书，第4页）

又《放蝉赋》以蝉自比，怜其被蛛网之难，是奎报以清高之士自任，而哀其往往为小人所陷也。《陶瓮赋》说知足之安云：

> 小器易盈，颠沛是速。（同上书，第7页）

叙其希寡欲、虚静之意，老庄之遗意，昭昭也。

第五节　李奎报之清谈与奉佛

奎报带酒仙之风，有类于魏晋清谈家。自作《白云居士传》云：

> 性放旷无检，六合为隘，天地为窄，尝以酒自昏……弹琴饮酒，以此自遣。
>
> 赞曰：志固在六合之外，天地所不围，将与气母游于无，何有乎？（同上书，第316页）

又《醉后乱道大言示文长老》云：

> 诗方不作我何寄，海波深处六鳌顶三山翠，
> 佛法未兴予何居，须弥山高五色彩云裹。
> 李白杜甫似蝉噪，我下视之拍手戏，
> 达摩、惠可如蚁行，师之笑声殷天地。（同上书，第211—212页）

《庾公见和复次韵奉答》云：

> 我昔伴狂放意时，八荒为庭四海以为池，
> 又欲升天捉圆月，持下人间酒卮。（同上书，第258页）

其放言大语如是。

奎报信佛好读楞严既如上述。《卧诵楞严》云：

儒书老可罢，迁就首楞王。

夜卧犹能诵，衾中亦道场。（《李相国全集》下，第 357 页）

又读楞伽云：

南轩居士（自称南轩居士）计如何，所蓄虽多举最奢（一作略可夸）。淡酒一壶诗一簏，《冲虚经》卷与楞伽。头秃身闲坐作趺，不同僧处独髭须；南轩长安修何业，案有楞伽得解无。（同上书，第 290 页）

又尝诵法华作《法华颂》。

奎报有方外之友惠文。《文禅师哀词》中云：

吾道友大禅师惠文，字彬彬，俗姓南氏，固城郡人也。某年至京师，落发禅宗迦智山门，为名长老。年余三十，始中空门选，累缉秩至大禅师。越壬辰岁，遥住华岳寺，尝寄居京师普济寺传法。是年，国朝因避虏迁都，师以本寺亦在寇兵屯会之数，遑遑无所归，遂至门第禅师某所住云门寺。居三年，至阏逢敦牂（甲午）之岁，感疾而化。师为人资抗直，一时名士大夫多从之游。喜作诗，得山人体，尝题《普贤寺》，其略云："路长门外人南北，松老岩头月古今。"人多咏之，因号月松和尚。由是著名，予自弱冠忝交分。（同上书，第 198—199 页）

由是观之，文可谓诗僧。传尝因高宗王召入内，赋雨竹，王嗟赏问法。

惠文之题《普贤寺》诗云：

> 炉火烟中演梵音，寂寥生白室沈沈。
> 路长门外人南北，松老岩边月古今。
> 空院晓风饶铎舌，小庭秋露败蕉心。
> 我来寄傲高僧榻，一夜清谈直万金。

按当时士大夫之访寺院者，在赋诗饮酒，而非参禅学道。

> 饮通师所寓崇教寺，方丈会者十余人，及酒酣，琴瑟交作，倡戏并作。(《李相国全集》上，第128页)

是其一例也。奎报所交僧人，虽不止惠文、觉月等一二，至彼禅道之造诣，却不甚深。自称：

> 我亦参禅老居士。(《李相国全集》上，第119页)

与训（觉月）长老：

> 弹指相逢恨见迟，恰好瓮里阅图时。
> 木鹅卵破方生翼，石女儿娇更媚姿。
> 山字肩高成冷坐，稻畦衲短称清肌。
> 他年若许参吹布，会觅飞巢访树枝。(同上)

所云为禅的妙味可掬。至其述怀云：

尺坟未可保，樵牧踏皆圮。髑髅没蒿蓬，

麋鹿于焉庇。此时善与恶，混混同一轨。(《李相国全集》上，
第 209 页)

所示极浅薄之人生观。其当病时吟：

洞想形体同木偶，孰教瞑额苦啾啾。

杯蛇妄意如能释，床蚁虚声亦少收。

造化小儿谋欲困，死生一梦我何忧。

此非常痛真堪贺，天惜劳生拟遣休。(同上书，第 251 页)

以老庄之大梦论，舍其烦闷，而亦不能舍，于是乎安于小乘之
空观。

造物弄人如弄幻，达人观幻似观身。

人生幻代同为一，毕竟谁真谁匪真? (《李相国全集》下，第
311 页)

如是放吟可知矣。

第六节　李奎报之思想与谈禅会之目的

奎报称参禅居士，而未染指于禅道。《初祖赞》云：

面壁小林欲传心耳，心已传于震旦，将身与形而西矣。当其

见在，可传者心兮，无用者身，身已去矣，何必写真。写真求心，若寻蛇蜕而索珠，曰身曰真，孰有孰无。身是梦中物，真是梦中梦，混混溟溟，皆归于无兮，唯心兮与月长共。(《李相国全集》上，第 296 页)

如所云与身心一如之义矛盾之甚。且《心偈》中：

苍天倾兮大地偏，五岳侧兮三山移，惟心之正兮，不兀不敧。石能韦兮铁能绵，金可朽兮玉可腐，惟心之贞兮，亘万古而弥固。王母之颜易凋，彭铿之寿易耗，惟心之壮兮，日月不能老。莫云一寸，广或千里，凛焉如冰，澄焉如水，心哉，心哉异于人，孰以此付吾，噫噫谁知夫？(同上书，第 300 页)

如所歌以形骸为变易者，以心性为不变不易者，可知其立于外道之见地。加之，奎报没投于时代思想，以佛教为祈祷之具，不免据之求福免祸。《大藏经道场音赞诗》云：

残寇虚张菜色军，我皇专倚玉毫尊。
若教梵唱如龙吼，宁有胡儿不鹿奔。
藏海微言融乳酪，丛林深旨辨风幡。
法筵未罢狼烟散，万户安眠亦佛恩。(同上书，第 271 页)

《消灾道场诗》云：

虏吻流涎已足惩，乾文见谪又何征。

天心似水虽难测，佛力如山信可凭。

神咒光明增炽盛，胡兵气势旋摧崩，

太平自古先多难，感变吾君道复兴。（同上书，第273页）

欲因梵经耐挫敌锋，由神咒而降三军，故拜佛崇法，希一出其灵验。如当时虽有谈禅会扇扬祖风，其目的亦在祈祷。《昌福寺谈禅榜》云：

夫道之兴替，皆系乎时，故禅法中微，几至如线。我晋康公（崔忠献）扶而起之……今上（高宗）即祚之二年，将大辟丛林，阐扬心法……法王鼎来，龙象知归，凡结社精修，如真公（未详）等高行之人悉皆赴召，其余宗门宿德，无不臻凑，其集如云，禅席之盛，古今所无，是会也。辨公（未详）主盟，真公副焉，说《六祖坛经》《径山语录》，每夜谈空，率以为常，乃至五教，闻人韵士亦得参赴。分日得场，互谈其教之宗旨，始也各执，意相矛盾，虽闻禅法也，亦不甚心服，惘如也。及徐涉其趣，渐入蔗境，领得心要，然后慢山一破，翕然随以定。自是抠衣请益，知禅之为无上大法门也……开席凡二十有八日而始罢。（《李相国全集》下，第6—7页）

乃知崔忠献奏高宗王设谈禅会，当时请禅匠辨、真二师，集龙象而张法会，各宗之硕学亦来闻祖道，随喜其无上大法者。想当时所举扬乃牧牛子之玄宗也，提唱《六祖坛经》《大慧语录》可知。《大安寺谈禅榜》云：

　　我太祖大王，因哲师秘要，崇信宗门，乃辟五百禅宇，阐扬心法。然后北兵自却，无复寇边。然则禅之利于世也，可胜道哉。后虽祖述旧章，燃灯不绝，道或因地否塞，故宗风祖脉，几微不振。自尔国步连致抢攘，世莫知其端绪，独枢密相公崔公（忠献）慨然发愤，思有以复振宗纲，重华祖树，乃锐意参禅。凡衲僧之籍，籍有名者，虽在幽隐，无不屈节邀致。若中外伽蓝演禅法之所，则月课殿最，赏勤诘慢，以激其锋矣，力行如是，未及数年，而禅风复大扇矣。顽虏之入境，未几自息，亦未必不由禅力之致然也。（同上书，第8页）

由是观之，则崔忠献复兴禅法以大振宗纲，而其目的在于防契丹之入冦。《西普通寺行谈禅榜》云：

　　夫缮甲兵以攘夷狄，不若以金刚宝剑，逆折奸萌。筑金城以图守御，不若借本分钳槌，锻固邦基也。转资糇以饷万军，不若养一禅子，先省其费。（同上书，第10页）

极言称赞谈禅之灵验，足以见其祈祷精神之横溢矣。

第七章　承迥之楞严禅与慧谌之《禅门拈颂》

谒牧牛子决择心要者，有承迥、慧谌。迥以楞严禅振玄风于京畿，谌作《禅门拈颂》博盛名，为修禅社第二世。谌之法二传至混元，益发扬其光辉。

第一节　承迥之楞严禅

继承李资玄之禅而振玄风者有承迥。《宝镜寺（庆尚北道迎日郡松罗面中山里）圆真国师碑铭》略云，承迥，字永迥，姓申氏，上洛山阳（庆尚北道尚州郡）人。年甫十三投曦阳山（应尚北道闻庆郡）凤岩寺洞纯落采。明宗王末年丁巳（宋庆元三年），会纯之讣，杖策游山。明宗王闻迥道行，诏有司特令抄选。后参曹溪山智讷咨决法要，又诣江陵郡五台山，礼文殊得冥感，再往清平山访李资玄之遗迹，览其《文殊院记》。资玄有告门人语曰："《首楞严经》乃印心宗发明要路。"恻然有感，驻锡阅《楞严》，洞诸相幻妄，识自心广大，发愿弘扬法教，以是为首，此法之盛行自迥始。熙宗王四年（宋嘉定元年），因命住皆骨山（金刚山）榆岾寺。至康宗王二年，授三重大师，时崔忠献秉政，承旨礼待。同年，高宗王召入秘殿，点破禅录，特加敬重。高宗王元年（宋嘉定七年），因命大弘禅旨，进禅师。明年秋，又加大禅师，因诏令住东京理内之清河县宝镜寺。七年，太上王（熙宗王）嘱第四子出家，迥亲为落发，珍丘寺镜智是也。八年（宋嘉定十四年，公元 1221 年），说《楞严》，尤加勤励，移公山念佛寺而化，报龄五十一，追谥圆真国师。（《朝鲜金石总览》上，第 449—452 页；《东国李相国全集》下，第 154—156 页）

第二节　志谦与崔忠献

崔忠献执国柄重禅道，就中志（一作至）谦乃忠献所最敬信。《华藏寺追封静觉国师碑铭》略云，志谦，字让之，姓田氏，灵光郡（全罗南道）人。年甫十一就禅师嗣忠祝发。明宗王元年（宋乾道七年），始举禅选。十九年，始住登高寺。二十三年，除三重大师。二十六年，禅师。神宗王七年（宋嘉泰四年），加大禅师，其名闻于四方，内外禅会每为其主盟。康宗王元年（宋嘉定五年），崔忠献于两宗五教求当王师之任者，无出谦之右，乃荐为王师，就所寓之普济寺封崇，遂入大内，亲受师礼。忠献舍爱子，令剃度入谦之门，其余士大夫亦仿之，门弟之盛近古未有。高宗王六年（宋嘉定十二年），上书乞退职，王许之。十六年（宋绍定二年，公元 1229 年），有疾，忽告众曰："定光寂寂，慧日明明，法界尘寰，脐轮顿现。"有僧问故人云："后夜月初明，吾将独自行，作么生是和尚独行处？"答曰："苍海阔，白云闲，莫将毫发着其间。"言讫而逝，享年八十五。（《李相国全集》下，第 166—168 页）

林椿评至谦云：

气韵绝人，机锋迅捷，所至丛席，虽名缁奇衲，莫不望风而服，真法中之俊人也。

第三节　慧谌与修禅社

《曹溪山第二世修禅社主真觉国师碑铭》略云，慧谌，字永乙，自号无衣子，俗姓崔（一作曹）氏，名寔，罗州和顺县（全罗南道）人。早丧父，乞从母出家，不许，令勉业儒。神宗王四年（宋嘉泰元年），举司马试及第。同年，入太学，闻母病，还乡侍病，入观佛三昧，母梦诸佛菩萨遍现四方，觉即愈。时智讷在曹溪山新开修禅社，道化方盛，谌径造参礼，请剃度，讷许之。先是讷梦见雪窦重显禅师之入院来，心异之。明日谌来参，由是益奇之。谌尝居鳌山（求礼郡之西南），坐一磐石昼夜习定，每至五更，唱偈甚厉，闻十许里，略不失时，闻者以是候旦。又居智异山金堂庵，宴坐堂上，虽积雪没顶，兀兀不动，众疑其死，刻苦如此。熙宗王元年（宋开禧元年），智讷住亿宝寺白云庵，谌与禅友往谒，憩山下，距庵千余步，遥闻讷在庵中唤侍者声，作偈："呼儿响落松罗雾，煮茗香传石径风。才入白云山下路，已参庵内老师翁。"及参礼呈此偈，讷颔之，以手中扇授之，仍呈偈云："昔在师翁手里，今来弟子掌中。若遇热忙狂走，不妨打起清风。"一日随讷行，讷指一破鞋云："鞋在遮里，人在什么处？"答云："何不其时相见？"讷大悦。又举赵州狗子话，又举大慧宗杲十种病问之。谌答云："三种病人，方解斯旨。"讷云："三种病人，向什么处出气？"谌以手打窗一下，讷呵呵大笑，及归方丈密付心印。熙宗王四年（宋嘉定元年），欲命嗣席，谌固辞，遂去智异山，绝迹灭影数载。六年，讷入寂，门徒闻于王，王敕令继住，谌不获已，入院开堂，学者云集。修禅社为之隘，康宗王闻之，命有司增构，赐袈裟、宝瓶，因求法要。谌撰心要进文，自是公卿以下，闻风慕道，崇信师事者，不可胜记。侍中崔瑀慕谌之道风，欲倾诚邀致京辇，竟不至，乃遣二子参侍，常住资具，无不营办。高宗王即位，制授禅师，又加大禅师。王六年，诏住断俗寺，累辞不允。明年入院，然以本社为常栖之所。高宗王二十年（宋绍定六年），在本社示疾，崔瑀闻于王，王遣御医诊视。明年春，徙处月灯寺，麻谷（未详）入室。谌云："老汉今日痛甚。"谷云："为什么如此？"谌示偈云："众苦不到处，别有一乾坤。且问是何处，大寂涅槃门。"竖起拳头云："遮个拳头也解说禅，汝等信否？"遂展掌云："开则五指参差。"屈掌云："合成一块，开合自在，一多无碍，虽然如此，未是拳头本分说话。""作么生是本分说话？"即以拳头打窗一下，呵呵大笑。高宗王二十一年（宋端平元年，公元 1234 年）六月，召门人嘱事，谓麻谷云："老汉今日痛忙。"答云："未审道什么？"谌云："老汉今日痛忙。"谷茫然，谌微笑而化，寿五十七，赠谥真觉国师。据《东师列传》卷一，慧谌著有《禅门纲要》一卷。（《李相国全集》下，第 169—172 页；《东文选》第 118、236—237 页）

第四节　《禅门拈颂》与慧谌之思想

慧谌《禅门拈颂》三十卷是在宋理宗宝庆二年至三年间，与门人真训等于松广寺广远庵采集古则一千一百二十五并诸祖之拈颂等者纂成。有自序云：

> 详夫自世尊迦叶以来，代代相承，灯灯无尽，递相密付，以
> 为正传。其正传密付之处，非不该言义，言义不足以及，故虽有
> 指陈，不立文字，以心传心而已。好事者强记其迹，载在方册，

传之至今，则其粗迹，固不足贵也。然不妨寻流而得源，据末而知本，得乎本源者，虽万别而言之，未始不中也。不得乎此者，虽绝言而守之，未始不惑也。是以诸方尊宿，不外文字，不俗慈悲，或征或拈，或代或别，或颂或歌，发扬奥旨，以贻后人。则凡欲开正眼具玄机，罗笼三界，提拔四生者，舍此奚以哉。况本朝自祖圣会三已后，以禅道延国祚，智论镇邻兵，而悟宗论道之资，莫斯为急。故宗门学者，如渴之望饮，如饥之思食。余被学徒力请，念祖圣本怀，庶欲奉福于国家，有裨于佛法，乃率门人真训等，采集古话凡一千一百二十五则，并诸师拈颂等语要，录成三十卷，以配传灯。所冀尧风与禅风永扇，舜日共佛日恒明，海晏河清，时和岁稔，物物各得其所，家家纯乐无为，区区之心，切切于此耳。第恨诸家语录，未得尽览，恐有遗脱，所未尽者，更待后贤。贞祐（金国年号）十四年丙戌（高宗王十三年，公元 1226 年）仲冬，海东曹溪山修禅社无衣子序。

谌采集禅语，虽为学道之用心，而同时以之为天下太平之祈祷，高丽佛教之特色在此。

第五节　慧谌之宗风

按，《曹溪真觉国师语录》往往见祖师门下正系之思想。

上堂云：云烟消散，孤月自明，沙砾汰除，真金自现，此事亦尔。狂心歇处即是菩提，性净妙明，不从人得，所以大觉世尊初悟此事，乃以普眼遍观十方，而兴叹曰："奇哉，奇哉，我观一切众生具有如来智慧德相，但以妄想执着而不证得，若离妄想，无师智、自然智、无碍智悉得现前，大众如来是真实语者岂欺人哉。若向者里信得及，直下一刀两断，休去歇去则便见头头上明，物物上现，更不是别人，到者里无生死可出，无涅槃可求，只是一个无事人。"(《曹溪真觉国师语录》上，第7—8页右)

师举佛眼禅师云，身中有生、老、病、死，念上有生、住、异、灭，国土有成、住、坏、空，此十二种甚能奇特，凡夫不识为之漂流。如来出世指出涅槃妙心常、乐、我、净，譬如还丹一粒点铁成金，至理一言转凡成圣。(同上书，第9页右)

生死转变即为如来不死之大生命之旨自见。又如论心性云：

四大之身有生灭，而灵觉之性实无生灭，汝今悟此性，则名无量寿，前后之圣只会此性为道。今见闻觉知，元是汝本性……众生现今日用一念妙心，是诸佛之本源，迷则佛众生，悟则众生佛。

直指绝待灵心如是。谌上康宗王心要云：

佛言此法非思量分别之所能解，又云菩萨住是不思议，于中思议不可尽，入此不可思议处，思与非思皆寂灭。是故若要广谈义路，不无万论千经，若图直造真源，曷若无心无事。老庞偈云："无心心不起，超三越十地。究竟真如果，到头只这是。"德山和尚云："但无心于事，无事于心，虚而灵，空而妙。若毛端许，言之本末者，皆为自欺。"毫厘系念三途业因，瞥尔生情万劫羁锁，圣名凡号尽是虚声，殊相劣形皆为幻色，汝若求之，得无累乎？是知直下无心最为省要，内若无心，外即无事，无事之事是名大事，无心之心是名真心。所谓无心者，无心无无心，亦无无心尽，是真无心。无事者，无事无无事，亦无无事尽，是真无事。若以事遣事，事事弥增，将心无心，心心却有，不若一刀截断左右葛藤，更不思前念后，直然放下，放到无放下处，无放下处亦放下，到者里方始大事现前，朗然独耀。此是诸圣放身舍命之处，成佛作祖之处，此名天真佛，亦名法身佛，亦名如如佛。然若此名句文义挂在心头，又却不是，所以道，微言滞于心首，翻为缘虑之场，实际居于目前，尽是名相之境。知是般事，拨置一边，但向十二时中、四威仪内，看个话头。僧问法灯："百尺竿头如何进步？"灯云："哑。"世出世间善恶攀缘种种分别，莫教相续亦莫断除，念念起时，但举话头云哑，不得作暗哑会，不得向意根下思度，不得向举起处承当，不得将心待悟，莫管有味无味，悟与不悟，但时时举觉，念念提撕，日久月深知其功能耳。昔茶陵都和尚常看此话，至于吃茶、吃饭未尝忘却。一日因赴外请，骑驴过桥，桥陷驴倒，不觉失声云哑，豁然大悟，便作偈云："我有神珠一颗，久被尘劳关锁。今朝尘尽光生，照破山河万朵。"此是古今实参实悟的样子也，请陛下依此样子，参随有见处。宣问山僧敢不得冗加针，应病进药，炼金作砺，济川作舟乎。(《曹溪真觉国师语录法语》，第1—2页右)

乃知谌心要主无心无事，其工夫纯与圆悟大慧之看话为同一。又云：

　　十二时中、四威仪内看个话头。僧问："赵州狗子还有佛性也无?"州云:"无。"但时时提撕,时时举觉,不离日用造工夫。
(同上书,第4页右)

因而可证不出大慧一流工夫之外,谌接人手段亦与看话禅者完全一
致,所以云:

　　　师问僧:"如何是佛法大意?"僧振身叉手。师云:"犹滞砂
砾在?"僧云:"沙砾不是外物。"师云:"乱说道理。"又云:"汝问
我。"僧云:"如何是佛法大意?"师便吐舌。

　　　师一日浴次,见二僧在左右,便问:"水深多少?"一僧有语,
一僧无语。师捉住一僧打左腮,云者:"一掌有语吃。"打右腮,
云者:"一掌无语者吃。"又打顶,云者:"一掌山僧自吃。"更有一
掌付阿谁?

　　　师问:"座主讲何经论?"主云:"讲三别章。"师云:"何等是
三别章?"主云:"一道章、二障章、三和诤章是。"师捉起数珠云:
"者个是什么章?"主无语。(同上书,第16页左—17页左)

第六节　慧谌之思想

谌有堕于心常身灭之见处。

　　　上堂云:"记得古人道,识得衣中宝。无明醉自醒,百骸俱溃
散。一物镇长灵,只今说法听法,历历孤明,勿形段者,岂不是
一物?曹溪唤作本来面目,临济呼为无位真人,石头谓之庵中不
死人,洞山指曰家中不老者,皆此一物之异名也。(同上书,第5

页右一左）

百骸溃散之后，存于永劫底，是心性也。是心常身灭之妄想，南阳慧忠曾斥之为先尼外道之见。

谌以人性为无善无恶犹如白纸，故云：

> 汝等诸人本心是佛，更无别物，但以法尔随缘，习以成性，故有善、恶、愚、智差别。譬如湍水，决东则东，决西即西，亦如尺蠖，食苍即苍，食黄即黄。杨朱泣歧，墨子悲丝，此见虽小，可以喻大。无明力大不思议，故不染而染，而成凡。般若力大不思议，故染而不染，而成圣，可不慎欤，可不慎欤。即知心是佛，心即合行，依佛行，知过而改，伊兰尚作旃檀，把本而修，铜质岂非明镜。（同上书，第27页左）

本心既是佛，心性即至善，不俟言。既为至善则与异端之以性为无善无恶者将不同，谌之说性有不彻底者。谌说儒禅一致，希二者之妥协，故云：

> 认其名则佛儒向异，知其实则儒佛无殊。不见孔子曰："毋意，毋我，毋固，毋必。"无尽居士释之曰："夫毋意，则必有真意者存焉；毋我，则必有真我者司焉；毋固，则必有真固者在焉；毋必，则必有真必者守焉。真意酬酢万变而不乱，真我宰制群动而不流，真固出入生死而不易，真必裁成众志而不惑。圣贤以是生，以是死，以是富贵，以是贫贱。谓之白玉矣，欲其为石可得乎？谓之精金矣，欲其为铅可得乎？谓之圣贤矣，欲其为下愚可

得乎？"无尽之说，实获我心，所谓真意、真我、真固、真必者盖随用而说，故有四名。究实而论，的无别体，但人人无念心体，不借缘生，不因境起，虚而灵，寂而照，贯通万法，透彻十方，亘古亘今，无断无灭者是也。（同上书，第14页左—15页右）

是附会之说，无理之谈也。况引证伪经：

《起世界经》云，佛言我遣二圣住震旦行化，一者老子是迦叶菩萨，二者孔子是儒童菩萨。据此，则儒道之宗，宗于佛法，而权别实同者乎。（同上书，第15页右）

所云为不经之妄说。

谌又作《狗子佛性拣病论》（仅三纸），离有无而谈超悟之旨。

第七节　慧谌之诗文

慧谌才机纵横，有诗集二卷，酷似宋之慧洪觉范。如谌《竹尊者传》《冰道者传》为其适例。

竹尊者传

尊者，姓箫，讳洒然，字此君，长沙之祖，玉泉之弟。其父母乡贯莫得而详。好游渭水之滨，湘江之岸，醂风醉月，饭雪饭霜，则其骨冷神清，节高调远概可知也。唐之箫悦，宋之老皇、文舆可，本朝丁公等，皆知音也。最厚且亲，又能写真，其所写者，世以为珍。尊者之德，不可胜记也。略计有十种。一、才生便秀。二、渐老更刚。三、其理调直。四、其性清凉。五、其声可爱。六、其容可观。七、虚心应物。八、守节忍寒。九、滋味养人。十、多材利世。有时辩供，能招瑞凤，或处现通，解化狞龙，虽遍界分身，而常住崇胜寺，时人献尊者之号。或问："既称尊者，理应无累，云何却受二妃之泪？"曰："唾面待自干，况是泪痕斑。"问："智力勇果不受欺诈，云何容受王化铜马？"曰："欲知吾道大，不与物情背。"问："一悟永悟更不疑，云何五月十三迷？"曰："君不闻乎，大智如愚。"问："曾为香岩老，开何秘要门？"曰："我今无说说，汝可不闻闻。"问："山阴隐士，云何云一日不可无此君？"曰："应恐暂离真善友，无端总得俗情薰？"问："海岸孤绝处，补陀洛迦山。助扬何佛事，侍立碧岩间。"曰："日日沾甘露，时时作梵音。涓尘裨海岳，聊助大悲心。"问："避地远耻辱，可名为智人。胡为秀铁面，漫坏吾师真。"曰："解脱打文殊，时称大丈夫。云门棒释迦，世号真作家。彼既非骄慢，我亦无惭报。可谓知恩人，方能解报恩。"问："净因云：'此君代我说法，未审代说何法？'"曰："令人见则祛烦热，便是浑身广长舌。"问："所守恒一，不易其质，何故清平园里，或短或长，多福寺中，一曲一直？"曰："曲也只如是，直也只如是。长短亦复尔，思思可知矣。"其对人机辩类如此。洪觉赠之以诗曰："高节长身老不枯，平生风骨白清癯。爱君修竹为尊者，却笑寒松作大夫。未见同参木上座，空余听法石于兔。戏将秋色供斋钵，抹月批风得饱无。"无衣子亦于己丑年终有诗赞曰："我爱竹尊者，不容寒暑侵。年多弥励节，日久益虚心。月下弄清影，风前送梵音。皓然头戴雪，标致生丛林。"其子有玉板长老，东坡器之之辈尝访之，饱参而去云。

冰道者传

道者，姓阴氏，讳凝净，字皎然，水乡人也。父曰玄英，母曰青女。其母梦见风霜，觉而有娠，十月而诞，通身莹若琉璃，禀质硬如铁石。幼依风穴寺，洁志律身，面目严冷，凛然不可犯。既壮，历参寒山霜、华雪窦，皆密受印记，陆沉沟壑，世莫有识之者。无衣子一见而奇之，乃举以立僧，因号为冰道者，自是名播诸方。韵州令阳奕夫，以大阳寺请，不赴。阴城守严大凝，雅信此道，虚寒豁席。致公出世，衲子辐辏。开堂日，有问师："唱谁家曲，宗风嗣阿谁？"曰："开雪窦口，出霜华气。"问："法无取舍，为什么不赴大阳请？"曰："非于汝事。"问："寒向火，师为什么不向火？"曰："我不畏寒。"进云："转生作熟时，作么生？"曰："我不受食。"问："三世诸佛在火焰里，转大法轮，师还甘也？"无衣子曰："云月是月，溪山各异。"问："赵州道想料上房兜率天也，无如此日，煮背师还肯么？"曰："我不似者穷鬼子。"问："如何是室内一盏灯？"曰："看看。"问："腊月大烧山时如何？"曰："休休。""言多去道转远？"乃云："吾心似秋月，碧潭清皎洁，无物堪比伦，教我如何说？"良久云："晓天云净浓霜白，千峰万峰锁寒色。"众皆异之。公平生不食而不饥，不浴而不垢，肋不至席，迹不涉尘，冬不开炉，夏不结制。至冬月，衲子煎点之夕，公必赴之俎豆，其中不言不笑，兀坐达旦，目不暂瞬。衲子爱之忘去，常示众曰："休去歇去，冷湫湫地去，一条白练去，盖不忘霜华血脉也。"一日告门人曰："吾灭度后，不得烧取舍利，眩惑时人，可全身葬于古乡中，切嘱，切嘱。"因说偈曰："通身不昧个灵光，透秀穿皮绝讳藏。莫讶须臾成水去，示无常处是真常。"言毕泊然而化，谥曰融一禅师，塔曰澄明。其剃发受具所，阅世坐夏之数，皆不详云。

　　赞曰，或谓公平生简严，不喜接纳，卒世无嗣。悲夫，是大不然，睹相而悟，不言而信，潜通暗证者不可胜计。大振霜华、雪窦之道，未有如此，公者惜乎。其所短者，恶热而已，然趋炎赴热，道者所忌，不足为悲，因系之颂曰：

　　月窟风恬露凝挂，蓝田日暖烟生玉。

　　千般世喻况难成，嗟叹咏歌之不足。

　　明似日兮峻似山，寒于水兮莹于玉。

　　忽然崩倒示无常，警世老婆心已足。

谌有六箴之偈，可知其平生用心之处。

眼

尘中有大经，如何看不了。速拨律陀眼，早开迦叶笑。
郁郁渭边松，青青原上草。咄咄咄，漏逗也不少。

耳

莫逐五音去，五音令汝聋。观世音安在，圆通门不封。
磬摇明月响，砧隔白云春。噁噁噁，好与三十棒。

鼻

香处勿妄开，臭中休强塞。不作香天佛，况为尸注国。
铛中煎绿茗，炉中烧安息。呵呵呵，其处求知识。

舌

不贪法喜羞，况嗜无明酒。莫说野狐禅，终日虚开口。
默入狮子窟，语出狮子吼。谁知语默外，更有那一句。

身

莫咬一粒米，莫挂一条丝。恐失家常饭，须染娘生衣。

壶中一天地，劫外四威仪。汝若不如是，何名出家儿。

意

忘怀堕鬼窟，着意纵猿情。更拟除二病，未免野狐情。

水任方圆器，镜随胡汉形。直饶伊么去，犹较患聋盲。

观死生毕竟空，有偈：

闻辨禅师讣

来时先我来，去时先我去。珍重辩师兄，冥冥独遐举。

而我岂久存，浮世如逆旅。返观去住踪，不得丝毫许。

吟出家之境界云：

出家须自在，几个透重关。独步游方外，高怀傲世间。

片云身快活，霁月性清闲。一钵一残衲，鸟飞千万山。

作《息心偈》歌：

行年忽忽急如流，老色看看日上头。

只此一身非我有，休休身外更何求。

作《池上偶吟》云：

微风引松籁，肃肃清且哀。皎月落心波，澄澄净无埃。
见闻殊爽快，啸咏独徘徊。兴尽却静坐，心寒如死灰。

乐有休歇之心地，好知足安分，于《游山》诗道破。

临溪濯我足，看山清我目。不梦闲荣辱，此外更无求。

于《出山相赞》示禅机之所在云：

眼皮盖尽三千界，鼻孔盛藏百亿身。
个个丈夫谁受屈，青天白日莫谩人。

又下记《孤愤歌》，有语谌人生观之一方面。

人生天地间，百骸九窍都相似，或贫或富或贵贱，或妍或丑缘何事？曾闻造物本无私，乃今知其虚语耳。虎有爪兮不得翅，牛有角兮不得齿。蚊虻有何功，既翅而又觜，鹤胫长兮凫胫短，鸟二足兮兽足四。鱼巧于水拙于陆，獭能陆又能水，龙地龟鹤数千年，蜉蝣朝生暮当死。俱生一世中，胡奈千般万般异，不知然而然，夫谁使之使。上以问于天，下以难于地，天地默不言，与谁论此理。胸中积孤愤，日长月长销骨髓，长夜漫漫何时晓，频向书憁啼不已。

代天地答
万别千差事，皆从妄想生，若离此分别，何物不齐平。

颂瑞岩主人公之话作七偈：

　　　　主人公："诺，听我箴，最好坚除杀盗淫，火聚刀山谁做得，都缘是汝错行心。"

　　　　主人公："诺，听我谕，到处逢人须慎口，口是祸门尤可防，维摩默味宜参取。"

　　　　主人公："诺，听我辞，十恶冤家速远离，恶自心生还自贼，树繁花果反伤枝。"

　　　　主人公："诺，听我语，旦暮浮生能几许，昨日虚消今日然，生来死去知何处。"

　　　　主人公："诺，惺惺着，十二时中常自觉，从来身世太无端，梦幻空花休把捉。"

　　　　主人公："诺，心即佛，非佛非心亦非物，毕竟安名唤作谁，唤作主人早埋没。咄！"（同上书，第417—418页）

尝礼通度寺等之金刚戒坛，有偈：

题通度寺戒坛

释尊舍利镇高坛，覆釜腰边有火瘢。

闻道黄龙塔灾日，连烧一面示无间。

又袈裟（称佛衣）

殷勤稽首敬皈依，是我如来所着衣。

因忆灵山猊座上，庄严百福（相）巍巍。

　　　　　　　　贞祐九年壬午仲冬高丽曹溪山修禅社无衣子真觉述

有无衣子作《金刚经赞》藏洛山寺云：

> 般若大智光，坚利如金刚。能破一切障，四魔恶敢当？
>
> 经义匪思议，果报亦难量。降心住无住，离相是宏纲。
>
> 信解等诸佛，或见须菩提。枷镣不我系，刀兵（岂）我伤。

以上之赞，一一举异迹灵验说明之。

慧谌门人有觉云者，作《拈颂说话注解》之，说破而为学者立方隅。《拈颂说话序》云：

> 无衣子慧谌，集禅门宗匠之拈提、偈颂、代语、别语等为三十卷，《拈颂》是也。龟谷觉云："作《说话注》之，以便初学、今遇一安（道安乎）之释，始大行焉。"又云："佛祖之法，由谌而布。谌之书，由云而明。云之说，由安而传。"

然而撰《说话》者乃无衣子之门人觉云，而非龟谷觉云。

明嘉靖十七年，朝鲜中宗王三十三年刊本《拈颂说话之跋》云：

> 海东真觉大士，猎取诸录对传灯，而集成《拈颂》五六卷，传于觉云。云奉命于修禅社，入院三年，涉世忘然，而掩观七日，粲然明著。故俯为后昆写斯记，时笔端五色舍利，落如雨点云云。
>
> 皇明嘉靖十七年岁在著雍阉茂应钟哉生魄华严宗裔宇宙翁跋

此后刊本不载上记跋，故生误会。李能和氏云：

> 云师于智异山上无住庵作《说话》。(《朝鲜佛教通史》中编，
> 第92页)

未详其所据。

第八节　天颐之《禅门纲要》

参慧谌者有白莲社之天颐。《东师列传》卷二《真静国师传》云：

> 师名天颐，字天因，号内愿堂，姓申氏，本赫世卿相之子。
> 二十登第，文章震耀一世。而一朝出家于金陵之万德山白莲社，
> 落发于莲律，受钵于圆妙（了世），晚年袭为国师。白莲社移住
> 龙穴庵，人称龙穴大尊宿。元顺帝至元三十年（忠列王十九年，
> 公元1293年）癸巳十一月，撰《禅门宝藏录》三卷，又《禅门纲
> 要》一卷，《传弘录》四卷行于世。丽朝赠谥真静国师，为八国师
> 之第四世也。弟子释教都僧统觉海圆明、佛印静照国师，孙浮庵
> 无寄大禅师，住燕谷，住轮山北庵。本朝丁冽水作序文，作赞，
> 塔曰杲庵，文集二卷四篇行于世。

传所谓至元三十年癸巳乃元世祖年号而非顺帝。颐入寂于宋理宗帝淳
熙八年（高宗王三十五年，公元1248年），见《东文选》。故至元三十
年撰《禅门宝藏录》时不可信，国师号亦为静明非真静。天颐，《东文
选》记法讳天因，而颐参慧谌云。圆妙国师了世参知讷，则天颐参慧

谌当亦事实。

林桂一、万德山《白莲社（全罗南道康津县南）静明国师诗集序》云：

> 国师讳天因，系出朴氏，燕山郡（今忠清北道清州郡）人也。弱龄颖悟，博闻强记，以能文称……抵万德山，参圆妙国师（了世）。既零染，因造谒松广山谌和尚，得曹溪要领而还旧山。只服师训诵《莲经》，始开普贤道场。涉二稔归隐智异山，又移锡毗瑟山，屏迹修真，累岁乃还。后国师传天台教观，慧解果发，机辩风生，及国师既耄，欲令继席，师即脱身，避之上洛功德山会。今相国崔公滋守洛，创米面社以邀之，师将老焉。国师再遣人，强迫且让云："何背绝之甚，率不得已，来主院门，从众望也。"丁未（高宗王三十四年，宋淳熙七年）冬，避胡冠（元兵）入象王山法华社，示微疾……明年（宋淳祐八年，公元1248年）孟秋初七，法付门人圆院……退寓山南龙穴庵，掩关绝事淡如也。八月四日召门弟曰："吾当行矣。"……至五日，升座厉声云："大丈夫冲天气焰，于何处用？"侍者问："四土净境现前，未审游戏何土？"答："唯一性境。"又告众云："病僧绝粒十余日，脚甚无力，然得法身冥资，脚力稍健，将此脚力，天堂亦得，佛刹亦得，五蕴廓清，三界无迹。"谒一偈曰："半轮明月白云秋，风送泉声何处是。十方无量光佛刹，尽未来际作佛事。"言论而逝，年四十四。（《东文选》卷八十三，第335—336页）

下抄天因之诗二三。

誓上人在龙穴写经有诗见赠次韵奉答

海门千点山，点点遥可数。凭栏试一望，窅有烟霞趣。
君居叠翠间，爽气常吸漱。神清鹤骨癯，毛衲云缕缕。
自言素无能，余事难入手。唯思写莲经，欲以涤瑕垢。
清风扫一室，是中亦何有。明窗置净几，一写三稽首。
妙哉精进幢，末季无出右。绪余能为诗，辞婉气浑厚。
拳拳意未已，如犊渴思乳。所恨两差池，未共山中住。
几回清夜梦，飞到龙泓口。归期在不远，且待岁云暮。

病中云住叔大老见示松桧图

病失平生无所求，过眼外物如云浮。
自居南国地荒僻，苦厌荆棘丛林稠。
唯思千岩万壑间，长松老桧妆苍烟。
残年巾锡寄其下，便欲绝世遗尘缘。
嗟哉老叔会吾意，为吾索得金华戕。
兴来不觉老将至，弄笔窗光呈墨戏。
须臾双干出碕岸，梢头已有微风起。
回柯交错铁轮困，冰枯雪老恒无春。
乃知造物别有意，假手于我传其神。
此老胸襟巨涯畛，万像森罗如海印。
禅余妙思轶象外，写出此图为远信。
开缄满座动颜色，尽道神奇尤绝品。
病中对玩固已幸，况是从来恋清境。
朝朝爽气洒然来，洗我百念俱灰冷。

洪英上人以诗次赠见韵答之

久闻身世两都忘，饱得禅门气味长。

东请几时甘粉骨，南询此日再游方。

皇州应厌风尘扰，江国还思橘柚香。

斥鷃一枝聊适性，冥鸿千里好随阳。

已知荣辱多翻覆，不用机筹巧度量。

萍迹随波元不住，云心恋岫更何忙。

珠回妙唱惊投暗，冰释牢愁似灌汤。

万事空华才过眼，百年归客又催装。

多君独向烟霞老，素抱难回铁石肠。

靖退空闲犹小节，好从佳处早开场。

顺便说，清风长老所述之《禅门纲要》，收于《禅门撮要》卷下，其《三圣章》说临济之玄要，言言句句，堕于看话禅者之常套。次有《二贤话》说句、玄、要、照用等，同于济下寻常一样之谈，其中言及曹洞、临济之别如下云：

> 若洞上宗，则须看语势辨来纵，论宾主，定尊卑。如有语中无语、偏中正、无语中有语、正中偏、不有不无、不偏不正、兼中到、与至带病不带病、在途不在途、色类语类等说，咸有格例，各引诸师语句，为例为证，此所谓是非审定，不违法印也。唯临济下则不然，虽有三玄、三要、四照用、四料简等义，略不拣精粗语例，但蓦直向一机一境上，石火电光中把得使用。（《禅门撮要》卷下;《禅门纲要集》，第7页左—8页右）

误认曹山等之糟粕为洞上之真风，认五祖圆悟等惯用手段为临济之宗风。次有一愚说，问答三句毕。

僧礼拜曰:"今日彻见临济心髓。余久参丛林,多见尊宿,未有如此之详辨者也。于末代中,再振临济宗风者,非长老而谁。"(同上书,第15页右)

足以见清风自负之状。复次有《山云篇》,问答云门之宗乘,说明其三句,最后评唱云门三句,结论为云门三句,临济三玄、三要,智者之三止、三欢,皆一旨也。可谓溺于诸宗混合之时代思想者。

《东师列传》卷五云:

> 丽朝真静(天颀)、浮庵(天颀法孙)作《禅门纲要》一卷,因此白坡老作《禅文手镜》一卷。

然则所谓清风非天颀耶?优昙洪基以《禅门纲要》为中华人士所作,存疑可耳。

第九节　俗信之流行与五教两宗之名称

第二十四主元宗王(自宋景定元年,公元1260年,龟山天皇文应元年,至同咸淳十年,龟山天皇文永十一年,公元1274年)元年即位康安殿,于康安殿灌顶受菩萨戒。五年,中郎将白胜贤奏云:"醮于堑城,又于三郎城神泥洞造假阙,设五星道场则亲朝(朝觐蒙古)可寝,三韩变而为震旦,大国将来朝。"王信之,命于三郎城创假阙,始设大佛顶五星道场凡四月。同年,白胜贤又奏云:"图谶有姬龙之后重兴之说,宜改王之讳为周康王之讳'钊'字。"王许之,既而忌高句丽王钊不得其死,乃复旧名。又宣示云:

自祖圣以来，全仗佛教密护延基。夫仁王般若，偏为护国安民最胜法文。如经所说，百师子等法宝威仪乃道场之急具也。往者移都时，师子座不能输入，及乎法筵，仪不如法。金俊为寡人亲朝，欲设仁王法会，印成是经新旧译各一百二部，造师子座一百，彩画妆饰，至于供具，衣物无不精备，忠诚深重。(《高丽史》卷二十六，第392页)

十二年，蒙古、吐蕃僧四人来，王出迎宣义门外。十三年，门下侍中李藏用卒。《高丽史》云：

李藏用，初名仁祺……高宗朝登第，调西京司录，入补校书郎，兼直史馆，累迁国子大司，成枢密院承旨……元宗元年参知政事……十三年卒，年七十二。美风仪，性聪明，恭俭沉重，博览经史、阴阳、医药、律历，靡所不通。为文章，清警优赡。又喜浮屠书，尝著《禅家宗派图》，润色《华严锥洞记》。(《高丽史》卷一百二，第203页)

十四年，王以天文屡变，设消灾道场于本阙，命释因，幸贤圣寺集五教两宗之僧徒，设道场于男山宫以祈平贼。五教两宗之语始见于李奎报《志谦传》。义天时，戒律宗、法相宗、涅槃宗、法性宗(三论)、圆融宗、禅寂宗之六宗也。而从天之归国，天台宗再兴，知讷之后有曹溪山之禅宗，故教有戒律、法性、法相、涅槃、圆融之五，禅有禅寂宗、天台之二宗。智讷之禅宗与禅寂宗同，天台亦为禅之一派，故称之为五教两宗耶，委细论如后编。

第十节 曹溪第四世混元

金垢撰《晋州（庆尚南道）卧龙山慈云寺真明国师碑》略云，混元，俗姓李氏，遂安县（黄海道）人。年甫十三，投品日之云孙宗轩披剃受具，聪慧绝人，遂为崛山丛席之首。于禅选中上上科，而无心名利，策杖游参。初谒双峰之辩青牛，服勤数载，得其阃奥。次诣曹溪，参慧谌，谌许大器。又师事国师清真（曹溪山第三世）得其骨髓。柱国崔瑀崇元之道业，奏加三重大师，又奏请住慧社。无何厌领众，致书崔瑀固辞。高宗王三十二年（宋淳祐五年），柱国崔怡创禅源寺，大张落成法会，请元主盟。明年，领精炼之衲子二百入京住禅源。王将批之为大禅师，崔怡撰疏请开堂，乃升座嗣清真。数日，王临幸，献袈裟，跪呈疏，说法称旨，王大悦。元虽居辇下，志常在云壑，数请还山不许。三十九年（宋淳熙十二年），清真临灭，以院门属元，王乃命为曹溪第四世。住曹溪五载，至四十三年，令禅源之法主旦代住，放志云水之间。四十五年，王钦元之道德，遣中使迎之，乃不得已西上，王迎劳入慈云寺。四十六年，册为王师。至元宗王之代礼遇殊加，元请退休再三，王延入大内，亲行师礼，手执进馔，从容说话，至晚辞。元宗王元年十月入山，上堂云："入门殿阁凌空，举目溪山似画。人云倦鸟知还，无遣老龙憨卧。诸仁者，龙既卧矣，慈云何在？"良久云："行到水穷处，坐看云起时。"说法利生凡一十二年。元宗王十二年（宋咸淳七年，公元1271年），在方丈示偈云："今朝腊月一，看看，三十日到来，正念无忘失。"淹然坐化，年八十一，加封国师，谥真明。（《朝鲜金石总览》上，第593—594页；《东文选》卷一百十七，第208—210页）

第八章　天英和冲止之兴禅、
绍琼之西来与见明之博文

　　高宗王之代，天英为禅源社主盟，门风炽然。冲止继之，光大牧牛子之遗轨。至忠烈王，元朝之威压大加，喇嘛之迷信亦毒人心不少。惠永之教化，绍琼之西来，不足救之。见明虽博识慧敏，而思想、信仰二俱不纯，高丽佛教之凋敝，可以知也。

第一节　天英之行业

　　李益培撰《曹溪山修禅社第五世慈真圆悟国师碑铭》略云，天英，俗姓梁氏，以高宗王二年（宋嘉定八年）诞生。十二年（宋宝庆元年），诣曹溪之国师真觉慧谌。十五岁得度。二十年（宋绍定六年），赴谈禅法会，为其座元。二十三年，赴禅选，第上上科。既而南游，闻国师清真盛化于曹溪，径造参扣，慧能增明。又从国师真明（混元）咨决法要，道声闻遐迩。三十三年（宋淳祐六年），柱国崔怡创禅源社，大张禅会，奏迎真明为法主，又召致国内名德三千，天英亦赴筵，为怡敬重，怡奏授三重大师。三十五年（宋淳祐八年），奏加禅师，令住断俗寺。明年，怡创昌福寺，请英令主盟。三十七年，高宗王命主禅源社。明年，柱国崔沆建普济寺别院，招集九山禅侣，令英为主盟。三十九年，清真顺世，真明住曹溪，以英为禅源社法主。四十三年

（宋宝祐四年），真明举英代己嗣曹溪，王制加大禅师迎入宫中，手自供馔，令中使送至曹溪，宗纲大振，玄学辐辏。忠烈王十二年（至元二十三年，公元1286年），受请抵高兴郡佛台寺，唤长老云："老汉欲归，汝等好住，净发更衣，小坐禅床。"僧问："牧牛子道：'不昧一着子。'和尚还不昧也无？"云："昧与不昧，总不干他事。"又僧问："脱却壳漏子，向什么处相见？"云问："求道吾去。"又云："时将至矣，不须多语，生也如着裤，死也如脱裙，那个是着脱底人？"良久云："不见牧牛子道，千种万般，总在这里。"言讫泊然而化，谥慈真圆悟国师，享年七十二。（《朝鲜金石总览》上，第595—596页）

《补闲集》载下之逸话云：

> 修禅社卓然师，宰相之子，笔法绝伦。甲辰春，自京师还江南，道过鸡龙山下一村，见有鹊栖于树，体皓臆丹尾黔，居民长福云："此鹊来巢已七年矣。其雏每岁为土枭所食，呼诉不已，哀感所钟，一年头始白，二年头尽白，三年体浑白，及今年幸免其厄，尾渐还黑然。"师异之，语同社天英师，师曰："噫，此所谓禽头人也。"乃作诗曰："怨气积头成雪岭，血痕沾臆化丹田。渠如不恼他家子，四海霜毛一日玄。"英师为晋阳公（崔瑀）么么住，断俗爵，禅师时年三十余。（《补闲集》卷下，第151页）

第二节　冲止之行状及思想

金嘿撰《圆鉴国师碑铭》略云，法桓，自号宓庵，后改名为冲止，姓魏氏，定安（忠清北道）人也。以南宋理宗帝宝庆二年（高宗王十三年）生，九岁就学，十九岁登状元，奉使日域，显国美于异邦。

时圆悟国师（天英）为禅源社主，冲止依之剃染受具，乃南询历参讲肆。初不欲为住持人，盖慕太原孚上座之高风也。年四十一住金海县（庆尚南道）之甘露社，有一禅客请诗，止云：

> 春日开花桂苑中，暗香浮动小林风。
> 今朝果熟沾甘露，无限人天一味同。

此诗脍炙人口，远近望风云集，大振玄机。元世祖帝至元二十三年（忠烈王十二年），圆悟入寂，大众举止继席，乃入院开堂，为曹溪山第六祖。住院七年，再光大普照之遗轨。忠烈王慕止之德，遣宫使迎之，令乘驲至中夏，世祖帝待以宾主之礼，赐金襕袈裟、白拂一双等。至元二十九年（忠烈王十八年，公元1292年），有疾，净发更衣，说遗偈云："阅过行年六十七，及至今朝万事毕。故乡归路坦然平，路头分明未曾失。手中才有一枝筇，且喜途中脚不倦。"泊然而化。赠谥圆鉴国师，寿六十七，有《圆鉴集》《圆鉴国师语录》行于世。（《圆鉴国师集附录》;《朝鲜金石总览》下，第1035—1036页）

冲止住禅源社时，有契丹本《大藏经》，部秩简轻不满二百函，纸簿字密，不足一千册，精巧无比。惜哉，尘侵蠹蚀，行缺字损，乃发愿致力缮完。函卷之脱者，印之令全，字行之缺者，书之令具，泊移松广寺遂奏功，乃集千指之禅流，开九旬海会以庆赞落成。

《圆鉴国师逸迹》云：

> 高丽高宗朝戊申（三十五年），状元及第，官至翰林学士、枢密院副使。后出家，法号法桓，后改号冲止……堂号宓庵。

圆鉴国师真形，传在长兴郡夫山面九龙里岩中。据法桓撰《冲镜王师（与贞明同人乎）祭文》，则王师为桓之师事者，真觉无衣子之门人也。文曰：

> 识兼三教，气压诸方，久游真觉之门，深入小融之室……四生倚为津梁，七众仰若星斗，念惟鄙拙，素切倾翘。会应诏花都，就求划草，及传灯松峤，获拈抠衣。洎龟阜之退休，至龙峦之归老，步步常随于瓶锡，时时久费于钳锤，根器浅微，安敢得皮而得髓……顾二十四年之恩怜，实千万亿劫之缘幸。今舍去，安所依归……位尊万乘之师，齿迈八旬之寿，名流夷夏，道盖人天。

王师住定慧社振兴祖道事，见桓疏。

按《圆鉴国师语录》，冲止似与儒士同信天命，安于运命，故云：

> 凡人之一行一止，固不可自裁，而殆必有使之者欤。孟轲所谓，行止非人之所能为，乃今益信之矣。（《圆鉴国师语录》，第10页左）

是虽为儒释调和思潮非真个禅旨，而兼修儒学实沙门所不免。又云：

> 他时重会固难期，甚欲挑灯话所思。
> 尺地反成千里隔，此心唯有彼苍知。（同上书，第22页右）

是亦与儒士同，信苍天之明鉴也。又云：

农时须及时，失时无复为……上天解时节，膏泽方屡施。征东事甚急，农事谁复思……尺地不垦辟，民命何以资，民户无宿粮，大半早啼饥。况复失农业，当观死无遗，嗟予亦何者，有泪空涟洏。哀哉东土民，上天能不悲，安得长风来，吹我泣血词。一吹到天上，披向白玉墀，词中所未尽，尽使上帝知。

是亦见上帝上天之信仰，属于儒道二教。冲止尚放旷自适，颇带武士之风，故初出家住白莲社时吟云：

山中乐，适自适兮养天全。林深洞密石径细，松下溪兮岩下泉。春来秋去人迹绝，红尘一点无缘。饭一盂，蔬一盘，饥则食兮困则眠。水一罐，茶一铫，渴则提来手自煎。一竹杖，一薄团，行亦兮坐亦禅。山中此乐真有味，是非哀乐尽忘筌。山中此乐谅无价，不愿架鹤又腰钱。适自适无管束，但愿一生放旷终天年。（同上书，第71页左）

所吟放旷自适，希望超然世外。又：

窗外朔风号怒，炉中榾柮通红。
食罢和衣打睡，憨憨一个懒翁。（同上书，第26页左）

所云厌空俗之烦忧，以闭户燕居为得。尝仿老庄之遗意云：

客去庭院静，风来襟袂凉。
信知髑髅乐，不博南面王。（同上书，第48页左）

浮生正似隙中驹，得丧悲欢何足数。

君看贵贱与贤愚，毕竟同成一丘土。（同上书，第 49 页右）

如此不免厌世的忧愁。冲止云：

岁月如逝水，刹那不少止。若以无常观，朝夕保亦难。
纵复免殇夭，古来七十少。况我早衰羸，七十安可期。
傥或登七旬，前去才十春。余龄能几时，不卜亦自知。
何苦徇时俗，营营不知足。默坐细思维，掩泣难胜悲。
安得好山谷，深栖伴麋鹿。耳畔绝是非，目前无顺违。
脩然常独行，放旷终吾生。寻常抱此志，寤寐曾不二。
天明心下烛，宁不从我欲。忧来书寸情，持以示吾兄。（同上
书，第 50 页右—左）

如斯止实逃禅之徒也，然非不解纯真之禅味。故云：

赵州放下着，汾阳莫妄想。两个老作家，俱扬声止响。
争如邃（钦山）导师，抱钝以自安。平生百不会，日日只一
般。（同上书，第 49 页左）

是即以无念无事为宗旨。又：

朝来共吃粥，粥了洗钵盂。且问诸禅客，还曾会也无。（同
上书，第 43 页左）

所吟一如大珠慧海、天皇道悟等之家风。《病中言志》之偈：

> 一室静无事，任他世乱离。年衰便懒散，病久谢游嬉。
>
> 酽茗聊浇渴，香蔬足疗饥。个中深有味，且喜没人知。（同上书）

以此可知其安心处。

> 千峰突兀挽白云，一水潺湲泻苍石。
> 自然闻见甚分明，为报诸人休外觅。（同上书，第24页左）
> 尘刹都庐在一庵，不离方丈遍询南。
> 善财何用勤劬甚，百十城中枉历参。（同上书，第31页右）
> 吾常呼汝汝斯应，汝或讯吾吾辄酬。
> 莫道此间无佛法，从来不隔一丝头。（同上书，第62页左）
> 风过庭除如扫，雨余景物争鲜。
> 触目都无纤累，全身常在深禅。（同上书，第66页右）

如是其示止之禅风一斑者欤？尝颂教禅一致云：

> 曹溪水涨毗庐海，小室山开解脱门。
> 脚下踢回摩揭国，手中断取给孤园。
> 百城差别询皆遍，九会庄严俨尚存。
> 个里若能深得妙，便知禅讲本同源。（同上书，第55页右）

止所最得意在叙闲静幽寂之境。

寺在千峰里，幽深未易名。开窗便山色，闭户亦溪声。

谷密晴犹暗，楼高夜自明。竹风生几席，松露滴檐楹。

境静栖迟稳，身闲举止轻。困来时偃息，睡足或经行。

累尽无欣戚，宾稀少送迎。饥余林薇软，渴有石泉清。

只是安衰疾，元非养道情。个中何限意，切忌与人评。（同上书，3页右）

鸡峰寂寞兮传者之讹，活许现威兮不同小小，象骨峰前兮粥饭无亏，马驹堂下兮盐酱不少。清溪兮盘回，碧嶂兮缭绕，风棂兮虚凉，水阁兮窈窕。或坐或卧兮神游物初，独唱独和兮趣逸天表，湛然无营兮一味自娱，阒尔忘怀兮万缘都了。兴亡兮莫我干，荣辱兮莫我扰，凫鹤一贯兮孰短孰长，彭殇同寿兮谁寿谁夭。一帔兮阅寒暑，一钵兮度昏晓，憨痴痴兮百丑千拙，予谁之似兮栖芦倦鸟。（同上书，第5页左）

第三节　惠永之教化

当第二十五主忠烈王（自宋德祐元年，后宇多天皇建治元年，公元1275年，至元至大元年，后三条天皇延庆元年，公元1308年）之代，惠永阐明教学。《大邱（庆尚北道）桐华寺弘真国尊碑》略云，惠永，俗姓康氏，闻庆郡（忠清北道）人。年十一投南白月寺首座冲渊剃发。十七上王轮寺选佛场。元中统癸亥（宋景定四年，元宗王四年）加首座。元至元四年（元宗王八年），移住俗离寺。己巳（宋咸淳五年，元宗王十年）补僧统。甲戌（宋咸淳十年，元宗十五年），移住佛国寺。丙子（宋忠景炎元年，忠烈王二年），到通度寺得舍利数枚，常置左右，分身甚多，有乞者，每辄与之。是年，转住重兴寺。因王命，留京辇，凡九年。述慕林泉之志，乞退休。乙酉（元至元二十二年，忠烈王十一年），移瑜伽寺。庚寅（元至元二十七年，忠烈王十六年），领写经僧众一百员入元之都，以金字《法华经》为贽，见世祖帝，帝慰劳令寓庆寿寺。一日，万安寺堂头请永讲《仁王经》，决辨悬河，四众景仰。至翌年，以金泥写大藏毕，帝嘉之，赐遗甚厚，遣使送还本国。壬辰（元至元二十九年，忠烈王十八年），忠烈王欲封为国尊，从瑜伽寺迎为近侍，永愕然不悦，而不能辞。十月入京，王迎入崇教寺别院，册为国尊，法号普慈。又加五教都僧统，命居桐华寺。元世祖帝三十一年（忠烈王二十年，公元 1294 年）正月，有微疾，二十四日端坐，举扬《华严经·十地品》，泊然而逝，享年六十七。（《朝鲜金石总览》上，第 597 页）

第四节　元人之亡状与绍琼之来仪

当忠烈王时，元世祖皇帝登九五之位，兵威及八荒，海东遭其强压，仆辞婢面以事元之外无他事。世祖遣断事官（达鲁花赤）监督高丽政务，又派断事官于济州耽罗当机务，世祖亦降公主为王妃，振其势力于宫中。王与公主如兴王寺，公主取黄金塔还宫中，将毁而用之，王禁之不得，但涕泣而已。王有疾，移御天孝寺。王先行，公主以陪从之寡少，怒还，王不得已亦还。公主以杖迎击，王怒投帽其前，逐印侯骂曰："此皆汝曹所为，予必罪汝。"公主怒稍驰。至天孝寺，又以不待王而先入，且诟且击。尝罢重修宫室之工，公主诘宰枢，且胁曰："汝等蔑视我，必惩一宰枢，以警其余。"公主之欲往元，召宰枢命卜日作宫室，伍允孚曰："今年兴土功不利人主，臣不敢卜。"公主怒，将夺官笞之，王免允孚之官。公主振威势，实如是。世祖之伐日本也，王奉命整水军，献军粮。先之兵而伐日本，一败涂地，元兵不还者，无虑十万有余，高丽兵不还者，亦七千余人。元人尝评王曰："如泥塑之佛。"王二年，吐蕃（西藏）僧自元来，自言："帝师（发思八）遣我令祈福。"宰枢备旗盖迎城外，其僧食肉饮酒，常言："我法不忌酒肉，唯不近女色耳。"无几，潜宿于娼家。又请王作曼陀罗道场，令备金帛、鞍马、鸡、羊，用面作人，长三尺，坐之坛中，又作小面人、面灯、面塔各百八，列置其旁，吹螺击鼓凡四日。僧戴花冠手执一箭，系其端皂布，周麾雀跃，载面人于车，旗者二，甲者四，弓矢者三十，曳弃于城门之西。公主（元公主王妃）施钱甚厚，其徒争之，斥曰："非帝师所遣，佛事乃伪作也。"公主诘之，皆服，遂黜遣之。同年，饭千四百僧于球庭，王及公主亲临侑饭，僧宗悟升座说法，王赐宗悟银瓶十五。三年，遣僧六然燔琉璃瓦于江华，其法多用黄丹，乃取广州义安之土烧作之，品色愈于南商所卖者。四年，设谈禅法会有以为咒咀元者，王亲如元辨乞。七年，王次庆州批僧，僧徒以绫罗赂左右得职，人谓之罗禅师、绫首座，娶妻居室者居半。八年，迎僧见明于内殿，又与公主幸广明寺访之。九年，以见明为国尊。十八年（元至元二十九年），以惠永为国尊。二十年，元懿州昊天宫道士显真大师韩志温与其徒李道实、李道和、尹道明来。王号志温为圆明通道洞玄真人，赐道实为定智玄明讲经大师之号，赐宅一区，乃王招之也。二十一年，以景宜为国尊。三十年（元大德八年），江南僧绍琼来，琼自号铁山，雪岩祖钦之嗣，住袁州慈化，其传见《续指月录》卷六。王率群臣具礼服，邀琼于寿宁宫听说禅。圆明国师冲鉴从绍琼受禅，始行敕修《百丈清规》。《东国舆地胜览》卷十七佛宇"忠州南道林川郡圣住山普光寺条"录《元朝危素重创碑》云：

　　圆明国师谢绝世荣，归求其志。高丽国王遣宰相张□，追及于林州，州故有普光寺……遮留国师于此，其门人三千余，招室屋不足以容……师讳冲鉴，字纪照，号云峰……稍长，禀命父母，祝发于禅源寺……年十有九，入选登上上科……闻铁山琼禅师道行甚高，迎之东还……三载，琼公甚期待之。及琼公辞归，师主龙泉寺，始取百丈海禅门清规行之，后住持禅源寺者十有五年，弘扬宗旨，为国称式，其来普光也，实再纪至元之年。越四年（忠肃王复位七年，公元1338年）八月二十有四日，将入灭，戒门人母（译者按，疑毋）立碑造塔，遽沐浴更衣跏趺端坐。绍珠进曰："请和尚为众说法。"师曰："末后一着，汝等有分荐取。"言讫翛然而逝，世寿六十有五……生在前至元之十有二年乙亥也。（《东国舆地胜览》卷十七，第31—32页）

《高丽史·权咀传》云：

　　权咀，字晦之，枢密副使守平之孙。尝有遁世志，父翰林学士，踅强留之……忠宣三年卒，年八十四。性清俭谦逊，酷信浮屠，断荤肉四十年。子孙以时，献新衣，则必解旧所服，以与贫乏。箧中常无余衣，自号梦庵居士。江南僧绍琼泛海而至，咀欲出家师事之，恐为子溥所阻，未果。会溥不在，遁入禅兴社剃发，溥驰至大哭，咀曰："将复须发我耶，此予素志也。"得疾跏趺坐而逝。（《高丽史》卷一百七，第282页）

由此可知绍琼渡来之影响大也。

第五节　一然之出世及其著作

　　前节所记之见明即为一然，闵渍撰《义兴（庆尚北道军威郡古老面华水洞）华山曹溪宗麟角寺迦智山下普觉国尊碑铭》略云，见明，字晦然，后改名一然，俗姓金氏，庆州章山郡（庆尚北道庆山）人。金泰和六年（宋开禧二年，熙宗王二年）诞，年甫九岁就学，聪慧绝伦。兴定三年（宋嘉定十二年，高宗王六年）就陈田长老大雄剃度受具，游历禅肆，声价籍甚。正大四年（宋宝庆三年，高宗王十四年），赴选佛场登上上科，厥后寄锡后仓山宝幢庵，心存禅观。宋端平三年（蒙古太宗八年，高宗王二十三年）兵乱，欲避地。明年，居同山之妙门庵，庵北有寺曰无住，住之参究生界不减，佛界不增之语。一日有省，谓人曰："吾今日乃知三界如幻梦，见大地无纤毫碍。"以是年，授三重大师。淳祐六年（蒙古定宗元年，高宗王三十三年）加禅师。同九年，相国郑晏舍南海私第为社，曰定林，请一然主之。开庆元年（蒙古宪宗九年，高宗王四十六年），加大禅师。景定二年（蒙古中统二年，元宗王二年），承元宗王之命赴京，住禅月社开堂，嗣牧牛。元至元元年（宋景帝五年，元宗王五年），累请南迁，寓吾鱼寺。未几，仁弘社主万恢让席，学徒云臻。至元五年（宋咸淳四年，元宗王九年），朝旨集禅教名德一百员，设大藏落成会于云海寺，请一然主盟，所讲论精义入神，人皆敬服。住弘仁社十一年重兴殿宇，奏改称仁兴。又于包山东麓重葺涌泉寺为佛日社。忠烈王三年，诏住云门寺，大振玄风。七年，王幸东都，召赴行在，令升座说法。明年，迎至阙下，馆于广明寺，亲咨法要。九年，遣左承旨廉承益欲行阖国尊师之礼，然上表固辞，仍命上将军罗裕等，册为国尊，号圆径冲照。册讫，迎于大内，率百僚行抠衣之礼，国师曰："不称国尊者，避元朝国师之号也。"然不乐京辇，又以母老请还旧山，王允之。明年，朝廷以麟角寺为下安之所，然入麟角，丛林鼎盛，近古未见其比。越十五年（元至元二十六年，公元1289年）示疾，挝法鼓至法堂前，踞禅床，僧问："释尊示灭于鹤林，和尚归真于麟岭，未审相去多少。"然卓柱杖一下云："相去多少？"进曰："伊么则今古应无堕，分明在目前。"然又卓一下云："分明在目前。"进曰："三角麒麟入海中，空余片月波心出。"师云："他日归来，且与上人重弄一场。"又僧问："和尚百年后，所需何物？"然云："只遮个。"进云："重与君王造个塔样，又且何妨？"然云："什么处去来？"进云："也须问过。"然云："知是般事便休。"又僧问："和尚在世如无世，视身如无身，何妨住世，转大法轮。"然云："随处作佛事。"问答罢，云："诸禅德，日日报之，痛痒底不痛痒底，模糊未辨。"乃拈柱杖卓一下云："这个是痛底。"又卓一下云："这个是不痛底。"又卓一下云："这个是痛底，是不痛底试辨看。"由是下座归方丈，坐小禅床，言笑自若，俄手结金刚印，泊然而逝，享年八十四，谥普觉。碑铭叙一然之平生云：

师为人，言无戏谑，性无缘饰，以真情遇物。处众若独，居尊若卑，于学，不由师训，自然通晓。既入道，稳实而纵之，以无碍辩。至古人之机缘语句，盘根错节□□陂险处，抉剔疏凿，恢恢焉游刃。又于禅悦之余，再阅藏经，穷究诸家章疏，旁涉儒书，兼通百家。而随方利物，妙用纵横，凡五十年间，为法道称首。随所住处，皆争景慕，唯以未参堂下为耻。虽魁杰自负者，但受遗芳余润，则莫不心醉而自失焉。养母纯孝，慕睦州陈尊宿之风，自号睦庵，年及耄期，聪明不少衰，教人不倦。(《朝鲜金

石总览》上，第469—472页）

所著有《语录》二卷、《祖图》二卷、《重修曹洞五位》二卷、《大藏须知录》三卷、《诸乘法数》七卷、《祖庭事苑》三十卷、《禅门拈颂事苑》三十卷、《三国遗事》五卷等。一然塔碑是门人竹虚以王羲之文字集刻为世知。一然法系属于道义之迦智山门下，然始就学海阳之无量寺，剃发受具为陈田寺，开堂为京师禅月寺，入灭为义兴之麟角寺，皆迦智山下寺刹，则其法系亦同此。碑记嗣于牧牛，其非嗣牧牛子智讷之法，当如金包光氏《禅门九山来历》所说。

一然博通诸学，著书甚多，无不皆示其鸿学。惜哉，溺没于时代思潮，思想、信仰二俱不纯，不足以振迦智山门之玄风。

第六节　万僧会与百八万灯

第二十六主忠宣王（自元至大二年，花园天皇延庆二年，公元1309年，至同皇庆二年，同正和二年，公元1313年）即位，就蕃僧受戒，幸寿宁宫饭蕃僧，被咒诅。元年，舍寿宁宫为寺，追福母后，赐额曰旻天。五年，僧晓可自称见性，以妖术惑士女，尝持蜜水、米屑示人曰："此甘露舍利也，皆吾身所出。"人莫知其诈，有饮且藏者。又尝得一窟之可容身者，积薪其上，登之谓其徒曰："吾荼毗后，七日当化为法身。"遂热薪，烟焰四起，可从薪中投入窟，食柿栗，至其拨灰出。有司知其诈，案问，可吐实，乃因于巡军狱。王于延庆宫饭二千僧，燃灯二千及五日，施银瓶一百于佛；邀禅僧冲坦、教僧孝桢令说法，各施白金一斤，施僧二千、白金二十斤。王尝愿饭百八万僧，点百八万灯，至是日饭僧二千，点二千灯五日，以满僧一万、灯一万为期，谓之万僧会，其费不可胜记。宠遇曹溪宗僧景麟、景聪，令出入禁中，授大禅师。王如元，道入延庆宫，设万僧会，施僧万恒，白金百三十斤。以忠肃王六年，游江浙，至宝陀山而还，李齐贤等从之，记所历山川胜景为《行录》一卷。又忠肃王七年至金山寺。十月，仁宗帝下王刑部，祝发安于石佛寺。十二月流于吐蕃撒思吉之地。

第二十七主忠肃王（自元延祐元年，花园天皇正和三年，公元1314年，至至顺元年，后醍醐天皇元德二年，公元1330年）即位之年，以王师丁午为国统，国一大禅师混丘为王师。十二年，以僧道衡为王师。十五年，胡僧指空说戒于延福亭，士女奔走听之。

第七节　无畏国统小传与万恒之禅风

全罗南道灵岩郡月出山之灵凤山龙岩寺，是无畏国统安下之所。国统，妙龄上僧选，离脱名缰，住山有年。元大德六年，忠烈王闻其道行，遣中使迎于月出山白云庵，命主愿刹妙莲社。大德十年（忠烈王三十二年），加法号曰白月朗空寂照无碍大禅师。十一年，封为王师，进法号曰佛日普照静慧妙圆真鉴大禅师。至大元年，忠宣王即位之日，请并坐龙床，加禅教各宗山门道伴总摄提调之号。明年，命移住国清寺，仍立都监修造，创建金堂，令闵渍作记记之。至大三年，王又命移莹原寺，改创金堂。皇庆二年，忠肃王即祚，因父王之命册为国统，法号曰大天台宗师双弘定慧光显圆宗无畏国统。（《东文选》卷六十八，第40—42页；《朝鲜佛教通史》下编，第325—326页）

据朝鲜尹淮撰《万德山白莲社重创记》，从同社圆妙国师十一代至无畏国统，云盖年数甚短，而累代似甚多。

李齐贤撰《曹溪山修禅社第十世慧鉴国师碑铭》略云，万恒，俗姓朴氏，熊津（忠清南道公州）人。以儒家之子为僧，赴九山选中魁科，往枫岳过夏，移栖智异山，苦修练行累年，迹晦而名彰。忠烈王命住三藏社，其师曹溪之圆悟（天英）也谕之，乃往。后历主朗月、云兴、禅源等社，弟子至七百，士大夫入社者，不可胜计。中吴之蒙山异，见其文偈叹赏不已，乃贻书致古潭之号。元仁宗帝皇庆二年（忠宣王复位五年），邀至京城，时集禅教名流，日以次讲论，恒至棒喝风生，辨如悬河。王甚喜，行同舆，手自奉馔，加法号曰别传宗主重续祖灯妙用尊者，赆以袈裟并银五十镒。仁宗帝延祐六年（忠肃王六年），遘疾遗诫云："廓清五蕴，真照无穷。死生出没，月转空中。吾今下脚，谁辨玄踪。告尔弟子，莫漫打空。"淹然坐化，寿七十一，谥慧鉴国师。（《朝鲜金石总览》上，第601—602页;《东文选》卷一百十八，第236—237页）

第八节　义旋、混丘与海圆之玄化

延祐四年丁巳（忠肃王四年），忠宣王创大报恩光教寺于城外，三年而成，令钱塘之行上人演天台教，未几还山。明年，延致华严教师澄公纲维寺事，已而被王命，捧香江南，求法西域，不遑宁处，以泰定乙丑薨于京师。澄公继亦示寂。今上（忠肃王再祚）即位之年三月，本国天台师住持莹源寺重大匡慈君特赐定慧圆通知见无碍三藏法师义旋主其寺，曰福国祐世静明普照玄悟大禅师。义旋，号顺庵，赵仁规第三子也。仁规，字去尘，平壤人，称贞肃公，忠烈王代之名臣，笃信佛，创清溪佛寺，金书大乘妙典，印《大藏经》，造佛作殿，不胜记。义旋出家入中国，被元帝宠眷，住天源延圣寺，又兼本国莹源寺住持。延祐元年甲寅，于王京遘疾，药石无功，祈天台佛恩寺药师如来而愈，乃以其年起工，二十余年而重兴同寺。至元四年戊寅，奉顺宗皇帝之命而来，为忠肃王所重，居辇谷之下十五年，大振教纲。

《妙莲寺重兴碑》云，顺庵旋公，圆慧之嫡嗣，无畏之犹子也。又云，至元二年，丙子东归，谓忠肃王云："妙莲之为寺，忠烈忠宣之祇园也，其真容故在，殿下葺而新之，奉先之孝，孰此为大。"王闻有感，鼎新殿宇，旋善大字，金书佛殿之额，揭之檐间，与日星争光。

李齐贤撰《密阳（庆尚南道）慈氏山莹源寺宝鉴国师碑铭》略云，混丘，字丘乙，旧名清玢，俗姓金氏，清风郡（忠清北道忠州郡）人也。以忠宪王（高宗王之谥）二十七年辛亥（高宗王三十八年）诞，形貌端严，天性慈祥，故亲戚目为小弥陀。十岁投无为寺禅师天镜祝发，以九山选，首登上上科。去而从学国师普觉一然，遂至阃奥。洎嗣席开堂，忠烈王赐伽梨法服，累下批为大禅师。忠宣王特授两街都僧统，加大师子王、法宝藏海国之一号。元仁宗帝皇庆二年（忠宣王复位五年），王居永安宫，遣中使致之，从容谈道。忠肃王册为悟佛心宗解行圆满宝鉴智王师，两王抠衣请益，是前古所未有。既数年，请退休，因住莹源寺。元英宗至理（至治）二年（忠肃王九年，公元1322年）感疾，移席松林寺，说法云："荆棘林中下脚，干戈丛里藏身。今日路头，果在何处？白云断处是青山，行人更在青山外。"入方丈踞床而逝，报龄七十二，号宝鉴国师。（《东文选》卷一百十八，第238—239页；《朝鲜金石总览》上，第602—603页）

混丘在至治二年壬戌以七十二岁殁，碑记七十三恐误。又其诞生，记忠宪王二十七年辛亥，乃三十八年之误。《朝鲜佛教通史》下编作二十七年己亥亦误。

丘有《语录》二卷、歌颂杂著二卷、《新编水陆仪文》二卷、《重编拈颂事苑》三十卷，行于丛林。中吴蒙山异禅师，尝作无极说，附海舶寄之，丘默领其意，自号无极老人。

　　当时瑜伽宗之海圆，以持律为元帝所尊。海圆，俗姓赵氏，咸悦郡（全罗北道全州郡）人。年甫一纪，投金山寺释宏剃发，元至元三十一年登科，住佛住寺。成宗帝大德九年，安西王闻其戒行清高，请帝招致之。圆受命入觐，从安西王于朔方。北俗，业畜牧，食肉饮汁，以其皮为衣，圆居其间二寒暑，持律益坚。武宗帝创大崇恩福元寺，至仁宗帝成之，命为第一世，是帝皇庆元年也。道誉益著，文宗帝天历元年赐楮币二万五千，忠肃王加尊礼，令遥住百济之金山寺，赐慧鉴圆明遍照无碍国一大师之号，名声冠一时。圆通唯识，住福元寺二十九年。顺宗帝至元六年（忠惠王复位元年，公元1340年）示寂，春秋七十九。(《东文选》卷一百十八，第244—245页）

第九章 指空之禅机

忠肃王之代，梵僧指空来仪。空棒喝并行，禅机峻峭，虽不长留高丽，而高丽之禅，有从空再兴之观，其梵僧中之临济德山乎。俗离山之子安以义学驰盛名，亦在此时。

第一节 忠肃王及其上王

忠肃王亦好佛，亲访王师混丘于广明寺，访国统丁午于妙莲寺，访万恒于银字院，宠遇之。加之上王忠宣滥授僧职，施佛施僧，其费目不可胜计。忠肃王元年，上王密记其德十余条，下式目令上笺陈贺，笺曰：

> 功高德厚，惟休无疆，情动言形，永歌不足恭维。能哲而惠，知几其神妙，龄入侍于天居几岁，别承于宸眷，诛奸靖乱……顾惟本国，元自肇基，弘扬佛法，以维持驯，致邦家之怙泰。今承遗范，益发至心，丝毫不费于下民钱谷，特倾于内分，饭僧玉馔，盛如云委以氤氲，照佛兰灯，列似星分而灿烂，数期百万八万，诚遍三千大千，蔚然龙象之骈阗，殷若鼓钟之禅讲，因祝皇灵之永久，兼祈懿算之遐长，岂唯二圣之康宁，亦是三韩之庆赖。

是欲闻于元，而恢复上王之声价也。三年，黄州牧使李缉之妻奸淫，杀其夫，妻之族人有僧宏敏有宠于上王，故上王赦之。至是大司宪捕奸妇，令祝发，置于净业院。七年，上王为元流于吐蕃，王集僧人于旻天寺为上王祈祷。十二年，以僧祖衡为王师。公主（王妃）薨于龙山行宫，有飞书云："禅师祖伦诱引主上久留龙山卑湿之地，使公主遘疾，若元帝闻，则罪不可赦。"祖伦盖依请托得王之宠眷，干预政治也。

当时有沙门云默，作《释迦如来行迹颂》，凡七百七十六句，句下有注解，成二卷。默，字无寄，号浮庵，依佛印静照国师出家，选上上科。晚年始于始兴山造一庵居之，诵《莲经》，念弥陀，以画佛、写经为日课者二十年。

又当时有密教大藏九十卷刊行于世。忠肃王深信密教，令以泥金书之，更得密藏中未收之经四十卷，加为一百三十卷，令巧书者写之，命李齐贤作序。

第二节　指空传

高丽李穑撰《杨州（京畿道杨州郡桧泉面桧岩里）桧岩寺薄陀尊者指空浮屠碑》略云，迦叶百八传，提纳薄陀（Dhyàna-bhadra）尊者，禅贤号指空。元泰定年间，见天子（铁木儿）于难水之上，论佛法称旨，由是去游高丽，礼金刚山法起道场。《益斋集》所载之《重修乾洞禅寺记》云，元泰定四年（忠肃王十四年）十月，指空留于此寺，既而有旨还燕。天历元年讲法内庭，天子（文宗）亲临听之。至正（顺宗）皇后、皇太子迎入延华阁问法，指空云："佛法自有学者，专心御天下幸甚。"天历以后，不食不言十余年，既而言："我天下之主也。"又斥皇妃曰："皆吾侍也。"闻者怪之。顺宗帝闻之云："渠是法中王,宜其自负如此,何与我家事耶。"中原将兴兵(元末之乱),空语众曰："汝识兵马之多乎,某地屯几万,某地屯几万?"空所居寺皆高丽僧,一日忽语之曰："汝何故叛耶?"数日,而辽阳省驰奏,高丽兵犯界,众聚于京师,语之曰："速去之。"既而天子(顺宗)北奔,空之所言岂偶然哉。空自言,空之曾祖师子胁(Simha-pars'va)、祖斛饭(Dronodana)皆伽毗罗卫国(Kapila-vastu)王,父满(pūrna)摩竭提国(Magadha)王,母香至国(Kāñci-pura)公主。八岁出家,依那兰陀(Nālanda)寺讲师律贤(Vinayabhadra)剃染,十九诣南印度楞伽国(Lankā)吉祥山顶香庵见普明(Samanta-prabhāsa),明云："从中竺抵此,步可数否?"空不能答。退坐石洞六月有悟,告明白,两脚是一步。明乃付衣钵,记曰："下山一步,便是狮子儿,我座下得法出身二百四十三人,于众生皆少因缘,汝其广吾化,其往懋哉。号曰苏那的沙(Sūnyādi'sya),华言指空也。"空以偈谢师恩已,语众曰："进则虚空廓落,退则万法俱沉。喝!"

空之行化中国也,遇北印度之摩诃班特达(Mahā-pandita)于西蕃,偕至燕京。居未久,西游安西(甘肃省胡卢河岸安西府)王府,与王傅可提相见。提请留学法,空志在周流,语之曰："我道以慈悲为本,子之学倍是何耶?"提言："众生无始以来恶业无算,以真言一句度彼,超生受天之乐。"空云："汝言妄也,杀人者人亦杀之,生死相仇是苦之本。"提曰："外道也。"空云："慈悲真佛子,反是真外道。"于西蕃摩提耶城(Madiya)欲与师班特达互扬化,不契。又去伽单(Gatan),咒师欲杀空,乃去虾城,城主护送至蜀。礼普贤巨像,坐禅三年,于大毒河遇盗,又于赤立走罗罗斯(LoLos)地界,经金沙河,到云南城西。有寺,上门楼入寺。居僧请入城,至祖变寺,坐桐树下，是夜雨，既明，而衣不濡。赴其省，祈雨立应。龙泉寺坐夏，书梵字《般若经》。于大理国却众味，但食胡桃九枚度日。金齿、乌撒、乌蒙，一部落也，礼空为师，塑像庙之。在安宁州，僧问："昔三藏入唐，伏土知音？"时空会云南语，应之曰："古今不同，圣凡异路。"请说戒经，燃顶焚臂，官民皆然。中庆路诸山请演法，凡五会，太子礼空为师。罗罗人，素不知佛僧，空至皆发心，飞鸟亦念佛名。贵州元帅府官，皆受戒，猫蛮、猺獞、青红、花竹、打牙、獦狫，诸洞蛮俱以异菜来请受戒。镇远府有马王神庙，舟过者必肉祭，不然舟损。空一喝，放舟行。空行时，适风作浪涌，为说三归五戒，唐梵互宣。湖广省参政欲逐空去，空曰："贫道西天人也，远谒皇帝，助扬正法，汝不欲我祝皇帝寿耶？"过庐山东林寺，见前身之塔巍然，骨犹未朽。淮西宽问般若之意。空曰："三心不可得。"杨州太守以舟送空至都。大顺丞相之室韦氏，高丽人也，请于崇仁寺施戒，既而至滦京，遇泰定（元帝）。

空从天历（元文宗）襬僧衣。大府大监察罕帖木儿之室金氏，亦高丽人也，从空出家，买宅澄清里，辟为佛宫，迎空居之。空题其额曰："法源。"空辫发白髯，神气黑莹，服食极其侈，平居俨然，人望畏之。至正二十三年（恭愍王十二年，公元1363年）十一月二十日，示寂贵化方丈。贵化是空所构，又空之所名也。有旨具仪卫，龛送天寿寺。明年，用香柴泥、布梅桂水团塑肉身。明洪武元年，荼毗四分，达玄、清慧、法明、内正张禄吉各持去。其徒达玄航海，司徒达叡从清慧得之，俱东归。明洪武五年，因恭愍王之命，于桧岩寺树浮屠。

空从西天携来《文殊师利无生戒经》二卷，又手书《圆觉经》。空偈颂甚多，别有录，皆行世。云南悟七岁投空出家时，空已甲子一周，云悟七十五，空乃寂。（《朝鲜金石总览》下，第1284—1288页，高楠

顺次郎《梵僧指空传考》)

第三节　指空法语

指空法系是从大迦叶至二十二祖摩挐罗，有二弟子，一为鹤勒那传至菩提达摩，二为左陀瞿那（一作颇）传至一百七祖三曼陀毗提即吉祥山普明。一百七祖之列名及付法偈见《禅要录》。闵渍撰《指空禅要录序》云：

> 师（指空）于八岁出家，年至二十，学究三藏……然后不惮险艰，至南天竺吉祥山普明尊者住处，密传心印，为西天第一百八祖矣……师既传衣，即以道眼普观西方，知东方有可化之机，决意向东，人始号曰指空和尚……跋涉十万八千余里，初入云南界，游化许多年，遂达于帝京。亲对日角，默传妙旨，因受御香，名以往观金刚山而出来。越泰定三年（忠肃王十三年）三月，到于我王京城西甘露寺，城中士女咸曰释尊复出……寺门如市者，几于二旬。及师移锡，到处皆然，至往金刚山，然后乃已。师以是年四月下旬，还自彼山，因受檀越顺妃之请，住锡于城东崇福寺。与其门弟及诸山精衲之愿赴者约为一夏安禅，于寺之西南高爽处，别作戒场，依最上戒法，大开甘露之门。于是自王亲戚里、公卿大夫、士、庶人，乃至愚夫、愚妇，争先云集于会场者，日以千万计。凡得闻一言一话者，如得无价宝珠……嗜酒肉者断酒肉，好巫觋者绝巫觋……贪竞之风渐息，骄淫之俗稍变。又当大旱，师乃一念兴悲即致雨……我宗室昌源君见此禅要，切欲锓梓流传，请予为序。予虽老病，亦参门弟之数，故不敢固

辞，粗记海山之一滴一尘云耳。时泰定三年丙寅秋八月日……致仕骊兴君默轩居士闵渍序（七十九目暗于笔）。

《禅要录》中顿入无生大解脱法门指要，具说戒、定、慧三学及依之解脱之道，其思想所基乃在般若。云：

> 夫欲成于道，道以无修可证，欲悟于法，法以无思可悟。问曰："云何无修可证，无思可悟？"师云："道则非修而证，法则非思而悟，于道法中，无有一法而得成（证乎）悟。"问曰："修何善法，可得证悟？"师云："惟有最上无生戒法，若能受持，即得证悟。"问曰："此戒法云何受持？"师云："若受此戒法者，皆不可以爱厌有无，而为受持。"……问曰："云何以正受持？"师云："于此戒中，无凡无圣，非性非相，非有非无，亦非身心，亦非善恶，此则是戒。"……问曰："既然不修善，不行恶，作何正见而可受此戒法，如何升入解脱法门？"师云："若受此戒，不作、不断、不受、不犯，处自在中，即得解脱。"问曰："云何处自在之法而得解脱？"师云："以不思是非，不念善恶，亦不思真，亦不妄想，于中放下，此则名得大自在。既得自在又不作自在观者，此则解脱。"

以上说明无生戒。更说定云：

> 问曰："既由解脱，云何入观诸定？"师云："定以无行可得。"问曰："云何无行可得？"师云："所以定者，非行可得，既无可得者，于禅定中自然定，观实相是也……若得禅定而不作禅定观

者，即名正定。"……问曰："今得正定后，昔所作恶还受罪否？"师云："亦无罪也……罪者犹如梦中所作，梦未醒时明明有罪，罪根未释，梦已觉矣。空空无物，罪自何来？"

进说慧云：

问曰："从正定，云何发慧？"师云："慧以无知可发……若以知而发者，则名愚……欲发慧者，过去慧不可知，现在慧不可知，未来慧不可知，如是一切妙慧实不知，诸般众慧如斯断者，则得诸佛真实智慧也。"

次说从慧中起妙用云：

问曰："从妙慧中，云何作用？"师云："若作用时，不住一处，于不住境，不念不住，若能如此，则名真空般若无碍之妙用也……如斯妙用，若能了知，虽凡夫则能顿入佛地也。"

更说妙用之体云：

问曰："此妙用中，以何为体？"师云："以自在不动为体。"……问曰："若生死时，体随其否？"师云："体本不动，亦无生死。"问曰："一切众生有此体否？"师云："有情、无情悉同一体。"问曰："人皆有体，如何生死？"师云："本无生灭。众生迷本失路，妄见生死，故体同虚空。天地万物，虽生动转，虚空自性，不随其动，四大五蕴，虽然来往，其体寂然不动，即虚空之义也。"

次言及宗云：

> 问曰："以何为宗？"师云："以真空无相为宗……真空者，非
> 空非不空，非相非不相，非有非非有……净、垢、长、短元俱无，
> 斯则真空也。无相者，巍巍堂堂，洞映十方，杲杲明明，寂然不
> 动，不形不相……相体性心，本来非有，此为无相也。"

而颂之曰：

> 佛相真空无相宗，古今非相亦非空。
> 妙体如如充法界，一轮赫赫大千中。

指空置其旨于般若空宗，故颂云：

> 我爱真空般若宗，巍巍充塞大虚空。
> 堂堂妙法谁能识，宝鉴沉西生自东。
> 邪正无分妙法踪，含灵蠢动体皆同。
> 有人着相求三昧，难了真空般若宗。

又云：

> 西来直指，重重指示，若有众生，能返本舍幻，越圣超凡，
> 重宣妙旨，使同圆种智者。所谓众生，若能识心达本，若能以无
> 碍大智照破四大、五蕴，悉皆空寂，所谓一了一切了，一不了一
> 切不了，一动一切动，一不动一切不动。所以者何？则此一生常

在于定，临终之时，悉不能乱。即此一生，常在于乱，临终之时，终不能定。若能一念相应者，众魔不能起也。

因有指空法语如下：

师云："释迦老子弃却金轮王位，入于雪山中，六年苦行。达摩大士亦去西天，来于东土，九年面壁。释迦牟尼佛，既三界大导师，福智两足，何故持钵入城，赤脚乞食？达摩既禅宗，东方初祖，何故被梁王摈出，一苇渡江？这个无非是为众生作个榜样也。若不如是，自肯辛苦，如何作得三界师，如何作得五派祖？我今与你，东西南北人，同会一处，莫非无量往劫中好因缘也。呜呼一切众生，果报相还，轮回不辍，汝等诸人何不回头，自取轮转生死大夜于汝身中，三障四魔最难调脱。何谓三障？一作恶障，二邪见障，三解脱障。何谓作恶障？一切凡夫背觉合尘，随贪、嗔、痴，损他利己，失慈悲种子，恣杀、盗、淫，作种种恶，轮转三途也。何谓邪见障？诸修行人，破佛律仪，拨无因果，成就邪空，《楞严经》中五十种魔也，堕无间狱。何谓解脱障？证无为涅槃，三界惑灭，悲智亦亡，不能发起广大行愿，济度众生。离此三障，即能顿入不可思议境界。何谓四魔？一天魔，二法魔，三人魔，四鬼魔。何谓天魔？汝之寿夭、苦乐、贫富、贵贱皆在于汝，随他转，谓之天魔。何谓法魔？汝真实暂悟，为大法王，于法自在，不能如是作得主，假如来眼，为利养故，托法资生、超得来不如意事，谓之法魔。何谓人魔，汝既出家，不能出尘寰，每顺人情，作生死业，谓之人魔。父母师长、施主檀越、奴婢眷属，汝若爱着，皆是障道之处，早宜提防。西天古语云：

'水深海子利牙、利角、利爪的跟前，慎勿亲近，汝若亲近，他必遭伤害。汝先得果，以道施恩，两相有益。汝但顺人情，不发道念，必遭沉溺之患，后悔难回。'何谓鬼魔？大小铁围山、五无间狱、十八地狱、沃焦山下，乃至八万四千隔于地狱，皆属鬼府。汝不超生脱死，如上鬼府皆有受苦之分故，谓之鬼魔。汝若难得人身，更于袈裟下失却，牛头马首诸恶鬼魔将热铁棒、热铜瓦待汝供养，到那时节，休道指空不说，嗟呼痛哉，一念之错，万劫之报也。十方诸佛三大阿僧祇劫历修，只为降伏一切魔军，广度一切众生。一切魔军降伏了，如水精珠，内外俱明彻，一切尘垢染不着故，名曰妙福。汝等诸人若解脱亲到这介田地，如上所说三障四魔皆是解脱游戏之场，八万四千诸魔军亦是汝等诸菩提眷属。

指空和尚法语颂：

> 哑者高声说妙法，聋人远处听微言。
> 无情万物皆赞叹，虚空跌坐夜来参。

此外，指空和尚著有《西天百八代祖师颂》。

《通度寺事迹》云，西天指空和尚为舍利袈裟戒坛法会记云云，恐为后人之作。请看慈藏所遗之佛衣、佛骨示众云：

> 本师之衣，已半褴褛，本师之身，已半露丑。吾此日塞路相逢，义不忍将所着屈循布衣，补缀完全去也。永使流传，以后代儿孙知释迦老子犹在今日也。

与指空同时，元之奎章公，泰定中来海东，游枫岳，诣普贤庵称其奇胜，与庵主智坚约为檀越。至元丙子（忠肃王复位二年），本庵比丘达正入都见公，公施以楮币。同年，正东归。以明年夏，始禅悦会。至元四年戊寅，延请缁流三百，施衣钵作大佛事。

第四节　桧岩寺、华藏寺、珦大师与达蕴

新增《东国舆地胜览》卷十一云：

> 桧岩寺在天宝山。高丽时，西域僧指空到此云："山水之形，宛同天竺阿兰陀寺，后僧懒翁□建寺……金守温重（修）记，（我东）山川之胜名于天下，而佛卢之处于其（间）者，又不（知）其几百十，至于极仁（祠制）度备，而具法王行化之体，则未有如桧岩者也。"昔天历间，西天薄伽纳提尊者见此寺基，以为酷似西天阿兰陀寺，且曰："迦叶佛时，已为大道场。"于是执（绳）量以定其位，时（得劫）前础砌，当时暂庇屋宇，以识其处而已。有玄陵王师普济尊者，受指空三山二水之记，遂来居此，乃欲大（之），分授栋梁，奔走募缘，功未及半，而王师亦逝矣。其徒伦绝涧等，念王师未究之志，踵其遗矩，以毕其绩，牧隐文靖公记之……凡为屋二百六十二间。（第8—9页）

《新增东国舆地胜览》卷十二云：

> 长湍郡（京畿道）华藏寺在宝凤山，寺初为继祖庵。指空相地，大构兰若，遂为大丛林。其佛殿僧堂制度甚□。每年夏，僧

徒聚居坐禅，与杨州桧岩相甲乙。寺有指空持来西竺贝叶梵经，至今相传。(第16页)

庆尚北道灵山县有灵鹫山，指空至此以似天竺灵鹫山名之。同山有宝林寺般若楼，高丽之金伦为指空所建，空登之说《般若》。

当时有瑚大师，谒指空不契。李齐贤《送大禅师瑚公之定慧社诗序》(释瑚)曰：

> 吾瑚公……往枫岳，精修己事。时有西域指空师若岸然，以菩提达摩自比，国人奔走，争执弟子之礼，公亦来造焉。指空曰："我烧一炷，子便脱去，我喝一声，子便却来。"答曰："请和尚先焉，某甲提笠子相随。"其徒指目以为不逊，欲加以非礼，公拂袖不顾而去，遂北观京师，南游江、浙、二广、四川、甘肃、云代(译者按，疑"贵")，炎凉几年，靡所不至……悠然而归，澹然而止，向之疑者恧、讥者服矣。公曰："疑而讥者，果可谓非耶？恧而服者，果可谓是耶？是与非在人，吾不自知也。"上闻而益重之，命住定慧社。(《益斋集》，第244—245页)

李穑《松月轩记》云，泰定之间，指空至东国，达蕴见而悦之，遂从之出家。蕴，号玉田，俗姓曹氏，昌宁人。天历初，指空还燕，蕴又随入西，历观名山胜地还东，与当世名公雅士游，尽得其礼貌，能精鉴书画，极博古今云云。

指空门下有达顺，戒行坚洁，同列皆服，懒翁亦奇之。至正庚子(恭愍王九年)，有释小山者，与达顺谋，创见庵禅寺于牛头山(海印寺)，五阅岁成，蔚然成大丛林。

第五节　子安之教学

《忠清北道报恩郡俗离山法住寺慈净国尊碑铭》略云，子安，俗姓金氏，一善郡人。因感梦，改名曰弥授。九岁学诗书。十三投元兴寺宗然剃度受具，习经论。十九于选佛场登上品科，住国宁寺。二十九拜三重大师，为唯识论主讲，一宗耆宿，咸执经座下。三重大师而为主法，前古未曾有。住熊神寺为主座。住庄义寺任僧统。住俗离山法住寺，因王命撰述经论章疏凡九十二卷。次移重兴寺。戊戌（元大德二年，忠烈王二十四年），忠宣王即祚，署圆明大师，任释教都僧统。王之如元在燕都，信《大般若经》，令宿卫之臣每夜颂之。王尝请释《难信解品》，元讲师无能解释者，乃遣使命安撰之。又令疏记《心地观品》，诸讲师见者，无不赞美。至癸丑（元皇庆二年，忠宣王五年），任大慈恩宗师、三重大匡两街都僧统。乙卯（元延祐二年，忠肃王二年），封内殿忏悔师。戊午（元延祐五年，忠肃王五年），有旨入大旻天寺讲三家章疏。甲子（元泰定元年忠，肃王十一年），封崇曰悟空真觉妙圆无碍国尊。翌乙丑，复住法住寺。丁卯（忠肃王十四年，公元1327年）十二月坐逝，享年八十八，赠谥慈净国尊。（《朝鲜金石总览》上，第487—489页）

第十章 复丘之利生与普愚之接化

忠惠王狂荒淫纵，失德极多，加以佛教之弊害，社稷如累卵。至恭愍王颓败益甚，虽复丘之福国利民，太古普愚之接化应物，不足救之，遂至诱起排佛之气势。

第一节 忠惠王之淫纵

第二十八主忠惠王（自元至顺二年，后醍醐天皇元弘元年，公元1331年，至同至正四年，后封上天皇兴国五年，公元1344年）元年，以僧乃圆为国师。复位之元年（至元六年），顺天君蔡洪哲卒。洪哲为人巧于文章技艺，尤好佛教，尝守长兴府，弃官闲居凡十四年，以教弹琴、书剂和为日用，忠宣王举之为相。第北构梅檀园，养禅僧又施药。复于第南作中和堂，邀国老八人为耆英会，作紫霞洞之新曲。复位三年（至正二年），幸洪法寺，见僧蒿仙，因问长生之诀，对曰："人有定分，无过限之理，但不可为恶促之。"时王信术士之言，欲撤崇教寺，蒿仙问其故，王曰："书云：'观云此地有寺，逆臣必生。'予恐曹顿复生，是以毁之。"对曰："自穆王时已有此寺，其间逆臣有几？"四年，蒿仙下狱。仙善琴画医术，亦解汉、蒙语，王敬重之，称为师傅。上殿不拜，时人疾之。至是矫旨放囚，王怒，命监司鞠之，流济州。四年，元顺宗帝以王之狂荒淫纵，失德滋多，囚载槛车，流揭阳县（中国广东省潮州）。帝谕曰："尔为人上，剥民已甚，虽以尔血啖天下之狗，犹为不足"云云。翌年一月，王薨于岳阳县（湖南省岳州）。

第二节　恭愍王时代佛教之弊害与
复丘之利生

第三十一主恭愍王（自元至正十二年，后封上天皇文和元年，公元 1352 年，至明洪武七年，后圆融天皇应安七年，公元 1374 年）元年，李穑上书曰：

> 我太祖化家为国，佛刹民居参伍错综。中世以降，其徒益繁，五教两宗，为利之窟，川傍山曲，无处非寺。不惟浮屠之徒，浸以卑陋，亦是国家之民，多于游食，识者每痛心焉。佛者大圣人也，好恶必与人同，安知已逝之灵，不耻其徒之如此也哉。臣伏乞，明降条禁，已为僧者，亦与度牒，而无度牒者，即充军伍。新创之寺，并令撤去，而不撤去者，即罪守令，庶使良民不尽髡缁。臣闻殿下奉事之诚，尤笃于列圣，其所以祈永国祚者，甚盛甚休。然以臣之愚，窃惟佛者至圣至公，奉之极美，不以为喜，待之甚薄，不以为怒。其经中分明有说，布施功德不及持经，听政之余，怡神之暇，注目方册，留心顿法，无所不可。但为上者，人所则效，虚费者，财所耗竭，防微杜渐，不可不慎。孔子曰："敬鬼神而远之。"于佛亦宜如此。（《东国通鉴》卷四十六，第 117 页；《高丽史》卷百一十五，第 412 页）

盖恭愍王时代，佛教徒之颓败，有如是者，加之以蒙古之迷信，致国祚之危亦当然之势也。恭愍王胡服辫发以仿蒙古人之风，近臣有谏者乃止，风潮所在，可以知矣。

《王师大曹溪宗师觉俨尊者赠谥觉真国师碑铭》略云，复丘，自号无言叟（一作无能叟），固城郡（庆尚南道）人。以元世祖帝至元七年生，资质明朗，不类尘凡。年甫十岁，就曹溪之圆悟国师（天英）剃落受具，未几，圆悟入寂，因遗嘱从大禅师道英请益十年。至元二十七年，二十一岁中禅选上上科，由是观心泉石，逍遥云林，不近名利。慈觉国师（曹溪第十二代），丘之二师也。尝以学徒委丘，丘固辞，往白岩寺与同志早夜参究，十又余年。后住月南松广大道场，前后四十余年，其间福国利生，不可胜记。晚因王命，住灵光郡（全罗南道）佛岬寺。元顺宗帝至正十二年，恭愍王册为王师。至正十五年（恭愍王四年，公元1355年）示疾，以书辞国王宰府，更衣剃沐，坐禅床曰："即心即佛，江西老非佛非心，物外翁囒鼠声中，吾独往，涅槃生死本来空。"言讫而化，谥曰觉真国师，春秋八十六。其祖派则从普照至丘凡十三世，门人禅源等以下千有余人。（《朝鲜金石总览》上，第659—661页；《东文选》卷一百十八，第246—248页）

第三节　普愚之临济正传

恭愍王元年，遣使召僧普虚于益和县。普虚，号大古，自言从石屋和尚传衣钵，寓广州迷元庄（今作迷原县属杨根，在郡北四十一里），聚亲戚家于此。至是白王，升迷元为县置监务，号令自主，广占田园，牧马满野，虽害禾谷，人不敢逐。虚之至都也，王引入内以问法，虚曰："为君之道，在修明教化，不必信佛。若不能理国家，虽致勤于佛，何有功德？无已则但修太祖所置寺社，慎勿新创。"又曰：

"君王去邪用正，则为国不难矣。"王曰："予非不知邪正，但念其从我于元皆效勤劳，故不能轻去耳。"（《高丽史》卷三十八，第577页）

五年二月，普愚饭于内佛堂。普愚，即普虚也。三月，王及公主奉大妃如奉恩寺，听普愚说禅，顶礼施币、银钵，绣袈裟，积如丘山，其徒三百余僧，皆施白布二匹，袈裟一领，士女奔波，犹恐不及。四月，封普愚为王师，邀于延庆宫，行师递之礼。以五月诞日迎愚内殿，饭僧百八。时僧徒之求住寺者，皆附愚请王。王曰："自今禅教宗门，寺院住持，听师注拟，寡人但下除目耳。"于是僧徒争为门徒者不可胜计。（《高丽史》卷三十九，第587页）

高丽李穑撰《杨州（京畿道高阳郡神道面北汉里）太古寺圆证国师塔铭》并据维昌撰《行状》，普愚，始名普虚，号太古，俗姓洪氏，洪州（忠清南道洪城郡）人，以元成宗帝大德五年生。十三投桧岩寺之广智脱尘，访道诸方丛林。方十九岁，参万法归一之话。顺宗帝元统元年，寓城西甘露寺时，一日消疑团，作颂有"佛祖与山河，无口悉吞却"之句。及后三十七岁，寓松都（开城）梅檀园，参究无字。明年正月初七日五更，豁然大悟，有颂以"打破牢关后，清风吹太古"结句。顺宗帝至正元年，住汉阳三角山重兴寺，玄学云集。于寺东卓一庵，匾曰"太古"，逍遥自适凡五载，仿永嘉《证道歌》作歌一篇。至正六年（忠穆王二年），四十六岁入元，留燕京大观寺。翌年，闻竺源盛在南巢，往见之，盛已逝，乃至湖州霞雾山天湖庵见石屋清珙，通所证，且献《太古庵》之歌，珙奇之，姑试之曰："子既经如是境界，更有祖关，知否？"答曰："何关之有？"珙曰："据汝所得，工夫正而知见白矣，然宜一一放下，若不尔也，斯为理障，碍正知见矣。"曰："放下久矣。"珙曰："且歇去，至明日具仪而前。"珙曰："佛佛祖祖，唯一传心，更无别法。"乃举马祖僧问大梅因缘曰："才有些子光明以为实者，堕在光影里，作活计矣。故从上诸祖，见此人病无奈何，于清平境上设关去缚了，若真正彻去，尽是闻家具也。且子于无人之境，奚辨得岐路若是其明乎？"曰："佛祖重示方便具在故也。"珙曰："良哉，非宿植正因，亦未免罹邪纲矣。老僧虽在穷山，常说祖门，待尔儿孙久矣。"曰："善知识者，浩劫难逢，誓不离左右矣。"不觉拜手。珙曰："老僧亦要与你同甘寂寥，恐他日无去路，于法值难，不如留半月相与打话而归之得也。"珙问："云何是日用涵养事？云何是向上把鼻？"普愚答毕前曰："未审此外，还更有事否？"珙愕然曰："老僧亦如是，三世佛祖亦如是，长老说别有道理，乌得无说耶？"普愚礼曰："古有父子不传之妙故尔耳，弟子何敢辜负和尚大恩乎？"珙跋《太古庵》之歌授之，付袈裟表信曰："衣虽今日，法自灵山，流传至今，今付于汝。"愚拜受回燕京。元顺宗帝闻之，请于永宁（一作明）寺开堂说法，赐金襕袈裟、沉香等。元至正八年（忠穆王四年），东还挂锡重兴寺。欲韬光，入迷原（广州）小雪山，躬耕养圣胎四年，作《山中自乐歌》一篇。至正十二年，恭愍王召已，不应，再遣使强起，邀入宫中。京城士庶奔走礼拜，愚知机变力辞，退小雪山。至正十六年，因王请说法奉恩寺。同年（恭愍王五年）四月，封为王师，留广明寺。明年，辞不许，夜遁去，王知其志不可夺，悉送法服、印章于愚所。时有古潭寂照玄明，浙人也。客于迷原之隐圣寺，看《太古歌》赞叹，参访于小雪山。至正二十二年，王在清州行在，遣使往曦阳山凤岩寺。翌年，车驾还东，命愚移迦智山宝林寺。至正二十六年，封还印章，乞任性养真，王允之。及辛旽得王宠幸擅事，上书曰："国之治，真僧得其志，国之危，邪僧逢其时，愿上察之远之，宗社幸甚。"明洪武元年，云游寓全州普光寺，辛旽流言欲置愚于死地。以其游江浙，白王曰："太古蒙恩至矣，安居送老，是渠职也。今欲远游，必有异图。"王信之，锢愚于俗离寺。明洪武二年，王悔之，请还小雪山。同四年，辛旽觊觎非分，伏诛。王备礼进封国师，请住莹原寺，以疾辞。有旨，遥领寺事七年。洪武十四年，移于阳山寺。入院之日，辛禑再封为国师。洪武十五年（辛禑八年，公元1382年），归小雪山入灭，寿八十二，禑谥之曰圆证。(《朝鲜金石总览》上，第525—528页；《朝鲜佛教通史》中编，第195—205页）

普愚深忧禅门九山之弊，且为革政道之败颓，迁都以革正人心。维昌撰《圆证国师行状》云：

> 今九山禅流，各负其门，以为彼劣我优，哄斗滋甚。近者益以道门持矛盾，作藩篱，由是伤和败正。噫，禅是一门，而人自辟多门，乌在其本师平等无我之道，列祖格外清歇之风，先王护法安邦之意也，此时之弊也。而凡为老阳，一为初阳，老而衰也，理之常。而又立都之时，九山之来既久，不如反其初，为新阳之为愈也，此数之变也。当是时也，若统为一门，九山不为我人之山，山名道存同出一佛之心，水油相和一概齐平，于是乎，百丈大智禅师《禅苑清规》薰陶流润，其日用威仪，精严真净，参请以劝，钟鱼以时，重兴祖风。而五教各以其法弘之，以奉万岁，圣祚延而佛日明矣，岂不畅然哉。然尝观王气不在此都，以复古初全盛之时难矣哉。若南迁汉阳，行向所陈之言，自化孚六合，泽被万灵矣。

即移王都于今之京城，令人心一变，计政教之革新也。惜哉，其言不用而止。太古普愚之法系如下：

临济义玄——兴化存奖——南院慧颙——风穴延沼——首山

省念——汾阳善昭——慈明楚圆——杨岐方会——白云守端——五祖法演——昭觉克勤——虎丘绍隆——天童昙华——天童咸杰——卧龙祖先——径山师范——仰山祖钦——道场及庵（宗信）——福源清珙——太古普愚。

即愚是临济十九世孙也。

第四节　普愚之心要

愚《语录》，侍者云栖所编，洪武二十年李崇仁作序，其中有对恭愍王说心要之文，提唱第一义云：

> 有一物，明明历历，无伪无私，寂然不动，有大灵知，本无生死，亦无分别，亦无名相，亦无言说，吞尽乾坤，盖尽天地，盖尽声色，具大体用。言其体，则包罗尽广大而无外，收摄尽微细而无内。言其用，则过佛刹微尘数，智慧神通三昧辩才，即显即隐，纵横自在，有大神变。(《韩鲜佛教通史》中篇，第221页)

说宇宙的大灵之存在及其神力妙用无余蕴。又说这个第一义与吾人之关系云：

> 此一物常在人人分上，举足下足时，触境遇缘处，端端的的……头头上明，物物上显，一切施为寂然照着者，方便呼为心，亦云道，亦云万法之王，亦云佛。(同上)

道破吾人与佛之为不二，且指出所谓心非妄想之心念云：

所以名此心者，非是凡夫妄生分别之心，正是当人寂然不动底心也。（同上书，第222页）

进而说悟此一心之方法云：

> 一切善恶，都莫思量，身与心法，一时都放下。一如金木佛相似，则生灭妄念尽灭，灭尽的亦灭，阗尔之间，心地寂然不动，无所依止。身心忽空，如倚太虚相似，这里只个明明历历、历历明明地现前，此时正好详看父母未生前本来面目。才举便悟，则如人饮水冷暖自知……只是个灵光盖天盖地……即与佛祖相见了也。（同上）

是正与六祖告惠明处合致，禅门相承之口诀，不出此外。

第五节　普愚之看话

普愚看话之工夫，乃在以公案截断分别知解，此与宋之圆悟、大慧等之看话全同，故《答茅山居士书》云：

> 念起念灭，谓之生死，当生死之际，须尽力提起话头。纯一，则念头起，灭即尽，起灭尽处，谓之寂。寂中无话头，谓之无记。寂中不昧话头，谓之灵知……身心与话头，打成一片，无所依倚，心无所之……千疑万疑，一时透了也。（同上书，第224页）

又《示无际居士书》云：

> 赵州云无，这个无字，不是有无之无，不是真无之无。毕竟如何即是？到这里，直得通身放下，一切不为，不为底也不为，直到闲闲地，荡荡地，切无拟思，前念已灭，后念不起，当念即空，空亦不守，不守亦忘，忘亦不立，不立亦服，服亦不存。到恁么时，只是个惺惺寂寂的灵光，卓尔现前，切莫安生知解。但举话头，十二时中，四威仪内，单单不昧，切切参详……犹老鼠入牛角相似，便见到断，利根者到此，豁然打破漆桶。（同上书，第224—225页）

由此可知愚之看话与宋末者全同。愚打念佛公案，而所示乐庵居士之《念佛略要》云：

> 阿弥陀佛，梵语，此云无量寿佛。佛者亦梵语，此云觉。是人人个个之本性，有大灵觉，本无生死，亘古今而灵明净妙，安乐自在，此岂不是无量寿佛也。故云明此心之谓佛，说此心之谓教，佛说一大藏教，指示人人自觉性之方便也。方便虽多，以要言之，则唯心净土，自性弥陀，心净即佛土净，性现即佛性现，正谓此耳。阿弥陀佛净妙法身，遍在一切众生心地，故云心佛及众生是三无差别，亦云心即佛，佛即心，心外无佛，佛外无心，若相公真实念佛，但直下念自性弥陀，十二时中，四威仪内，以阿弥陀佛名字，帖在心头，眼前心，眼佛名，打成一片，心心相续，念念不昧，时或密密返观，念者是谁，久久成功，则忽尔之间，心念断绝，阿弥陀佛真体卓尔现前，当是时也，方信道，旧

来不动名为佛。(同上书，第 227 页;《太古庵歌》，第 4 页右—左)

是即从宋末至明流行之念佛公案也。

第六节　《太古庵歌》

《太古语录》所载，有《太古庵歌》(在三角山重兴寺作)、《杂华三昧歌》、《山中自乐歌》、《白云庵歌》、《云山吟》等值得吟诵。《白云庵歌》如下:

> 逍遥山上多白云，长伴逍遥山上月。
> 有时清风多好事，来报他山更奇绝。
> 白云无心遍太虚，其如烘炉一点雪。
> 行雨四方无彼此，是处是物皆欣悦。
> 刹那归来此山里，山光着色水呜咽。
> 古庵依稀非雾间，连云畏道苍苔滑。
> 左倾右倾住复行，谁其侍者惟柳栗。
> 路穷庵门向东开，宾主同会无言说。
> 山默默水潺潺，石女喧哗木人咄。
> 汲汲西来碧眼胡，漏泄此意埋佛日。
> 传至曹溪卢老子，又道本来无一物。
> 可笑古今天下人，不惜眉毛行棒喝。
> 我今将何为今人，春秋冬夏好时节。
> 热向溪边寒向火，闲截白云衣半结。
> 困来闲卧白云楼，松风萧萧声淅淅。

请君来此保余年，饥有蔬兮喝有泉。(同上书，第238—239页)

第七节　丽末之天台与排佛之气势

恭愍王二年辛未，京畿道水原万义寺有天台龙岩寺住持大禅师、三重大匡奉福君神照，尝被恭愍王知遇，乃设大法会为国祈福。壬申(朝鲜太祖元年)二月，设大法会，大天台宗师、国一都大禅师玄见等三百三十指，皆一时天台之硕德也。外护前洪济寺住持大禅师明一等一百九十指，诸执事监院禅师觉恒等一百九十指，行华严三昧忏仪，继讲《法华经环师疏》三七日，丽末天台之未衰可证。

恭愍王四年(元至正十五年)，王召台官谕曰："僧禅近所犯，不须穷治。"禅近者，内愿堂之僧，素有宠于王，与士人妻通，为宪府所鞫，故王命释之。时慈恩宗之英旭，犯邪淫罪，台官欲构致罪之，旭曰："若欲罪我，须罢宗门，今宗门僧，谁非我乎?"(《高丽史》卷三十八，第585页)

十年(元至正二十一年)，御史台启曰：

　　释教本尚清净，而其徒以罪福之说，诳诱寡妇孤女，祝发为尼，杂处无别，恣其淫欲。至于士大夫宗室之家，劝以佛事，留宿山闻，丑声时闻，污染风俗，自今一切禁之。(《东国通鉴》卷四十七，第137页)

金子粹之《传》，痛击佛徒之妄说如下云：

　　彼学佛者，始唱邪说，上诬群臣，下诳愚民，仍作太祖九世之像曰："太祖前身，某生为某院主，某生作某塔，某生造某经。"至曰："某生太祖为某寺之牛，至某生乃得王位，上宾之后，今为某菩萨。"成书开板，藏于深山，以欺万世。玄陵见之，深加敬信，于是，内佛堂之法席，演福寺之文殊会，讲经饭僧，至屈千乘之尊，拜髡为师，亲执弟子之礼。至于甲寅，未蒙事佛之福，臣等未知太祖九世像。释迦、达摩复生于东方，亲见太祖于天堂佛刹，而作此像欤？太祖前身为牛、为院主之时，亲见者何僧欤？彼之邪说，诬上以太祖为牛，此岂圣子神孙之所可开口者也。（《高丽史》卷一百二十，第502页）

第十一章　惠勤之看话禅

恭愍王任用辛旽，致国政紊乱，令人痛感溺佛之弊害，促进儒教之再兴，而诱起郑梦周、郑道传等之辟佛。懒翁、惠勤于此间弘宣看话禅，宗风一时炽然。

第一节　遍照与恭愍王

王十四年（元至正二十五年），以妖僧遍照为师傅，赐清闲居士之号，咨访国政。照，灵山县玉川寺之奴也，幼而为僧，不齿于其类。王梦有人拔剑刺己，有僧救之得免，会金元命，以见照其貌似梦中之僧，王异之。与语，聪慧辨给，自言得道，因是屡召入内，与之谈空。照虽无学不德，务矫饰，枯槁其形，虽盛夏隆冬被一破衲，王益重之，凡馈衣服饮食必洁净，至于足袜必顶戴，致敬馈之。照入内用事，言无不从，人多附之。士大夫妻以为神僧，至有听法求福者，照主密置金兰之家，兰以二处女与之。赞成事崔莹责兰，照乃潛莹，贬为鸡林尹。照由是恣威福，斥去忠良，与奸邪结托。王封照为真平侯，又为守正履顺论道变理保世功臣、鹫城府院君、提调僧录司事，兼判书云观事，始称姓辛，后改名旽。初王在位久，宰相多不称意，以为世臣大族皆亲党根连互为掩蔽，草野新进是矫情饰行，得名望则联姻大族，儒生懦而不刚，门生座主党比徇情，此等三者皆不足用，乃欲得离世独立之人，以革因循之弊。及见盹，以为得道寡欲，且出于微贱更无亲比，任之大事则必径行无顾藉矣。盹贪淫日甚，货赂辐辏，居家饮酒啗肉，恣意声色，谒王则清谈而咬菜饮茗，王益加信任，公卿旧臣，多为盹所逐。

第二节　高丽文教之再兴

高丽的学政从太祖至成宗确立其基础。成宗五年，下教兴周公、孔子之风。六年，于十二牧置经学博士、医学博士各一员教授。九年，开修书院于西京，令诸生抄书史籍藏之。十一年，命庠序学校举文武之有才略者，同十二月创立国子监，令有司广营书斋与学舍。文宗十年八月，因西京留守奏，印出书籍置诸学院。肃宗六年四月，因国子监之奏，于文宣王殿左右廊新画六十一子，令二十一从祀释奠。睿宗十四年七月，始于国学置养贤库养士，选名儒任学官。仁宗五年，命学士讲论经义。七年，视国学听讲论，同八月于书籍所读宋朝之《忠义集》。八年，因国学之奏，差教导官各一员劝学。九年，禁老庄之学。十二年，分赐《孝经》《论语》于闾巷童稚，如是至仁宗虽最极隆盛，而文武之轧轹生教势顿衰，尤其高宗以后军旅多事，无暇及学政。然而忠烈王十五年（元至元二十六年，公元1289年），安裕（又名珦）之随王往燕，得《朱子全书》，而朱学得输入。裕忧学校荒废，募义捐，赡学钱，且送博士金文鼎入元，画孔子及七十子像，并求乐器、祭器、六经史子，再兴学制，受业者达数千。裕一日作诗书于《学宫》云：

香灯处处皆祈佛，弦管家家尽祀神。

独有一间夫子庙，满庭春草寂无人。(《谀闻锁录》，第356页)

可想见儒教衰颓之状。安裕慕朱子，揭其真，自号晦轩，有《晦轩实录》二册，裕实朝鲜朱学之先觉，于大学唱道朱子。朱子之唱道即为排佛第一步，乃后于李朝为废佛毁释之远因者。安裕门人白颐正，又入元传程朱之学，李齐贤师事之，承其后者为李穑等。然则高丽儒学，从安裕传白颐正(号上党)、禹倬(号易东)，颐正传李齐贤(号益斋)，齐贤传李穑(号牧隐)，穑传权近(号阳村)，近传卞季良(号春亭)也。

忠肃王元年，上王(忠烈王)如元，构万卷堂于燕，召李齐贤充府中，迎文儒阎复、姚遂、赵孟頫、虞集等共从游，考究书史。同年，赞成事权溥、商议都监事李瑱、三司使权汉功等会于成均馆，考阅新购之书，试经学，时博士柳衍等于江南(中国)购来经籍一万八百卷。同年七月，元帝赐王书籍四千三百七十一册，一万七千卷。

恭愍王十六年(元至正二十七年)，李穑为成均馆大司成，金九容、郑梦周、朴尚衷、朴宜中、李崇仁等皆为学官。穑日坐明伦堂讲经授业，于是程朱性理之学始兴。时经书之到东方者，唯《朱子集注》而已，郑梦周为成均博士，其所讲说，超人意表，闻者颇疑之，及后得胡炳文之《四书通》无不吻合。穑称之云，梦周之论理，横说竖说，无不当理，推为东方理学之祖。李穑与李齐贤共崇信佛教，未至露排佛之戟，虽然郑梦周以排佛为宣扬儒教之方策，而犹于排佛间不辞翻阅佛典。权近著《四书五经口诀》《五经浅见录》《入学图说》，与郑道传共握李朝初期文柄，虽执毁佛之方针而不如道传之激烈，多作崇佛文字。

《东文选》卷九十二《送日本天祐上人还归序》云：

　　窃闻之，睦州踪公尝编薄屦以给其亲，慈明园（圆也）公遗若母，后世称唐宋诸师道行之著者，必曰睦州、慈明之二师，岂外乎道哉。

足以知权近于祖门之事迹甚明。

第三节　郑道传之排佛论

　　高丽末高唱排佛论者不少，而其深刻痛烈，无及郑道传者。道传，字宗之，安东府奉化县人，少好学，游李穑之门，与郑梦周等为友。以恭愍王十九年除成均博士，二十年特授太常博士。从辛禑王时，与朝鲜太祖李成桂结献计，为其心腹，废辛禑、辛昌二王，又令恭让王禅位于成桂，以灭高丽，因功封宝文阁大学士……义兴亲军卫节制使奉化伯，太祖七年作乱伏诛。道传尝结庐三角山下曰三峰斋，讲学于此，四方学者，从游者多，所著有《三峰集》，同书卷九载《佛氏杂辨》等文。第一佛氏轮回之辨，以阴阳五行、人物生生之理，破佛教之轮回说。第二佛氏因果之辨，以阴阳五行、交运迭行、参差不齐为智愚、贵贱、寿夭之原因，破佛教之三世因果。第三佛氏心性之辨，论心是气而虚灵不昧，性是理而纯粹至善，以破佛教心即性之说。第四佛氏作用是性之辨，引庞居士运水搬柴神通妙用之语，断佛氏以作用为性，论性者生之理，作用者生之气而破之。第五佛氏心迹之辨，论心者一身之主，迹则心之废于事物上者，不可判而为二，然而佛氏取其心不取其迹，所云文殊大圣游诸酒肆，迹虽非，而心则是，其一例也。第六佛氏昧于道器之辨，论道者理也，形而上也，器者物也，形而下也，万物莫不有道，道不杂器亦不离器。佛氏以道与器为二，故凡所有相皆是虚妄，若见诸相非相即见如来，所云落于空寂。又以器为道，云善恶皆心，万法唯识，猖狂放恣，无所不为。第七佛氏毁弃人伦之辨，说佛徒之不具人伦。第八佛氏慈悲之辨，论儒之仁爱有次第本末，佛之慈悲无次第本末，偏于平等。第九佛氏真假之辨，说佛氏以心性为真常，天地万物为假合，故至绝灭伦理。第十佛氏地狱之辨，说佛教供佛饭僧灭罪资福之妄。第十一佛氏祸福之辨，论天道福善祸淫，人道赏善罚恶，然佛氏不论人之邪正，所云归佛者免祸得福之非。第十二佛氏乞食之辨，说佛氏不耕不食而乞食之非。第十三佛氏禅教之辨，说佛教之为说，其初论因缘果报，不过为善得福，为恶得祸，至达摩之入中国，有直指人心，见性成佛之说，其徒论述之，或云善亦是心，不可将心修心，恶亦是心，不可将心断心，或云淫、怒、痴皆是梵行，放肆自恣，无所不至。第十四儒释同异之辨，论如儒之虚，佛之虚，儒之寂，佛之寂，然儒之知行，佛之悟修，儒之心具万理，佛之心生万法，句句同而事之异。次以《佛法入中国》为题，记佛教入中国，楚王英先好之。次《事佛得祸》篇记梁武帝信佛，遇侯景之乱，竟饿死同泰寺。次《舍天道而谈佛果》篇，说唐代宗务佛事而紊政刑。《事佛甚谨年代尤促》篇，引韩愈《佛骨表》说宋、齐、梁、陈、元魏以下，事佛渐谨，年代尤促。最后辟异端之辨，道传仿《孟子》述其以辟异端自任之意。

以上有十九篇文，道传自云著《佛氏杂辨》十五篇，前代事实四篇，而《佛氏杂辨》十四篇，前后代事实四篇，所云十五篇殆加最后《辟异端之辨》者。《三峰集》卷十载《心气理篇》，其中有三：一《心难气》，此篇言释氏修心之旨，以老子为非；二《气难心》，此篇言老氏养气之法，以释氏为非；三《理谕心气》，此篇主言儒家之义理，以非佛、老。次有《心问》，此篇心问天之辞。又有《天答》，此篇述天答心之辞。权近所撰跋曰：

> 先生（郑道传）尝有言，曰辨老、佛邪遁之害，以开百世聋瞽之学，折时俗功利之说，以归夫道谊之正。其心、气、理三篇，论吾道异端之偏正，殆无余蕴，愚已训释其意矣。先生又尝作《心问》《天答》二篇，发明天人善恶报应迟速之理，而勉人以守正，其言极为精切，使怵于功利者观之，可以祛其惑而药其病矣。

按郑道传之论，依凭周氏之《太极图说》，程朱之理气论等，无何等之发明。盖宋儒阴采用禅学思想而同时频事排佛之效颦，观其关于佛教知识所引用之经论，可窥知之。

> 佛之言曰人死精神不灭随复受形，于是轮回之说兴焉。《楞严》曰："圆妙明心，明妙圆性。"以明与圆分而言之。普照曰："心外无佛，性外无法。"又以佛与法分而言之。佛氏以为真净心随缘是相，不变是性，如一真金，随大小器物等是随缘相也，本金不变是性也。一真净心随善恶染净等是随缘相也，本心不变性也。庞居士偈曰："日用事无别，唯吾自偶谐。头头须取舍，处处勿张乖。神通并妙用，运水及搬柴。"佛氏曰："文殊大圣游诸酒肆，迹虽非而心则是也。"佛氏曰："凡所有相皆是虚妄，若见诸相非相，即见如来。"《般若经》言："目前无法，触目皆如，但知如来是即见如来。"佛氏曰："善恶皆心，万法唯识。"《圆觉经》言："众生业识不知自身内如来圆觉妙心，若以智照用，则法界之无实如空华，众生之妄相如第二月，妙心本月第二月影也。"

《楞严经》言："大觉海中本绝空有，由迷风鼓，妄发空沤而诸有生焉，迷风既息，则空沤亦灭，所依诸有遂不可得，而空觉圆融复归之妙。"佛氏则不论人之邪正是非，乃曰："为吾佛者祸可免，而福可得。"《金刚经》曰："尔时世尊，食时着衣持钵入舍卫城，乞食于其城中。"达摩入中国……曰："不立文字，言语道断，直指人心，见性成佛。"佛说大略有三，其初斋戒，后有义学，有禅学，缘之名有十二，曰触、爱、受、取、有、生、老、死、忧、悲、苦、恼。业之名有三，曰身、口、意。指心性，谓即心是佛，见性成佛。超有无谓，言有则云，色即是空，言无则云，空即是色。《般若经》言："应无所住而生其心，四大身中谁是主，六根尘里孰为精，黑漫漫地开眸看，终日闻声不见形。"此释氏之体验心处。

如斯彼所引不过局于《楞严》《圆觉》《金刚》《般若》《般若心经》之一二句，采拾禅者语录中之片言只语，而施之以主观的解释而已。引韩愈《佛骨表》其论证可谓类于儿戏，尽管如此，其痛论激语，出彼之右者少，此吾人所以以彼为排佛家之代表也。

第四节　明太祖之警告

恭愍王十六年，以僧千禧为国师，禅显为王师，王九拜，禅显立而受之，百官朝服就班。辛旽独戎服立殿上，王每一拜，辄称叹，私语官者曰："主上之礼容，天下稀也。"旽阴取媚宠如此。王十九年（明洪武三年），明太祖帝与玺书云：

近者使归，问国王之政，言王惟务释氏之道……历代之君，不闲华夷，惟行仁义礼乐，可以代民成俗。今王舍而不务，日以持斋守戒……不崇王道，而崇佛道，失其要矣……所可汰者，冗僧耳，敬之，则游食者众，慢之，则使民不敬于佛，不敬不汰，则善恶不分，王处之如何耳？朕幼尝为僧，禅讲亦会参穷，惟闻有佛而已，度死超生，未见尽验。古今务释氏，而成国家者，实未之有，梁武之事可为明鉴。今乃惟佛教是崇，非王之所宜。（《高丽史》卷四十，第634页）

同年，王幸王轮寺，观佛齿及胡僧指空之头骨，顶戴之，遂迎入宫中。二十年，辛旽图不轨流于水原，其党皆伏诛，既而王又命杀旽，以僧慧勤为王师。慧勤，号懒翁，为朝野所重。《慵斋丛话》云：

懒翁住桧岩寺，士女奔波。有儒生三人，相谓曰："彼髡有何幻术，而使人惊骇如此，吾辈往见压之。"遂到方丈，翁踞榻而坐，容貌雄伟，眼波明莹，望之俨然，忽大声唱云："三人同行，必有一智，智不到处，道将一句来。"三人魄遁，顶礼而还。（《慵斋丛话》卷六，第131页）

第五节　慧勤之行状

高丽李穑撰《杨州（京畿）天宝山桧岩寺禅觉王师碑》，并据觉宏所记行状，慧勤，旧名元慧，号懒翁，所居室曰江月轩。姓牙，宁海府人，以元仁宗延祐七年生，至年二十见邻友之死，问父老："死何之？"皆无知之，因而心中不堪痛悼，投功德山妙寂庵了然祝发。了然问："汝为何事剃发？"勤曰："超出三界，利益众生，请开示。"然曰："汝今来此是何物耶？"曰："此能言、能听者能来耳，欲见无体可见，欲觅无物可觅，未审如何进修？"然曰："吾亦如汝犹未之知，可往求之有余师。"于是游历诸山。顺宗至正四年，到杨州天宝山桧岩寺，宴处一室，时有日本石翁和尚寓此寺。一日下僧堂，击禅床曰："大众还闻吗？"大众无语。勤呈偈曰："选佛场中坐，惺惺着眼看。见闻非他物，元是旧主人。"精修四载，一日忽开悟，由是至远游。至正七年（忠穆王三年）十一月，向北发足。八年三月，入元达燕京法源寺。初参西天指空，空曰："汝从甚处来。"勤曰："高丽来。"空曰："船来耶，陆来耶，神通来耶？"答曰："神通来。"空曰："现神通看。"勤近前，叉手立。乃随众参学，指空一日垂语曰："禅无堂内法无外，庭前柏树认人爱。清凉台上清凉日，童子数沙童子知。"勤曰："入无堂内出无外，刹刹尘尘选佛场。庭前柏树更分明，今日夏初四月五。"至正十年正月初一日，指空披皇后所赐红袈裟，集众方丈内曰："明然法王巍巍福国，天上日下有祖不问大小，有智慧者尽得对看。"众无对。勤出众曰："明然犹是那边事，巍巍福国是虚声。天日下祖俱打了，到这般是什么？"空提起衣角曰："内外都红。"勤三拜而退。是岁三月，离都城到通州上船，四月八日到平江府休休庵过夏，八月达净慈寺。有蒙堂者问曰："尔国还有禅法也无？"勤以偈答曰："日出扶桑国，江南海岳红。莫问同与别，灵光互古通。"便参见平山处林，林适在僧堂，勤直入堂内，信步东西。林曰："大德从何方来？"答曰："大都来。"林曰："曾见什么人来？"答曰："曾见西天指空来。"林曰："指空日用何事？"曰："指空日用千剑。"林曰："指空千剑且置，净汝一剑来。"勤以座具打林，林倒在禅床，大叫言："这贼杀我。"勤扶起之曰："吾剑能杀人，亦能活人。"林呵呵大笑，留此数月。一日，林以手书嘱曰："三韩慧首座来见老僧，其出言吐气，便与佛祖相合。宗眼明白，见处高峻，言中有响，句里藏锋，慈以雪岩所传及庵先师法衣一领，拂子一枝付嘱表信。"偈曰："拂子法衣今付嘱，石中取出无瑕玉。六根永净得菩提，禅定慧光皆具足。"至正十一年二月，辞诣明州，礼补陀洛迦山观音，与育王寺之悟光、雪窗、无相、枯木荣等商量。至正十二年，上婺州伏龙山谒千岩元长，长问："大德从甚处来？"曰："净慈来。"长曰："父母未生前从甚处来？"曰："今朝四月初二日。"长曰："明眼人难瞒。"即许入室。因住留一夏，还省燕京法源寺指空，空迎入方丈，以法衣一领，拂子一枝，信书一纸付嘱曰："百阳吃茶正安果（正安指空方丈名也），年年不昧一通药。东西看见南北然，明宗法王给千剑。"答曰："奉吃师茶了，起来即礼三。只这真消息，从古至于今。"留一月，辞而游览山川数载，道行闻于朝。至正十五年，奉顺宗诏，住京师广济寺。十六年开堂，帝赐金襕袈裟并币帛。十七年退院，访诸名山，还法源寺见指空曰："弟子当往何处？"空曰："汝还本国，择三山两水间居之，则佛法自然兴矣。"十八年（恭愍王七年）春，辞指空东还，说法于辽阳、平壤、东海等。二十年，入居于台山象头庵。二十一年（恭愍王十年），迎勤入城中，请说心要，勤进呈三颂，王喜，赐满绣袈裟、水晶拂子，请住神光寺。辞，不允。同年十一月，红贼入京，举国南徙，僧徒震惧，请避贼。勤曰："惟命是保，贼何能为？"如常演说，既而贼辈数十骑入寺，勤俨然对之，贼首献沉香一片而退。二十三年，出居九月山（黄海道信川郡）金刚庵。十月，因王请还山，留二载。二十五年，诣阙请退，许游诸山。二十六年，入金刚山住正阳庵。二十七年，因王命，居清平寺。冬，普庵长老受指空之袈裟一领，手书一纸到寺授勤。明太祖洪武二年，以疾辞，入台山住灵感庵。洪武三年（恭愍王十九年），元司徒达睿奉指空灵骨置桧岩寺，勤礼之，入城结夏于广明寺。同年秋，住桧岩。九月十日王召入京，就广明寺大会两宗衲子，试其所自得，号曰功夫选。王亲临观之，勤拈香毕，升法座曰："破却古今之窠臼，扫尽凡圣之踪由，割断衲子命根，抖擞众生疑网，操纵在握，变通在机，三世诸佛，历代祖师，其揆一也，在会诸德，请以实答。"于是以次入对，曲躬流汗，皆曰未会，或理通而事碍，或狂甚失言，一句便退，王若有不豫之色然。幻庵修后至，勤历问三句三关，会罢还桧岩。洪武四年（恭愍王二十年），王封为王师，松广寺称东方第一道场，命居之。洪武九年（辛裪二年，公元1376年），卒于骊兴（今江原道原州郡）之神勒寺，寿五十七，谥曰禅觉。（《朝鲜金石总览》上，第498—502页;《朝鲜佛教通史》中编，第257—270页）

慧勤法系，门人觉宏之行状录勤开堂于燕京广济寺时语云：

> 拈香云，此一瓣香，奉为西天一百八祖指空大和尚、平山大和尚，用酬法乳之恩。（《东师列传》卷一;《朝鲜佛教通史》中编，第266页）

是正嗣法于二人也。勤《传》亦载从指空、平山二人付法事实，可为当时嗣法乱统之证。指空为西天一百八祖，其传承次第既如前记，平山处林嗣道场之及庵宗信，与石屋清珙同门兄弟也，惠勤之嗣有无学自超、国师智泉、高峰法藏等三十三人。

第六节　慧勤之思想

慧勤思想与太古全然无异，其拈提第一义云：

觉性如虚空，地狱天堂，自何而有？佛身遍法界，傍生鬼趣，甚处得来？汝等诸人，曰僧曰俗，曰男曰女，从生至死，日用之中，所作所为，或善或恶，皆谓之法也。何者为心？心在诸人分上，唤作自己，又唤作主人公。十二时中，受他主使，一切处听他差排，顶天立地也是他，负海擎山也是他，使汝开口动舌也是他，使我举足动步也是他。此心常在目前，视之不见，听之不闻，着意求之，转求转远。颜子有云，仰之弥高，钻之弥坚，瞻之在前，忽焉在后，便是这个道理。当其一念未生之际，一真无妄之时，皎皎然，如古镜之光明，无染无污，昭昭然，如止水之澄潭，不动不摇，胡来胡现，汉来汉现，照天照地，鉴古鉴今，无一丝毫隐蔽，无一丝毫障碍，这个是诸佛、诸祖境界，亦是诸人自古至今受用不尽的本有之物。(《朝鲜佛教通史》中编，第278页)

以宇宙为觉界，以万有为佛身，以天地、日月、山川、草木为法、为心之见解，说得分明也。

次叙指空入寂时关于生死之所见云：

生来一阵清风起，灭去澄潭月影沉。生灭去来无罣碍，示众生体有真心。有真心（此处恐脱一字）休埋没，此时蹉过更何寻？（同上书，第283页）

说生死是真心海之波澜。又云：

四大成时，这一点灵明，不随成。四大坏时，这一点灵明，

不随坏。生、死、成、坏等空华，冤亲宿业今何在？今既不在觅
无踪，坦然无碍若虚空。刹刹尘尘皆妙体，头头物物总家翁。有
声有色明明现，无色无声默默通。随时应节堂堂现，自古至今玄
又玄。（同上书，第285页）

示生死来去真实人之旨。又说娑婆即净土云：

> 这一点灵明，净裸裸、赤洒洒没窠臼，如是则尽十方世界，
> 无内无外，是可净佛土，是可无上佛土，是可无量佛土，是可不
> 可思议佛土。（同上书，第290页）

故人念阿弥陀佛，但为舍杂念之方便：

> 常常二六时中，着衣吃饭，语言相问，所作所为，于一切
> 处。至念阿弥陀佛，念来念去，持来持去……免枉被六道轮回之
> 苦。（同上书，第30页）
>
> 自性弥陀何处在，时时念念不须忘。蓦然一日如忘境，物物
> 头头不覆藏。念念无忘忆自持，切忌求见老阿弥。一朝忽得情尘
> 落，倒用横拈常不离。（同上书，第316—317页）

盖勤之念佛当为当时盛行之念佛公案。

第七节　慧勤之家风

勤看话之工夫不出常型之外。

欲决了此段大事，须发大信心，立坚固志，将从前所学、所解佛见、法见，一扫扫向大洋海里去。更莫举着，把八万四千微细念头，一坐坐断，但向二六时中、四威仪内提议。僧问赵州："狗子还有佛性也无?"州云："无。"末后一句，尽力提起，提来提去，拶来拶去，静中动中，不举自举，寤寐二边，不疑自疑，蓦到这里，只待时刻，其或举起，冷冷淡淡，全无滋味，无插觜处，无着力处，无分晓处，无奈何处，切莫退之，正是当人着力处、省力处、得力处、放身失命之处也。（同上，第300页）

以其所云可知也。

尝说自心之三宝云：

须是皈依自心，三宝始得。皈依者，舍妄取真之义也。即今了了觉悟，虚明灵妙，天然无作者，是汝佛宝。永离贪爱，杂念不生，心光发明，照十方刹者，是汝法宝。清净无染，一念不生，前后际断，独露堂堂者，是汝僧宝。（同上书，第289页）

且引二祖是心是佛二语，详三宝一体而具于一心也。

勤言及工夫选时三句、三转语、十节目即如下：

入门三句

入门句分明道，当门句作么生? 门里句作么生?

三转语

山何岳边止? 水何到成渠? 饭何白米造?

工夫十节目

尽大地人，见色不超色，闻声不越声，作么生超声、越色去？

既超声色，要须下功，作么生下个功夫？

既得下功，须要熟功，正熟功时如何？

既能熟功，更加打失鼻孔，打失鼻孔时如何？

鼻孔打失，冷冷淡淡，全无滋味，全无气力，意识不及，心路不行时，亦不知有幻身在人间，到这里是甚时？

工夫既到，动静无间，寤寐恒一，触不散，荡不失，如狗子见热油铛相似，要舐又舐不得，要舍又舍不得，作么生合杀？

蓦然到得，如放百二十斤担子相似，捽地便折，暴地便断时，那个是你自性？

既悟自性，须知自性本用，随缘应用，作么生是本用、应用？

既知性用，要脱生死，眼前落地时，作么生脱？

既脱生死，须知去处，四大各分，向甚处去？（同上书，第295—297页）

三句、三语、十节目，皆是闲模样，而难谓真个功夫。勤亦出没于时代风潮者，未有拔一头地之分。

慧勤之居桧岩寺也，台阁之臣以为桧岩密迩京邑，士女往还，昼夜络绎，或至废业，禁之。于是有旨，移住莹源寺。

第八节　慧勤之戒牒

指空授戒牒于懒翁，现存金刚山榆帖寺宝物中，其中有翁辞指空时设拜之画,赞曰:"奉吃师茶了,起来即礼三。只这真消息,从古至于今。"

懒翁之戒牒云:

受持是故

毗庐遮那亲宣

　　文殊菩萨传授,诸佛由兹成道,菩萨赖此因缘,除烦恼之清凉,严法身之璎珞。于此戒内,不分有情、无情,皆能成就无漏法身。若有善男信女,欲受戒者,不得爱身、舍身、有心、无心。若爱身者,即堕邪魔,若舍身者,即名外道;若以有心受者,即续生死,若以无心受者,即入断灭;若以性相俱受,不能成就。此戒法者本来无一(物),无凡无圣,亦无善无恶,若有比丘、比丘尼、优婆塞、优婆夷,依此行者皆得受持。

一、受净信四皈依

　　皈依佛无形,皈依法无生,皈依僧无诤,皈依最上无生戒。

二、忏除诸三业罪

　　本来清净道,为迷无所知。造罪无边量,受此烦恼身。我今求哀忏,早证佛菩提。

三、发弘誓六大愿

　　一者,一切众生未成佛,我亦不登正觉;二者,一切众生所有诸烦恼,我皆代受;三者,一切众生所有诸昏愚,今得明智;四者,一切众生所有诸灾难,今得安稳;五者,一切众生诸贪、瞋、痴,今作戒、定、慧;六者,一切众生悉皆与我同登正等觉。

四、最上乘无生戒

　　众善不修,诸恶不造。

上条具前如法精持，一历耳根皆证菩提。思维修习，永作舟航。同出迷津，齐登觉岸。如斯胜利，广大无穷。

祝延

皇帝圣寿万岁

　　太子诸王寿等千秋

皇后皇妃金枝永茂

　　国王殿下福寿无疆，文武官僚高迁禄位，天下太平风调雨顺，国泰民安。

佛日增辉，法轮常转者

　　泰定四年二月　日牒

　　付弟子懒翁慧勤

　　如来遗教弟子、传授一乘戒法西天禅师指空

第九节　懒翁之诗偈

昭和四年夏，于顺天松广寺览《懒翁诗集》一书，果为翁之作否？中有下偈。

灵珠歌

这灵珠　歌此歌。庄严众宝遍河沙，从来此宝价无价，价直娑婆转转差？

极玲珑　绝点瑕。清净本然绝点瑕，寂灭凝然谁可度，无边尘刹体空华。

体遍何沙内外空　圆明寂照事能通，明明了了无间歇，无始无终劫外通。

人人袋里堂堂有　大施如春无欠少，物物头头真体全，头头物物尽为主。

弄去弄来弄莫穷　用来用去用随丰，从来此宝无穷尽，元是满空体君风。

或摩尼　物即名。体君虚空绝影形，物物头头非外得，须因万物得为名。

或灵珠　其性灵。实业受生宝业行，前作后因因不失，四生六道作诸形。

名相虽多体不殊　春前万物尽知否，尽知诸物自劳耳，大体须知春一壶。

刹刹尘尘明了了　灵光一道古今曜，尘尘刹刹尽非他，自己灵光明了了。

还如朗月满江秋　一点灵明更有谁，别处求之徒乏力，明明宝月满江秋。

饥也他　饥食困眠也不差，也不差分非外得，随缘应用自家乡。

渴也他　赵老接人一碗茶，此用不疑知此用，不疑此用即非他。

知渴知饥不较多　何人自自自居家，如如即是如如是，未是如如又更差。

晨朝吃粥斋时饭　渴则呼儿茶一碗，门外日沉山寂寥，耳明窗畔白云散。

困则打眠也不差　千般世事尽非差，牧童向日眠春草，渔父晚来到岸沙。

差也他　山是山。片片白云过前山，瑟瑟清风松树挂，斋僧烟寺往来闲。

正也他　水是水。床头瀑泡潺潺水，门外青山半碧天，山是山兮水是水。

不劳开口念弥陀　一步非移即自家，何向西方开口念，无心脚下尽非差。

君能着着无能着　寂灭性中何所着，万物能生春亦然，能生万物无能着。

在世纵横即萨埵　闻声见色即非他，头头物物名为主，物物头头即萨埵。

此心珠　了了明明物物随，体若虚空非内外，假名为得比心珠。

难把捉　玲珑正体谁能捉，巍巍玄劫自团团，凡圣悠悠难可测。

宛转玲珑难可得　玲珑正体谁能得，于中莫向着顽空，柳绿桃红何梨白？

无相无形现相形　境心非二境心形，是故境寂心空寂，幻化空来妙自明。

往返无踪非可测　纵横自在谁能识，巍巍玄劫等空平，此道无心可是得。

追不及　觅休休。意在其中更是谁，谁去谁寻追不及，前无无后尚悠悠。

忽自来　何去来。经云无去亦无来，分明佛说莫拟议，非迤非退非去来。

暂到西天瞬目回　足无能到即能回，从来大法无能得，桃梨东风处处开。

放则虚空为袍内　虚空无内亦无外，毗卢一体君何论，万物春来何有意？

收则微尘难析开　纤毫不许也难开，百千万口难分说，此地莫寻安得来？

不思议　性玲珑。能生万法体圆空，无终无始无增减，独曜灵光亘古通。

体坚刚　寿何量。如如不动号金刚，明明了了无增减，蠢动含灵本性王。

牟尼唤作自心王　佛与众生性者王，性智圆明非所碍，如春大施等阴阳。

运用无穷又无尽　用来用去用何尽，春来群国一时春，物物更新春不尽。

时人妄作本自念　忘作区区乡路荒，生死悠悠前路绝，古今游子失家乡。

正令行　无心行。若人直道君能行，二边中道何差路，即是如来真实行。

孰当头　岂无君。涅槃会上释迦尊，龙华三会主弥勒，世出世间主有尊。

斩尽佛魔不小留　理全阙事莫优游，理全阙事言何正，衲子于中（译者按，疑“何”字）可留？

从兹遍界无余物　理事全然谁变说，自自自然自自通，自然不舍无余物。

血满江河急急流　有无争战未能休，轮回生死何时尽，生死无边业海流。

眼不见　绝前缘。万像森罗满目前，不是死人何不见，本来面目自周圆。

耳不闻　岂无声。香严击竹岂无声，闻声悟道超声色，昔日香严直到明。

不见不闻真见闻　闻声见色君何论，但于事上通无事，见色闻声真见闻。

个中一个明珠在　声色之中安本位，何事时人外觅寻，即心即色是为贵。

吐去吞来新又新　本来收放自真身，堂堂正体无增减，了了明明劫外新。

或名心　本无心。有境心随有本心，境寂心随还自没，本来非法亦非心。

或名性　性无生。本来清净体圆平，性等虚空无处所，亦无形像亦无名。

心性元来是缘影　本来心法如形影，日中形影步相随，前境若无随没影。

若人于此即无疑　物物拈来总是机，刹刹尘尘全妙体，何劳向外更皈依。

自己灵光常囧囧　寒光一道如圆镜，森罗万像都现前，万像森罗真镜影。

或为道　道无形。从来大道亦无名，非无非有非间断，无始无终劫外平。

或为禅　止啼儿。不在东南不在西，不知此意持黄叶，佛子堂前面壁之。

禅道由来是独宣　从来妙道本天然，天然妙道谁能作，劫劫巍巍天地先。

实知师姑女人做　青黄赤白何人造，春来依旧自桃红，物物分明何不悟。

不劳抬步到那边　彼此从来尚不然，无始无终无远近，天然妙道体虚然。

也无佛　不是众生非是佛，物物拈来总是机，本来面目元无别。

也无魔　佛与众生又与魔，亦与山河诸万物，犹如病眼等空花。

魔佛无根眼里花　不知此意又如何，一切尽是无余物，还似盲人失路家。

常常日用了无事　自性随缘应用事，佛祖堂堂觅不知，春来依旧蔷薇紫。

唤作灵珠也被诃　真名不得体空花，玄玄劫外无增减，万法能生用若何。

也无死　谁见虚空终始事，大者虚空非始终，从来正体也无死。

也无生　可怜悠悠无限情，大地春分生万物，一壶春意本无生。

常蹋毗庐顶上行　大地人身何处生，大地毗卢真一体，不离大地野人行。

收来收去随时节　秋月春花冬有雪，夏则炎晖更是谁，风来风去知时节。

倒用横拈骨格清　比如大海水澄清，众舡来往如清净，清净本然劫外平。

也无头　体圆然。体若无头绝后前，一颗圆光非内外，十方无处不周圆。

也无尾　谁变说。自性宝珠尾首没，了了明明劫外平，菩提自性本成佛。

起生明明常不离　随形如影即同之，本来法性无先后，形影相随同一时。

尽力赶他他不去　即心即色何提举，年年桃杏为谁红，处处绿杨甘系马。

要心知处不能知　即此身心同共之，非自非他难可得，自寻自自本来儿。

阿呵呵　可笑然。拈花示众本天然，饮光微笑何奇特，佛意祖心合本然。

是何物　逢不逢。心法中来空不空，物物头头明了了，寻而觅则又无踪。

一二三四五六七　唯佛乃知深密密，佛祖玄门处处明，丹枫八月秋时节。

数去翻来无有穷　翻来覆去数何穷，恒河沙数数能尽，复去翻来也未穷。

摩诃般若波罗蜜　日日明明明佛日，刹刹尘尘了了明，头头物物波罗蜜。

临终偈

七十八年皈故乡，大地山河尽十方。

刹刹尘尘皆我造，头头物物本真乡。

又：

清净本然极玲珑，山河大地绝点空。

毗庐一体从何处，海印能仁三昧通。

《临终偈》是懒翁之嗣高峰法藏所作，而在懒翁诗中可疑，姑记之，以待后日之订正。

第十节　《休休庵主坐禅文》与智泉之道价

懒翁尝游江南，居休休庵，有《休休庵主坐禅文》云：

> 夫坐禅者，须达乎至善，当自惺惺，截断思想，不落昏沉，谓之坐。在欲无欲，居尘离尘，谓之禅。外不放入，内不放出，谓之坐。无着无依，常光现前，谓之禅。外撼不动，中寂不摇，谓之坐。回光返照，彻法根源，谓之禅。不为顺逆恼，不为声色转，谓之坐。烛幽，则明愈日月，化物，则力胜乾坤，谓之禅。于有差别境，入无差别定，谓之坐。于无差别法，亦有差别智，谓之禅。合而言之，炽然作用，正体如如，纵横得妙，事事无得，谓之坐禅。略言如是，详举非纸墨能穷。那伽大定，无静无动，真如妙体，不灭不生，视之不见，听之不闻，空而不空，有而非有，大包无外，细入无内，神通智慧，光明寿量，大机大用，无尽无穷。有志之士，宜善参究，急着精彩，以大悟为入门，囚地一声后，许多灵妙，皆自具足，岂同邪魔外道以传受为师资，以有所得为究竟者哉。（《朝鲜佛教通史》下编，第866页）

休休庵主者蒙山德异也。《增集续传灯录》卷四云：

松江淀山蒙山德异禅师示阳（瑞州）高安卢氏……参皖山
（凝禅师）于鼓山，室中举狗子话，反覆征诘，箭柱函合……至元
间，丞相伯颜破吴，武晊询诀禅要，机契确请，出世于淀山……
素轩蔡公施莲湖桥庵，请居之，曰休休（在苏州）。

《六祖坛经肯窾》云：

德异，别号绝牧叟，鼓山皖山正凝禅师法嗣，自六祖二十
有一世之孙。休休禅庵开山，元朝人也，师传详载于元贤《继灯
录》卷三。

懒翁之嗣有智泉，道声远闻。据权近撰《杨平郡龙门寺（京畿道
杨平郡龙门面新店里）正智国师碑》，智泉，号竺源，俗姓金氏，载
宁人。以元泰定元年生，年十九祝发于长寿山悬庵寺，参禅旨后，学
《楞严经》，通大义，晓学解未能所到处。至正十三年（恭愍王二年），
与无学自超俱入燕京参指空于法云寺。时懒翁先入燕，受指空印可，
道誉既著，乃投之周游。以至正十六年（恭愍王五年）东还，由是历
游名山，所至独屏一室，不随众会，寡言谨重，人不知其异。明洪武
二十八年（朝鲜太祖四年，公元 1395 年），坐化于天磨山（开城）寂
灭庵，春秋七十二，朝鲜太祖赠谥正智国师。（《朝鲜金石总览》下，
第 727 页）

第十一节　高峰并其同门

高峰行状云，高峰禅师，讳法藏，俗姓金氏，慎州人。卯岁出家，

谒懒翁受法，住安东府清凉庵，逍遥山水三十余年。以洪武二十八年乙亥（朝鲜太祖四年）入曹溪山，与大禅师中印协力营造松广寺。定亲王元年，奏造水陆社，世宗王十年戊申寂。遗偈云：

> 清净本然极玲珑，山河大地绝点空。
> 毗卢一体从何处，海印能印三昧通。
> 七十八年归故乡，大地山河尽十方。
> 刹刹尘尘（皆）我作（一作造），头头物物本真乡。

慧勤侍者有野云者，名圩，久在座右，谨格精实，勤甚爱之。勤寂后，与其友雄仲英入中华求法，权近作序送之，陶隐作《野云颂》，其辞云：

> 英英野云，杳乎无迹。惟其无迹，所以无着。东（南乎）北东西，惟适其适。出乎肤寸，弥乎六幕。其舍其卷，其体自若。万物发荣，施雨之泽。

云之同门有云雪岳，事勤二十年，牧隐命堂号为负暄，作其记，权近作送序。

早庵日升、古镜释希、铁虎祖禅、谷泉尚谦、自照一珠等，皆翁之门人，未见其传。

觉雄，号仲英，为慧勤书记，勤甚爱之。勤寂后，居浮屠之旁六七年，徘徊不能去。后发愤寻师访道，李穑为作《仲英说》。

乳雪牛亦慧勤之徒，勤印大藏，牛与之，读大藏亦与之。貌清行完，为众中之秀，慧勤命名雪牛，李穑作《雪牛说》。

无学自超、幻庵混修，慧勤之高弟，至下记之。胜智，勤之门弟，奉师之舍利，与同门觉清人妙香山，构润笔庵安之。金刚山亦有润笔庵，凡七所，坐禅供养之具，皆精洁也。

澈首座，久参慧勤，勤命之曰澄泉，李穑作《澄泉轩记》。

华严大选景元，住兴王寺，尝参慧勤，勤名之曰寂久，李穑作《寂庵记》。

诜上人，年二十一游金刚山，闻慧勤盛名，就出家，学道专精，超出侪辈，而以为不足，欲游天下增益其识，李穑作序送之。

日升，号杲庵，慧勤之嗣，尝受恭愍王知遇，住光严寺十年。王亲书"日升杲庵"四字赐之，请退休，不许。洎辛祸之代，三辞不许，遂逃去，后游江南，遍参知识。

受恭愍知遇者有友云。云，侍中竹轩金公之子，出家华严宗，通教观，进入燕都，又南游江浙，往返几万里，所至尊宿器许之，送序别之，什盈囊橐。东还后，与其弟曹溪岑公齐名，被恭愍王之知遇，历住名山，退老鸡林之檀庵，优游山水间五六年。因王命，住大公山符仁寺，又迁松京法王寺，为华严宗师扶树宗风仅一期，临辞去，李穑等赠诗歌壮其行。

第十二节　李齐贤之参禅

当时参禅儒士，李齐贤最有名。齐贤，字仲思。忠烈王二十七年，龄十五成均试及第，以为是小技耳，进而精研经籍。三十四年，艺文春秋馆入选。忠宣王如元，于燕京构万卷堂，以书史自娱，召齐贤至都。时姚燧、赵孟頫等游王之门，齐贤与相从，学益进。《高丽史》卷一百十《李齐贤传》云：

问："(忠宣王）我国古称，文物侔于中华，今其学者，皆从
释氏，以习章句何耶？"齐贤曰："昔太祖经纶草昧，日不暇给，
首兴学校，作成人材。一幸西都，遂命秀才廷鹗为博士，教授六
部生徒，赐彩帛以勤，颁廪禄以养，可见用心之切矣。光庙之
后，益修文教，内崇国学，外列乡校，里痒党序，弦诵相闻，所
谓文物侔于中华，非过论也。不幸毅王季武，武人变起，玉石俱
焚，其脱身虎口者，逃遁穷山，蜕冠带而蒙伽梨，以终余年，若
神骏悟生之类是也。其后国家稍复文治，虽有志学之士，无所于
学，皆从此徒，而讲习之，故臣谓学者从释子学，其源始此。今
殿下广学校，谨庠序，尊六艺，明五教，以阐先王之道，孰有背
真儒从释子哉？"（《高丽史》卷一百十，第321页）

王嘉纳之，任为知密直司事，赐端诚翊赞功臣之号。王之流吐
蕃，齐贤与崔诚之上书救之，乃移王朵思麻之地。齐贤往谒王，言忠
愤之志，转为金议评理政堂文学，封金海君。忠惠王之执于元也，会
国老于旻天寺，上书请赦王之罪，齐贤草其书。及忠穆王袭位，进
为判三司事，封府院君。及恭愍王之代，为议政丞，为人所忌致仕，
虽再起用，封金海侯。六年，固辞，于其第撰国史。十六年（至正
二十七年）卒，年八十一，谥文忠，所著《乱藁》十卷。齐贤参直指
堂月潭，故自叙之云：

书桧岩心禅师道号堂名后

主上殿下，大书直指堂月潭五字，以赐桧岩心禅师……心公
北游燕赵，南抵湖湘，历参尊宿，为千岩无明长老所印，翰林欧
阳承旨，作偈以美之。余尝造其室，扣以《六祖坛经》……至正

己亥，林钟月朝侍中致仕李某识。(《益斋集》，第 247 页)

至正己亥，恭愍王八年也，彼又与松广寺慧鉴 (万恒) 订交，有题《松广和尚寄惠新茗顺笔乱道》寄呈丈下长篇诗，载《益斋乱藁》四，尝论禅灯之相承云：

> 柳子厚《南岳碑》云，由迦叶至师子，二十四世而离。离而为达摩，由达摩至忍，五世而益离。离而为秀、为能。按《传灯录》，师子传婆舍斯多，婆舍斯多传不如密多，不如密多传般若多罗，般若多罗传菩提达摩，何得云至师子而离，离而为达摩哉？有达摩达者，师子之旁同也，柳子盖以达摩达为菩提达摩也。(《栎斋稗说后集》一)

由此可知彼之通于禅史之一般。

第十二章 混修和觉云之宗风与粲英之法灯

太古门下出幻庵混修，修为辛祸、恭让二王所崇敬。龟谷觉云，恭愍王之所重，刊行《传灯》，助禅道之兴隆。虽粲英又揭太古之法灯，亦不能破丽末之黑暗，暗君劣主相继，与佛教之夕阳俱西沉，长没其光去矣。

第一节 混修之道誉

得普愚之法者，幻庵混修为最著。《海东佛祖源流》云：

太古普愚嗣

国师智雄尊者混修、王师圆应尊者粲英、内愿堂妙严尊者祖异、内愿堂国一都大禅师之无珪、都大禅师广化君玄丛，大禅师九十人，禅师其他千三人。

太祖王、漆原府院君尹桓、铁原府院君李琳、李仁任、崔莹、禹仁烈等二十一人。

太古门下之盛况如是，就中修居其首，修又以为懒翁慧勤之上足，知其名，朝鲜禅僧法系跨二师者多，混修其适例也。

《忠州青龙寺（忠清北道忠州郡苏蔓面五良洞）普觉国师碑铭》略云，混修，字无作，号灯庵，本姓赵氏，广州（京畿道广州郡）丰壤县人。以元仁宗延祐七年生，少婴病，卜之曰："此儿出家终不病，作大和尚矣。"年甫愈一纪（十二年），投大禅师继松出家，习内外典籍卓然有声。元顺宗帝至正元年，登禅选上上科。同八年，入金刚山，摄心不寐，虽肋暂不衡，功夫日进。既二年，闻其母恋望，即觐省，寓止京山，不敢远游者五六年。及母卒，写大字《妙法莲华经》以资冥福，由是谒息彰监（原注息影庵乎），于禅源寺学《楞严》，深究其义。后住忠州青龙寺，于西麓构一庵，匾曰"宴晦"。虽恭愍王请住桧岩寺，不就，入五台山居神圣庵。时懒翁勤亦住孤云庵，数数相见，咨质道要，勤后与袈裟、拂子等为信。明洪武二年，白城郡人金璜以其愿刹瑞云寺邀修，修至后，具威仪，立堂门阶下，勤问："如何是当门句？"修即上阶答曰："内外本空，中云何立？"勤又以三关问曰："山何岳边止？"答曰："逢高即下，遇下即止。"问："水何到成渠？"答曰："大海潜流，到处成渠。"问："饭何白米做？"答曰："如蒸沙石，岂成嘉餐？"勤肯之。洪武五年，因恭愍王之命，住佛护寺。明年，征入内佛堂，夜半出去。辛禑王即位，赐广通无碍圆妙大智普济之号。洪武十一年，还宴晦庵。十六年，辛禑王遣使奉御书、印章、法服，册为国师。及恭让王即位，修具戕封印纳朝，入雄岳山，未数月，更封为国师。朝鲜太祖，尝愿与修成大藏，以洪武二十四年讫功，乃置于瑞云寺，大设庆会。同二十五年（朝鲜太祖元年，公元1392年），命作遗书，谓门人曰："吾行在今晚。"到晚坐化，寿七十三，太祖谥曰普觉国师，修与粲英俱为太古门下之首。（《朝鲜金石总览》下，第720—722页；《朝鲜佛教通史》上编，第339—344页）

混修善书法，《东人诗话》卷上云：

僧幻庵，书法绝妙，得晋体，一时求书者坌集，然所书必观诗文，心肯，然后始下笔。

李稿所撰《幻庵记》，有示混修思想之斑者云：

予之未冠也，喜游山中，与释氏狎，闻其诵《四如偈》，虽不尽解，要其归无为而已。梦者悟则已，幻者法则空，泡归于水，影息于荫，露晞电灭，皆非实有也。非实有焉，而不可谓之无，非实无焉，而不可谓之有，释氏之教盖如此。稍长，缝掖十八人结契为好，今天台圆公、曹溪修公与焉，相得之深，相期之厚，复何言哉？及余宦学燕京，修公亦入山，今三十年矣。间或相值，信宿则别，回思前日，诗酒淋漓，何可复得，信乎其如梦矣，信乎其如幻矣。玄陵钦公之风，再请住持大寺，公皆辞之，虽逼迫入院，不久弃去，盖视世如幻久矣。尝一典十员法席，一年未竟，而玄陵宾于天，公于幻之味，益亲尝矣。青龙惠禅师之来京也，公以书索，予记曰："身之幻，四大是已，心之幻，缘影是已，世界之幻，空华是已。然既曰幻矣，是可见也，是可修也，见其可见，修其可修，非如指月指矣，是吾平日所立之地也，夫岂入于断灭哉？"又有所谓三观者，单复以成清净定轮，而起幻锁尘之术，贯乎其中，则幻之益于末学也，非浅浅矣。此吾所以表之居室，而使闻吾风入吾室者，皆得以自省也。不然，田寂萧洒闲居之境，何必立名立言，以架屋下屋哉。予因知公久，又于功夫选，独公开口的答问意，又知公名不虚得，出于众万万矣。今观名庵之义，非以自表，将使游其门者，有所据依，为其用力之地，故不以文拙辞，又作歌以寄之曰："白云兮行太虚，长风兮卷沧海，其来兮何众，其去兮安在，庵中高卧兮闲道人，月作灯兮松作盖。"重为告曰："后之读吾记者，当学幻人心识，然后，知修公之为人矣，知吾作记之意矣，请高着眼。"戊午（洪武十一年辛 四年）夏五月二十又六日记。（《东文选》卷七十四，第 161 页）

第二节　龟谷觉云

恭愍王时有龟谷觉云。云，湖南（全罗北道）龙城（今南原郡）人，尝在禁中读《传灯录》满一载，恭愍王器其能，崇尚之。王画《达摩折苇渡江图》《普贤六牙白象图》赐云，又手书"龟谷觉云"四字，兼赐大曹溪宗师禅教都总摄崇信真乘勤修至道都大禅师法号，李穑为之赞。

> 达摩　是身虚空，天水一色，眇然而逝，
> 　　　风清月白，芥乎其间，唯一不识。
> 普贤　六牙白象，布衣大野，富贵风流，
> 　　　具此粲者，哀哉兔径，方凭吾驾。
> 龟谷　和气在天，灵灵在物，唯藏神用，
> 　　　不或夭阏，畴均此施，六合为一。
> 觉云　无心为心，出入太虚，友风子雨，
> 　　　亦曰勤渠，妙悟所以，非师谁欤。

（《东文选》卷五十一，第 131 页）

觉云请恭愍王重刊《传灯录》，是王之二十一年也。按，云之法系，《松广寺开创碑》有：

普愚传之幻庵混修，混修传之龟谷觉云。

又平安南道平原郡《法弘山法兴寺传灯法脉次第》亦云：

> 第一祖太古普愚、第二祖幻庵混修、第三祖龟谷觉云、第四祖碧溪净心、第五祖碧松智严、第六祖芙蓉灵观、第七祖清虚休静。

然与觉云亲交之李穑，在其《胜莲寺记》云：

> 大禅师拙庵，讳衍昷者，为曹溪之老弘慧之徒所推让，合辞立卷契，俾拙庵主之……戊戌之秋，其将示寂也，以云师（觉云）于族为甥，于法为嗣，付以寺事……拙庵姓柳氏，文正公璥之曾孙……曾学首四选，赴试中甲科，历住名山，道誉蔼然。云师柳氏之甥，学邃行高，笔法妙一时……至正二十四年六月日记。（《东文选》卷七十二，第121页）

所云为拙庵之嗣。金包光氏云：

> 拙庵者，曹溪第十三世觉严尊者（复丘）之嗣也。（《禅宗九山来历》）

龟谷觉云之嗣有千峰万雨。千峰，是李穑所名，居于普滋庵。庵乃幻庵混修所名，龟谷、幻庵、韩山子皆爱重万雨，李崇仁亦重万雨，愿与之游，其所著有《千峰集》一卷。

万雨《送日本僧文溪》之诗云：

> 相国古精舍，洒然无位人。火驰应自息，柴立更谁亲。
> 枫岳云生屐，盆城月满闉。风帆海天阔，梅柳古乡春。

《山中吟》云：

> 寒窗射朝旭，危坐爽烦襟。振笔摹山水，开书阅古今。
> 无心千万乘，有帚享千金。自适泉林兴，因题方外吟。

第三节　妖人之跋扈与排佛

辛祸王（自明洪武八年，后龟山天皇天授元年，公元1375年，至同二十一年，后龟山天皇元中五年，公元1388年）八年，有妖人伊金者，固城（庆尚南道固城郡）人，自称弥勒，惑众云："我能致释迦佛，凡祷祀神祇者，食马牛肉者，不以货财分人者，必死。若不信吾言，则至三月，日月无光。"又云："吾为作用，则草发青花，或木结果实，或一种而二刈。"愚民信之，争施米帛金银，牛马死，则弃之不食，有货财者悉以与人。伊金又云："吾敕山川之神，悉送日本，倭易擒也。"以是巫觋尤加敬信，城隍祠庙撤去其神，敬伊金如佛以祈福利，无赖之徒从而和之，自称弟子，转相诬诳，所至州郡守令，或出迎有馆之上舍者，于是移牒诸道斩之，民间迷信之蔓延如是。

辛昌王（自明洪武二十二年，后龟山天皇元中六年，公元1389年，至同二十三年，同七年，公元1390年）即位之年，典法判书赵仁沃上疏云：

佛氏之教，以清净寡欲、离世绝俗为宗，固非所以治天下国家之道也。近世以来，诸寺僧徒，不顾其师寡欲教，土田之租，奴婢之佣，不以供佛僧，而以自富其身，出入寡妇之家，污染风俗，贿赂权势之门，希求巨利，其于清净绝俗之教何愿？自今选有道行无利欲者，住诸寺院，其土田之租，奴婢之佣，令所在官收之，载诸公案，计僧徒之数而给之，禁住持窃用。凡留宿人家之僧，以犯奸论。贵贱妇女，虽父母丧，毋得诣寺，违者以失节论。其为尼者，以失行论。敢祝妇人发者，加以重罪。乡吏驿吏及公私奴婢，勿许为僧尼，僧徒恒留宿人家者，俾充军籍，其主家亦论罪。(《东国通鉴》卷五十三，第 136 页)

然反对此说而许奉佛者有之。

恭让王（自明洪武二十三年，后龟山天皇元中七年，公元1390年，至同二十四年，同八年，公元1391年）二年六月，前典医副正金貼上书云：

太祖创业，观山水之逆顺，察地脉之续断，创寺造佛，给民与田，祈福禳灾，此三韩基业之根本也。比来无识僧徒，不顾创业之义，收民土之产，自营其业，而上不供佛，下不养僧，呜呼，其徒之自灭其法也。甚矣，今狂儒之浅见薄识者，不顾三韩之大体，徒以破寺斥僧为怀，噫，圣祖创业之深智，反不如竖儒之计乎。伏望殿下，上顺圣祖之弘愿，重营佛寺，加给田丁，以兴释教。(《高丽史》卷四十六，第 686 页)

第四节 千熙和粲英之禅与高丽之灭亡

京畿道水原郡《彰圣寺真觉国师碑铭》略云，千熙，号雪山，兴海（庆尚北道庆州）人。以元大德十一年（忠烈王三十三年）生，年十三投华严盘龙社主一非剃发，十九登上品选，操志甚高，参穷禅旨。元至正二十四年（恭愍王十三年），五十八岁航海达杭州，到休休庵，蒙山之真堂也。熙至方丈，扃鐍已甚固，有三转语在壁，熙下语，钥声忽启，室中有柜，开之得棒拂。又别有漆小柜无缝者，其上曰："时未至而启者，天必谴。"熙云："文书也。"开之果有书二帙。至正二十六年，参万峰于圣安寺，峰曰："我病矣，谁有好眼看我病？"熙以拳安其背，是夜三更，峰授袈裟、禅棒。峰，名时蔚，千岩元长之嗣。长，中峰明本之嗣也。熙之东还，恭愍王劳慰良渥，国人争先瞻礼。无何，游东海至洛山观音放光之瑞。至正二十七年，入雉岳之旧隐，王遣使邀之，封为国师。明洪武三年，王请懒翁行功夫选，熙为证明。洪武五年，住浮石重营殿宇，以为身后之计。洪武十五年（辛褐八年，后圆融天皇弘和二年，公元1382年）寂，年七十六，尝著《三宝一镜观》若干卷。中峰下之禅于是行于青丘。第三十二主恭让王二年（明洪武二十三年），欲迎僧粲英为师，郑梦周、尹绍宗等谏止之。英至崇仁门不得入而还，王于别殿置仁王佛，朝夕礼拜，凡有灾异辄祈祷，每月朔望，必于宫中招僧讲经。三年，王以诞辰，饭千僧于桧岩寺，手执香炉巡东西僧堂以侑食。同年四月，禁妇女之往来佛寺。成均博士金貂上排佛疏，请驱出家之辈，令还本业，破五教两宗补充军士。成均生员朴礎等上书云，佛，夷狄之人，伪启三途，谬张六道，遂令愚迷，妄求功德，勒佛者还其乡，以其人充兵赋，焚其书以永绝其根本。学佛者始倡邪说，上诬君臣，下诳愚民，乃作太祖九世之像，而曰某生作某院，某生作某塔、某经，某生为某寺之牛，至某生乃得王位，上宾之后，今为某菩萨，书成开版藏深山，以欺万世云云。

此时丽末有诗僧禅坦，游翰墨，为士人之间所知，如此不知，教界现状之将衰亡者。

《海东释禅坦诗集序》（姜硕德撰）云：

> 予尝闻，高丽僧禅坦能诗若琴，又见其《早春》诗云："管弦声碎竹外涧，水墨画点烟中山。立马停鞭望亦望，鸽鹣上下春风端。"以谓格未甚高，思致未甚远，语又未甚[巧]，何见称于后世。又如是耶，近从家兄弼善子脩氏，得杂诗一巨帙，谩不知何人作，间有所谓《早春》诗，窃意偶以此一篇附之耳。初非尽录坦诗，读至卷中，有益斋《送完山通判》诗云："春风无限相思意，说与江南坦上人。"《寄尹生》诗云："坦也平生藜藿肠。"《抚琴》诗云："飘零琴格淡无味。"则东僧之以琴诗名世者，除上人余无闻，此编乃其全集……余于是反复讽咏，迫乎丽情横发，不能自持，如贵游年少，青楼纵酒，玩弄妖姬，已自不端。其朴野处，如田夫农谈，殊乏雅致，其豪纵逸迈，如王谢子弟，倜傥不羁，风流可爱。又有四五篇，清新冲澹，天超自高，其奖与于文章巨公如益斋先生，固宜也，向之《早春》诗，特率尔为之耳。

因而可检其诗才。抄坦诗一首：

古　风

有琴挂寒壁，烂尽南山石。唐尧与虞舜，

九泉已零落。秋灯一曲歌，坐待东方白。

下记粲英等之教化，乃以饰高丽佛教之末后者。

朴宜中撰《忠州（忠清北道）亿政寺大智国师塔碑》略云，粲英，字古樗，号木庵，俗姓韩氏，以元泰定戊辰（天历元年）诞。年十四投重兴寺之太古普愚祝发，受法五年，由是游方，参榆岵寺守慈，未几，已饱禅悦。以至正十年登九州，选上上科，寻住大兴寺，非其素志，去入小雪山，以究明大事为期，至三角山重兴寺住三夏。至正十九年（恭愍王八年），恭愍王召致之，敬其法，奇其貌，称为碧眼之达摩，任两街都僧录，在职数年，辞。后因特命历住石南、月南、神光、云门等，所至演禅那。明洪武五年（恭愍王二十一年）春，王迎置内院，赐净智圆明无碍国一禅师之号。洪武七年，恭愍王宾天，英亦欲遁世，辛禑王留之，令住迦智寺，特加禅教都总摄净智圆明妙辩无碍玄悟国一都大禅师。十年，固辞不允，遂入宝盖山，抗书称病谢去。十六年（辛禑九年），册命为王师，遣使令安居忠州亿政寺。十八年，王邀至广明寺，事之益谨。恭让王二年（洪武二十三年，公元1390年），王迎英至京城，欲册命为师，台谏非之，净议纷纷，英遂归亿政寺养圣胎。一日，谓门人曰："吾今年数已穷殆，不可久于世。"于方丈西构寿堂，工讫感疾，举古德之颂曰："即此见闻非见闻，无余声色可呈君。个中若了全无事，体用无妨分不分。"门人请遗偈，英曰："直饶更作千偈，吾意不越是矣。"言讫而逝，寿六十三。王闻讣，谥智鉴国师。朝鲜太祖追慕其德，以洪武二十六年谥大智国师。英，太古门下之俊秀也。（《朝鲜金石总览》下，第715—716页）。

恭让王四年七月，让位于朝鲜太祖李成桂，时明洪武二十五年（后龟山天皇元中九年，公元1392年）也。高丽三十二主（除辛禑昌父子）四百七十五年而灭。

高丽传世之图（起后梁末帝戊寅，亡于大明太祖壬申，传世三十四王，历世四百七十五年）

高丽传世之图 起后梁末帝戊寅，亡于大明太祖壬申，传世三十四王，历世475年

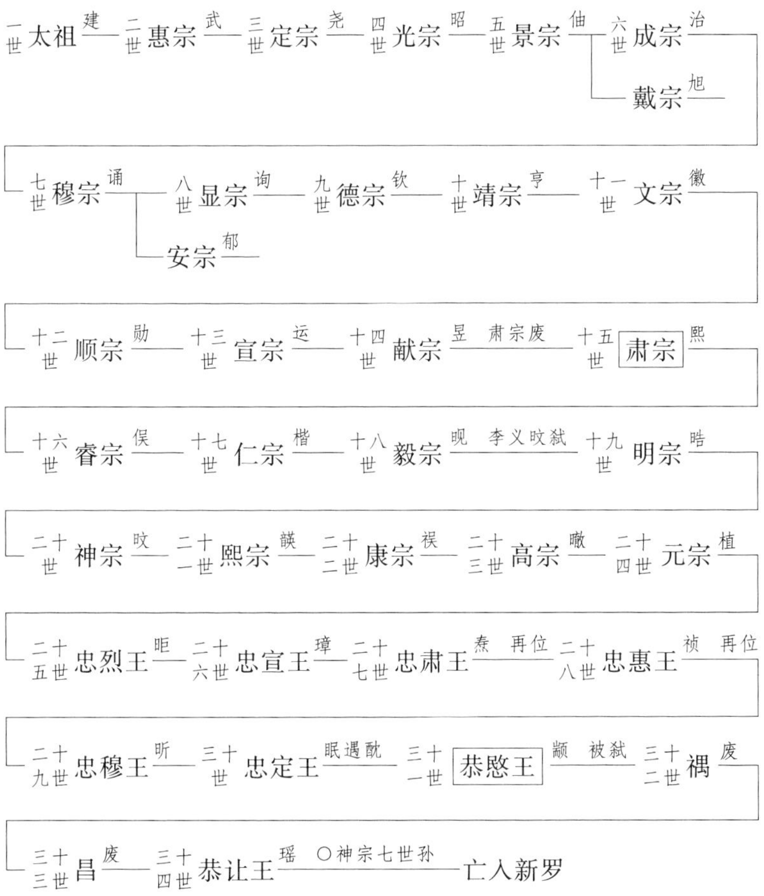
一世 太祖 建
二世 惠宗 武
三世 定宗 尧
四世 光宗 昭
五世 景宗 伷
六世 成宗 治
戴宗 旭
七世 穆宗 诵
八世 显宗 询
安宗 郁
九世 德宗 钦
十世 靖宗 亨
十一世 文宗 徽
十二世 顺宗 勋
十三世 宣宗 运
十四世 献宗 昱 肃宗废
十五世 肃宗 熙
十六世 睿宗 俣
十七世 仁宗 楷
十八世 毅宗 晛 李义旼弑
十九世 明宗 晧
二十世 神宗 旼
二十一世 熙宗 韺
二十二世 康宗 祦
二十三世 高宗 暾
二十四世 元宗 植
二十五世 忠烈王 昛
二十六世 忠宣王 璋
二十七世 忠肃王 焘 再位
二十八世 忠惠王 祯 再位
二十九世 忠穆王 昕
三十世 忠定王 眂遇酖
三十一世 恭愍王 颛 被弑
三十二世 禑 废
三十三世 昌 废
三十四世 恭让王 瑶 ○神宗七世孙
亡入新罗

第四编

禅教衰颓之时代

概　说

　　朝鲜太祖虽继前代遗习修佛事，至太宗而断，行大排佛，由是在政治上采用前朝末期勃兴之儒教。世宗亦仿太宗减杀宗旨，压迫教势，而禅教二者俱衰。虽世祖再兴佛事，亦一时现象，而不能永续。加之燕山之狂暴，至变佛寺为妓院。宣祖之代，日本军侵入，休静起赴国难，虽加贻美名于后世，亦不能因而救佛家之废颓。休静门下其人不少，而教禅混合，禅净杂修，纯乎举扬宗风者无之。休静之同门善修，休静之上彦机，皆以禅知。善修之高弟觉性尽瘁国事不让于静，为李朝缁流之双璧。休静之嫡孙义谌，以顿悟为心，门人数百，称海东教学之中兴。然处排佛之大势，亦不能如何。正祖时，最讷、有一博学鸿词，于心性论兰菊竞美，惜哉，不努力于宗统之复古。纯祖以后，李朝之衰运日以加甚，禅教二宗亦不能振。哲宗之代，亘璇著书等身，大唱一流之禅，著《禅文手镜》。意恂非之，作《四辨漫语》。洪基亦撰《禅门证正录》，驳亘璇之说。李太王之代，亘璇之法孙有炯，称佛门三杰之一。炯著《禅源溯流》，破《回辨漫语》及《禅门正证录》。徐震河亦作《再证录》，驳亘璇等之说。论议愈多，愈失禅道之大旨。从朝鲜太祖元年壬申，公元1392年，后龟山天皇元中九年至李王隆熙四年庚戌，公元1910年，明治四十三年，日韩合并，大约五百十九年，是名禅教衰颓之代。

第一章 李朝初期之禅教

朝鲜太祖尊信无学自超，继承前代之遗习，修佛事。至定宗兴五部学堂。太宗继之，断行崇儒排佛，限制寺刹，废弃佛事，于是禅教二者俱趋衰颓之运。

第一节 太祖之创业

朝鲜太祖（自明洪武二十五年，后龟山天皇元中九年，公元1392年，至同三十一年，后小松天皇应永五年，公元1398年），姓李氏，讳旦，初名成桂，永兴（咸镜南道）人。天资刚敏，仕于高丽恭愍王（自公元1352年至公元1374年），伐倭寇博奇胜，又与元将纳哈出战有功。及高丽恭让王（自公元1390年至公元1391年）之代，为王所信赖，威望压中外。时郑梦周为相重义，鼓舞士气，欲保全王家，太祖便杀梦周，放恭让王于原忻（江原道）而自立，是明太祖帝洪武二十五年（公元1392年，后龟山天皇元中元年）也。以明太宗帝永乐六年（公元1408年）薨，寿七十四。

太祖即位二年，欲定都，召无学自超，待以师礼，于是令相地。无学至汉阳曰："可以仁王山为镇，以白岳与南山为左右龙虎。"太祖乃决意以明洪武二十九年（王五年，后小松天皇应永三年）筑都城，迁鼎于此，是即今京城府也。

第二节 无学自超之行实

太祖深信任之禅匠自超。按，超弟子祖琳所撰行状，自超，号无学，其居曰溪月轩。以元泰定四年（高丽忠肃王十四年）生，年十八怀出世之志，就慧鉴国师（松广寺万恒）之上足小止剃发，至龙门山（京畿道砥平）问法于法藏，藏命居浮图庵。元顺帝至正六年冬，因阅《楞严》有所悟，由是忘寝食参究。十二年，住妙香山（平安北道）金刚窟，功益进。十三年（高丽恭愍王十二年）秋，挺身入燕都，参西天之指空。礼拜起曰："三千八百里，亲见和尚面目。"空曰："高丽人都杀了。"十四年正月，到法泉寺谒懒翁慧勤，游雾灵，经五台，再于西山灵岩寺见慧勤，留数载。一日，阶上生次，勤问："昔赵州与首座看石桥，问：'是什么人造？'首座答曰：'李膺造。'州曰：'向甚么处先下手？'首座无对。今人问：'尔如何只对？'"超以两手握阶石示之。其夜入室，勤曰："今日乃知吾不汝欺也。"又曰："相识满天下，知心能几人，尔与我一家矣。"至正十六年（高丽恭愍王五年）夏东还，慧勤亦受指定之三山两水之记而还，住天圣山元晓庵。十九年夏，超往见勤，勤授以拂子。洪武四年，恭愍王封勤为王师，令住松广寺，勤以衣钵付超。洪武二十五年五月，恭让王欲封超为王师，辞不应。同年七月，朝鲜太祖即位于松京（开城），十一月封超为王师。二十六年，太祖欲相土建都，幸鸡龙山（忠清南道），超扈从之视地，卜汉阳定都，王命居桧岩寺。洪武三十一年，辞入金刚山真佛庵。明成祖帝永乐三年（太宗王五年，公元1405年）春微疾，四月移金藏庵，九月十一日寂，寿七十九。超之病革也，僧问："四大各离向甚处去？"师云："不知。"又问，师厉声云："不知。"又僧问："和尚病中还有不病者也无？”师以手指傍僧。僧问：“色身是地、水、火、风，总归磨灭，那个是真法身？”师以两臂相拄云：“这个是一个。”答已，寂然而逝。尝撰《印定吟》，李稿作跋。据卞季良撰《桧岩寺妙严尊者塔碑》，自超之封为王师也，升座指香祝禧已，竖起拂子示大众曰：

> 这个是三世诸佛说不到，历代祖师传不得的，大众还会吗？若以心思口舌计较说话者，何有吾宗？

一日，告太祖曰：

> 儒曰仁，经曰慈，其用一也。保民如赤子，乃可为民父母，以至仁大慈莅邦国，自然圣寿无疆，金枝永茂，社稷康宁矣。今当开国之初，陷于刑法者非一，愿殿下一视同仁，悉皆宥之，俾诸臣民共臻仁寿之域，此我国家无疆之福也。

太祖闻而嘉之，即宥中外之罪囚，李文靖以诗赠超有“圣主龙飞天，王师佛出世”之句。（《朝鲜金石总览》下，第1281页；《东文选》卷一百二十一，第295—299页）

应允之《论无学事迹说》曰：

> 卞公季良撰无学碑，其俗本姓名则不录，故谬袭滋多。有山人提修《隐身事迹记》曰，无学，姓廉名姓，生母业婢，三歧古县人。又曰未见实录，但以途听为记。僧志悦所得《无学秘记》则姓成，名士谦，丽朝敬让尉益斋庶子。余又见一录无学姓朴，赠辅国崇禄大夫兵曹判书，讳致仁之子，三嘉浮屠寺有无学塔，

县人谚传文姓家婢妾子云云。

又德裕山（安阴）《寻真洞记》云：

> 洞以寻真名，境之真乎，人之真乎。国初无学祖师隐居于此，而今绝顶有隐身庵。自隐身东望不数里，有太祖庵古墟云云。

第三节　太祖之信仰

太祖之信佛教，见地不甚高，与幻庵混修协力造大藏，以安于瑞云寺，但不过愿有为之功德而已。以无学为王师，而非受其禅旨，但令其相土而已。又重创演福寺塔，重营伽耶山海印寺古塔，与群臣发愿安大藏于塔中，亦不过祈福国利民而已，故《愿成大藏御制文》云：

> 盖闻经、律、论，通名大藏。佛教虽有方便万殊，要之指归，则不过乎戒、定、慧三学而已。原其三学，只在乎一心，然则心与大藏，三一俱圆矣。况佛教妙理，通三际，互十方，其功德岂易量哉。寡人蒙天地之祐，祖宗之德，获膺推戴以即宝位，惟念否德，不克负荷，尚赖佛教方便之力，庶可以福先世而利群生也。肆于即位之初，重营古塔，庄严毕备，仍与群臣，愿成大藏，以安于塔。冀因密护，法云广布，群物咸苏，福国利民，兵韬世治，万世永赖，此寡人之愿也。
>
> 朝鲜国李旦　洪武二十六年癸酉七月日跋。（《朝鲜佛教通史》上编，第 348 页）

王即位之三年，发愿为高丽王氏宗族金书《法华经》三部，以资其冥福。同年，以天台宗僧祖丘为国师。六年，神德王后康氏殁，于其茔域建兴天寺为修禅之本社，以资追福。同年，命大禅师德惠志祥等，设水陆社于三角山津宽寺（京畿道高杨郡）。七年，大藏经板从江华禅源寺移于支天寺。如定宗元年，为沙门云岳重建五台山狮子庵为愿刹，无非皆为继承前期之遗习者也。

第四节　太祖让位与无学之关系

太祖以明惠帝建文元年（公元1399年）让位于第二子芳果，是为第二主定宗王。王于京城设东、西、南、北、中之五部学堂以奖励儒学，是为李朝崇儒政策之始。王在位二年，传位于太祖之第五子芳远，是即第三主太宗王（自明建文三年，后小松天皇应永八年，公元1401年，至明永乐十六年，称光天皇应永二十五年，公元1418年）也。王之得位，似与无学自超有关。据《五山说林》，太祖让位后，憎太宗甚，遂出都走咸兴，虽太宗遣中使问安，而不能达其情。乃请于无学，无学至咸兴谒太祖，太祖怒曰："汝为谁游说耶？"无学笑曰："殿下何不谅，贫道与殿下相识几年，今特为慰殿下而来耳。"太祖颜色稍和，留与宿。无学语未曾言太祖之短，如此省数十日，一日夜半说太祖曰："太宗诚有罪，然若弃绝此人，殿下大业将谁托哉？与其与他人不如与之血脉。"太祖颇然其言，遂有回驾之意，无学乃劝速还都。（《青野漫辑》卷一，第69—70页）

《逐睡篇》云，太祖之从咸兴还也，太宗出郊外亲迎，盛设帐幕。河仑等曰："太上王之怒未尽释不可信，凡事不可不虑，遮日之高柱宜用大木。"太宗允之，以十围大木为高柱。及两宫相会，太宗冕服进见，太祖望见之，现怒色，以所御之强弓射之，太宗仓皇隐于高柱，矢中其柱，太祖笑驰怒曰："天也。"乃以国宝投太宗曰："尔所欲者，此也，今可持去。"太宗挥泪三辞受之，遂开宴。太宗将奉爵上寿，河仑密白曰："大王宜诣樽所执爵而献，寿时不可亲献，宜授中官以献。"太宗又如其言，中官进爵，太祖饮终而笑，袖中出铁如意，置之座侧曰："莫非天耶？"（《青野漫辑》卷一，第70页）

第五节　太祖之佛事

太宗深信儒教，恶佛教之弊。其元年，罢梦中之诵咒僧，而太祖犹事佛以获冥助之意不断，故同年舍德安殿为教宗之首刹兴德寺，欲以永国祚。权近记云：

> 建文三年夏，太上王（太祖）命相地于潜龙旧邸之东，别构新殿。秋功告讫，乃命臣近若曰："高丽太祖，统一三韩，以其私第为广明、奉先二寺，图利国也。予以否德，代有邦家，仰惟前代时，若将以此殿，舍作精蓝，永作世世图福之所，思以上福先世，下利群生，宗社永固，垂统无疆。"故于正殿，揭释迦出山之影。又于北楣为庋，其上中安密教大藏一部，东置新造大字《楞严》板本、西藏新雕水陆仪文板本。（《朝鲜佛教通史》上编，第374页）

同年，太祖又亲临雪峰山释王寺，盖释王寺与太祖有缘。《芝峰类说》并《药泉集》云：

　　释王寺在安边剑峰山，世传僧无学居此山土窟中。我太祖潜
龙时，访而问之曰："梦入破屋中，负三椽而出，此何祥也？"无
学贺曰："负三椽者王字也。"又问："梦花落镜坠，此则何祥？"无
学即曰："花飞终有实，镜落岂无声？"太祖大喜，即其地创是寺，
仍以释王名之。旧有太祖真笔，而失于兵火，只刻板存焉，僧休
静作《山水记》备其事。(《芝峰类说》卷十九，宫室部)。

就释王寺与太祖之关系。释王寺新旧碑文云：

　　太祖(李成桂)于洪武十年夏，次清州(北青)时，闻海阳
　(吉州)香积寺大藏一部及佛像法器毁于兵火，补其所失若干卷，
　全安于释王寺，永为寿君福国之资云云。

以上之文百五十八字，称为太祖亲笔，肃宗王不疑之，亲书云：

　　鹤城雪峰山释王寺即我太祖潜邸时所建，吉梦休征，莫非天
　启景运之祥云云。
　　　　　　岁戊子(三十四年)夏四月灯夕自署

　　英宗、正宗二王亦反复同一之事。所谓太祖吉梦，乃传王梦入破
屋中负出三椽，时无学住土窟中，为王判梦乃王字，为他日王天下之
兆，故乃太祖即位建释王寺。即正宗王之语所云，太祖梦兴王之征，
而就神僧无学于土窟中，占释其必故龙飞之际建寺于土窟旧址，名
释王云云。然释王寺既存于洪武十年，《释王寺记》亦有洪武十九年
丙寅，太祖奖无学作五百应真石像，设罗汉斋以祈福，则太祖即位以

前，释王寺之俨存可知，然则王似止于重修释王寺之古刹，释王之名亦疑其非出于王之梦。

释王寺藏西山休静真笔之寺记，劈头有道诜传，诜入唐受学于一行，行于三韩地图上附三千八百点，示可建塔于此云云。次在《释王寺记》言及太祖之梦，其终云："余今日适过此，不忍泯迹，拔笔略记释王寺之始终尔，著雍（戊）锦棚月下浣，清虚子时年七十九，思古染翰聪减手战，可被后人笑也。"西山之七十九岁相当万历二十六年（宣祖王）戊戌。末存下之记事。

> 春日大王（李太祖）与王师（无学）对坐寿昌宫松轩，王戏谑约斗劣。师请曰："大王先立言。"王曰："我见老师如猪也。"师曰："我见大王如佛也。"王曰："师何不斗劣也。"师曰："以龙眼观之则龙也，以佛眼观之则佛也。"于是王与师共抵掌大笑曰："美哉，鱼水之一堂也，可谓天然，天然。"

以上文中龙眼、龙也之二龙字，西山作猪字，后人削改为龙，痕迹昭然。涵月海源跋文亦指摘之。

要之太祖之佛事，一不过为镇护国家之祈祷，则亡灵之追福耳，至佛教之真精神，实未梦见。而当时僧徒，亦似甘于丽末之陋习，然如兴天寺之主僧尚聪，白王言："禅是佛心，教是佛语，其所以寿君、福国，安民则一，自云弘扬正法以尽祝釐之职。祖师真觉有言，禅遣延国祚，智论镇邻兵，夫岂征而欺我哉。"不知福国利民之法会高丽诸王最盛行之，而却为国家衰亡之一因也。

第六节　太宗之限制寺刹与宗派之减少

第三主太宗持崇儒排佛之方针。其即位也，幸大学祭先圣，命世子就学以为常例。二年，书云观上书曰："高丽太祖统三之初，置寺安佛而给田民，后之君臣益信，创大伽蓝，各称愿堂而施田民。由是五百年间，京外寺社不胜其记，于是禅教各宗争执有田民寺，肥马轻裘，甚者溺于酒色无所不至，虽寺数千僧数万，其所行如此，倘其道有福国之理，亦何有一毫之补哉？伏愿付其密记，京外七十寺之外，诸寺土田之租永属军资，分奴婢属于诸司。"王从之。如是李朝已排佛先从经济上穷迫寺刹为第一着手也。王注心兴隆儒学，其三年（明永乐元年），虑书籍之鲜少不能博观，命置铸字所铸铜字，以活字数十万刊行书籍，又始行幸学谒圣之礼。

就当时铸字，《笔苑杂记》所记如下：

> 太宗始作铸字，模样有未尽善。岁庚子，世宗命李蒇，以中国善书字样改铸，比旧尤精，是谓庚子字。甲寅，世宗命为善阴阳字样改铸，极为精致，是谓甲寅字。庚子字小而甲寅字大，其所印书册极好。世宗末年，用瑢所书样及姜希所书字样改铸，其所印书册，渐不如旧。今则铜字尽为工匠所盗，而兼用木字，字之大小生熟不同，行列不齐。（《笔苑杂记》一，第256页）

> 六年（永乐四年），因议政府之启请，限制寺刹，定曹溪宗、总持宗合七十寺，天台疏字宗、法事宗合四十三寺，华严宗、道门宗合四十三寺，慈恩宗三十六寺，中道宗、神印宗合三十寺，南山宗、始兴宗各十寺。（《朝鲜佛教通史》所引《太宗实录》）

又当明成祖帝，遣使从济州迎铜佛。王云，藩国祸福，不在铜佛，竟不肯拜佛。《慵斋丛话》云：

> 我国崇奉佛教久矣。新罗故都招提多于闾阎，松都亦然，王宫甲第，皆与佛宇相连。王与后宫，诣寺烧香无虚月，设八关燃灯大礼，皆依于佛。王之第一子为太子，第二子则削发为僧，虽儒林名士，亦皆效之。寺刹皆有藏获，多者或至千百，为住持者，或拥婢妾，其豪富胜于公卿。置十二宗，以掌释教，僧多封君辟除者。至我太宗，革十二宗只置两宗，尽革寺社之田，然遗风未殄，士大夫为其亲属皆设斋，又设法筵于殡堂，行忌祭者，必邀僧饭之。亦有诗僧，与晋绅相唱酬者颇多，儒生读书者皆上寺，虽或有坏瓦画墁之弊，而儒释相赖者亦不少。至世庙（译者按，疑"宗"）朝极矣，僧徒杂于村落，虽有淫暴，人不得诘，朝官守令亦不得抗，至有赖僧荫而获利者，大学士献佛骨要恩宠，士林不甚惊怪。自成宗严立度僧之禁，不许给帖，由是城中僧徒勘少，内外寺刹皆空，士族无设斋饭僧者。（《慵斋丛话》卷八，第170页）

然而禅教二宗之制，非始于太宗王，世宗王时有之，所谓十二宗亦未明也。

第七节　太祖之排佛

王之十年（永乐八年），为太祖追福，于兴德寺转《大般若经》。十二年，建开庆寺，资其菩提，于海印寺印《大藏经》纳之，是其太宗一代中所为唯一之佛事乎。十三年，岁旱荐至，承政院乃请集僧祷雨，王曰："从古水旱之灾皆人君否德所招，今集僧巫祷雨，乃无愧乎，予以为罢祈祷，尽罢人事可也。予粗读圣经，知僧巫之诞妄，今却托愚僧希天泽可乎？"金汝知曰："虽非古昔圣王之正道，举祈祷亦古事也，今集僧供辨具备，从俗行之似无害。"王曰："旱极必雨，若雨，即人必以为释氏之力，此后，卿等勿又论佛。"

太宗之妃薨，因故事于殡殿设法席。王曰："方妃之病，祈佛求生无所不至，竟无应验，且性不好佛，故不欲为佛事。"又改山陵之傍建舍之旧例曰："山陵乃予百岁后所往之地，令缁徒近吾傍，吾心岂安哉？"《慵斋丛话》云：

> 陵室之傍有斋舍，自昔然也，如健元陵（太祖）、显陵（文宗）有开庆寺，齐陵（神懿皇后）有衍庆寺，厚陵（定宗）有兴教寺，光陵（世祖）有奉先寺，敬陵（德宗）、昌陵（睿宗）有正因寺，迁英陵（世宗）于骊州，改神勒寺为报恩寺，以为斋社，独献陵（太宗）无社，盖因太宗遗教也。士大夫亦于墓傍作斋庵。（《慵斋丛话》卷二，第43页）

太宗时，高丽遗臣有守夷斋之操者。全罗南道《佛护寺元祯国师事迹》略云，国师之先世，世仕丽朝至显官，俗姓曹，讳汉龙。高丽恭愍王四年乙未，擢甲科，丽亡后，出家称洗染，书"忠臣不事二君"六字于衣带间，与高丽之旧世徐甄隐衿川。甄赋诗云：

> 千载神都隔渺茫，忠良济济佐明王。
> 统三为一功何在，只恨前朝业不长。

龙和之云：

> 天地人事两茫茫，更向那边拜圣王。
> 莫道此间真趣寡，山高高处水声长。

台官欲治之，王曰："伯夷之流，何必治之？"一日，归见其母，母始知其为僧，泣曰："汝虽为前朝之忠臣，今汝母尚在，忍能剃发而不念父母之遗体耶，家门灭矣，吾谁依焉？"龙跪拜谢曰："生为臣子，已为不忠之臣，亦为不孝之子，其罪甚矣。与其不忠而又为不孝，孰若不忠而独能奉母之旨乎？"于是蓄发，正其衣带而入京，承旨为官拜参议。以母老乞归乡，母没，三年致孝。又三年后，逃于伽耶山，一衣一钵游四方，至南平佛会寺，重建之。有诗：

> 千年王业一朝尘，白首孤臣泪满巾。
> 借问首阳何处在，吐涵明月自相亲。

以示不事二姓之志。后改名元祯，赴京，王曰："汝胡名僧也。"元祯曰："吾乃老佛道也。"王命赋诗，祯应声曰：

> 谪下人间八十秋，无情白发已盈头。
> 乾坤有恨家何在，日月生辉世更休。
> 东出岭边皆触感，南归湖上足消愁。
> 君王莫道为僧苦，不肖孤臣发不留。

王嘉其意，施物，赐号清闲。太宗十三年，住于和顺之万渊洞佛护寺。十四年入寂。元祯似为名道衍国师者之资，故道衍国师《影祯文》云我道衍先师。祯以笃孝知，故于凤凰山下建孝子碑，太宗赐"鲜忠丽孝"四字，刻之碑阴。

第二章　排佛之气势与涵虚堂之玄风

至世宗之代，合佛教七宗为禅教两宗，以减少其势力，儒生之憎嫉佛教者，请斩僧者有之。方排佛之气势益益炽然之时，振作玄风者为涵虚得通，通所唱道，虽不过禅净之混合。其中纯禅之妙旨在，有沙中拾金之感。

第一节　禅教二宗之制

第四主世宗王（自明永乐十七年，称光天皇应永二十六年，公元1419年，至同景泰元年，后花园天皇宝德二年，公元1420年），乃太宗之第三子。王躬讲究经史。二年，始置集贤殿，选文学之士十三人充之，专任文翰，讨论古今。三年，以王子珀为王世子，令儒服入大学谒圣，以为立太子之定式。同年秋，设大法会，请沙门得通追荐母后之冥福，又旧例每岁之初遣人祈福于佛宇、山川，谓之年终还愿，王命罢之。四年（永乐二十年），罢经行。经行是春秋仲月令僧徒诵《般若经》，鸣螺执幡盖香火前导，巡行街巷而禳灾厄也。六年（永乐二十二年），礼曹启云：

释氏之道，禅教而已。厥后，正宗旁传，各以所业，分而为七宗，传误承讹，源远末益分，实有愧于其师之道。且中外多建寺社，分属各宗，其数猥多，缁流四散，旷废莫居，修葺不继，渐致颓败，乞以曹溪、天台、总南三宗合为禅宗，华严、慈恩、中神、始兴四宗合为教宗，选中外堪寓僧徒之处，量宜置三十六寺，分隶两宗，优给田地……仍革僧录司，以京中兴天寺，为禅宗都会所，兴德寺为教宗都会所。拣取年份俱高者，以为两宗行首掌务，令察僧中之事。于是减七宗为禅教两宗，以三十六寺分隶之，付属田地，加增结数，废僧隶司，以其所属奴婢三百八十四口，分给禅教两宗。（《朝鲜佛教通史》上编，第388—389页）

八年，设读书堂，选文臣之年少有才行者令为学。十九年，太学生等上疏，请斩天台宗僧行乎，时行乎以王旨重兴兴天寺，大聚僧徒，服劳役者六百有余人，新受度牒者，一岁至数万，民敬之无异懒翁，于是招儒生之憎嫉也。

礼曹之启曰七宗，天台、总南、曹溪、华严、慈恩、中神、始兴是也。朝鲜之初有十一宗，太宗时合为七宗，李能和氏云：

> 高丽之五教两宗，传至朝鲜，何又忽变而为曹溪、总持、天台疏字、天台法事、华严、道门、慈恩、中道、神印、南山、始兴等十一宗……朝鲜太宗六年或七年，中道宗（即八不中道之三论法性宗也）、神印宗（结印密宗）合为中神宗……总持宗（总持陀罗尼也，疑即真言宗）、南山宗（律宗）合为总南宗……天台疏字宗、天台法事宗合为天台宗，华严宗、道门宗合为华严宗。（《朝鲜佛教通史》下编，第479页）

如是太宗时合十一宗为七宗，今又合七宗为二宗，以减杀其势力也。

第二节　关于五教二宗之异说

高丽之时，既有五教二宗名称。李能和氏云：

> 高丽元宗二年六月，设五教法席于内殿……又十四年夏四月，幸贤圣寺，集五教两宗僧徒设道场。忠惠王四年秋七月，令五教两宗，亡寺土田及先代功臣田，属内库。
>
> 恭愍王五年，王师普愚言于王曰："若九山统为一门，重兴祖风而五教各以其法弘之，岂不畅哉。"
>
> 尚玄（李氏）曰，由是观之，五教两宗始见于高丽元宗时代，是在大觉国师立天台宗，普照国师创曹溪社之以后也……然则元宗以后称五教者，疑即戒律宗、法相宗、法性宗、圆融宗、天台宗是也。称两宗者，疑即禅寂宗、曹溪宗是也。（《朝鲜佛教通史》下编，第477—479页）

然而金包光氏破之云：

> 朝鲜宗派，大觉国师前有五教九山，大觉国师后有五教两宗，对于五教九山及五教两宗论者非无异说，今欲依现于历史上先后述之。依高丽宣宗元年普济寺僧贞双等之奏"九山门参学徒请依进士例，三年一试从之"，则大觉国师入唐（宋）前可认证世上既传九山之名。两宗名称，据高丽康宗二年立《华严寺静觉国师碑铭》中云："凡于两宗之教，求可以承当大任者无出师右。"

未见有先之者，以是可推想至大觉国师墓志创立天台宗以后，世上始出现两宗名称。然则以《大觉国师墓志铭》中所见六宗"戒律宗、法相宗、涅槃宗、法性宗、圆融宗、禅寂宗"谓为五教九山为妥。就中一禅寂宗，内别则为九山，总名九山则为一禅寂宗，故五教九山得改称谓五教一禅，如是大觉禅师以前有五教一宗，至国师更增加天台宗而变为五教两宗，同时改称禅寂宗为曹溪宗者自然之势也。然则合曹溪宗与天台宗合而称为两宗，论者以为法性、法相、圆融、戒律加天台可称五教，如天台谓为教宗虽无不可，依天台宗僧侣所受持之法阶，则天台非教宗，而确然为禅宗。丽朝时代，禅教各宗僧侣之法阶，划然相异不可混同，教宗僧侣必授以大德大师、重大师、三重大师、首座僧统，禅宗僧侣必授以大德大师、重大师、三重一大师、禅师、大禅师，是确乎不变之法也。按，大觉国师之始辟台宗大选，入格者国清寺住持教雄之法阶。睿宗十五年拜禅师。仁宗十三年升进大禅师，此天台之为禅宗之明证者也，何得以天台参入五教哉？论者又以为禅寂宗系在来之九山门，曹溪宗系牧牛子所创立，故合禅寂、曹溪为两宗，是似混同宗名与山名者。试考《松广寺世代住持之碑》文，曹溪山虽记第何世，曹溪宗无记第何世者，加之，高丽明宗二十年（二年之说乎），《坦然禅师碑额》记"高丽国曹溪宗掘山下断俗寺大觉国师之碑"，然则足知牧牛子改松广山。改称曹溪山从神宗二年，二十八年前已世传曹溪宗之名。又《三国遗事》有"曹溪宗迦智山下麟角寺住持圆镜冲照大禅师一然撰"，然则与牧牛子门派不同之迦智山派亦用曹溪宗名称，何以后进牧牛子它宗名冠于先进坦然禅师之碑额，岂有时梵日后孙牧牛子之宗名传布于迦智山门派一然禅师之理？是故如余之见，由来禅寂宗专用于为曹溪法脉之九山者狭义之宗名，而大觉国师创立天台，通用于智者法孙之天台宗，则为广义之禅寂宗。如是与教宗相对者时称禅寂宗，就禅宗中与天台宗相对者时称曹溪宗，所谓曹溪宗者即九山也。就九山之为何，古来无定说，具体地记录九山名目者，无优于《仔夔删补文》第九卷《乡唐祖师请坐仪文》。《仔夔文》乃金国僧仔夔所编纂，后本国人删补者也。相当于九山之条项节录如下：

　　一心奉请迦智山祖师海外传灯道义国师

　　一心奉请阇崛山祖师螺髻顶珠梵日国师

　　一心奉请狮子山祖师霜气涌天哲监国师

　　一心奉请圣住山祖师无舌榆杨无气国师

　　一心奉请凤林山祖师造塔供鱼玄昱国师

　　一心奉请桐里山祖师南岳分辉惠哲国师

　　一心奉请曦阳山祖师山神现请道宪国师

　　一心奉请须弥山祖师太祖王师利严尊者

　　一心奉请实相山祖师九夏持身洪陟国师。

以上《请坐文》中所列录，然单以《请坐文》，尚未能证为九山，次下有《礼拜文》云：

　　一心信礼新罗圣代，自古至今九山门中一切诸大祖师。

前之《请坐文》，以九山作九项别举，此《礼拜文》以九山为一项合举，对照前后释然无疑。前《请坐文》中阇崛山及狮子山之间，介在有真鉴、玄壮、顺应、利贞、大古下四个条项，因此前后分离，失九山之连续，然而真鉴等四项，后之《礼拜文》不但无之，书法及字体上，亦露显为后人插入之痕迹，无容疑之余地。以上所说图示之如下：

（大觉以前）六宗　　　　　（大觉以后）七宗

圆融宗　　　　　　　　　华严宗

法相宗　　　　　　　　　慈恩宗

　五教……法性宗……　中道宗……五教……教宗

　　（附神印宗）　　　　　　（附神印宗）

涅槃宗　　　　　　　　　始兴宗

戒律宗　　　　　　　　　南山宗

（附总持宗）　　　　　　（附总持宗）

九山……禅寂宗（狭义）……曹溪宗 ┐
　　　　　　　　　　　　　　　 ├ 两宗……禅宗（广义）
　　　　　　　　　　　　天台宗 ┘

（鉋光氏著《禅宗九山来历》）

就始兴宗之为何，诸说不定，似为天台宗之一派。

第三节　己和之小传

排佛气势炽烈之时，有振作玄风者，无学之嗣己和是也。己和，号得通，旧名守伊，号无准，所居室曰涵虚堂。俗姓刘氏，中原（一作忠州、忠清北道）人。明洪武九年生，幼学经史文章。年二十一深感人世无常，入冠岳山（京城之南）义湘庵出家。洪武三十年春，到桧岩寺参无学，亲闻法要，后辞而历游诸山。永乐二年，再至桧岩一室独居，杜绝视听而苦修，一夜经行次，不觉咏曰："行行忽回首，山骨立云中。"又一日入厕还出，放下洗桶曰："惟此一事实，余二则非真，此言岂徒然哉。"永乐四年，归功德山大乘寺，四岁间，三设般若讲席。永乐八年，到天磨山（开城北）观音窟大振玄风。翌九年，于佛禧寺结制三年，重新堂宇，宣扬祖风。永乐十二年，于慈母山（平山）烟峰寺占一小室，名曰涵虚堂。永乐十九年，因世宗王命住大慈寺（开城），为先妣大妃修冥福，为王臣说法。同二十二年，上书辞退，于诸山阐明一乘。至明宣宗帝宣德六年，留于岭南之曦阳山（庆南）凤岩寺。同八年（公元1433年，世宗王三十五年），身心不豫，卓然静坐曰："湛然空寂，本无一物，灵光赫赫，洞彻十方，更无身心，受彼生死去来往复，也无罣碍。"又曰："临行举目，十方碧落，无中有路，西方极乐。"言讫而逝，寿五十八，所著有《涵虚堂语录》《圆觉疏》三卷、《般若五家说证》一卷、《显正论》一卷等。（《涵虚堂得通和尚行状略抄》）

第四节　己和之正见

己和其衲僧之风格，所谓有透向一路者。珍山和尚之《安钟垂语》云：

> 唤什么作珍山面目？若唤此骨头作珍山面目，面目安在？若道不是，此之骨头从什么处得来？切忌道法身是常，无生无灭，色身无常，有生有灭，而于法身、色身作两般见，若作这般见解，未免截虚空作两片。既然如是，毕竟作么生断看？不见道吾今色身，即是常身，法身若是常身，法身无不能盖，地不能载，劫火不能坏，大虚不能容。我今观此顽石穴，不满尺余，钟不过一仞，还收得广大难容底法身吗？若收此中不得，向甚么处安着，还有道得者么？良久云："如无山僧自道去也。"以杖指石龛

云："问这里安。"安讫云："珍山大师兄平生使得父母所生的一把骨头，既向这里安着，正当怎么时合谈什么语？"良久云："刹海毛孔元无碍，芥纳须弥有什难。无缝塔样今犹在，不须向外空寻觅。一自钟镇华山后，山与此钟作知音。直饶山倒为平野，此钟此名应不泯。毕竟承谁恩力？"以杖击石三下。(《涵虚堂得通和尚语录》，第12—13页右)

由是观之，和领会法身、色身之不二无别，提唱永嘉玄觉之所谓幻化空身即法身，所以安住衲僧之本分也。又《诸檀越请对灵普说》云：

> 诸佛子众还会山僧深深意旨么？摩竭当年有此榜样，毗耶昔日亦曾漏泄。山僧今日把着此个消息，普与诸佛子，两手分付去也。诸佛子众还有荷担者么？若也荷担得去，便能于生死海中易短为长，易粗为妙，亦能拈一茎草作丈六金身，以丈六金身作一茎草，随所作为无不自由去在，何更用多方便门，以求出身之路……且道怎么生是脱苦轮证菩提处，齐开向上眼，不堕凡圣见，脱苦轮证菩提则不无。唤什么作向上眼？以右手举数珠云："此眼开时，生佛俱沈，罪福无处。"以左手举数珠云："此眼开时，法法俱兴，因果历然。"以两手举数珠云："此眼开时明暗交参，皂白难分。更有一眼，此眼开时，有甚么用处，只如向上眼，为是三眼所摄，为是一眼所摄。"良久云："三一不相摄，须知问上眼。"掷数珠便下座。(同上书，第6—7页右)

是亦彻底之生佛一如之见，身心不二之端的也。

第五节　己和之偏见

然观己和之法语，和不以这个纯一之禅味为满足，执身、心别体之二见，谓四大崩溃之后，有一物长镇之灵，故云：

> 生也一片浮云起，死也一片浮云灭。浮云自体彻底空，幻身生灭亦如然。就中一个长灵物，八经劫火常湛然。所以道，湛湛有同香水海，深深无异补陀山。（同上书，第2页右）

是所谓心常身灭，先尼之见，非统一之禅旨，似仿当时中国禅僧之弊者。和于老子之厌世观有所共鸣，以肉身为苦恼之因，以心灵常为肉身所因，所以云：

> 老聃之言曰："'吾有大患，为吾有身。'彼虽是俗，语合于理，可谓倾肠倒腹、吐心吐胆、诚谛之语也。"（《涵虚堂得通和尚语录》，第13页右）

肉体既为心灵之桎梏，心灵之于肉体，犹飞鸟之于笼槛，脱却笼槛后，飞鸟乃自由，所以《迎魂献座下语》云：

> 河氏灵驾，五十余载，滞在梦宅，如今脱壳，快如腾虚。（同上书，第7页右）

又《送魂下语》云：

惠峰觉灵，六十余载处人间，几登欢场没忧海，如今脱却皮袋子，扬扬踏得还家路。（同上书，第9页右）

又《荐登山和尚祭文》中，评珍山之死云：

想当此际（谓死）如决疣溃痈，而无其患，如光风霁月，而朗其神者乎？快乎，快乎，腾天游雾，而逍遥于尘垢之外。于于乎，于于乎，去住自由而已得，得夫悬解者也。（同上书，第10页左）

是实老庄之见，距大乘禅之本旨千万里。和相信心常身灭之灵魂说，其说西方往生，固当然也。

因山僧结念佛香社，专想弥陀，专念宝号。（同上书，第9页右）

又云：

正眼未开，无明未破，好承陀大愿力，直向九莲台上游。（同上书，第2页左）

又云：

庶仗平生念佛功，九莲台上任遨游。（同上书，第18页左）

又劝念佛云:

> 同念弥陀,齐登乐岸,同种善因,共成佛道,愿与万万千千,同结成佛正因。何以故? 万万千千人中,岂无一人最先成道,一人若先成道,万万千千,尽于言下得证。万万千千既各得证,亦各教化万万千千,悉令成道,如是辗转,普与尽法界众生,同成无上佛果菩提。(同上书,第19页左)

如是和似击知祖师门下本来成佛之妙旨,惜哉,唯当时中国禅僧,皆唱唯心净土,自性弥陀,同时信西方往生者,而已和亦见坠于二途,故云:

> 想当此际(死际),用心之极,依平昔参话之功,仗诸圣扶佑之力,见自性弥陀,达唯心净土故也。若也见自性弥陀,达唯心净土,则神游大方,去留无碍定矣。虽未到如斯境界,承弥陀大悲愿力,九莲花中,随功往生决无疑矣。(同上书,第140页左)

又云:

> 金刚身物之圆成,无量寿人人具足,右手举数珠云:"此是金刚身之正眼。"又左手举数珠云:"此是无量寿之慈光。"(同上书,第3页左)

和有私淑永嘉玄觉处,往往以《证道歌》为权证,所以云:

以竹篦子打托一下云："亦无佛亦无法，大千世界海中沤，一切圣贤如电拂，梦里明明有六趣，觉后空空无大千。"（同上书，第8页右）

又云：

洪相国仙驾再生之日："还布施也未，还亦无能住也未。了则业障本来定，未了还须偿宿债。"（同上书，第8页右）

乃知大悟之人免业障，未悟之汉恼于宿业，是永嘉之见亦己和之见。和之作有《永嘉集十章赞颂》、《大乘起信论释题并序》、《圆觉经颂》、《法华经颂》、《弥陀赞》十首、《安养赞》十首、《弥陀经赞》十首，可以卜其思想渊源。

第六节　己和之诗偈

和之诗偈可览者多，抄其有禅味者二三如下：

赠懒翁侍者觉牛号野云

江月轩前江月白，野云堂上野云闲。
云光月色交辉处，一室含虚体自安。

松皮饭

拿云踞石老青山，物尽飘苍独耐寒。
知尔碎形和世味，使人缘味学清寒。

扇　子

昔与桓因筑鼻孔，今伴山僧解打空。

打去打来空自噫，一嘘嘘出满堂风。

松　堂

森森独翠三冬雪，堂上主人心愈洁。

阒寂清闲香一炉，耐寒枝上邀明月。

秋日书怀

天高云淡气微凉，月白风清味自长。

遥忆渊明三径趣，菊花丛里卧闻香。

山中味

山深谷密无人到，尽日寥寥绝世缘。

昼则闲看云出岫，夜来空见月当天。

炉间馥郁茶烟气，堂上氤氲玉篆烟。

不梦人间喧扰事，但将禅悦坐经年。

第七节　己和之《显正论》

己和破儒士排佛之邪论，欲以显佛教之正义，撰《显正论》，先示性情之别云：

> 性本无情，迷性过情，情生智隔……夫情也，有染净焉，有善恶焉？净与善，圣之所以兴也，染与恶，凡之所以作也，故智情不生，则凡之与圣，悉无得而兴焉。

> 性者，自性清净之灵心，情者，冥妄虚假之烦恼也，随顺性则成

菩提，随顺情则成偏邪，故：

> 《三藏指归》要令人去情显性而已，情生于性，犹云起于长空，去情显性，犹云开而现无（原作"大"）清也。

佛教要旨在令人去情复性，是唐李翱等所唱，佛教譬如清风，扫情云而现性天。

> 佛教比之则若清风之扫浮云也，欲所见之廓如，而厌清风者惑矣。

儒士欲治民平天下，而厌忌佛教，如欲扫浮云而厌清风。

> 若教人人依此而修之，则心可得而正矣……可以治国，可以平天下矣。

若天下之民信佛教，依其教则可以治国，可以平天下。

> 儒以五常而为道枢，佛之所谓五戒，即儒之五常也。

儒与佛于道德之实行并非二致。

> 示之以赏罚，则或不面从而已，示之以因果，则服乃心服也。

单从儒教明赏罚，则民面从而心不服，若教之以佛教之因果，必使民心服，故云，"所以儒与释皆不可废也"。

　　和更进说明佛者之出家不与世务云，儒者之五伦五常是以经而守正，佛者之出家得道，乃以权而应变者也。故出家虽反常而合道，佛者为释子而现父母之名，是大孝也；佛者为君国祈福，以因果导民，是大忠也，岂得斥佛者为不孝不忠哉。说明佛家禁杀生不供牺牲之理由云：

　　　　天地之于物也，犹父母之于子也……子之相杀，非父母之心也，人物之相残，岂天地之意乎？

　　论示不杀生之为仁道云：

　　　　天地与我同根，万物与我一体，此释氏之言也。仁者以天地万物为一己，此儒者之言也……不杀生……此真仁人之行也。

断言祭祀所供牺牲虽礼也而可废。又解说不饮酒戒之：

　　　　酒为乱神败德之本，而尤害于道也。

　　答僧人受布施，浪费民财之非难云：

　　　　布施……要令人破除悭贪，以净心田而已。

　　又辩护轮回转生说云：

天堂、地狱设使无者。人之闻者，慕天堂而趋善，厌地狱而
沮恶，则天、狱之说之于化民，利莫大焉。果其有者，善者必升
天堂，恶者必陷地狱，故使之闻之，则善者自勉而当享天宫，恶
者自止而免入地狱，何必斥于天狱之说，而以为妄耶？

主张轮回转生说利于风教，而己和云：

> 夫人者，有形焉，有神焉，形比则如屋，神比则如主，形谢
> 而其神往焉，犹屋倒而主不得住焉

见堕于心常身灭之邪见，诚为可惜。和辩解僧人之污行云：

> 孔门三千，称哲人者十八而已，如来海会称第一者亦不过十
> 人而已，况今去圣愈远……岂得因其失而废其法也。

更道破儒释之一致，论云：

> 圣人……异世而同其心也……儒之明德即佛之所谓妙精明心
> 也。所谓寂然不动感而遂通，即佛之所谓寂照者也。

盖到儒佛之调和者，加之和论老、佛、儒之无优劣云：

> 三家所言，冥相符契，而如出一口也。

以明三教之一揆，其所论与宋契嵩《辅教篇》无异。次隐夫《显

正论》，亦叙同一之论旨，文章简古，比之《显正论》得要领多矣。

第八节　世宗之毁佛与谚文之创制

《燃藜室记述》卷十三云，世宗元年，命罢五教，只留禅教两宗（世宗故事），又尽革中外寺社、奴婢、土田归官。同书又云：

> 二年庚子，命罢陵寝傍僧舍，详《山陵典故》。三年辛丑，罢祈祷佛宇。四年，罢经行。六年甲辰，王曰："功臣当太祖忌辰，就寺社设水陆，虽是忠孝之意恐违礼。"云云。十九年丁巳，僧行乎重创兴天寺，大聚僧徒，新受度牒者，一岁之内几至数万，太学生等上疏曰："太祖严禁僧徒之禁，太宗减革寺社，十存一二，及我殿下，先废内愿堂，仍减宗门，且令僧徒禁入城市。"今行乎住兴天，民之敬服无异懒翁，虽以宗亲贵戚躬诣桑门，恭行弟子之礼，下令攸司断行乎头，以绝邪妄之根。
>
> 世宗癸卯，京外只留三十六寺，余悉罢之。（《名臣录》）

世宗王通天文学，命儒臣纂修《七政内外篇》。其二十年（明正统三年），命制作报漏阁、简仪堂、大小简仪、浑天仪、浑象定时仪、日星定时仪、圭表、禁漏等机器，而其发（译者按，疑"方"）案制法，皆出王之裁定，殆极精巧。又建一小阁于千秋殿之西庭，湖水而模造，山中央备水力运转机，装置玉漏一个，作神人、鼓人、玉女等形百余个配置之。此等机关自动自击，恰如神，得观取天体之运行，天道盈虚之理，儒林之士，惊谓王之明智。（《李朝史大全》，第71—74页取意;《燃藜室记述别集》卷十五）

二十八年（正统十一年），置谚文局于禁中，令申叔舟、成三问等建制子母音二十八字。时明之翰林学士黄瓒谪在辽东，王便遣成三问得黄瓒助，力合于汉字之音韵。三问往来辽东十三度，分其音为三声，遂撰定之。

谚文字体仿古篆、梵字，李能和云：

> 按谚文发音之法，皆仿蒙古韵会，质问黄瓒者即此也。申叔舟《洪武正韵序》，见其端绪矣。又所谓谚文字体仿梵字为之者，即亦蒙古字也。此蒙古字，制于元世祖国师发思八……高丽末季，自忠烈王以后，世世娶元公主为后，以蒙古字与语用于宫中。旧韩宫中，御用之饭膳，名曰水刺，御用之乐工，名卒花赤等皆蒙古语。而即自丽代，流传之宫中用语也，所以朝鲜初叶，尚置蒙译。又申叔舟善蒙古语。（《朝鲜佛教通史》上编，第394页）

然如安廓氏云，成伣、李晬光、金泽博士等以谚文乃模仿梵字而作者，李瀷、柳僖、白鸟博士等以为模仿蒙古文字而制，然而谚文之字从乐谱出，唯字形纵如安氏之言，而缀字发音皆仿梵语可见。

王二十四年癸亥，亲制谚文二十八字，名《训民正音》，以二十八年丙寅颁之中外，御制序云：

> 国之语音，异乎中国，与文字不相流通，故愚民，有所欲言，而终不得伸其情者多矣。予为此悯然，新制二十八字，欲使人人易习，便于日用耳。

二十九年，命首阳大君瑈（后为世祖王）撰《释谱详节》，大君之序云：

> 佛为三界之尊，弘渡群生，无量功德，人无所不能尽赞。世之学佛者，鲜有知出处始终，亦不过八相而止。顷因追荐，爰采诸经，别为一书，名之曰《释谱详节》。即据所次，绘成世尊成道之迹，又以正音加译解，庶几人人易晓而皈依三宝焉。

> 　　　　　正统十二年（正宗王二十九年）七月二十五日
> 　　　　　首阳大君讳（瑈）序（丰基都小伯山喜方寺板）

由是观之，《释谱详节》乃为佛传之稍详者也。

世宗王晚年好佛，其二十四年，营造壮丽之内佛堂。二十五年，设兴天寺重修庆赞会，亘五日大行法要。安平大君瑢铸金佛三躯安置于兴天寺。又瑢劝王重新大慈庵。三十二年，命建内佛堂，郡臣谏不听。又命二王子，往就俊和尚学经律，二王子者世祖王及安平大君瑢也，是实为后之世祖兴佛之要因。李能和氏云："俊和尚乃五冠山兴圣寺之弘濬。"果然则为涵虚得通之门人弘濬明也。

第九节　姜硕德之禅机

当世宗之代，姜硕德于禅道得力，带中国禅机时代流行之禅风。彼《寄濬（弘俊）和尚书》云：

> 子明（字也）和南五冠山兴圣濬和尚座下……予少寓招提，肄业之暇，与缁流剧谈，略闻绪余，请试诉之。书云："静举祖师

禅，闲看诸佛教。余力念弥陀，求生于净土。此言真实不诳之语也。"余依此用心，以为究竟本分公案也。愚窃谓《宗镜》果以念佛看教为极，则何不置此二事于静禅上乎？又何言闲看余力乎……释教有权实，《宗镜》此语恐非真实，乃权方便。岂不见祖师云佛之一字，诚不忍闻，三乘十（歆）分教热碗鸣声，则禅家唯论一心，除却此事，余悉非真。又不见高峰参禅，若要克日成功，如随千尺井底相似，单单只是个求出归心，若能伊么做功夫，有甚余闲时节，念得佛诵得经？嗟乎，从上师家垂训，如许明白，不肯向这里致力，固守方便，不曾回头转脑，一向皮肤上用功，敢自谓究竟本分，伊么则驴年去倘不改辙，诚恐腊月三十日生死符到。卧在延寿寮里，孤灯照壁，眼花落地，念佛也不得，诵经也不得，四山摧倒，如蟹落汤相似……又有一等圆顶方袍汉，遗落戒行，全工谈辨，不曾真实下功夫，一朝头白齿黄，点检将来，都无所得，方始念佛诵经，以求西方，以除恶业……古德云："丈夫自有冲天志，不向如来行处行。"大丈夫儿如来行处，尚不肯行，其忍一措足于小人曲径乎？请和尚尽把所谓究竟本分公案，束一束掷向他方世界，切勿复顾。十二时中，危坐蒲团，竖起脊梁，但提起云何是唯心净土、自性弥陀，挨来挨去，拶来拶去，转觉心头迷闷，无可用心。一朝忽然失却布袋，一回通身流汗，则弥陀净土，当处自现，岂不快哉……正统戊辰念一日，松易外史晋阳姜子明和南。（《东文选》卷六十三，第405—407页）

权近《清心堂记》云：

晋州姜公，少入宫，事恭悯十数年，以清谨闻。复慕佛斋心，绝荤腥不茹者又十数年矣……洪武丙子夏五月记。（同上书，卷七十八，第234—235页）

可以见其性行。硕德自云，昔予在童丱，肄业支天寺。支天实都下一名刹，其髡无虑五百指。可知彼从幼亲佛教，尝作《归来图》诗曰：

> 先生初非避俗翁，谁知千载之英豪。
> 偶尔随云出林壑，乡里小儿非吾曹。
> 归来三径任芜没，恰有琴樽供笑傲。
> 环堵萧然卧北窗，羲皇上人兴陶陶。
> 眼中忽见山河移，书晋甲子寸心劳。
> 岂但高义凌天衢，忠愤直与秋云俱。
> 何如处士节独高，当时廊庙多俊髦。
> 余今抚图重叹息，清风飒飒吹鬓毛。

第三章　世祖之兴法与守眉、智严等之门风

世祖王杀端宗及成三问等之忠臣而即王位，心中不安，加以王世子之丧，为资冥福，复兴佛事，弘通佛典，创大圆觉寺，宠信沙门守眉等，而禅席荒虚，明师如晨星。泊成宗王之代，推尊儒教，佛教毁废益甚，加之燕山之狂妄，至变佛寺为妓房。中宗王又毁寺刹，销铜像做军器，碧松智严在此间，鼓吹高峰大慧等之禅风。

第一节　世祖之奉佛

第七主世祖王（自明景泰七年，后花园天皇康正二年，公元1456年，至同成化四年，后土御门天皇应仁二年，公元1468年）二年（天顺元年），王世子薨。王为追福手写《金刚般若经》，又命校雠楞严、法华等，令沙门弘濬、信眉等校正涵虚堂之《金刚经说义》，以入五家解为一书。校正《永嘉集》诸本同异，集《证道歌》之《彦琪注》《宏德注》《祖庭注》为一书刊行。印行《法华》《楞严》《翻译名义集》等，当时刊本现存松广寺等七刹。又令大禅师克仁、大禅师文炯等金书《法华》，墨书《地藏经》《梵网经》《起信论》《行愿品》，皆亲制跋语系经后。又命沙门守眉重修灵岩郡（金罗南道）月出山道岬寺，安置药

师像。三年，命慧觉尊者信眉、判禅宗事守眉、禅师学悦等印出海印寺《大藏经》五十部，分置名山福地。申叔舟、韩明浍等，干事金守温作跋。

《东阁杂记》上云：

> 世祖三年，天顺丁丑，教印出《大藏经》五十件。板在陕川海印寺，遣差官尹瓒、郑垠董其事，且使僧信眉、竹轩等监督，谕旨于各道观察使，助其费。戊寅二月始役，四月印毕，分藏于各道名山巨刹，凡入纸地三十八万八千九百余帖，役粮五千石，他物称是。(《大东野乘》卷十，第406页;《海印寺古籍》)

王又赠日本《大藏经》一部、《法华经》二部、《金刚经》二部、《金刚经拾漆（译者按，疑"七"）家解》二部、《圆觉经》二部、《楞严经》二部、《心经》二部、《地藏经》二部、《起信论》二部、《永嘉集》二部、《证道歌》二部、诸学士书《证道歌》二部，遇海路暴风，不知所往。盖王杀第六主端宗王及忠臣成三问等，以行大恶、资其冥福也。创一寺为故王世子愿堂，于高阳郡（京畿道）蜂岘之东，名正因。四年，王添削自所作之《释谱详节》，制序行之。世宗王尝制《释谱详节》之赞颂《日月印千江曲》。世祖御制序云：

> 夫真源廓寥，性智湛寂，灵光独耀，法身常住，色相一泯，能所都亡。既无生灭，焉有去来，只缘妄心瞥起，识境竞动，攀缘取着，恒系业报，遂昧真觉于长夜，瞖智眼于永劫，轮回六道而不暂停，焦煎八苦而不能脱。佛如来虽妙真净身，居常寂光土，以本悲愿，运无缘慈，现神通力，降诞阎浮，示成正觉，号

天人师，称一切智，放大威光，破魔兵众，大启三乘，广演八教，润之六合，沾之十方。言言摄无上妙义，句句含恒沙法门，开解脱门，纳净法海，其捞摝人天，拯济四生，功德可胜赞哉！天龙所誓愿以流通，国王所受嘱以拥护。昔在丙寅，昭宪王后奄弃荣养，痛言在疚，罔知所措。世宗谓予荐拔无如转经，汝宜撰译《释谱》。予受慈命，益用覃思，得见祐、宣二律师，各有编谱，而详略不同，爰合两书，撰成《释谱详节》。就译以正音，俾人人易晓，乃进赐览，辄制赞颂，名《日月印千江》。其在于今，崇奉曷弛。顷丁家厄长嗣夭亡，父母之情，本乎天性，哀戚之感，宁殊久近。予惟欲启三途之苦，要求出离之道，舍此何依？转成了义，虽则既多，念此《月印》《释谱》，先考所制，依然霜露，慨增凄怆。仰思聿追，必先述事，万机纵浩，岂无闲暇，废寝忘食，穷年继日，上为父母仙驾，兼为亡儿速乘慧云。回出诸尘，直了自性，顿证觉地，乃讲劘研精于旧卷，隐括更添于新篇，出入十二部之修多罗，曾靡遗力，增减一二句之去取，期致尽心，有所疑处，必资博问，庶几搜剔玄根，敷究一乘之妙旨，磨砻理窟，疏达万法之深原。盖文非为经，经非为佛，诠道者是经，体道者是佛，读是典者，所贵回光以自照，切忌执指而留筌。呜呼，梵轴崇积，观者犹难于读诵，方言誊布，闻者悉得以景仰。肆（译者按，疑"庶"）与宗宰勋戚百官四众，结愿轸于不朽，植德本于无穷，冀神安民乐，境静祚固，时泰而岁有，福臻而消灾，以向所修功德回向实际，愿共一切有情，速至菩提彼岸。

天顺三年己卯（世祖王四年）七月七日序

（丰基郡小伯山喜方寺板）

王再兴佛事之志了然可见。序中第一段，虽道破佛教之真义，是不过一种掩饰，至冥福云云，祈国泰民安，自家之福利，以达摩评之，其再喝破为无功德若乎？

王又译《法华》为谚文雕印之，八年（天顺七年）成。命译《永嘉集》雕印之，九年成。同年二月，王幸俗离山法泉寺，见信眉、斯智、学悦、学祖等诸禅师，设大法会三日。四月，新雕《金刚经》《心经》之译。

第二节　世祖之再兴佛事

如上述世祖再兴前代废止之佛事，行转经之古仪。故《慵斋丛话》云：

> 世祖朝转经法，即高丽古俗也。其法幡盖前导，黄屋舆安黄金小佛，前后伶人奏乐，两宗僧人数百，分左右随之，各擎名香诵经……奉佛自阙而出，上御光化门送之，终日巡行市街。（《慵斋丛话》卷二，第44页）

同书又言及行于王之代之处容云：

> 处容之戏，肇自新罗宪康王时……初仿僧徒供佛，群妓齐唱灵山会……于是作莲华台戏……妓一人唱南无阿弥陀佛，群从而和之，又唱观音赞三周。（同上书，卷一，第13—14页）

王之佛事，信眉、守眉、学悦、学祖等并孝宁大君助成之处不少。孝宁大君，名补，太宗第二子，世宗之兄。少信佛，以桧岩寺为愿刹，常往来施斋。九年（天顺八年），于同寺设圆觉法会，现如来相，降甘露，有黄袈裟僧三绕塔，其光如电，舍利分身数百，乃兴福寺之废立为圆觉寺。王与孝宁大君等幸兴福寺，命建圆觉寺。十年，孝宁大君校雠《圆觉经》，译而雕之。同年四月圆觉寺成，王幸设大法会。据《大圆觉寺碑》，王亲定《圆觉经》之口诀，解释之，汉谚交宣，以使国人皆闻大乘之道，现存所见有当时所建之寒水石十三层塔。

十一年（成化二年），王与大妃、王世子等幸江原道设法会于五台山上院寺，王先有病，大妃忧之，咨于信眉、学悦等，重修上院寺，祈平快有验也。王又幸金刚山长安寺拜昙无谒之真身，礼观音大士于襄阳洛山寺，命学悦更新伽蓝，驻跸乾凤寺（江原道高城郡）五日，定为愿堂。

第三节　信眉、守眉之演化

就王所崇信沙门信眉、守眉，柏庵性聪撰《灵岩郡月出山道岬寺妙觉和尚碑》云，妙觉王师，法讳守眉，古朗州（全罗南道）人，生于崔氏。年十三投州西之月出小道岬寺出家，既冠受具，翱翔讲肆抵俗离山，遇沙弥信眉，同岁同名，与俱切磋琢磨，读《大藏经》，习毗尼，并慈容道骨，眉彩烨然，词辩纵横，学者推之谓二甘露门。无何谓同学曰："我所负者，其犹僧繇画人物，虽曰妙画终非活者。"遂弃所学出入禅窟，初参龟谷不契，晚入登阶（碧溪正心）之室，然值晦冥否塞之时，禅席荒虚，明师如晨星，认选为判禅宗事。回既倒之宗澜，寻返道岬，鼎新寺门，永膺大君李琰为大檀越安置药师如来三躯，是明天顺元年（公元1457年，世祖王二年）也。由是学者麇至，至千指围绕，世祖王（一作光庙，一作元庙）册为王师，赐以妙觉之号，入寂岁月不明，阅世六十三。(《朝鲜金石总览》下，第857页)《佛祖源流》并《东师列传》以守眉列碧溪净心（一作正心）之嗣。

守眉之道友信眉欲弘宣禅道，解释皖山正凝、蒙山异等之法语流通于世，而皆不过留看话禅之片影而已。

第四节　信眉、学悦及金时习

信眉称慧觉尊者，世祖信敬最笃，藏于五台山月精寺之五台山上院寺重创《劝善文》，所记天顺八年附王之《手记》中云：

> 自予潜邸以来，我慧觉尊者（信眉）早相知遇，道合心和，每提摄于尘路，使我恒怀净念，不沉欲坑，致有今日。非师功耶，非多劫之宿因，安能如斯契合耶？今闻我违和，力疾下床，昼夜奔来数百里之外，虽不事之高尚，若度生之大悲，予闻惊动感泪无穷。又闻师与悦（学悦）师、祖（学祖）师，为我尽卖衣资，重创灵刹，师之为我用心，我之为师感恩，非人所述，我故为师等随喜，略助所费，为究竟之正因，所谓直心菩提者也，于是付嘱世子，永垂后嗣云。

佛弟子承天体道烈文英武朝鲜国王李瑈

圣王后尹氏

据是记，王从潜邸皈依信眉，受其辅导，信佛教。参与其父世宗之二十五年兴天寺重修庆赞会，作其图，制契文。高桥亨氏《李朝佛教》所引《世宗实录》之文，首阳大君（世祖）之言如下：

大君曰："释氏之道，过于孔氏，不啻霄壤。"

王崇信佛教之深盖如是。

世祖时，恶王横道，厌时潮之黑流，投身佛门，放浪山水之间者有金时习，彼为一代秀才，以诗文知名。时习，字悦卿，号雪岑、东峰、清寒子、碧山、清隐、赘世翁、梅月堂等，以世宗王十七年（明宣宗帝宣德十年）生于汉阳。三岁能赋诗属文，泊五岁出入大学，称神童。世宗王闻其名，召至承政院令朴以昌试之，嘉其聪敏，赐帛五十匹。端宗王三年，读书于三角山重兴寺，有人告以世祖王废端宗自立，时习闻而痛哭，佯狂入佛门，自号雪岑。学殖渊博，行业洒落，为道俗所重。居扬州水落山水落寺、庆州金鳌山茸长寺等。世祖王尝设云水千人道场于圆觉寺，诸僧咸曰："此会不可无雪岑。"王遂命召之，到则自投街头之厕闾中露半面，众僧以为发狂疾，王乃黜之。成宗王十二年，时习年四十七，啖肉蓄发，娶安氏之女，未几妻殁，又还山。同王二十四年（明孝宗帝弘治六年，公元 1493 年），圆寂于鸿山县无量寺，寿五十九。

第五节　金时习之游方

明英宗帝天顺二年（戊寅），年二十四游关西，著《宕游关西录》，记其尾云：

予自少跌宕，不喜名利，不顾生业，唯以清贫守志为素怀，欲放浪山水，遇景吟玩。尝为举子，朋友过以纸笔复励荐鹗，犹不干怀……一日忽遇感慨之事，以谓男儿生斯世，道可行则，洁

身乱伦，耻也，如不可行，独善其身可也。欲泛泛于物外，仰慕
图南思邈之风，而国俗且无此事，犹豫未决。一夕忽悟，若染缁
为山人，则可以塞愿。遂向松都，登眺故城，徘徊墟里，宫殿陵
墓鞠为梧楸禾黍，宁不感乎！又登天摩圣居诸山，以观众峰巉峭
之状，瓢渊湫瀑之雄，而入关西，登巴岭之险，涉浿水之波，以
观箕都井田城廓之址，宫祠庙观之壮，人物之繁华，桑麻之蓊
翳，可想殷之宗子余风不坠矣。由是而溯萨水之涯，入安市之
城，隋、唐攻战之迹，依俙然惨烈，使后之骚人墨客，徘徊踟蹰，
足以激千古之恨。又登香岭南望渤澥岛屿之漂渺，北眺朔漠山河
险阻，坐岩扃，伴明月，或倚涧边之石，或登巍峨之峰，见松栎
参天，蔬菌狼藉，鸟兽之奇怪，草木之精华，皆使我欣然吟哦，
或题树叶，或书岩崖，还于蓬芦，翛然默坐，煮茗茹蔬，足以遣
虑而忘情矣。若吾在宦途，欲穷此清玩，不可得也，而又不能自
在游戏矣。呜呼，人生天壤之间，戚戚于利名，营营于生业，以
困其身，如鹪鹩之恋苕，匏瓜之系树，岂不苦哉，是为志以激俗
士，时天顺戊寅秋山人清寒志。

越天顺四年，游关东，见金刚、五台等名胜。天顺七年，游湖南
览百济之旧址，望智异山，诣海印寺，又游庆州探新罗之名胜，遂结
草庵于金鳌。

明成化元年即世祖五十年，设圆觉寺落成庆赞会，孝宁大君以
书招时习。时（乙酉）筑庆州金鳌山室，将有终身之志，而强参法会，
圣祖引见欲令居京，然称以遨嬉泉石为志，数日出城至中路，王召之
再三，固辞还山，有诗：

乞还山呈孝宁大君

（时淹滞于京，因大君之拘留也）

蒙恩初下九重天，荆棘难堪捧瑞烟。

涣汗圣言虽至渥，膏肓臣疾实难痊。

五更客梦芳于草，一点归心乱似绵。

遥想故山千里远，碧峰明月几重圆。

是时布施所得货财尽费购图书而还，有诗：

十年藜苋惯吾肠，天厨珍馐岂可常。

名誉损人宜退屈，清谈丧志莫承当。

嚫钱已纳校书阁，余货更赊工画房。

芋栗满园无恙熟，与狙分作一年粮。

虽王于半途又命欲用之，不赴。

半途复命任固辞陈情诗（并引）

小臣既隐鳌峰，甘分寂寞，忽奉孝宁大君书内兼逢圣旨，不敢以疾病辞。驰贺盛会，浩然将归，再蒙圣旨，惶悚无地。但以臣夙遭罪衅，慈母早背，幼失鞠育之恩，守愤莫祭，苫块依制，构此病疾，每于寒热辄复增剧。初欲游山玩水报圣上水土之恩，年才立岁，膏肓迫身，不得遂愿，是可怜也。且南方地暖，仅可安躯，已结茅茨，既养沉疴者有年。及蒙圣擢，载惧载感，受命如京，然随例受恩，既僭越吾分，而疾病之躯，安得勉强动止也，故不敢承命。扶舆起卧，行至中途，优乞许。严光长往之抗节，蒙怀琏遂闲之明诏，曲怜垂慈，弃置山野。噫，草芥尘土，岂能补太山之一阿，潢汗行潦，不可加巨海之一沤，谨摅微怀，仰尘圣鉴。

> 图南欲下华山庐，圣诏殷勤复返车。
>
> 万里归心同泛梗，一团旋计似池鱼。
>
> 微臣岂敢挂冠去，病轿只随连舸书。
>
> 倘获霈恩令遂志，插香长祝五云居。

《游金鳌录》之后记云：

> 自居金鳌，不爱远游，因之中寒，疾病相连。但优游海滨，放旷郊廛，探梅问竹，常以吟醉自娱。辛卯（成宗王二年，龄三十九岁）春，因请入京。壬辰（成宗王三年）秋，隐城东瀑泉精舍卜筑终年，云癸巳（成宗王四年）春志。

国中之名山胜区，无不扬，无不览，而讽咏吟哦令奇岩怪石增色。古人评时习，曰行儒迹佛，想非的论，可谓兼学儒佛之厌世诗人。

第六节　金时习之思想

窥时习之思想当于彼之《杂著》。《杂著》之《无思第一》云：

> 夫世人称禅是禅定安闲之意，未知禅字乃思修静虑之称。

即禅是令思虑静深，精研思虑，日炼月磨，以达于自得之域之方便也。故云：

> 登山则思学其高，临水则思学其深（原文作"清"）……万像
> 齐现于莹然方寸之间，而各所所长，我皆悉而学之，精研其妙，
> 以入于神。

是以禅为修养之工夫，而非其他，彼禅者，所以未熟也。《山林第
二》云：

> 有道之士居山林者，不可放旷散诞，弛慢怠惰，守道操志，
> 饭糗茹蔬，而其量廓如。荜榻衡门，而其志泊如。不为利故，其
> 言硬而直。不受名故，其事正而严。王侯礼敬而不以为高，瓦合
> 舆儓而不以为卑，异端百毁而其道愈坚，邪谤交攻而其宗不磨，
> 是谓有道之士。

因而彼之自居甚高，其自负大可知也。《三请第三》云：

> 高僧则……以三有为一家，以四生为一幻，淡然离世，脩然
> 绝俗，既志彼此之情，又绝穷达之怀。坦坦然，怡怡然，如凤之
> 鸣，如猨之现，自去自来，如云如鹤。

似以高僧自任然者。又论心云：

> 心者虚明洞然，出入无时，莫知其乡。迷之，则狂荡而忘
> 返，悟之，则圆明而匪失……语其神也，则毫发充于大千。语其

妙也，则性相融于三际。语其道也，则鬼神所莫窥。语其德也，则龙天所钦仰。然则其师事也，非徒问礼、问政，决当时之务，授业解惑，资一时之用而已，实乃得受用无尽之宝，传万世无疆之珍耳。以此在上，则高而不危，以此在下，则顺而不悖，施之五伦，则五伦极其叙，制之五典，则五典极其秩，乃至统理万事，帅御万夫，何莫非此宝之妙用乎。

《松桂第四》叙释氏传心之人云：

此人则不然，乃高蹈远引，无求于世，视名利如谷响，眄死生如阳焰……游城市则如虚舟之驾浪，遁山林则如孤云之萧散，故天子不得臣，诸侯不得友。

更叙佛教之功德云：

释氏之本意，以慈悲为先，使君者知所以受民，使父者知所以爱子，使夫者知所以爱妇，上无悖戾之政，下绝弑逆之怀……虽无仁义之谈而不杀、不盗之警，已形仁义之迹，其福祐王道、永绥生民之功亦莫加焉。

《扶世第五》辩释尊所以出家修道云：

西胡部种，性多悖逆，或贪位而弑其父者（阿阇世王），或争宝而害其兄者（恶友太子），或贪淫女色（阿难），或攻劫不厌（战胜），或悭吝斩（卢至），无所不为者……若非悉达轻其宝位，慕其至道，以警其愚民，则谁能开牖盲聋，而使格其非心乎……且父悲妻怨，虽一时之反常，开悟群生，乃千岁之盛事，所谓事能济其功，功能掩其过也……悉达圣王之子，犹且弃贪去爱，欣求至道，我亦何人，甘此苦轮，于是强勇者息战，悖逆者息篡……导以慈悲，率以清净，则彼割恩背义犹汤武施权之事，一点残云，何累太清。

盖因而论排佛之非者。次《梁武第六》评帝云：

> 梁武……观释教有祸福、报应、利益、幽明之说，拟欲追报亲恩化利人民，讨论佛教穷其宗趣，长斋舍身无所不至，其志则专矣。惜乎其溺于筌蹄，而不究真趣，大失觉皇用心之源也……梁主以欺伪之心，钓为善之名，不虑邦本之失据，不思宗社之倾危，区区于二乘一方便门，欲入如来大圆之海，回如刻粪求香，炊沙作饭，胡可得哉？

诚可云确论。《人主第七》论人主事佛当以仁爱而安民济众，不可徒拘于持戒行斋之小事。

> 宋文帝谓求那跋摩曰："孤愧身徇国事，虽欲持斋不杀，安得如法也？"跋摩曰："帝王与匹夫，所修当异。帝王者，但正其出言发令，使人神悦和，人神悦和则风雨顺，风雨顺则万物遂其生，以此持斋，斋亦至矣，以此不杀，德亦大矣，何必辍半日之餐，全一禽之命，为之修乎？"

《魏主第八》劈头喝破：

> 魏主永宁瑶光之役，亦非佛之本心也……宫室之美，土木之丽，妆珠缀玉，炫人观听，岂佛之愿哉？

人君之修福但在爱抚百姓如赤子，然而：

> 当魏之时，主弱臣强……太后复淫恣无度……赏罚无章，纲纪大坏……又不是虑，而复崇奢华之费，以扰百姓，且有为之福，不及无为之门，况万民之叹愈于有为之者乎……干戈不息，杀之甚也，盗贼蜂起，盗之甚也，淫欲无度，淫之甚也，负此三大罪，而皈依于佛，佛其受之乎……《经》云："我今实言告汝，若有人以七宝满尔所恒河沙，三千大千世界，以用布施，得福多不？"曰："甚多世尊。"佛告若人于此经中乃至受持四句，而此福德胜前福德，盖此经者即《般若》也，般若者即智慧也，用真智以破愚暗，则将见天理存，而人欲遏矣。以之修身……以之齐家……天下无不治而平矣，是之谓种福。

公明之论也。《隋文第九》中称赞文帝云：

> 隋文帝……三代以后未有之主也。又复皈依正觉，与四海之民同趋菩提之场，且礼乐文物，既有先王之制，慈悲济世复遵古皇之风。

次说三舍云：

有三舍，一舍心，谓放下心中烦恼；二舍身，谓头、目、手、足不悋与人；三舍财，谓珍宝钱物……若能先舍其心，不期舍二，而自无尘累故。如来为破昏惑，说三舍法，如不舍心、舍身、舍财，百千万计奚益于道？

次于《仁爱第十》论高僧不可参与俗政云：

许由一穷民，犹能不屈于放勋，严光一俗士耳，亦且不仕于光武，彼二帝之贤圣，犹不能回一高士，况其余者乎……欧阳宦于洛中，欲游嵩山去，汉吏放意而行，至一山寺，入门修竹满轩，霜清鸟啼，风物鲜明，公休于殿陛，旁有老僧阅经自若，与语，不甚顾答。问曰："古之高僧临生死之际，类皆谈笑脱去，何道致之耶？"曰："定慧力耳。"又问曰："今乃寂寥无有何哉？"僧曰："古之人念念常在定慧，临终安得乱？今之人念念常在散乱，临终安得定？"公大惊，不自知，膝之屈。

记自持清高之道风之志，清寒子可谓有名有实矣。时习又作十章之文，其《天形第一》基儒说，说明天地人物，以斥道佛二家之天堂说，断言敬天礼也，祭天非礼也，破道家之《真武经》：

贵贱寿夭命系乎天，贫富吉凶运关于数，祈而不能免，禳而不能防。

排斥巫祝之淫祀也。《北辰第二》云，天体至圆，地居其中，半圆覆地上，半圆在地下，说明北斗而明圣人顺天时设法度之意，以排荒唐不经之俗说，示知命务本之要。《性理第三》中，先破老子之《道德》云：

> 彼老氏者体道而非率性之道，论德而非明命之德。

进论天命、人性，物理初无两般，故人皆至善未尝无恶，而气质有清浊，不能全性，而泊于人欲者为众人，无私欲之蔽，尽其性者为圣人，是性即道也。子思谓率性之谓道，性从自然而有日用事物之间，当行之路，如率仁之性而父子相爱即是道也。禽兽草木受形气之偏，故不能贯全体耳。老子所谓道，希来恍惚，虽见不见，虽闻不闻，心如槁木死灰曰道，故无经世之功。德者，得天命之性也，先儒曰明德者，人所得于天，虚灵不昧，以具众理，应万事者也。天之德，元、亨、利、贞，性之德仁、义、礼、智，不同于老子所云不德之德。要之，时习起脚于理气二元论，未达老、佛第一义也。《上古第四》破老氏重上古朴略之风，引伊川之视箴、听箴、言箴、动箴，断言存心养性之方，无过于此，神仙之长生，无益于世道。《服气第六》，叙神仙服气之法，斥之曰，圣人之道，论养气而不论服气，养气以乐天命，孟子养浩然之气之说是也。天地万物体一而分殊，故吾之气顺，则天地之气亦顺，吾之气戾，则天地之气亦戾，人赋最灵之气，故操存之，则浩然之气塞于宇宙，一团之春风，畅于四肢，融于一心，所谓俯仰而无愧也。《龙虎第七》中初陈炼丹之方、长生之术，次破之曰：

> 寿夭长短，自有定数，关于天命，岂偷生而可安，苟能久视如松乔，谓之违天不知命也。

《鬼神第八》中云：

> 鬼神者，正真之气也。正真之气，运化两间，下祐黎民，上顺覆载，故立祠而祷之，非惧威灵也，盖赛其功德也。

蟒、蛇、猫、狸、虎、豹、狼、羊之类，自称神者非真神，天子祭天地，诸侯祭山川，大夫祭五祀，士祭其先，不可替越，故云：

> 今之祀者，慢神渎鬼，无所不至。而为巫者，亦以妖语骇人，妄称祸福，耗费钱谷。而山鬼妖物，觊而助之，至有破荡家产而后已，岂真神明之道哉？

《弭灾第九》中云：

> 今者愿弭灾，而聚左道与瞽者，读神经异书，非也。

断言：

> 君子先慎乎，造次颠沛隐微之间，则灾祸无由而兴。

《丧葬第十》中辨风水家之妄云：

> 不善之裔，龙虎盘踞，其可保乎？为善之余，聚土不封，其可败乎？祸福盈虚，与时消息，兴亡吉凶，唯人所召，君子何忧，何畏？

说善必有福，恶必有祸。又云：

> 亲丧，聚僧而读佛书，非法也……亲死而祭巫鬼，非敬
> 也……亲死，请左道厌符以禳之，非爱亲也。

排佛教之葬仪与左道之淫祀，论云：

> 人之始死也，魂始升，魄始降。

是认魂魄归于天地之俗说。上述十章据儒教为主，与佛教真义相背之
处不少。

时习又作《古今帝王国家兴亡论》《古今君隐显论》《古今忠臣义
士总论》《为治必法三代论》，皆通儒之说也。《梅月堂集》诗题虽多，
禅偈可见者少，下抄出其好通世之诗二三：

脱　意

万壑千峰外，孤云独鸟还。此年居是寺，来岁向何山？
风息松窗静，香锁禅室闲。此生吾已断，栖迹水云间。

感　怀

我爱惠远公，结社东林寺。时有宗雷辈，从游常奉侍。
堂堂千载下，芳踪莫可企。自我来此山，无人论道义。
举世竞滔滔，尽趋名与利。有谁挂冠来，此味与我嗜。

脱　俗

我不客至嗔，山中无俗人。孤云与明月，长作洞天宾。

第七节　金时习之《法华赞》

金时习撰《法华赞》，以为天台之教观属于禅，而讲此经者泥于教文，未以禅勘辨之，诚为可惜。时习览是经有禅家之趣，乃以直指宗乘之见，作总颂云：

> 如是妙法已曾宣，未降王宫明历历。
> 阿难结集强安名，鸠摩罗什谩翻译。
> 我今赞呗令乐闻，任意诸人能听法。
> 佛法只在堪保任，直下承当莫生惑。

次时习以禅见说七轴之大意云：

> 只这《莲经》七轴，人人本有，不可名言。纵横强谈，但以众生垢重，不知世谛是实相，粗法是妙法，安处火宅，坐待煎熬。故释迦老子初成正觉，在寂灭场中，现舍那身，服珍御服，与法身大士，根熟八部，以法界为体，虚空为用。说华严顿教，其说离相寂然，众德悉备，一粗一妙，圆别同时，所谓刹说、尘说、佛说、菩萨说，三世一时说是也。然此顿教宜于地上菩萨及宿世上根，不宜于二乘。尔时如来脱舍那服，现劣应身，示从兜率降托摩耶，住胎出胎，纳妃生子，出家苦行，见星悟道。六年出山，坐木树下，以草为座，说渐教法门。初为五人，说谛缘法，以明修断之相。次说方等，弹偏折小，叹大褒圆，半满俱说，渐令纯熟。次说般若，谈诸法空，融三汰诸，转教付财，俾克家业，

众旨贞实。方说此大乘圆教，其说开权现实，会三归一，畅寂场之本怀，开灵山之胜会，圆昔顿渐之义，融今法喻之说，空假双彰，始终一贯，谛缘度等，莫不同摄。法会之初，文殊居先，所以彰实智也。方便之初，鹙子在首，所以权智也。火宅穷子，药草授记，对中根也。化城授记，与学无学对下根也。法师之说广记也。宝塔之瑞圆证也。建多授记，龙女成佛，现此法之妙利也。菩萨忍持，声闻广被，显此法之弘化也。至若安乐之正行，菩萨之涌出，如来之寿量，持此法也。分别随喜，法师不轻，喻持法之利益也。如来神力，如来流通之始也。药王本事，菩萨流通之始也。至于神力发起，言法嘱累然身，苦行三昧妙行，观音圆行，乃至神力弘护，受缘转邪，其事虽殊，流通则一也。常行一段，始终之义也。七轴《莲经》智行之说也。一光东照，全彰智境，四法成就，行门悉备。初说三周明体，终显六行，明用也。许多提唱，无非智行，智能证觉，行能成德，智行两全，乃得其妙，故标其题，曰《妙法莲华经》。略释题意，则真性湛然，回绝言辞谓之妙。实相通该，昭然显著谓之法。草果同时，处染常净谓之莲。虚而甚真，万行圆备谓之花。开佛智见，普今悟入谓之经。而其一部大义，则皆以一大事因缘出世，纯以一佛乘开示其宝。偈有曰，无二亦无三，则教一也。正直舍方便，则行一也。但为菩萨乘，则人一也。世间相常住，则理一也。其时则日午也，其味则醍醐也。性相兼该，体用双彰，迷悟双泯，种果圆成。比如狮子窟中尽成金色，旃檀林下纯是真香。嗔喜偏圆，俱获白牛之车。见闻随喜尽授青莲之记。一相一事无非妙法，一赞一扬皆是妙心，推而举之，扩而充之，则山河大地，明暗色空，皆显妙体。生死涅槃，菩提烦恼，皆是妙用。一一圆融，一一周遍，无取无舍，无欠无余。风飒飒，月团团，灯明常显于目前，鸟喧喧，花簇簇，普贤常行法界，即法界明心，灯笼鼓舞，即粗显妙，露柱怀胎，诸佛之能事毕矣。众生之筌筏大矣，莫有伶俐汉不惜身命，荷担灵峰奉宣流通者么，不妨出来，将与汝随喜了也。虽然如是妙法，不可以言辞称，莲花不可以真假喻，将什么随喜？咄！将大乘《妙法莲华经》七字随喜。

赞　曰

一光东照，全彰法体，一雨普滋，应化群机。保任此事，终不虚也，诚谛之语，无有错也。如智医之留药，若轮王之与珠，直得雨霁云收，定澄海阔，快睹灵山玉毫，掀翻多宝妙塔，正当伊么时，且道一光在甚处，千江有水千江月，万里无风万里天。

颂　曰

云起千山晓，风高万木秋。石头城下泊，浪打钓鱼舟。

如是就《法华》一一之品作赞与颂，末后云：

夫欲了大事因缘，必须智行两圆。看他灵山黄面老子欲畅本怀，与人天大众，说此一部《莲经》。先以法开，后以喻说，廓然如日轮当午，罄无侧影，薰然若酥出醍醐，更无异味，人天声闻，俱授记莂，见闻随喜俱蒙利益，真个诸佛秘要之藏，降灵之本。致持经者，必以本智为体，妙行为用，智行两全，乃得流通，堪报佛恩。其或逐于名相，泥于句数，依旧迷封滞壳，何啻白云千里。所以讲此经者，如麻似粟，解此经者，不满什一，鼠唧鸟空，不可弹论。虽然如是，古人道，闻而不信尚结佛种之因，学而不成犹盖人天之报，则不可以一概论。况此经以悲智立体，嗔喜偏圆，同入宝所，讪谤骂辱，俱结胜缘，暂持一偈，随喜亦圆。
幸披莲部，不胜鳌抃，而说偈言：

亦佛知见，畅佛本怀。言言独步，法法纯圆。

灭断常见，扫幻妄境。如彼大云，雨于一切。

一味清凉，四众咸脱。凡所皈依，皆蒙利益。

将此深心，用报佛恩。龙天拥护，外道摧胆。

上助佛化，下利幽冥。凡厥有情，俱生寿域。

第八节　禅教之选试与成宗之排佛

第九主睿宗王（明成化五年，后土御门天皇文明元年，公元1469年）元年，定度僧之法，收丁钱（正布三十四）以给度牒。禅教两宗，每三年选试，禅宗以《传灯》《拈颂》，教宗以华严宗《十地论》，各取三十人，不许新创寺刹，许重修古基。大妃为资世祖王之冥福，于扬州建奉先寺。《慵斋丛话》云：

禅宗讲《传灯》《拈颂》，教宗讲《华严经》，各取三十人……入格者谓之大禅，禅宗则自大禅升为中德，自中德升为禅师，自禅师升为大禅师，拜判事者，谓之都大禅师。教宗则自大禅升为中德，自中德升为大德，自大德升为大师，拜判事者谓之都大师。两宗分掌内外诸寺，各十五许。(《慵斋丛话》卷九，第201—202页)

是为当时之制度。

第十主成宗王（自明成化六年，后土御门天皇文明二年，公元

1470年至，弘治七年，同明应三年同，公元1494年），以振兴文教为
治国之要道，自通经史百家，尤潜心性理学。即位初，设弘文馆会学
士讲经史，又设读书堂，令文士从事读书述作。王用儒生之言斥佛
教，故如以金守温之奉佛教，至黜为孔门之罪人。二年，下令驱逐巫
觋之居城中者，禁都城中之念佛所。成伣叙当时之事情云：

> 本朝（朝鲜）太宗虽革寺社、奴婢，而其风犹存，公卿儒士
> 之家，例于殡堂聚僧说经，名曰法席。又于寺设七日斋，富家争
> 务豪侈，贫者亦因例措办，耗费财谷甚巨。亲戚朋僚，皆持布施
> 往施，名曰食斋。又于忌日邀僧先馈，然后引魂设祭，名曰僧
> 斋。成庙崇正学，辟异端，凡于佛事，台谏极言其弊，由是士大
> 夫家畏宪章物议，虽遭丧忌，俱依法行祭，不供僧佛，其因仍
> 不废者，惟无赖下民，然不得恣意为之。又严度僧之禁，州郡
> 推刷无牒者，长发还俗，中外寺刹皆空。（《慵斋丛话》卷一，第
> 16页）。

可见寺刹一空之状。四年，重创骊州之古神勒寺，赐额曰"报恩寺"。
六年，撤毁城中内外尼寺二十三所，于成均馆内建尊经阁藏经书。八
年，立四学教官久任之法。二十年，印四书五经及诸史颁诸道，又命
文臣辑成《东国通鉴》《东国舆地胜览》《东文选》《经国大典》《大典
续录》。

十一年，贞熹王后命桧岩寺住持处安重修砥平之龙门寺。十九
年，仁粹王大妃（乾氏）命学祖重修海印寺。二十年（明弘治二年），
于黄海道设乡试。李承健策问本道恶疾救治之法，永柔之权季全对
曰："供佛则可免。"王曰："季全之辞，予甚愤之，当国家举贤之日，

不陈尧舜之道而唱浮屠之法，其欲以予为如梁武之舍身、唐宗之膜拜而后已耶？"乃命宪府窜季全于极边，又令勿度僧。时仁粹王大妃造佛像送净业院（城中尼院），儒生取而焚之，大妃请罪儒生，王曰："儒生之辟佛，可赏不可罪也。"

第九节　燕山之狂暴与中宗之毁佛

第十一主燕山君（自明弘治八年，土御门天皇明应四年，公元1495年，至同弘治十八年，后柏原天皇永正二年，公元1505年）时，其祖母仁粹太后（德宗之妃）尊信佛教，故王从其意。元年，设成宗王追福之水陆会，于圆觉寺印出佛经，为成宗王营造奉恩寺于广州助其冥福。又据《海印寺古籍》，王六年，王妃发愿印《大藏经》八千余卷，祈主上之宝算，学祖作跋。然王十年，方大妃之殁，忽现排佛之爪牙，令搬出三角山藏义寺之佛像，放逐僧徒，撤为教宗首刹兴德寺之佛像，以寺供官用。移出禅宗首刹兴天寺之佛像于桧岩寺废之，变圆觉寺为妓房。后无几，兴天、兴德并罹火灾，如是高丽所行之僧科遂至，不能行。

第十二主中宗王（自明正德元年，后柏原天皇永正二年，公元1506年，至同嘉靖二十三年，后奈良天皇天文十三年，公元1544年）即位，以兴天寺为公庙，又儒生等焚寺之舍利阁。二年，废僧科。七年（正德七年），毁圆觉寺，赐其材于被毁于燕山时之家人。又闻庆州塔左有铜佛，命毁之，以制军器。十一年（正德十一年），下令曰："忌辰斋之设，肇自前朝，设斋荐福，因成国俗。逮我朝深黜异教，俗渐归正，而独此一事，今尚未废，奉先考自有正礼，不当亵渎，自今永罢之。奉先寺附于在扬州世祖之陵。"（《国朝宝鉴》卷十九，第120

页,《芝峰类说》)

十三年(正德十三年),令出巫女之居都城者,撤城南尼舍,毁佛像,令不得接迹都下。成伣记云:

> 城中尼社,曾已撤毁,而惟存净业院,尽驱出于大东门外。安岩洞等处有三四舍,南大门外种药山南旧有一舍,其后两尼各构小舍于其傍而居之,至今有十余舍。尼姑诳诱寡妇,作为檀那,各作栋宇莫锦丹艧,如四月八日燃灯,七月望日盂兰盆,腊月八日浴月,争施茶果饼物,供佛而邀僧,僧徒作呗,红妆绣裳,坌集山谷,颇有丑声闻于外。(《慵斋丛话》卷八,第171页)

十五年,命学祖印海印寺《大藏经》一部,集百八法师,转读三日。

第十节 智严之禅教双举

碧松智严之演化在中宗之代。休静撰《碧松堂行迹》略云,智严,号野老,所居堂曰碧松。俗姓宋氏,扶安(忠清南道)人,以明英宗帝天顺八年(世祖王九年)生。骨相奇秀,雄武过人,幼学术剑,尤善将鉴。弘治四年(成宗王二十七年),野人寇朔方,成宗王遣师讨之,严仗剑而从,有战功,征罢叹曰:"大丈夫生斯世也,不守心地,役役驰劳,纵得汗马之功,徒尚虚名耳。"拂衣入鸡笼山(忠洼南道),参祖澄大师落发,时年二十八。自此,志行卓厉,乐修禅定,先访衍熙教师,问圆顿教义。次就正受(碧溪净心)禅师研传灯密旨,多所悟入。正德三年(中宗王三年),入金刚山妙吉祥(遗址现存)看《大慧语录》，于佛性无之话打破疑团。又看《高峰语录》，顿落前解，是故严平生所发挥乃高峰、大慧之风也。由是游化诸山，以正德十五年（中宗王十五年）入知异山，住草庵，杜门冥寂，不修人事，故学者多望崖而退。一日顾一禅长老曰：

> 既是一也，离真妄，绝名相，干干净净，洒洒落落，唤什么作禅？若言万象森罗悉是如来实相，见闻觉知无非般若灵光，犹是天魔种族，外道邪宗，怎生是一味禅？

拈拂子，搣一搣，唤侍者，点茶来，良久曰："万片落花随水去，一声长笛出云来。"严有时教，有时禅，化门舒卷，实不可思议也。有时导初学，令以《禅源集》《别行录》立如实知见，次以禅要语录除知解之病。有时为门人灵观、圆悟、一禅等讲大乘经海，圆音落落然。嘉靖十三年（中宗王二十九年，公元1534年）冬，命诸门人会寿国庵，讲《法华经》至《方便品》，忽叹息曰：

> 众生自蔽光明，甘受轮转久矣。劳他世尊，一光东照，至于苦口开示，皆为众生，设方便尔，非实法也。盖诸法寂灭相，不可以言宣，今汝等诸人，若信佛无言，直下悟入自家心地，则可谓开宝藏报佛恩也。今日老僧亦为诸人示寂灭相去也，诸人莫向外求，努力珍重。

遂唤侍者来点茶，啜茶讫，闭门端坐，良久默然，开窗视之，则已入寂，春秋七十一，所咏有歌颂若干篇。（《清虚堂集》卷三，第31—33页左）

案严之法系，太古普愚、幻庵、混修，龟谷觉云，碧溪净心（一作正心）与碧松智严相承。《佛祖源流》云：

> 碧溪净心，金山（庆尚北道星州郡）雀氏，远嗣龟谷。又入明，传临济宗下捴统和尚法印而来，恭让王时辞退。后因沙汰，长发蓄妻孥，入黄岳山，隐居于古紫洞物罕里晦迹焉，将启手足，传禅于碧松，传教于净莲。

次列净心之嗣千峰万雨（宝龟谷嗣）、古岩天亘等之名。《东师列传》卷二记太宗淘汰之时，长发入黄岳山居于物罕里。《源流》云碧溪正心远嗣龟谷觉云，又入明，参临济宗师雪堂捴统和尚，得其心印而还。《朝鲜佛教史》上法系之不正确如是。

《清虚集》所载之碧松堂行迹云：

> 师之平生所发挥者，高峰大慧之风也。大慧和尚，六祖十七代嫡孙也。高峰和尚，临济十八代嫡孙也。

然则碧松必不可谓太古门下，似西山门下者，强属之太古门下。次《浮休集》所收之《松云大师小祥疏》云，近继碧松，远承临济，是亦示松云非西山门下。

许筠（端甫）撰《清虚集序》云：

> 道峰灵炤国师入中原，得法眼永明之传。宋建隆间还本国，大阐玄风，以救末法，祖师西来之旨，始宣扬。而东土蒙伽黎者，乃获袭临济、曹洞之风，其有功于禅宗者，讵浅鲜哉。师之

正法眼藏，传于道藏神范，历清凉道国、龙门天隐、平山崇信、妙香怀澄、玄鉴觉照、头流信修，凡六世而得普济懒翁。翁久在上国，博参诸善知识，圆通即诣，蔚为禅林之师表。传其法者，南峰修能为嫡嗣，而正心登阶实继之，即碧松智严之师也。碧松传于芙蓉灵观，得其道者，唯称清虚老师为最杰云云。

据此说则其次第是：

道峰灵昭（法眼宗）——道藏神范——清凉道国——龙门天隐——平山崇信——妙香怀澄——玄鉴觉照——头流信修——普济懒翁——南峰修能——登阶正心——碧松智严——芙蓉灵观——清虚休静。

许筠撰《泗溟石藏碑铨序》云：

惟牧牛江月独得黄梅宗旨，蔚为禅门之冠，钳锤一震，万人皆废。俾涅槃妙心正法眼藏秘传于青丘之域，岂不异哉？普济（懒翁）五传，为芙蓉灵观，而清虚老师，称入室弟子……今世续牧牛江月之道脉者，舍我师（泗溟）其谁。

如是许筠以清虚泗溟，为牧牛（普照知讷）、江月（普济懒翁）之法系，最杂乱之甚也。应允之《碧松庵记》云：

我十代法祖碧松大师传碧溪心印，以正德庚辰三月入智异山构草庵居之，后人增制为大兰若，因以碧松名焉。属咸阳郡大师以慧眼傍地理相，助道明区无过于此，遂开法界，前后计悟心者七人。四代法祖晦堂和尚，亦以是庵为平生道场。

有《碧松堂野老颂》一卷，抄出其二三：

赠一禅禅和子

既是一也，离真妄，绝名相，干干净净，洒洒落落，唤什么作禅？若言万象森罗悉是如来实相，见闻觉知无非般若灵光，犹是天魔种族，外道邪宗，怎生是一味禅？拈拂子，搣一搣，唤侍者，点茶来，良久云："翠竹和风直，红花带露香。"

赛六空求语

六窗虚豁豁，魔佛自亡羊。若更寻玄妙，浮云遮日光。

示真一禅子

花笑阶前雨，松鸣槛外风。何须穷妙旨，这个是圆通。

示义禅小师

一衣又一钵，出入赵州门。蹈着千山雪，归来卧白云。

示灵芝小师

芝草三春雨，丹枫九月霜。若将诗句会，笑杀法中王。

第四章　普雨、一禅与灵观

　　明宗王时，文定王后在摄政之位，欲再兴既坠之佛教，起用普雨，令司八道之禅教，有枯木再开花之感也。雨识量不凡，诚为不易得之材，于是儒士抗疏论雨罪，遂死于非命。敬圣一禅、芙蓉灵观虽以难兄难弟之资，荷担大法，振作禅教，而无力雪普雨之冤。

第一节　禅教之复兴与普雨

　　第十四主明宗王（自明嘉靖二十五年，后奈良天皇天文十五年，公元1546年，至同隆庆元年，正亲町天皇永禄十年，公元1567年）即位，文贞王后（明宗之母）摄政，崇佛事，欲再兴佛教，敬信麟蹄郡雪岳山百潭寺之僧普雨，以张皇佛法。四年，就旧净业院（尼寺）建构新仁寿宫。六年（嘉靖三十年），复禅教两科。王后以为，民有四五子则厌惮军役逃而为僧，以是僧徒日繁，军额日缩，僧徒之中无统领者，则难禁杂僧。禅教宗之设立乃祖宗大典，近来革废，故其弊不可救药，宜以奉恩、奉先为禅教宗，仍以奉恩寺为禅宗，奉先寺为教宗。明七年，始试业给度牒，乃以普雨为判禅宗寺都大禅师、奉恩寺住持，以守真为判教宗事都大师、奉先寺住持，于是廷臣儒生等论普雨之罪，乞诛之，王不许。

李珥《论妖僧普雨疏》云：

> 今兹普雨之事，举国同愤，欲磔其肉，以至国子抗疏，两司交章，玉堂进札，累日不已。(《靖陵志》)

由此可想在朝儒臣之如何反抗普雨之兴法。二十年（嘉靖四十四年），文定王后薨，台谏等联章请诛普雨，乃命流于济州，牧使杀之。二十一年（嘉靖四十五年），罢因普雨之力而再兴禅教两宗之科。雨所著有《虚应集》诗一卷、《禅偈杂著》一卷。文一卷。普雨，号虚应堂懒庵，其《杂著》有松云惟政之跋。

第二节　普雨之教说

雨《杂著》劈头有示小师法语云：

> 一日有小师问于病僧曰："和尚常示我等云：'汝等诸心皆是虚妄浮心，切莫以为真实，未审离此心别有真心否？'弟子等窃谓凡诸心，心皆是真心上之妙用，惟此心外，更无他心也，若离此心，更有真心？为我等辈，略垂鞭影，使有取舍。"余即以偈示之曰：
>
> > 汝虽以诸心，曰真心上用。应非真妙用，乃其虚影像。
> > 若执此影像，以为真实心。影像灭去时，此心定亦灭。
> > 何以故如斯？为汝聊说破。妄心自无形，揽尘而成体。
> > 正如镜中像，又如水上波。迷水若执波，波宁心即灭。
> > 迷镜执彼像，像灭心即亡。知湿性不坏，了镜体常明。

波浪本自空，影像自归寂。故知佛镜智，遍界而遍空。

凡夫妄身心，如影亦如像。是执末为本，认妄以为真。

此所谓不了，认贼为其子。阿难执此心，被如来呵斥。

若也妄心起，都莫随他去。若能如是修，临终得自在。

天上与人间，随原而往生。

真妄二心之别，其旨明了，与唐代大宗师长沙景岑之意见同。

又问："学人未遇宗师，迷不觉悟之时，悟从何隐？忽遇善友
开示，得悟之后，迷从何去，以其迷悟而有得失之名乎？"曰：

三界无别法，但是一心作。一切诸妄境，皆因动念生。

念若不自生，诸境即无体。返穷其动念，念亦自空寂。

即知迷无失，又知悟无得。是无住真心，不增亦不减。

譬如演若达，迷头自狂走。忽然狂得歇，头非因外来。

纵不得歇狂，何曾有遗失。

是亦同于禅家之常谈，虽无所发明，不失为正说之思想。

又曰："和尚常示众云：'汝等诸人，何不顿悟，一念不生即
名为佛乎。'若悟此旨，不从地位渐次，便登妙觉去也。"凡诸闻
者无不惊愕，自生障碍云："博地凡夫无始所造业果，大如须弥，
如何但了一心，便断烦恼，即得佛果，此真诳人魔说也，耳不堪
闻，心可信受耶，曾不采听，返生疑毁，伏望莫更此说，以招人
谤。"曰：

若执心境实，人法情不空。纵经万劫修，终不证道果。

若顿了无我，深达其物虚。能所即俱消，何忧其不证。

昔有二比丘，同时犯杀淫。维摩一言中，俱得悟无生。

何况信佛法，谛了自心者。业虽大如山，如日消霜雪。

是说亦与永嘉玄觉、大珠慧海等唐僧之心要合。

又问："既然如是，所造杀、盗、淫、妄一切诸业，其不修断乎？"曰：

谛观杀与妄，从一心上起。当处自便寂，何须更修断。

是以了一心，自然境如幻。何故得如斯，为汝而更示。

彼诸一切法，皆从心上生。心既本无形，法何曾有相。

说的不分明，有堕于空寂偏见之弊。

问："吾等每因师说，已能得知真心，以灵知寂照为心，不空无住为体，离幻实相为相矣。不知妄心亦有体相否？若无，则已矣，如有，则妄心以何为心，以何为体，以何为相也？"曰：

凡夫之人诸妄心，大尘缘影以为心。

无相空空而作体，攀缘思虑用为相。

此汝缘虑能知心，元无自体是前尘。

境来则生境去灭，随境有无虚出入。

因境起心全境心，因心知境全心境。

各自无性但因缘，因缘之法本无实。

正如镜上形非形，又如水中月非月。

喜汝学道有分明，详问真心与妄心。

未言及心境不二之妙谛，只谈因缘即空，所以有隔靴搔痒之感。

问："即心是佛，心佛无相，正同虚空，实非见闻之所及，奈
何教中，多有称见道、见佛已说也？"曰：

约本智发明，斯假称名见。非眼所能睹，唯证乃自知。
若能离断常，即见自身清。见身清净处，即见佛清净。
乃至见诸法，悉皆非他物。无非是诸佛，亦无非是法。
何故理如斯，以一心普遍。若或一微尘，云不是佛者。
即成翳理障，不入普眼门。又将假名论，更为汝等示。
如来法为身，但应观法性。法性非所见，又非情所知。
所谓法性者，阴阳四时是。此是诸佛身，无非第一义。
倘能知此理，是名为见佛。佛道非二物，以一隅知三。

以佛身为阴阳四时之活动，其见处最妙，见佛之说亦无不可。

问："既心佛无二，心外无佛，见佛是心，则何故经中，说化
佛来现，以应群机乎？"曰：

如来净法身，无出亦无没。但从真起化，示现有往还。
故不来相来，亦不示相示。不来而即来，如水月顿呈。
不示而即示，似行云忽现。是皆心感现，岂佛真遣化。
众生机若熟，自心见佛临。是知净业成，开眼见佛身。
亦知恶业熟，合眼见地狱。比如福德者，执砾砾变金。
贫穷无福儿，遇金金变砾。砾非金生金，金非砾砾现。
金生是心生，砾现是心现。转变皆自我，金砾何从生？
汝诸怀疑徒，急须知斯旨。

是与教家通途之说无异。

第三节　普雨之一正说与《梦中问答》

雨《杂著》中有禅昧者以上记为主，尝为一正之说，诚尽天人之妙合者也。云：

> 一者非二非三，而诚实无妄之谓也。天之理也，其理冲漠无朕而万象森然，无物不具，然其为体，则一而已矣，未始有物以二之三之也。是以一气之行，春生夏长，秋实冬藏，昼明夜暗，亘古亘今，未尝有一息之谬。天下之洪纤高下飞潜动植，青黄赤白，方圆修短，亦莫不各得其一以生，而未尝有一毫之差，此天理之所以为常一，同诚实无妄者也。正者不偏不邪，而纯粹无杂之谓也。人之心也，其心寂然无思，而天地万物之理，无所不该，灵然不昧，而天地万物之事，无所不应，而未曾有一念之私，以偏之、邪之也。是故，一性之发，恻隐、羞恶、辞让、是非，以至喜、怒、哀、乐，随应万事，如镜照物，而未曾有一事之错，此人心之所以为本正，而纯粹无杂者也。曰理曰心，虽有名言之有殊，其天人之理，一正之义，则未尝有异，故天即人，人即天，一即正，正即一，而人之体即天地之体，人之心即天地之心，人之气即天地之气也。天地之庆云、景星、光风、霁月，莫非人心、人气之所出兴也。是所谓天地万物本吾一体，吾之心正，则天地之心亦正，吾之气顺，则天地之气亦顺者也。一正之意岂偶然哉？惟我贵人常于十二时中，行、往（译者按，应为"住"）、坐、卧之际，顾号思义，须使一心恒正，而不以众欲杂

之，于应物之处，以浑性发之情，则自然祸不禳，而祸无不灭，福不祷，而福无（原缺此字，译者补）不圆，而可以能保其寿命，可以能养其子孙，而永享位禄于天长，圣代之太平矣。

《虚应集》所载之拈香法语，似谈宗乘之玄旨而不过为王后祈福，其例如下：

> 此一瓣香，出于先天地而涵天地，未尝为先；长于后天地而立天地，未尝为后。今日奉为王大妃殿下，圣寿万岁，行合天高，道并地厚，寿星永曜，益膺五福之祥，德日跻升，回掩二南之化。

又有题为《举扬》，如举扬祖道而不过为往生乐邦，其例如下：

> 只这一卷经，无相可相，不可以形色求，无名可名，不可以言说得。然而无相之相，能相一切相，而四圣六凡兴焉；无名之名，能名一切名，而千经万论生焉；由是圣有无量，经有多门，皆导生之大士，济溺之迅航。即然如是，试问大众，向何等圣，依何等经，可以导济某人之灵？速道速道，如未道也，即今自道去也。（良久）伏请大众，同运悲心，同声讽此大乘某经，共济冥游，以导乐国。

《虚应集》所载有题《水月道场空花佛事如幻宾主梦中问答》一篇文论，虽设斋供佛之时，用真言密咒，不以圆观，则无功德圆成。圆观者，如事理圆融，大小相容，染净不二，即世谛之庄严而成妙法之供养，故一礼一拜感恒沙之诸佛，一香一花供十方之诸圣，半句半偈度无量之众生也。乃说观法云，供佛仪中，钟、鼓、铮、螺、钹、磬鸣六种乐器时，观六识俱空，一心独露。施主上香时，观香云变而成五分法身。灯偈时观菩提心灯，遍照法界。花偈时观三密之妙力，圆满无量之善事。一香一灯一花，能无尽而遍十方。次皈依三宝时，由皈依佛以加持般若之德，观众生本有之三智，一念圆觉，由皈依法以轨持法身之德，观众生本有之三谛；一念圆显，由皈依僧以覆护解脱之德，观众生本有之谛智相应和兮；一念圆成，于如斯一一之仪式，说一一之观法，以华严之圆理，证成真言之密规。

第四节　普雨之《华严经跋》

华严经跋

大哉，华严之为顿教也。体本不生而无始无（原著"与"，译者改）终，用实非灭而无成且坏，是为象教之本而万法之宗也。天以之清，地以之宁，三光以之而明，四时以之而行，山川以之而流峙，禽兽以之而飞走，以至草木昆虫亦以之而动息，此所谓体万物而不遗，性一切而无忒者也。我佛之所宣说盖说此也。五十三善知识之所示人盖示此也。福城童子之南求乃求此也。洎夫唐（译者按，应为"汤"）尧之为仁，虞舜之为孝，孔孟之为万世师，老庄之为傲物轻世，乃至君仁臣忠，父慈子孝，兄爱弟恭，夫和妇顺，亦无非得此而然也。由是而扩而充之，则物物尽是毗卢之真体，推而行之，则步步皆为普贤之妙行故。若有闻者无不成佛，凡能随喜即得超凡，天下之一事一相，无非此经之大本大用也。然而苟非才超天纵，智过生知，福德俱圆，宿世缘熟。上根大人，其孰能生正信，发大愿，大扬斯旨乎？恭惟我主上殿下，睿智日新，多能天纵，德过二祖之成，治愈七宗之隆。听国政之多暇，鉴释典而兴敬，乃于世主妙严一品，知神家乘，拥护世之妙应，及此五十三善知识赞颂，见善财寻师求法之高纵，非但上心庆知其所知，感见其所未见而已，于是益信其法力神功密有助于国家，而使为君为子于天下者，皆蒙利乐于无穷之世也。特发钦明之圣敬，上以为慈殿圣躬万岁，下以为万民恒心常乐，谨依祖宗古事，隐命工人，如法书之、画之，盛以琅函，安于宝藏，以示尊经之意。于九重之中，其居九重而目是事者，孰不感圣上至孝之大，而至仁之深也。传曰：孝为百行之初，仁乃五常之首。今我圣上以无上法宝，为慈殿万寿孝也，为万民安寝仁也。仁孝既已行于上，而效于下，源于内而流于外，满于近而溢于远，而能使一国文人尽成仁孝之俗，而五常百行由是而兴焉。则所谓若干神家及诸知识，岂无冥拥护世之心，密助圣明之化，遂使天灾地变自弭自灭，尧风舜日自明，能以斯民咸乐太平之乐，而齐游戏于讴歌舞蹈之中也。于戏妙严一品，圣敬自发，圣上一孝，人神咸悦，尽行其行而同入华严广大刹海，此岂非所谓初发心时便成正觉者也。

次有《敬庵铭》，抄出供知普雨之为人者之参考。

敬庵铭（并序）

盖人之所得乎天，而在我为性者，其体灵明而不昧，其用光大为无累，正如宝鉴之空照，无一毫人伪介乎其间，而其一动一静，一语一默，浑是天理之本然。天未尝为人，人未尝为天也，但为气拘物弊，反覆垢污，则阔大高明的物事被他隔碍了，或未免有时而昏，而终至于愚不肖之域，而曾莫之省者何限焉。此所谓一为客气之感，而遂失灵明常照不空之主人公者也，是故凡古之有志于复性之士，莫不博求其克己之号，以助其不逮，曰正庵、曰一庵、曰克斋、曰诚斋是也，云云。

权近云：

> 懒庵世族也，弃纨绮，蒙褴褛，其貌清，其行洁，予将以为方外之友也。（《东国舆地胜览》卷四十七，第8页）

可证普雨之为士人之间所重，惜哉，为儒士所恶，死于非命，佛教亦被毁斥。

第五节　宣祖登位与一禅之玄化

第十五宣祖王（自明隆庆二年，正亲町天皇永禄十一年，公元1568年，至同万历三十六年，后阳成天皇庆长十三年，公元1608年）七年五月，城外尼寺净业院之尼众称受慈殿之旨，赴金刚山榆岾寺修佛事，大司宪闻之，拘于淮阳之狱，于是儒生等上疏，请罢净业院。《燃藜室记述》云，盖是时贵人金氏宠冠后宫，为子祈福以作佛事。榆岾寺现藏宣祖妃仁穆王后笔之银字《普门品》五十八幅一帖，为贞明公主祈福所书写也。

休静撰《敬圣堂行迹》略云，一禅，号休翁，一曰禅和子，其先张氏，蔚山（庆尚南道）人。明孝宗帝弘治元年生，早失双亲，十三岁入断石山，投海山服勤三载。十六剃发。二十四上妙香山（平安北道宁远郡），坐文殊庵专习苦行。有顷，兴游方之志，入知异山（金罗南道）参智严，严一见器之，示一偈云："风飕飕月皎皎，云羃羃水潺潺，欲识个事，须参祖师关。"一禅即留心活句，乐而忘忧，由是住金刚山十王洞，工夫专精，忽以竹篦击禅床云："赵州老露刃剑，寒霜光焰灿，拟议问如何，分身作两段喝，梦中说梦，漏逗不少。"至世宗帝嘉靖十五年（中宗王三十一年），中宗王用僧兵防新川之师，适行楞伽山，路由役场，禅飘然独往，都厅大官见之风采非凡，挽留半月，而京城士庶闻德音争来施舍，日益纷纭，声振台论。以惑世拘于禁府，依法被鞫，从容自若，言直理顺，禁府奏闻赦之，即远入西山泯迹九年。嘉靖二十三年（中宗王三十九年），还住妙香山普贤寺观音殿，硕德高士，四方云集，乃讲说经论，振作玄风。禅欲报四恩，未尝辍怀，恒曰："男儿处世，为子则死孝，为臣则死忠，然出家之人不能兼行者，矛盾相触，功不双胜，水火同器，势不俱全故也。"嘉靖三十七年（明宗王十三年），命门人义雄等建上禅庵，庵之东特起一堂，名曰敬圣，于是禅躬执香炉，日祝圣寿。有时深夜唤诸门人曰："大抵学者不参活句，徒将聪慧口耳之学，炫耀于世，不踏实地，言行相违，这边那边，讨山讨水，徒费粥饭，被经论赚过一生，终作地狱滓，非济世舟航也。又一般汉，习闲成性，不求师范，野鬼窟中徒劳坐睡，如坐宝山空手去来，深可怜悯。"又曰："汝等诸人，自己灵光盖天盖地，不拘文字体露真常，夜绳不动，汝疑之为蛇，暗室本空，汝怖之为鬼，心上起真妄之情，性中立凡圣之量，如蚕吐丝，自缠其身，是谁过欤？若一念回光，则实是菩提正路。"云云。明穆宗帝庆隆二年（宣祖王元年，公元1568年），谓门徒曰："界有成、住、坏、空，念有生、住、异、灭，身有生、老、病、死，凡有始必有终，物之常也。今日老僧，欲示无常，诸人者，须摄正念，勿怀眷恋，亦莫随俗，为诔张不益事也。昔者庄子以天地为当棺椁之语，实自有理，庄子尚尔，况道人乎！吾常欲向不思议之岭作佛事，须露尸骸，饲于鸟兽可也。"言讫即大书曰："八十人间命，迅如一电光。临行忽举目，活路是家乡。"又书曰："年余八十似空花，往事悠悠亦眼花。脚未跨门还本国，胡园桃李已开花。"放笔泊然而化，寿八十一。(《清虚堂集》卷三，第39—41页左)

一禅云，自己之灵光盖天盖地，而犹不能彻底这个见地，庄生以天地为棺椁如同厌世观，然当排佛炽烈之时不忘忠孝，资性之纯真，可以见也。

第六节　灵观之化门

一禅之同门有灵观。休静撰《芙蓉堂行迹》云，灵观，岭南(庆尚南道)晋州人，号隐庵，一号莲船道人，寄想西方，故以芙蓉堂为称。明宪宗帝成化二十一年(成宗王十六年)生，幼厌世纲，年十三深夜出门，只影孤往，黎明达德异(一作裕)山，投苦行禅子三年学法并落发。孝宗帝弘治十四年，年十七从信聪探教纲，又礼威凤入禅枢，因子九泉洞结茅，居九春秋。武宗帝正德四年(中宗王四年)，游龙门山访祖愚参禅，余暇究老庄之学。同九年(中宗王九年)，向清平山投学海，以扣击玄微。同十四年(中宗王十四年)，到金刚山大尊庵，与祖云过二夏，又拂瓢衲深入弥勒峰内院庵赋一律，大出其门云："空贵悠悠忆少林，因循衰鬓到如今。毗耶昔日无声臭，摩竭当年绝响音。似机能防分别意，如痴必御是非心。故将安计飞仙外，终日忘机对碧岑。"于是烧笔砚默坐九年，游客来访者指此诗而已。世宗帝嘉靖九年（中宗王二十五年），忽然反省，欲报罔极之恩而南行，渐近家山，时有一老翁，牵牛出，观问："此晋州耶？"翁怪问："何故问之？"观曰："此我所生之地也，不知我父母存殁，故当欲问之。"翁曰："汝父姓名谁耶？"观曰："我父姓名袁演，我之儿名九彦也。"翁忽放牛执手曰："今日父子的矣，汝名我子，我名汝父，汝舍我逃走三十余年，求索不得，忧愁年迈，今忽自来，甚适我愿。"父子不胜悲欣，痛哭一场。良久，翁拭泪曰："汝母十年前弃世，汝主七年前丧室。"观曰："袁氏安在？"翁曰："汝妹从汝出家夕，闭门而卧，汝狗子亦视日而坐，至七日，袁与狗俱死，葬于德山之西麓尔。"观闻之落泪，及黄昏到家，则昔之群童尽作翁婆，亦与之连床夜话，不觉彻晓。明朝，父携觐老主，主惊曰："此九彦耶！"俄而主进席令坐，观辞退曰："小贱背主背亲，罪不容天，今欲尽纳田宅以赎身，出家修道以报也。"主曰："出家何能报恩耶？"观引古答曰："出家者遁世以求其志，变俗以达其道，变俗则不与世典同礼，遁世则宜高尚其迹，达三乘开人天，拯五族拔六亲，犹如反掌也，是故虽内乖天属之重而不违其孝，虽外阙奉主之恭而不失其敬也。"主者，儒者也，闻而嘉之，携手上阶曰："沙门物外人也，宜删世礼矣。"因请留之，观不从。明日呈文券纳田宅，再拜而退，又告别老父，即上头流山（知异山）扣碧松智严之门曰："灵观自远趋风，愿一摄受。"严曰："灵且不敢，观从何来？"观近前叉手曰："请师鉴。"严笑曰："堪为雕琢。"翌日，师严参玄，二十年宿疑消敬，叹曰："此真吾师也。"执侍三年而严亦厌世。观，叶性温雅，情无爱憎，虽一匙之饭见人则分之。又文字允正，义理明晰，凡七曜、九章、天文、医术莫不通，怀《中庸》挟《庄子》者无疑不决，是故湖岭雨南（湖南谓全罗南北道，岭南谓庆尚南北道）以白衣而通三教者乃观之风也。观从一蹈碧松之门，或居黄龙山，或居八公山，或住大乘洞、义神洞、燕谷洞经四十一年，穆宗帝隆庆五年（宣祖王四年，公元1571年）入寂，寿八十七。（《清虚堂集》卷三，第34—37页左）

观常捉祖师公案，令人参究，以豁然大悟为入门，有僧问名相，观答曰：

> 我此心王，言语道断，心行处灭，名是语路，相是心处，八万大藏，收不得者。向上路，三千古佛，说不及者，格外禅，若心如虚空者，于道有少分相应。（《清虚堂集》卷三，第38页右）

灵观出名相之表，格外之禅云云，其智严以后忘西方之名相者乎？

有僧问佛法，答曰：

> 真佛无形，真法无相，学人作样，求佛求法者，皆是野狐精、外道见。若真道人，迥然独出，不着佛求，不着法求，求则虽见诸佛种种胜相，犹如儿戏，虽见地狱种种恶相，亦如空花，不是强为，法如是故也。我正法中，凡圣二见俱错，魔佛二道俱恶，无凡圣解亦错，无魔佛解亦恶，佛法本空故，不可以空更得空，佛法本无所得，故无所得亦不可得也，一段灵光，廓然虚豁，岂可强是非耶云云。（《清虚堂集》卷三，第38页右）

由此，观之见地之非凡庸可卜知也。

第五章　日本军之侵入与休静之活动

　　宣祖王二十五年壬辰，丰臣秀吉派大军侵入八道，王蒙尘，国家危如累卵，当是时舍瓶钵而执剑戟，率僧兵而抗强敌者为清虚休静。静于禅道虽不纯真，为邦家尽忠节，门下打出多数龙象，王法、佛法二者俱受鸿益，西山大师之名，所以辉于青丘史上也。

第一节　日本军之侵入与休静之伟功

　　宣祖王二十五年（明万历二十年，日本文禄元年），丰臣秀吉发大军入韩，韩兵大败，王出走义州，当此国家累卵之秋，有蹶然起率僧兵以抗日本者，是即芙蓉灵观之嗣休静也。

　　休静，字玄应，号清虚堂，又以居妙香山，号西山，俗姓崔氏，安州（《鞭羊集》作完山，平安南道）人，明武宗帝正德十五年（中宗王十五年）三月生。九岁丧母，十岁父亦殁，伶仃无所依，邑倅李恩曾携之至京，就学三年，而静意不满，南游向头流山，遂投老宿崇仁阅经论，寻参灵观，受业三年，自断青发，以一禅为授戒师受戒。由是蹈名山胜地，一日于龙城（今南原郡）历星村听午鸡声作偈云："发白非心白，古人（商那和修与鞠多问答）曾漏泄。今听一声鸡，丈夫能事毕。"乃还山。嘉靖二十五年，忽生游方之志，历访五台、枫岳诸山。年三十入京赴禅科（明宗王四年），中选升至禅教两宗判事。年三十七解绶，一杖一笠游金刚、妙香等诸山，尝作《三梦吟》曰："主人梦说客，客梦说主人。今说二梦客，亦是梦中人。"登金刚山香炉峰有诗：

> 万国都城如蛭蚁，千家豪杰等醯鸡，
>
> 百窗明月清虚枕，无限松风韵不齐。

静虽藏踪晦彩，道声远闻，为群小所忌。宣祖王二十二年，全罗道古阜人郑汝立叛，妖僧无业者以前记诗为证诬告静，然王知其无罪释放，赐以"（墨竹）并叶毫端出，根非地面生。月来无见影，风动不闻声"之赞。静和云："潇湘一枝竹，圣主笔头生。山僧香爇处，叶叶帝秋声。"

万历二十年，丰臣秀吉侵朝鲜，宣祖西幸龙潭湾（平安北道义州），静出香山杖剑进谒。王曰："世乱如此，尔可弘济耶？"静泣拜命请曰："国内缁徒之老病不任行伍者，臣令在地焚修，以祈神助，其余臣皆统率，悉赴军前，以效忠赤。"乃命为八道禅教十六宗都总摄。静分遣弟子，令各起义兵，于是松云率七百余僧起关东（江原道），处英率一千余僧起湘南（全罗道），静合自门徒并募僧得五千名会于顺安（平安北道）法兴寺，随明军进战于牧丹峰（平壤），斩获甚多，明军遂克平壤，松都（开城）既恢复，京城之倭兵遁。宣祖还都时，静以勇士百人迎驾，明提督李如松、经略宋应昌等闻静名，送帖致敬。李如松寄西山书与明道大臣之感谢状，现共存妙香山普贤寺之宝物中。静请宣祖曰："臣老且死，请以兵事属弟子惟政等，乞骸骨归。"王许之，赐号回国一都大禅师、禅教部总持摄扶宗树教晋济登阶尊者，乃还妙香山。清闲十余春秋，明万历三十二年（宣祖王三十七年，公元1604年）正月二十三日题自画像曰："八十年前渠是我，八十年后我是渠。"诀门人讫，趺坐化于圆寂庵，寿八十五，弟子千余人，知名者七十人，为一方宗主者不下四五人，所著《禅教释》《释教诀》《云水坛》《禅家龟鉴》各一卷、《清虚堂集》八卷。休静之法系相传是：

大古普愚——幻庵混修——龟谷觉云——碧溪正心（一作"净"）——碧松智严——芙蓉灵观——清虚休静。(《清虚堂集》卷二，第2—5页左)

第二节　休静之宗风与思想

休静于明世宗嘉靖四十三年（明宗王十九年）撮古人语句中，学道切要者，名《禅家龟鉴》，知彼宗风之好资料也。其劈头曰：

有一物于此，从本以来，昭昭灵灵，不曾生，不曾灭，名不得，状不得。

是达摩以来所拈提之第一义也，而唤之云：

或心或佛或众生，不可守名而生解，当体便是，动念即乖。

示这个一物，虽式称佛名心，元来一住，以此一义通彻一切，则休静宗风，其有大可见者耶。惜哉，彼之工夫不过喋之于看话。公言：

只举狗子无佛性，举来举去，疑来疑去，觉得没理路，没义路，没滋味。心头热闹时，便是当人放身命处，亦是成佛作祖的基本也。

落于圆悟大慧之窠臼矣。又彼开悟后，思维当求明师而决择正眼，云：

> 若欲敌生死，须得这一念子爆地一破，方了得生死。然一念子爆地一破，然后须访明师决择正眼。

极言悟后不见其人则醍醐上味亦翻成毒药，然则彼所谓开悟，非开正知、正见也。又彼传承中国禅家之说而思维：

> 凡人临命终时，若一毫毛凡地情量不尽，思虑未忘，向驴胎马腹里托质，泥牛镬汤中煮煠，乃至依前再为蝼、蚁、蚊、虻。

由于临终一念而灵魂转生，感昔乐之果，信在地狱一昼夜为人间之六十劫，有镬汤、炉炭、剑树、刀山之苦。加之静不厌杂行杂修，说持咒、礼拜、念佛之利益，信客观的净土之存在与弥陀之愿力，至云：

> 祖师门下，亦有或唤阿弥陀佛者（惠远），或唤主人公者（瑞岩）。

以庐山之惠远为祖师门下之人者。又以多子塔前、灵山、双树椁下示双趺，谓为世尊三处之传心。以云门、法眼二宗谓为马祖下之旁传，说道诜、一行二人之相见，皆与史实不相合致。

第三节　休静之净业与禅教判释

静与中国明代之禅者同伍，行念佛、参禅二者，尝说念佛之功德曰：

> 心则缘佛境界，忆持不忘；口则称佛名号，分明不乱。如是心口相应，念一声，则能灭八十亿劫生死之罪，成就八十亿劫殊胜功德。一声尚尔，何况千万声；一念尚尔，何况千万念耶。（《清虚堂集》卷四，第17页右—左）

又论唯心净土与西方净土之差别言：

> 佛为上根人说，即心即佛，唯心净土，自性弥陀，所谓西方去此不远是也。为下根人说十万（十恶）八千（八邪）里，所谓西方去此远矣。（同上）

然则上根之人不要念佛，下根之人可不要参禅，静禅、净兼修果何意哉？静《阿弥陀佛帧跋》云：

> 敬画极乐教主阿弥陀佛尊容一帧，焚香顶礼，发大誓愿云："愿我临终灭罪障，往参西方大慈尊金色光中，蒙授记，尽未来际，度众生，虚空有尽，愿不尽，十方诸佛作证明。"（同上书，第22页）

由此可证彼死后往生之信念，静说有四种念佛云：

念佛有四种，一口诵，二思像，三观相，四实相，根有利钝，随机得入。（同上书，第30页左）

又想象三尊之真影云：

阿弥陀佛真金色，七宝池中，大莲花上坐，身长丈六，两眉中间，面上有白毫，右旋转，以停心注想于白毫。

观世音菩萨立左边，而身紫金色，手执白莲花，其天冠中，有立化佛。

大势至菩萨立右边，而身紫金色，其天冠中，有一宝瓶。（同上）

示三尊之客观的差别如是，与唐代禅僧信三圣之为一体有天渊之别。

静就禅教之差别云：

禅教起于一念中，心意识及处，即属思量者教也；心意识未及处，即属参究者禅也。

进言及禅教之内容云：

祖师所示，皆是一句中八万四千法门元自具足，故随缘不变，性相体用，顿悟渐修，全收全拣，圆融行布，自在无碍，元是一时，无前后者禅也。

诸佛开示，顿悟渐修，随缘不变，性相全收全拣，圆融行布，法门虽有具足，有修有证，阶级次第前后者教也。

是以圆顿之法门为禅，通别之法门为教也。

《禅教释》为静高弟行珠、惟政、宝晶对辨禅教，示教之不及禅者，卷末所附一文似为最善示其精神，云：

> 此卷，惟政、行珠、宝晶三德士欣受礼谢，即通禅教两堂。一日禅教数五十学者，俱会一席，教者曰："定慧等学明见佛性，此理如何？"禅者曰："我家无奴婢。"教者曰："菩萨观众生苦，生慈悲心如何？"禅者曰："慈者不见有佛可成，悲者不见有众生可度。"教者曰："然则如来所说法，不能度众生苦。"禅者曰："若言如来有所说即是谤佛，若言如来无所说亦是谤法耳，其谁闻乎？"教者曰："然则一大藏教无用处否？"禅者曰："一大藏教如标月指也。利根者如狮子，钝根者如韩卢。"教者曰："信解真佛无口，不解说法，真听无行证，阶级分明，岂非等觉者照寂，妙觉者寂照，转烦恼者为菩提，转生死者为涅槃乎？"禅者曰："等妙二觉，担枷鬼，菩提涅槃系驴橛，至于认名认句含屎块，求佛求祖地狱业。"教者曰："佛也，祖也，又如何？"禅者曰："佛是幻化身，祖是老比丘。"教者曰："一切圣贤岂无见处、证处？"禅者曰："自眼如何见，自心如何证？教中亦去，头本安然，自生得失之想，心本平等，自起凡圣之见，岂非发狂耶？"教者曰："毕竟其理如何？"禅者曰："自己分上本无名字，方便呼为正法眼藏、涅槃妙心，更有一语，付在明日。"于是禅教对辨讫，各礼拜依位而坐。西山曰："此一期问答，亦可跋《禅教释》也。"即唤沙弥双翼书。（《清虚堂集》卷四，第42—43页左）

在此所谓禅者之见，拾临济德山之余唾耳，取中国禅机时代之恶弊来作家珍可见。

第四节 休静之接人

静之接人不出禅者常套示,《法玄禅子书》云:

○此标心上妙,△此标法中玄,古人强安名,太虚之乎者也。进一步则银山铁壁,退一步则万丈深坑,不进不退,则弥天葛藤,到此作么生出气去也。不犯当头,速道一句将来。咦,昨夜金乌飞入海,晓天依旧一轮红。(同上书,第15页右)

《赠印微禅子书》云:

一念善心生,佛坐魔王殿,一念恶心生,魔王踞佛殿,善恶两相忘,魔佛何处现。咦,魔不到处,众生日用而不知,佛不到处,诸圣随缘而不会,毕竟是个什么,孤轮独照江山静,自笑一声天地惊。(同上书,第15页右—左)

可以知其堕于常型。静令人参活句,乃说死活之句云:

大抵学者,须参活句,莫参死句。活句上荐得,堪与佛祖为师。死句上荐得,自救不了。

活句者,径截门也,没心路,没语路,无摸索也。死句者,圆顿门也,有理路,有心路,有闻解思想也。(同上书,第29页左)

所谓死句者有理路可见，谓有闻解思想，而活句云者谓无义无味之公案也，故：

> 活句者，如狗子佛性，柏树子话，没理路云云。(同上书，卷三，第6页右)

如所云，然则参活句云者不外看话之工夫耳。

第五节　休静之《禅教诀》与《心法要》

《禅教诀》乃静晚年在西山金仙台所作。云：

> 此禅之法，吾佛世尊开别传于真归祖师者也，非古佛之陈言也。今错承禅旨者，或以顿渐之门为正脉，或以圆顿之教作宗乘……或认光影为自己者。至于恣行盲聋棒喝，无惭无愧者，是诚何心哉……吾所谓教外别传者，非学而知，思而得者也，须穷心路绝，然后始可知也，须经自肯点头后，始可得也……自释尊拈花……迦叶微笑乃至……达摩廓然无圣……至于云门胡饼，赵州吃茶……皆先佛先祖同唱教外别传之典也……今当末世，多是劣机，非别传之机也，故只贵圆顿门，以理路、义路、心路、语路生见闻信解者也，不贵径截门，没理路，没义路……昔马祖一喝也，百丈耳聋，黄檗吐舌，此临济宗之渊源也。

由此可知静关于禅之意见。

主张教外别传云：

诀曰："自迦叶、阿难二尊者至六祖慧能大师，所谓卅三也。此教外别传之旨迥出青霄之外，非徒五教学者难信，亦乃当宗下根茫然不识。"(《禅教释》，第5页右)

又说圆顿教与禅之差别云：

诀曰："圆教有无碍缘起之解，顿教有离名绝相之解，禅门无摸索无巴鼻。"(同上书，第11页右)

进而作比喻：

诀曰："禅门正传之机一似三纲之上云外神龙，一似百僚之上庙堂天子，其尊其贵不辨可知。"(同上书，第16页右)

以禅比天子，以教喻百官。

又静之《心法要》(神溪寺藏)，指摘禅教二派之弊，更进举三乘学人之病，次说参禅门、念佛门列四种念佛，谓口诵、思像、观相(想)、实相是也。有《心法要》抄藏金刚山乾风寺。休静撰有《说禅仪文并诸山坛仪文》藏妙香山。

静灭后三年，诸门人奉遗诫移其遗物于海南大兴寺。孝宗王六年，嫡孙虚白明照，移碧玉钵、袈裟等于大兴寺，今犹作珍宝收藏。

第六章　休静门下之龙象

清虚门下，麟凤甚多，松云惟政其第一人也。政虽禅道之造诣不深，却赴国难以史烈知名。鞭羊彦机又传清虚之禅，门下最盛。逍遥太能忧国尽忠之志，与松云同辙，而禅的风格有胜于松云者。三师鼎峙，唱西山之真宗，可谓盛矣。中观海眼、静观一禅、咏月清学亦清虚之门，得其心要。

第一节　清虚门下松云之戎轩

休静之上足惟政，代静尽瘁国事，以四（一作泗）溟大师与静并称。

据《四溟集》所载碑铭并行迹，惟政，字离幻，自号四溟松云、钟峰堂等，俗性任氏，密阳（庆尚南道）人。明嘉靖二十三年（中宗王三十九年）生。十三学《孟子》于黄柳村汝献，一夕废卷叹曰："俗学贱陋，世缘胶扰，岂若学无漏之学乎。"即投黄岳山直指寺，礼信默被剃。初阅《传灯录》，就诸老宿咨奥旨，明世宗帝嘉靖四十年（明宗王十六年）中禅科，华闻渐彰，与文人诗客交游，文章日益进，兼涉猎内典，探教学之旨。神宗帝万历三年（宣祖王八年），众望所归，请为禅寺住持。政辞，入妙香山，始请益于休静，静委曲提撕直授性宗，苦修二年，尽得其心要。万历六年，辞香山往枫岳（金刚山）结三夏于报德寺，游南方诸山。十七年，往五台山灵鉴精舍，虽误坐逆狱被拘江陵府，儒士辈诉其冤释之，乃吟云：

> 娥媚山顶鹿，擒下就辕门。解网放还去，千山万树云。

二十年夏，日本兵闯入岭东（江东道）至金刚山榆岾寺，政便率十余徒直入山门，日兵悉缚其徒，政独至中堂。日将知其非常人，礼待之，且解其徒，政以书往复，救护寺门。由是飞锡入高城（郡名）与日将三人笔读，劝勿嗜杀，二将乃从政受戒，供养三日送出城，九郡之人多免残害，政之力也。既而宣祖王西奔，政慨然曰："我等生居此土，食息优游，阅有年纪者，秋毫皆上力也，值此艰危，其忍坐视？"即于乾凤寺募义僧数百赴顺安，诸僧来会，众及数千。时休静以王命总摄诸道僧兵，王令政代统大众。政与体察使柳成龙协同随明军，于万历二十一年正月，攻平壤赶走小西行长，因随都元师权栗下岭南，驻于宜宁（庆尚南道宜宁郡），颇多杀获。二十二年，总兵刘綖命政入釜营，令谕倭将加藤清正，清正问："朝鲜有宝乎？"政应声曰："我国无他宝，以汝头为宝。"清正曰："何谓也？"对曰："方今我国，购汝头，金千斤，邑万家，非宝而何？"清正乃惊叹。宣祖招政诣内阃，告曰："昔刘秉忠、姚广孝俱以山人建立殊勋，名流后世，今国势如此，尔若长发，则当任之，百里之寄，授以三军之命矣。"政谢而不受，返岭南，筑龙起、八公、金鸟诸城为保障，然后上章乞闲，王敦谕不许。二十五年冬，从提督麻贵入岛山。二十六年，从刘綖入曳桥，皆首功。王嘉之，特升为嘉普同知中枢府事。二十九年，筑釜山，还隐于伽耶山。万历三十二年（宣祖王三十七年），为与日本媾和，奉国书渡海，于伏见城谒德川家康，相国寺西笑参与是。政上言两国生灵久陷涂炭，吾为普济而来，家康礼遇之，缁流亦来欢迎，和好既成，括朝鲜俘虏男女三千五百还本国。三十三年，至京复命，王嘉其劳，加就嘉义阶。是时，休静既寂，入妙香山礼其塔。三十五年秋，乞骸骨归雉岳山。三十六年，闻宣祖之讣，抵京拜哭，因得病，入伽耶山调治。三十八年（光海君二年，公元1610年）秋八月二十六日，大会诸禅那，告曰："四大假合，今将返真，何用屑屑往来，劳此幻躯，吾将入天，以顺大化也。"遂跌坐而逝，享年六十七，谥曰慈通弘济尊者。

第二节 惟政与日本兵

《东国僧尼传》惟政条云：

万历壬辰，居金刚山榆岾寺，倭兵大至，与同舍僧避寇深谷间，有僧往觇，倭入榆岾寺，缚居僧数十人，索金银诸宝，不出将杀之。惟政闻之，欲往救之，僧皆挽之曰："吾师欲为同舍僧救其死，其慈悲莫大，然探虎口将虎须无益，只取祸耳。"惟政不从，入乱兵中，傍若无人，倭兵怪之。至沙门，诸倭或坐或卧，钊戟交铩，故不拜揖，不顾眄，不留行，曳筇挥手而入，倭熟视而不之禁。历山影楼至法堂下，僧皆缚在两庑下，见惟政而泣，惟政不之顾。有倭在禅堂外治文书，如军目者，政立观，倭兵亦不禁呵，观其文字不可晓。直上法堂，诸倭将皆列椅而坐，惟政垂手不为礼，彷徨纵观之如痴人。有一将以文字问曰："尔解字否？"惟政曰："粗解文字。"又问之曰："父国尊七祖乎？"惟政曰："有六祖，焉有七祖？"曰："愿闻之。"即列书六祖视之。倭将大异之曰："此寺有金银诸宝，尔可尽出之，不然当杀之。"惟政曰：
"我国不宝金银，只用米布，金银诸宝，举一国所罕有，况山之
僧，只事供佛，菜食草衣，或绝粒餐松，或乞食村间以为生，岂
有蓄金银之宝？且观将军能知佛事，有六祖佛法全以慈悲不杀为
上，今观无罪愚僧，缚在虎下，责以珍货，彼一筇千山，寄食民
间，以度朝夕者，虽刲身纷骨，岂有一寸宝，愿将军活之。"诸倭
传示其书动色，顾下卒云云，下卒趋下堂，尽解两虎二十余僧。
惟政又挥袖曳筇而出，倭将以大字书大板，挂沙门曰："此寺有
知道高僧，诸兵勿更入。"即罢兵而去。自此倭兵更不入榆岾
寺。朝廷除政僧将，统管入道僧军，出入倭阵，以游说为任。尝
入贼阵，见倭将清正，清正曰："尔国何宝最贵？"惟政曰："吾国
无所宝，所宝惟将军之首也。"清正强笑，而中实惮之。乱既定，
奉朝命入日本国，家康以云绵子二万斤予之，辞，不得，尽与对
马岛主桔智正而归，及朝廷重修庙阙，政鸠一国僧军以助役。於
于野谭。

日本兵入金刚山时之状，当即如是。

第三节　作为使节之惟政

《东国僧尼传》叙惟政使日本事云：

关白（家康）问："以大师所欲，吾必敬承，试言之。"政曰：
"山人本无欲，唯愿还我国佛画一帧。"关白曰："敝国虽小，尚多
重宝，何舍此而取彼？"政曰："此佛甚灵，可以祈风祷雨，可以

禳灾致祥，故愿还也。"关白以下齐声言曰："大师亦能呼风唤雨，何必求还佛帧？"政不复，强迫而归。

盖佛画所描黄雀在桐华寺，凡水旱疾疫，祷必有验。倭兵乘乱偷去，惟政欲得还之，竟不得云。惟政之来日本与诸山长老相见谈禅，《赠仙巢（对岛僧玄苏）书》云：

> 至日本，得见西笑老兄、圆光长老、五山诸德，盛论旨。（《四溟集》卷六，第 15 页右）

与仙巢、西笑、圆光，他如松源宗长，承兑等，以诗偈应酬，最与仙巢亲。政当国事多端之日，慷慨不能禁，闻龙旌西指，痛哭而作辞曰：

> 龙舆兮西幸，凤城兮一空，文武多士兮转于丘壑，犬兮羊兮南北与东。（《四溟集》卷一，第 1 页右）

十月初三日《雨雪写怀》之词云：

> 天寒既至，白雪如斗，赤头绿衣兮络绎纵横，鱼肉我民兮相枕道路，痛哭兮痛哭，日暮兮山苍苍，辽海兮何处望，美人兮天一方。（同上书，第 1 页左）

壬辰十月领义僧渡祥原时，歌云：

十月湘南渡义兵，角声旗影动江城。

匣中宝剑中霄吼，愿斩妖邪报圣明。（同上书，卷四，第9页右）

国家垂于衰亡，生灵苦于涂炭，寺社付之荒废，政过福州西原寺感慨无量，吟云：

前朝郭外寺，零落对长河。古井生秋草，空梁散曙鸦。

千年香火尽，今夕水云多。游子独怊怅，乱山生暝霞。（同上书，卷二，第1页左）

政走国事间，常不忘松风竹雨之禅居，过震川吟云：

古驿重阳抱剑悲，病身唯有月相随。

衡峰烧芋真吾愿，官路乘肥岂我宜。

瘴海十年空远戍，香城何日定归期。

天清一鴈江东远，明灭灯前揽弊衣。（同上书，卷三，第7页左）

第四节　惟政之思想

《四溟集》中表现惟政之思想者少文，有可示政平生之用心者，如《甲会文》云：

我辈生逢减（译者按，应为"灭"）劫，未免福祿而夭者居半，我辈至于余二十春秋，其幸也一。我辈未至于学，而值此苍黄之际，竟不失遗体，其幸也二。尘点劫来散经诸趣，针芥相投，遇此正法，其幸也三。蜉蝣火宅泡幻身世，一月之内，开口而笑者无几，我辈同寓仙山，同参法会，谈笑同游，其幸也四。人生于世，盲聋喑痖，保遗体全而归者几稀，我辈耳目聪明，具男子之典形，不为人之所弃，其幸也五。具五幸而不宜如禽兽之空死生也，愿我朋辈更无惜囊储，以报天地圣贤罔极之恩，祈国祈民以成天下太平，仍成无量劫兄兄弟弟之因也，愿我良朋更回首自思。(《四溟集》卷六，第11页右—左)

用心之慎密可以见也。

惟政关于禅学之第一义之见解，如《华严经跋》云：

大哉华严之为顿教也，体本不生而无始无终，用实非灭而无成无坏，是为众教之本，而万法之宗也。天以之而清，地以之而宁，山川以之而流峙，禽兽以之而飞走，以至草木、昆虫，亦以之而动息，此所谓体万物而不遗，性一切而无忒者也。我佛之所宣说，盖说此也。五十三善知识所示人，盖示也。乃至君仁臣忠、父慈子孝、兄爱弟恭、夫和妇顺，亦无非得此而然也。

所云虽彻底，而犹执着于有为之功德。称：

时无百害之灾，日有千祥之庆，无灾地变，自弭自灭，尧风舜日，自扇自明。

蹈袭祈祷佛教之弊习可惜。政顿悟成佛之第一机以外，坠于往生净土之第二机，云：

> 同机有二种，一自力，二他力。自力谓一念回机，便同本觉者也。他力乃皈依慈父十念，功成者也。（《四溟集》卷六，第1页左）

惟政之禅偈，未有超方失格之分，录其二三以示例。

赠灵云长老

千魔万难看如幻，直似滩头掇转船。

· 吞透金刚并栗蒯，方知父母未生前。

酬李公求语

悬崖峭壁无栖泊，舍命忘形进不疑。

更向剑峰翻一转，始知空劫已前时。（同上书，卷五，第1页右一左）

赠兰法师

万疑都就一疑团，疑去疑来疑自看。

须是拿龙打凤手，一拳拳倒铁城关。（同上书，卷二，第2页左）

赠淳长老

正宗消息没滋味，不用如何又若何。

打破银山铁壁去，此时方渡死生河。（同上书，第4页左）

政在日本时，有偈与德川家康之长子（何人不明）。

家康长子有意禅学求语再勤仍示之

太空问□无尽藏，寂知无臭又无声。

只今听说何烦问，云在青天水在瓶。（同上书，卷七，第5页右）

又：

五山三倭僧来见因问禅宗纲领以无头话赠

人人脚下活狮子，谁怕南山鳖鼻蛇。

一口倘能吞海尽，珊瑚带月出沧波。

《四溟集序》云惟政诗，可班于唐九僧也，盖似溢美之言。

《重刊逍遥集序》云：

逍遥禅师，西山清虚祖师之高足弟子也。祖师门中，禅师与
鞭羊师为禅宗，松云师为教宗。

果然则惟政似偏于教宗，当时禅教融合而互失其特色，不能峻别
二宗也。惟政门下成一派，曰松云派。

第五节　清虚门下彦机之宗风

休静高弟彦机称得西山之禅。机，号鞭羊堂，俗姓张氏，竹州
（京畿道广州郡）人，明万历九年（宣祖王十四年，公元1581年）生。
幼依玄宾谢尘缘，长挂锡妙香之西山，传清虚休静衣钵。尔后南询，
历参诸老有所得，或住枫岳天德寺，或住妙香山天授庵，开堂讲法，

广演禅教，悟解者不胜其记。以明崇祯十七年（仁祖王二十二年，公元1644年）寂于西岳内院，寿六十四，所著有《鞭羊堂集》三卷，成彦机门下一派，是谓鞭羊派。(《鞭羊集》序)

按，《鞭羊集》有彦机答尹巡使偈：

> 不学宣王教，宁闻柱吏玄。早入西山堂，唯传六祖禅。(《鞭羊集》卷一，第2页左)

自云不学孔孟之教，好老庄，早入西山之门参禅。又叙游方后于香岳安禅云：

> 百城游方毕，香岳伴云闲。独坐向深夜，前峰月色寒。(同上)

吟逍遥于世外之境地云：

> 云走天无动，舟行岸不移。本是无一物，何处起悲欢。(同上书，第2页左)

又机欲示禅衲之机用云：

> 追风忌鞭影，谁是真龙骨。手把碧玉槌，打破精灵窟。
> 锦鳞须透网，丹凤铁锁裂。深深海底行，高高峰顶立。
> 风前啸两啸，天外喝一喝。乌石岭头云，望州亭前月。
> 朝归白鹭洲，暮宿黄牛峡。已灵犹不重，佛祖是何物。
> 暮天云未合，远山无限碧。疏雨过前山，野塘秋水绿。

剑树喝使摧，镬汤吹教灭。火宅清凉雨，昏衢光明烛。

为报清禅人，还知此消息。仲春风色寒，尚对千岩雪。（同上书，第 16 页右）

由此示寻常一样之禅风，且如云：

雨后秋天万里开，川流白石净无苔。

念佛人心正若此，娑婆国界即莲台。（同上书，第 12 页右）

不但用禅者之茶饭，竟可云得纯禅之真诀。

六祖曰有一物于此，上拄天下拄地，如日黑似漆，常在动用中收不得，儒谓之一太极，老谓之天下母者，皆不离于此也。此物之为体也，虚灵不昧，具众理应万事，天下阴阳，日月星辰，山川草木，人及禽兽之属，无一个不承渠之恩力而得成立焉。有生皆具，谁独且无，但昧者不知所谓，而民日用而不知者也。惟我释迦如来自以净饭王太子唾金轮万乘之位，入雪山六年修道，腊月八夜见明星豁悟，向所谓一物者而成正觉，叹曰奇哉，一切众生，皆具如来智慧，但以妄想执着而不证得。（同上书，卷三，第 34 页右—左）

然而论教与禅之区别：

四十九年东说西说，慈云广布，法雨遍沾，于是聋騃枯槁，咸蒙其泽而滋荣，此中才下根。承言会意者是谓教门也，祖师所

示机关，回异于前，未尝开口直指人心，故但良久默然，或据坐垂足，或扬眉瞬目。(同上书，第34页左—35页右)

是以后世之滥用禅机误解为真禅也。又论禅与念佛如谓：

> 参禅则念佛，念佛则参禅，初何尝有间哉？(同上书，第33页左)

是只模仿明末中国之禅风耳。如载于《鞭羊集》卷三之《愿佛表》，示机为念佛之信者，不一依禅门直指之家训。《鞭羊集》卷二有《禅教源流寻钏说》，足证机之见处，故抄录于下：

禅教源流寻钏说

昔马祖一喝也，百丈耳聋，黄檗吐舌，此一喝便是拈花消息，亦是达摩初来的面目，即空劫已前父母未生时消息。诸佛诸祖奇言妙句，良久捧喝，百千公案，种种方便，皆从斯出。银山铁壁措足无门，石光电光难容思议者也，此教外别传禅旨，所谓径截门也。

教有四等差别，初成道为缘熟等菩萨上根凡夫说二顿华严也，为声闻说四谛，为缘觉说十二因缘阿含也，为菩萨说六度方等也，为前三乘究竟说阿耨多罗三藐三菩提法华也，是为四教也。然当机自有差别，法无差别，不起树王而游鹿苑，而于顿说即说四谛，然则仙苑觉场一座也，华严四谛一说也。华严不必玄于四谛，四谛不必浅于华严也，但随机而有大小差别，如天降雨，草木受润，草木自有长短，其雨一味也。佛说亦尔，教随机异，其实皆一法也。华严所示即心即佛，即三乘教所说根境诸法也。心外无境，境外无心，心境一如，真俗无碍，华严即得菩提，其机之利也，非教之胜也。阿含但悟偏空，其机之钝也，非教之浅也。推此而论之，若上根大智闻阿含而便成正觉，小根浅智听华严而逃走天涯，四教所示法体皆妙，万法明一心，即幻化示实相。其所示也，根境诸法也；其能悟也，亦根境诸法也。空本无花，见花者病也。法无差别，见差别者妄也。一念不生，火宅即寂光也。毫厘有差，寂光即火宅也。禅门为最下根者借教明性，所谓性、相、空三宗也。有理路、语路闻解思想，故圆顿门死句，此义理禅也，非前格外禅也。虽然之二者亦无定意，只作当人机变。若人失之于口，则拈花微笑尽落陈言。若得文于心，则粗言细语，皆谈实相也。

凡夫见生死，二乘见涅槃，诸佛出世，说诸正法，只度其生死、涅槃二种邪见而已，非别有能事也。而二人闻法知非，只改从前错解而已，亦非别有圣解也。

人见佛出世，又见灭度，非佛身有生灭去来之相也。只是当人有感则见，无感则不见，犹水澄则月现，水浊则不现，不现过在水浊，非月之不能现也。不见过在无信，非佛之不能应也。佛身如虚空，本无隐现去来之相也。若以理言之，佛者自己本源天真，是常在觉观波涛中而活泼泼焉。而人也，用觉观而置之则凡也，用般若而照之则佛也。若人知一切法，色即是空，则不为有相所碍；知一切法，空即是色，则不为空无所滞；知一切法非色非空，能空能色，则不为中道所留。此透出三关，真道人之境界也。亦犹逸骥之于春风旷野，神龙之于月明沧海者也。虽上根上智径截得入，未免新薰，只是这边的消息，非黄阁中向上事也。

故云还乡尽是儿孙事，祖元来不出门，况依言信入积功累德而后成之者乎，不如一念不生，坐断千差，本来无事者也。

径截门工夫于祖师公案上时时举觉，起疑惺惺不徐不疾，不落昏散，切心不忘，如儿忆母，终见愤（译者按，应为"坟"）地一发妙也。

圆顿门工夫，返照一灵，心性本自清净，元无烦恼。若当于对境分别之时，便向此分别未起之前，推究此心从何处起。若穷起处不得，则心头热闷，此妙消息也，不得放舍。

念佛门工夫，行、住、坐、卧常向四方，瞻想尊颜，忆持不忘，则命终时，佛陀来迎接上莲台也。此心即六道万法，故离心别无佛也，离心别无六道、善、恶诸境也。命终时若见佛境界现前，无惊动心；若见地狱境界现前，无怖畏心。心境一体是为不二，于此不二法门中，何有凡、圣、善、恶差别乎？如此观察不惑，则生死魔何处摸索，此亦是道人制魔之要节也。学者须着眼看，此但钞禅教法门关节，及学者日用中用心处，其广现宗风，在《人天眼目纲要集》，其入教次第顿渐修证，禅教和会，在天台四教圆觉，悬判《禅源诸诠》，故此不烦云。（《鞭羊集》卷二，第17—20页左）

由是观之，机虽称西山门下于禅拔群，而尚未可信，如以《人天眼目》为权证，以《禅源诸诠》为准绳，其明证也。

第六节　逍遥太能

太能，号逍遥，姓吴，湖南潭阳（全罗南道）人，明宗王十七年（明嘉靖四十一年，公元1562年）生。年甫十三游白羊山（全罗南道），观物外之境有出尘志，落饰习经律，能通其旨。时以浮休阐化于俗离、海印之间，从之受大经，得其玄微，休会下数百人，唯太能与云谷冲徽、松月应祥号为法门三杰。明将李如松之来驻次海印，见能谓休曰："伯乐之厩多骏骥。"既而闻休静开玄化于香山，往问西山嫡意，静一见器之，传衣钵，抠衣三年，因命开堂挥尘，时年二十也。俄持赠所赠之偈（斫来无影树，樵尽水中沤。可笑骑牛者，骑牛更觅牛）质诸宗匠，无一知其义者，再到西山问休静，始知无生。由是观心任性，逍遥放旷，学者宗之，大振玄风。壬辰之变，西山师弟，倡义赴敌，能斋虔佛殿祈冥福。后仁祖王之移南汉也，奉命修西城，忠君忧国之心，与西山松云等同辙。仁祖王二十七年（明永明王永历三年，公元1649年），临寂书偈曰："解脱非解脱，涅槃岂故乡。吹毛光烁烁，口舌犯锋芒。"遂入灭，年八十八，孝宗王赠谥曰慧鉴禅师。（《逍遥大师行状》）

《重刊逍遥堂集序》云：

> 逍遥禅师，西山清虚祖师之高足弟子也。祖师门中，禅师与鞭羊师为禅宗，松云师为教宗，一时并峙。

然则得西山禅者，鞭羊堂彦机与太能二人也，故《逍遥集》中自负可见：

> 东国三山一太能，年登九十百无能。
> 虽然开豁宗门眼，只手全提杀活能。

同书写出禅僧之胸襟云：

菜根兼葛衲，梦不到人间。高卧长松下，云闲月亦闲。

又：

　　饥则松花渴则泉，健今闲步困今眠。
　　蹈破天魔生死窟，滕滕山后与山前。
　　多事尘寰无事客，一生行止白云中。
　　身闲野鹤愁难并，心净寒潭愧不同。
　　秋晚鸣筇五湖月，春深翻衲万山风。
　　世间荣辱何曾梦，物外优游无定踪。
　　层阿悬小屋，俗累未曾干。山暝云生壑，窗明月入栏。
　　台前散花竹，檐外乱峰峦。独坐松阴睡，涛声绕梦寒。
　　山蠹蠹水冷冷，风习习花冥冥，活计只如此，何用区区顺世情。

所吟如此足想见其超世的风格。至其禅的思想不过于诸偈中示其大要。

　　前溪柳色黄金嫩，后苑梨花白雪香。
　　欲知格外传禅妙，石草头头不覆藏。
　　学道年深道亦深，古今天地一灵心。
　　灵心何涉春秋老，夫子牟尼不二心。
　　水也僧眼碧，山也佛头青。月也一心印，云也万卷经。

太能门下成一派，谓之逍遥派。据《东师列传》云：

逍遥门徒数百余人，唯敬悦独得其宗，故号之曰海运……海运有法嗣，曰醉如三愚。三愚之嗣，曰华岳文信。文信之嗣，曰雪峰怀净。怀净之嗣，曰松坡觉暄。觉暄之嗣，曰晶岩即圆。即圆之嗣，曰莲坡惠藏。

第七节　中观海眼

西山之嗣，中观亦成一派。据《佛祖源流》，海眼，姓吴氏，务安人，少而聪慧，称神童，受心印于西山休静。然征其自称乎，雷默处英甲师翁，则为请益于默者。壬辰之役举义兵，金刚山乾风寺有《泗溟大师碑》，其中云：

同时从西山学者，又有海眼与灵圭，海眼起义岭南，灵圭尝与赵文烈公宪，从死锦山之役者也。

所之可知矣。后住智异山炽法化，其殁年未知，所著有《中观集》，抄出其中诗二绝如下：

闲中杂咏
松风窗外夜生凉，时有泉声抑更扬。
闲坐觅心心不得，求安心法是膏盲（译者按，疑"肓"）。

次人韵
天地都卢一镜明，孰云生灭许多情。
勿问西来端的意，春禽犹漏两三声。

《中观集》中编入古人之诗，未免有剽窃之谤者，如混入王阳明诗二绝其一例。《金山寺事迹》、大芚寺《竹迷记》亦海眼之作，杜撰不足观。草衣尝评《破竹迷记》，可谓有理。

第八节　静观一禅

海眼同门有一禅，号静观，俗姓郭氏，连山人，中宗王二十八年（明世宗帝嘉靖十二年）生。幼出家，精修博学，淹贯诸乘。既参西山讲席，得心法于言外，声闻外扬（译者按，原文"休闻外畅"，疑误），来学者至数百人，晚年从俗离山移锡德裕之白莲社。宣祖王四十一年（明神宗帝万历三十六年，公元1608年）秋有疾，自书遗偈云："平生惭愧口喃喃，末后了然超百亿。有言无言俱不是，伏请诸人须自觉。"又云："三尺吹毛剑，多年北斗藏。太虚云散尽，始得露锋芒。"翛然而逝，寿七十六。（《静观集》序）

有《静观集》一卷，其诗偈富禅味者多：

赠雪岑

足蹈千峰雪，筇侵万壑烟。世缘除荡尽，物外自超然。（《静观集》）

夜　坐

风清月白夜塘寒，坐对孤灯意自闲，

一颗灵珠光灿烂，更于何处问心要？（同上）

赠芝禅客

优游超物外，自由度朝昏。足蹈千山月，身随万里云。

本无人我见，哪有是非门。鸟不含花至，春风空自芬。（同上）

赠观禅子

静坐南台上，观空不是空，勿拘声色外，宁堕见闻中。

湛湛秋潭月，亭亭雪岭松，玄关槌击碎，方得震禅风。（同上）

赠禅者

出家须是出凡流，一钵身随万事休。

物外烟霞心已契，人间荣辱意何求？

悠悠岁月逍遥遣，处处山川自在游。

欲向言语知自性，还如拨火觅浮沤。（同上）

按，《静观集》一禅会下有清远者，读《法华》知持经文功德胜于施七珍万宝，与同志募财，造纸三千卷，印经三千部，以施同学云，朝鲜佛教之时代精神所示如此。一禅痛慨时势，上都大将年兄文云：

> 于戏，季法之衰，世又乱极，民无安堵，僧不宁居，贼之残害，人之劳苦，不可道也。而益增凄感者，僧衣俗服，驱使从军，东西奔走，或就死于贼手，或逃生于闾阎，尘习依然。复萌于中，全忘出家之志，永废律轨之行，希赴虚名，火驰不返，禅风将息，从可知矣。

由此可知具乱结果，激成僧风之废颓。一禅惜其友人（松云乎）奔走干戈不复归禅家本分，谏之云：

> 兄是大丈夫也，想必有匪石之心，松筠之操，而涅不缁，磨不磷也。虽然荆山之宝，触顽石而必分，骊龙之珠，在波澜而不辉……且古之圣贤视富贵如浮云，安陋巷不改乐……况僧去就异

于世俗之人，是以六祖道播天下，而不赴天子之诏。僧稠德隆一世，而现拒魏王之招。而二主不可罪，而反加敬焉……今倭贼已退，大功既遂，欲诣阙辞退，云何必如斯乎？不告而逃之可也。若告辞则必有难去之势，愿须速解印绶，封付裨将，使致丹墀，即脱戎服，还挂衲衣，入深山，绝踪迹，掬溪而饮，煮藜而食，再澄定水，重朗慧月，快登般若兹舟，直到菩提彼岸。至祝，至祝。

第九节　咏月堂清学

咏月堂清学亦为休静门人。清学，字守玄，宣祖王三年（明穆宗帝隆庆四年）生，冠山胜府人，俗姓姜氏。年甫十三，投迦智山宝林出家，南询有年，登西山入休静之室得心印，后憩锡蓬莱，又挂冠方丈，遂懘德于金华山澄光寺。孝宗王五帝（清世祖帝顺治十一年）十月寂，寿八十五，有《咏月集》一卷，禅偈云：

> 了空花不实，知水月非真。风起微云断，性天智月新。
> 活物通三界，何曾滞死空。不关成败数，高出有无中。
> 心具冲天气，性含透地才。灵光长不灭，明镜挂高台。
> 不变天真性，长居五蕴山。朝见云片片，暮听水潺潺。
> 山河为自己，万物是吾心。刹海咸寂灭，于中泯古今。

由此可知其禅的心境之寻常。清学常即声色观大道。

> 檐白云为帐，窗明月作灯。道非声色外，何必问高僧。

是其一例也。尝叙山中清闲之乐云：

> 山下为堂堂下泉，西江十里碧连天。
> 清畔月色当窗畔，爽耳松声落案前。
> 身在静中甘一世，神游物外乐吾年。
> 时人莫采长生药，半日清闲半日仙。

光海君十年戊午，经营大阙，僧俗多召集京师就役，有以言行不美，僧徒将被刑，清学抗疏云：

> 窃惟人在世间，莫非王臣，则子来王事乃其职分故。顷者经始宫阙之际，僧徒亦赴，是皆乌合琐末之众，才辩皂白之类，必不滥及于负君误国之凶谋也。而其有鄙俚言辞，戏谑浮行，仅出于呼耶声里，困役军中，半僧半俗之混淆，而祸萌于不图之地，难蔓于无心之域，可谓殃及池鱼，祸延林木者也……伏愿拟山薮之藏疾，置茕独于烟霞，特施仁恩，使得其所，则香焚石室，日祝王化遐昌而已，小僧不胜屏营，谨昧死以闻。

当时僧徒之为官权所驱使，困苦之状，可以想见。

第七章　灵奎、敬轩与印悟

清虚门下之灵奎，举义兵殉壬辰之难，义烈之魂，不让其师。霁月堂敬轩，虽同游清虚之门，而不以干戈为己任，得遂出尘之志操。青梅印悟亦出同门，而其学德似不及同辈。

第一节　灵奎之义兵

休静之门弟有灵奎，姓朴氏，公州（忠清南道）人，入鸡龙山岬寺出俗，后谒休静得法，住公州青莲庵，好以禅杖演武技。壬辰之役，闻宣祖之播越，愤不堪，哭三日，自荐为将，纠合义僧数百人，与诸将击清州（忠清北道）之日本兵，韩兵败北，奎独与敌粗，义兵之将赵宪驰赴之，联营压州之西门之敌，大刃宵遁。赵宪欲进击锦州（全罗北道）之敌，奎谏之不从，奎曰："不可使赵公独死。"因偕往，敌来薄，宪与七百兵死之，今锦州郡锦城面有义冢里，其埋骨处也。或曰："贼骤至，何不去诸（译者按，疑"堵"）？"奎喝曰："死耳岂可生，奋斗而死。"时明万历二十年（宣祖王二十五年，公元1592年）八月十八日也。（《朝鲜佛教通史》上编，第465—466页；《国朝宝鉴》卷三十二，第343页）

是时休静弟子处英（雷默大师）起义兵于湖南道（全罗道），海眼（中观）起于忠州（忠清北道），义严亦督僧兵，《佛祖源流》云：

骑虚灵奎，号骑虚，俗姓朴氏，公州板峙人也，入鸡龙山剃发，参西山传法。

就奎之军功，《寄斋史草》下云：

忠清监司先觉启曰，大贼入清州，分兵抢杀，有僧灵圭者，能聚其徒，皆持镰子，号令甚严，见贼不避，遂进攻清州之贼，连日相持，虽无大胜，亦不败北，贼遂弃城而去，皆灵圭之功也，遂升堂上为佥知，赐段衣一袭。（《大东野乘》卷十，第290页）

又云：

赵宪曰："锦山之贼，腹心之疾。"移书灵奎，遂进次其境，期明日共击之。令既布，天下雨，营阵未具，灵奎谓宪曰："兵有备无患，作营未毕，明日不可战。"宪心思良久曰："此贼本非我敌，欲区区速战者，徒以因忠义之激，乘士气之锐也。"翌晓，贼引众先出，时灵奎作营粗完，宪军露立于野，贼遂搏之，将军大呼合战，短兵相交，杀伤相当，贼兵久而益至，宪军见贼暂退，遂移入灵圭阵，贼踵后乘之，诸军遂大乱，赤手搏战，犹不少挫，未几宪为乱兵所杀。或谓灵奎曰："赵义将死矣，贼益至，不如去之。"灵奎大呼曰："死则死矣，岂可独生。"鏖战终日，灵奎亦死。（同上书，第292页）

《闻韶漫录》云：

此后僧兵处处继起，实圭倡之也。(同上书，第 599 页)

第二节　敬轩之清高

壬辰之役避国难，以不与干戈为高者，清虚门下之敬轩是也。轩(一作宪)，自号虚闲居士，署其居曰霁月堂，湖南(全罗道)人，俗姓曹氏，以明世宗嘉靖二十三年(中宗王三十九年，公元 1544 年)生。十岁丧怙恃，十五入天冠山从玉珠祝发，遍读子史，通古今事物之理。一日喟然叹曰："此世法也，非出世法也。"乃尽涉群经，淹贯三藏。至神宗帝万历四年，入妙香山，参清虚闻西来密旨。同六年，投金刚内院洞株坐数年，廓然有所得，由是有扣者则以《都序节要》抉择之，入门者莫不虚往实归。当壬辰之乱，休静募僧兵，欲倡义歼贼，宣祖王授轩以左营将，轩暂诣军门，遂辞去。王高其节特命为判禅教两宗事，轩受之，或枫岳，或五台，或雉岳，或宝盖，晦迹韬光，最喜枫岳。万历四十六年，结庵于隐仙洞，经七夏，额曰"霁月"。熹宗帝天启三年，忽欲出山，有止之者，乃示一绝："好在金刚山，长青不起云。箪瓢宜早去，风雪夜应纷。"移锡五台，其后，轩之言果验。思宗帝崇祯五年，从雉岳移灵珠之灵隐，度二夏，时有微疾，门人请留偈，辄应曰："泥牛入海渺茫然，了达三世一大缘。何事更生烦恼念，也来斋阁乞陈篇。"倏然而化，时思宗帝崇祯六年(仁祖王十一年，公元 1633 年)也，年九十。(《霁月堂大师行迹》)

有《霁月集》一卷，《赠熙玉禅子偈》云：

　　　　圆顶方袍有宿缘，尘烦早脱入林泉。

　　　　粗衣御冷经千日，粝食充饥过百年。

> 洗浴必临碧涧水，安禅须向最高巅。
>
> 松筠节操兼霜月，终老筇无出洞天。

足见其光风霁月之情趣。示密云大师法语，叙敬轩之所宗，谓：

> 只这一点灵明，圆同大（译者按，疑"太"字）虚无欠无余，
> 上而无顶，下而无底，傍无边际，离言说相，离文字相，离心缘
> 相，诸佛说不及，万藏收不得，强称曰一物，此是人人之宝藏，
> 亦是西来之法印。百骸溃散，归火归风，此一物长灵盖天盖地，
> 先天地而无其始，后天地而无其终，历千劫而不古，亘万岁而长
> 久。最初一句，无位真人，诸佛知见，当人妙心，万法实相，天
> 地根源，六道众生日用处，圣不增处凡不减，虚空让其高广，日
> 月惭其光明。

能提示绝对之一物而无余蕴。《示月华道人偈》云：

> 有物无鼻亦无巴，常在劳生日用中。
>
> 佛祖当头说不及，八方大藏收不得。
>
> 若人欲识这个事，动静须参祖师关。
>
> 不觉全身都放下，九霄云散月当天。

第三节　青梅印悟

　　休静门下与松云惟政共得两山衣钵者印悟，当壬辰之变奔走国
事，普济之后，归老于知异山天王峰下之旧庵。印悟著有《青梅集》，

其上卷颂古，不过排列堕于死形的之文字而已。下卷有诗偈，见其漏出之未成熟思想。咏寒、拾二子云：

> 天台国清寺，曾有二贫子。笑指黑白牛，前生诸大士。
> 吁嗟至人言，因果无差矣。寄语袈裟辈，莫夸无妻子。

是为信僧徒再生于牛胎之妄谈者。又自陈其为杂行之人，《行道偈》云：

> 生年五十三，躬自行柴水。气异过现未，心非初中后。
> 静听杜宇声，慢弄花奴手。时复礼弥陀，间诵楞严咒。

或念佛，或诵咒，只足证其多杂行而缺彻底正行。叙释氏之尽忠孝云：

> 杀生为养亲，食禄称安社。唯知尽忠孝，竭信返招祸。
> 全生孝父母，养性平天下。祝禧每朝昏，粥饭思仙驾。

所云可嘉，然悼世云：

> 野人自外来，道我世烦剧。疠气卷闾阎，饿殍满阡陌。
> 干戈日益寻，骨肉不相惜。赋役岁益迫，妻儿走南北。
> 山中绝悲喜，不胜痛病膈。

且于时事漏不平之意者多，可惜。

病吟诗云：

> 沉吟客卧暮江头，却忆青山泪不收。
>
> 红叶独凭关树夕，白云空望故乡秋。
>
> 霜侵白发添吾恨，雨打黄花益旅愁。
>
> 顽首举来归路远，绵城门外水悠悠。

是非禅家卧病之襟怀。通度寺石钟祭文，见其叙释尊，依旧习列传统的文字之外，何等研究实见无之。如题《指马论》云：

> 天地一指，万物一马也。若知如是理，则群动为同春，四海为兄弟也。

是拾庄周之糟粕以外，更一技无。如题《十无益》云：

> 心不返照看经无益，不达性空坐禅无益。
>
> 轻因望果求道无益，不信正法苦行无益。
>
> 不折我慢学法无益，内无实德外仪无益。
>
> 欼人师德济众无益，心非信实巧言无益。
>
> 一生乖角处众无益，满腹无识骄慢无益。

可知彼之如何为常识的，而且平凡。《青梅集》中，多少可见为禅僧之作者如下：

三圣诗续吟

丰干师云，本来无一物，生死涅槃常寂静。寒山子云，吾心似秋月，不假修治自清洁。拾得子云，永劫在迷津，会息多生贪爱情，若人知此理，免他高屈两重病。

忘心顿证

常居一切时，不起诸妄想。而住妄想境，不用息灭想。

了知真实性，总是虚挠攘。有求皆是苦，忘心最为上。

外 觅

贫富与贵贱，莫言前世作。舜有历山耕，说乃传岩筑。

王侯及将相，本来无种族。凡人若回心，现世即成佛。

山 居

山间胜概多，准拟人间乐。松风琴瑟声，枫林绮罗色。

独坐足见闻，不要知得失。人来慰寂寥，我笑渠龊龊。

看《金刚经》

了知一切法非法，毕竟自性无所有。

知一切法性空者，即是自性清净心。

示求法人

一海众鱼游，各有一大海。海无分别心，诸佛法如是。

第四节 性净、学邻与一玉

据《佛祖源流》，清虚门下有无染性净，其法系成一派。性净之下有无影颐凛、秋月宝休、碧眼清辉，而未见其详传。

就西山之嫡孙学邻，江原道宝盖山深源寺《翠云堂大师碑铭》略云，学邻（一作玲），俗姓孙氏，江华人，以明万历三年乙亥生。年十五从印净祝发入金刚山谒西山休静，由是在西山弟子青莲之门十余年，莲器重之传其衣钵。尝读《华严经》，废卷喟然叹曰："求诸经不如求诸心。"乃入竺修窟面壁九年之后，上云达山居五年，出山遍历名胜。明崇祯七年甲戌入宝盖山。明永历四年庚寅（孝宗王元年，公元 1650 年）终焉，寿七十六。一生苦行精进，临寂戒弟子曰："尔等弃父母出家，虚过一生，反不如还俗之为愈，尔其勉哉。"（《朝鲜金石总览》下，第 891 页）

邻之将化也，弟子等请曰："师今化矣，独无一偈耶？"邻曰："死生一理，恒寂恒照，有何生死？既无生死，何以偈为？"

与四溟惟政等同时有震默一玉，其法系不详，或曰西山之嗣也。《震默祖师遗迹考》云，震默，名一玉，全罗道万项县佛居村人。七岁入全州府西方山凤栖寺出家，盛化于同寺，多异迹。明宗王十七年壬戌生，仁祖十一年癸酉寂，年七十二。

同书叙震默临终云：

> 师一日沐浴，净发更衣，曳杖沿溪而行，植杖临流而立，以手指水中己影而示侍者曰："遮个是释迦佛影子也。"侍者曰："这是和尚影。"师曰："汝但知和尚假，不知释迦真。"遂负杖入室，垒足加趺而坐，召谓弟子曰："吾将逝矣，恣汝所问。"弟子曰："和尚百岁后，宗乘嗣谁？"师默然良久曰："何宗乘之有？"弟子再乞垂示，师不得已而言曰："名利僧也，且属静长老。"遂怡然顺寂，世寿七十二。

盖以西山休静为名利僧，轻侮之也。

震默爱酒，而言酒则不饮，云谷茶则饮，谷茶之名自此始。尝有偈云：

> 天衾地席山为枕，月烛云屏海为樽。

大醉居然仍起舞，却嫌长袖挂昆仑。

一玉尝住全州凤栖寺，全州有儒士金东准，曰凤谷先生，为一玉方外友。凤谷师弟，尝信玉为真道人，玉方其丧母也，祭之曰：

> 胎中十月之恩何以报也，膝下三年之养未能忘矣，万岁上更加万岁，子之心犹为慊焉。百年内未满，母之寿何其短也……前山垒，后山重，魂归何处，呜呼哀哉。

其形虽奇，可知其心之正。一日，就凤谷借《通鉴》，盛囊自担而行，凤谷令人随后睹之，且行且阅，看一卷讫掷地，又看一卷，如是至寺门，抛书囊不顾而入。他日凤谷谓玉曰："借书抛地何哉？"玉曰："得鱼者忘筌。"凤谷试逐篇举难，无一不洞悉者。

第八章　善修、觉性与明照

　　光海君之代，浮休善修以芙蓉之嗣，大张化门，胸襟清白，有超然物外之风。其嗣觉性，有出蓝之誉，师资道合，被称为如道安之与图澄。觉性领僧兵为国家组织降魔军，盖与西山之义气相承者。当是时与觉性莫逆，熙彦全许巢之操，可谓奇关。虚白明照之义兵，悔隐应俊之战功，岂社稷危而忠臣出耶？

第一节　善修与光海君

　　继宣祖者为第十六主光海君（自明万历三十七年，后阳成天皇庆长十四年，公元1609年，至同天启二年，后水尾天皇元和八年，公元1622年），当时有清虚同学浮休善修，张其门户于一方。光海君之庶妃柳氏最崇信佛教，造佛像安于内外之寺。又有僧性智以风水说受王宠任，王奖之，令造仁庆、庆德、慈寿三宫。其八年，设营造都监，从八道征林木，发八路僧兵赴役，于是缁毳满京城，僧役亦因服役而给度牒。

　　次第十七主仁祖王（自明天启三年，后水尾天皇元和九年，公元1623年，至同永历三年，后光明天皇庆安二年，公元1649年）即位。二年，筑南汉山城，征八道僧人当工役，令松月应祥、碧岩觉性统督之，二人授都总摄，以城内开运寺为本营，驻屯缁军。

白谷处能撰《弘觉登碑铭》云，善修，号浮休，俗姓金氏，古带方（全罗北道南原地方）菓树人，以明世宗帝嘉靖二十二年（中宗王三十八年）生。幼入头流山（智异）从信明落饰，寻谒芙蓉灵观诣其堂奥，为人幡腹修眉，长身丰颊，唯左手失适。得法之后，借览相国卢守慎藏书，阅七昼夜，无书不读，笔亦遒媚，与松云惟政齐名，时称二难。万历二十年，日本兵侵疆蹂躏山野，修时栖德裕山，隐身碛礐中避锋，日晚思倭兵既过，从涧路还庵，有倭十数辈出自林麓，修叉手而立，倭挥刃作势，修怡然不动，倭大奇之，不加害。兵乱平后，如伽耶山，适明将李宗城受皇帝命来封关白，间道入海印寺，与修相见辄忘归，无何移九千洞宴晦。一日诵《圆觉经》末终，闻窸窣之声，举眼视之，一巨蟒伏阶下，修跐一足实其尾，蟒俯首而去。其夜梦有一翁致拜曰："蒙和尚说法，已离苦矣。"光海君时，住头流山为狂僧所诬，被执系狱，有司以修之气宇轩轾，言说璀璨白光海，光海知非其罪，召入内，询问道要，对说契机，赐紫襕之方袍等，又设斋奉印寺，令修证之，斋毕还山，道俗争先问道，故众常盈七百。年七十二住曹溪山松广寺，又移于七佛寺。万历四十三年（光海君七年，公元1615年）有疾，召上足碧岩付法曰："吾意在汝，汝钦哉。"打一偈曰："七十三年（《浮休集》作'余'）游幻海，今朝脱壳返初源。廓然空寂元无物，何有菩提生死根。泊然坐化，报年七十三，光海君追加弘觉登阶。"（《朝鲜佛教通史》上编，第484—486页）

《松广寺嗣院事迹碑》云：

> 自临济十八传，而为石屋清珙，丽朝太古普愚，得珙之传，又六传而为浮休。

《松广寺开创碑》云：

> 丽僧普愚，入中国霞雾山，参石屋清珙禅师。清珙即临济十八代嫡孙也。普愚尽得其法，传之幻庵混修，混修传之龟谷觉云，觉云传之登阶净心，净心传之碧松智严，智严传之芙蓉灵观，灵观传之上足弟子，其名曰善修，自号浮休，淹贯内典，为一代宗师。

由此可知修为西山休静之同门兄弟。

第二节　浮休与卢守慎

浮休借览其藏书之相国卢守慎，字寡悔，号苏斋，光州人。聪明博学，文章雄健，深于经术，年二十选为博士。二十七问存心之要于晦斋李彦迪，彦迪指掌曰："物在此，握则破，不握则亡。"守慎喜曰："是忘助之异名也。"中宗王三十八年上甲科，因尹任（元衡）之士祸，仁宗王元年被配顺天。明宗王二年窜全罗南道珍岛，在岛十九年，著《人心道心辨》《夙兴夜寝箴注》《苏斋集》。明宗王二十年始释放，为宣祖王之所重也。六年，任右相。十八年，拜领议政。二十二年，坐郑汝立之逆。翌年殁，春秋七十六。

彼之《夙兴夜寝箴注》说心之体用云：

> 其一物才过，真体依前聚其光灵，绝其思虑，如明镜止水无毫厘妍之痕，有虚明静一之象。虽鬼神有不得窥其际者，此静而存养也。

如李退溪之许，与禅之寂照虚通无异。又云：

> 窃见《通书》曰："圣可学乎？"曰："可。""有要乎？""有。"
> 请问："曰一为要，一者无欲也，无欲则静虚动直，静虚则明，明
> 则通，动直则公，公则溥，明通公溥庶矣乎？故愚读此箴，而未
> 尝不反覆于斯云。"

示其心醉于禅化之宋儒学说。又《人心道心辨》云：

> 道心即天理具于心者也。而其发也，以气故，谓之人心，便
> 有中节、不中节故，危也。而其未发，则无形故，微见其危而知
> 其微，所以必加精一之功。精者察人心，即所谓察，夫二者之间
> 而不杂也，在学者则动时功也。一者存道心，即所谓守其本心之
> 正而不杂也，在学者则静时功也。

如所说与禅学之定慧双照，动静并进之功夫无异。

第三节　《浮休堂集》

善修之诗文集五卷由高弟觉性所编。自叙其平生云：

> 浮休一老翁，活计清无物。日暮弄松风，夜深玩山月。
> 机息绝营谋，心灰无所别。避世入深居，何人寄问说。
> 我法有自来，一言具杀活。(《浮休堂集》卷二，第8页右)

胸次清白，息机忘心之状可以见矣。修与某禅子偈云：

> 寻师学道别无他，只在骑牛自到家。
> 百尺竿头能阔步，恒沙诸佛眼前花。
> 拨草瞻风无别事，要明父母未生前。
> 忽然蹋着毗庐顶，触目无非格外禅。（同上书，卷四，第1页右）

又《赠闲道人偈》云：

> 有物希夷不可明，无头无尾亦无名。
> 若知个里真消息，得坐披衣判死生。（同上书，卷四，第1页左）

征之所云，足知其以格外禅自任。又云：

> 独坐深山万事轻，掩关终日学无生。
> 生涯点检无余物，一碗新茶一卷经。（同上书，卷四，第2页右）
> 扫地焚香尽掩关，此身孤寂此心闲。
> 秋风叶落山窗下，无事常将古教看。（同上书，卷四，第2页左）
> 百年身世与云闲，隔断红尘对碧峦。
> 雁叫江城秋日暮，道人时复扣松关。（同上书，卷四，第3页右）

以无事闲寂为活计，似以不关人生之实事为道人。之所以为道人者，如斯修虽常乐林泉，外不得不忧强敌之侵入，内不得不愤儒士之排佛，即世外道人亦不能为之如何，壮志一空而闲卧山云。故《感怀》云：

玉殿苔生没路头，进前无力意悠悠。

可怜不把金刚剑，空向云山暗度秋。

浮生冉冉水东流，不觉秋霜已落头。

事与心违身人老，斜阳独立不堪愁。（同上书，卷四，第15页左）

又《避乱书怀》云：

移栖避寇入山深，四境干戈日益侵。

又陷京都人枕死，谁能御敌慰天心。

凶倭渡海陷诸城，兵火屠烧又两京。

中外无人效死战，事君何处见忠诚。

生斯季运命途薄，自带穷愁世亦危。

举国人民交枕死，斜阳独立泪双垂。（同上书，卷四，第18页左）

国事倾危久不平，法门衰废又难明。

逢君说尽当今事，一夜青灯白发生。（同上书，卷四，第20页右）

不禁无量之感慨，修之心事真值同情。当时盛行于世之看话禅，在修钵囊之中，故云：

赵州无字起疑团，十二时中着意看。

若到水穷云尽处，蓦然撞破祖师关。

个中消息有谁知，发愤忘身功起疑。

团地一声天地毁，何论北海与南陲。（同上书，卷四，第28页右）

是非大慧一流之口吻乎。又：

> 道不在他唯在我，不须求远又求天。
>
> 收心静坐山窗下，昼夜常参赵州禅。（同上书，卷十，第29页左）
>
> 道本虚玄难指的，迷头狂客谩寻经。
>
> 一团疑破通身汗，佛祖门中信步行。（同上书，卷十，第30页右）

所云别无出格之分，然如：

> 春早梅花发，秋深野菊开。欲说个中事，浮云空去来。
>
> 灵山久默意，今日为君开。孤鹤云中去，闲猿门外来。（《浮休堂集》卷一，第4页右）

就草木禽兽谈个中之事，有古禅僧风。又：

> 闲卧高峰顶，不与世浮沉。无事弄山月，虚怀听水琴。
>
> 随缘能悟道，即物便明心。一笑相分手，落日挂西岑。（同上书，卷二，第4页左）

如所吟可想见其超然物外，然其病吟：

> 一身多病卧床头，自夏沉吟又过秋。
>
> 谁道须人命在□，延年不死亦多愁。
>
> 冷热交侵胸腹痛，千谋无计可安身。
>
> 不如星火阇维尽，还合真如本自身。（同上书，卷四，第30页左）

所云过于厌世，无优游生死之状，可惜。盖禅净双修，未免有欣厌之情。《俊老师百日疏》云：

> 厌娑婆之短景，而求极乐之长年。(同上书，卷五，第1
> 页右)

《松云大师小祥忌疏》云：

> 伏愿亡师速离五蕴幻质，高九品莲台。(同上书，卷五，第6
> 页右)

《燔瓦水陆疏》云：

> 愿法界亡灵，速离三界之火宅，高步九品之莲台。(同上书，
> 卷五，第9页左)

第四节　松月应祥

松云惟政之神足松月应祥，事迹见《妙湛堂国一都大禅师松月应
祥大师碑铭》。祥，俗姓方氏，黄海道文化县人，以宣祖王五年(明穆
宗帝隆庆六年)生。幼丧亲，投九月山就性衍祝发，后参松云得心要。
云知其大器，授金线袈裟、传祖心印圆相等为信证。由是入五台山习
定，演化金刚山者三十余年。仁祖王二年，王集僧人筑南汉山城，特
命监工，以功除八道总都摄，固辞不受，王嘉其德，赐号妙湛国一都
大禅师。仁祖王二十三年寂，寿七十四。惟政有《赠应祥禅子》语：

禅子海西人也，生八岁入小学，习洒扫应对，年三五入大学，学明明德，知非蕴奥，遂脱天□，服天竺缁，断六根之尘。常以空，空我身，悟三昧之法，更以活，活我心。水草东西放去收来，遂自滞碍，亦不犯人苗稼参门下。一手撒藩篱颓垣墙，不依他门户，植当家种草，可成法王子，余嘉而歌之。歌曰：

若有人兮仙山乃生，铁兮铸就，漆桶兮爆破，重关兮击碎，斩六窗之猕猴，露一天之明月。明月兮明月，玩兮闲兮，玩兮闲兮，我兮君兮。（《泗溟集》卷一）

可以见师资道合之状也。九月山贝叶寺有《松月集》未能见。

顺便说与松月应祥齐名之云谷冲徽，其传不详，有《云谷集》，与士人唱和虽有诗篇佳作，而难发现示禅教上之力量者。自咏云：

处世身为恼，归山计自安。餐霞知换骨，节食觉留颜。
雾峤云犹合，阴崖雪未残。林藜临水岸，终日念经闲。

第五节　仁祖与觉性

第十七主仁祖王（自明天启三年，后水尾天皇元和九年，公元1623年，至同永历三年，后光明天皇庆安二年，公元1649年）元年，僧尼入京城，又于市井骑马不禁。二年（天启四年），平安兵使李适谋叛，陷京城，王奉大妃迁公州，命设僧军，以城内开运寺为缁营，隶于守御营，如上述。又以沙门觉性为八道都总摄（僧大将），领率缁徒城于南汉山。四年（天启六年），筑城成，觉性以功为报恩阐教圆照国一都大禅师，特赐衣钵。

《南汉志》卷三云：

> 仁祖甲子（二年）筑城时，以僧觉性为八道都总摄，专任城
> 役，召集八道僧军，且令城内各寺，分掌八道赴役僧军供馈等
> 事，故各寺始有主管各道义僧立番，及僧总节制中军主将之名。
> 盖城内九寺，自甲子始，而望月最古，玉井次之，其余七寺皆新
> 建，东林最后，灵源又晚置，皆任守城事，九寺各藏军器火药。
> （《南汉志》，第67页）

创寺其中藏军器火药，见同书《开元寺》条。

又《南汉志》卷四叙僧兵之制云：

> 僧军总摄一人，僧中军一人，教练官一人，哨官三人，旗牌
> 官一人，十寺原居僧军一百三十八名赴操，义僧三百五十六名，
> 列在京畿江原三南黄海，每年分六运，立番两朔。英宗朝丙子，
> 罢义僧立番，收其雇钱，给原居僧代其番。（《南汉志》，第87页）

《全罗道（南道）求礼郡华严寺碧岩大师行状》略云，觉性，字澄圆，
自号碧岩，湖西报恩（忠清北道）人。俗姓金氏，以明神宗帝万历三
年（宣祖王八年）生。九岁丧父，十岁入华山就雪默出家，至十四岁
适浮休到华山，见性器重之。乃随休上俗离山，转历德裕、伽耶、金
刚诸山，形影相随，日阅经论。万历二十三年，明将李宗诚诣海印见
休、性父子，叹曰："图澄、道安复见于海外矣。"休之赴头流山，性亦
随，时云谷冲徽、逍遥太能、松月应祥号三杰，并同会，于诗不及资
性，性通经史百家，善草隶。万历二十八年，结夏七佛寺，时休有病

让性讲席，乃登座讨论，丕振玄风。性受业休之门二十余年，入室传法，戒行清白，负笈学者云集，尝自作《三箴》戒学徒，思不妄，面不愧，腰不屈是也。光海君时，休为狂僧所诬入狱，性亦坐在缧绁，怡然不动，人称之大佛、小佛。光海君鞠治知非其罪，放休还山，留性置奉恩寺，为判禅教都总摄。清天命元年，迁神兴，众泊七百，性厌之，宵遁，韬光于太白山箭川洞。明年，上五台山结冬于上院庵，时光海君设斋清溪寺，遣宫使迎请说法，赐金襕袈裟。仁祖王二年，（李适叛）征信为八道都总摄，钦缁徒筑城南汉山。三年竣工，赐报恩阐教圆照国一都大禅师之号并赐衣钵。清天聪六年，修华严寺，蔚成丛林。仁祖王十四年（清崇德元年），清兵大举入韩，直至京师，王迁南汉山城。性闻变，戎衣而起檄召南僧，来赴者数千人，名降魔军，与湖南（全罗道）官军为掎角之势，王嘉之。兵罢，还智异山。十八年（崇德五年），移双溪精舍，相国元斗杓奏授以纠正都总摄之印绶，令住赤裳山城（全罗北道茂朱郡）。缁徒诉按廉，请移松广寺为教魁。二十年（崇德七年），辞还海印。六月朝廷使性充日本使节，乃以老病辞，隐于白云山上仙庵。明年，往宝盖山大张法席，关西观察使其凤瑞，钦性道誉迎入妙香山。孝宗王潜邸时，性谒于安州（平安南道），逆旅谈《华严宗要》，王大称叹，施以厚嚫。及王即位（清顺治六年），谓延城君李时昉曰："性老今无恙否？"问之数四，其恩顾如是。先是仁祖王二十四年（顺治三年），返筇俗离，与孤闲熙彦卜邻徜徉，既而彦迁化，性宴晦智异山华严寺，以送残生。性平生诲衲子参无字，待人恭勤，救恤孤穷，二时之粥饭，贫乞者盈门。清顺治十七年（显宗王元年，公元1660年）一月，题遗偈坐化，寄世八十六，所著有《禅源集图中诀疑》一卷、《看话决疑》一卷、《释门丧仪抄》一卷。（处熊撰《碧岩大师行状》）

觉性之袈裟，今犹作华严寺之珍宝收藏，其舍利塔，现存全州松广寺。

第六节　熙彦之风格

觉性相许为同门知己之熙彦为何人？《白谷集》所收《孤闲大师行状》云，熙彦，姓李氏，明州（咸镜北道明川郡欤）人，以明世宗帝嘉靖四十年（明宗王十六年）生。落发后精研经律，游方谒浮休于德裕，问法性圆融之义有所契，执侍三年，参究奥旨，号孤闲道人。平生被一衲不濯洗，雪里亦赤脚行，发长寸许更不再剃，或废饮啜涉旬无馁态，力坐愈勤。偶游京洛过敦义门，遇恶少十余辈，绕彦诟曰："汝是访道僧，汝是乞食僧。"即掘沙埋彦，适有信士奔救之。彦无愠容，叉手曰："成佛，成佛。"恶少相顾咄笑曰："真访道僧也。"不喜逢迎人，人至则合掌拜曰："去去。"若不去则以杖趁出，曰："咄，呆汉，见我秃居士有甚奇特？"即闭户而坐。以大馔进之，则曰："吾于人无应供之德。"以大僧推之，则曰："吾于道无受敬之行。"时羸形垢面，学者初参，见为野叟，揖之曰："彦大师何在？"答曰："吾不识是何人邪？"教人以法性圆融之义。明熹宗帝天启二年（光海君十四年），彦年六十二，国家设斋清溪寺（广州），请彦为证，授以金襕袈裟，斋毕遁去。明思宗帝崇祯十五年，彦居八公，碧岩带朝命赴阙，相逢如兄弟。无何彦移伽耶，年八十余披榛结幕，容膝而憩，碧岩从香峰来会，喜再遇。明唐王隆武元年，碧岩赴离岳之请，彦踉跄出曰："兄今舍我，我安适哉？"偕诣离岳，黑白塞路，顶谒者无数。清顺治四年（仁祖王二十五年，公元1647年），诏门人觉圆曰："虽六味八珍养此秽躯，终必有灭，危脆此身安取久长，吾将逝矣。"十一月二十二日又诏觉圆曰："取净水来。"洗沐已叫曰："空来世上，特作地狱滓矣。"命布骸（译者按，疑"骸"）林麓以饲鸟兽，言讫憨卧而逝，阅世八十七。

碧岩与孤闲出处甚异，而形影相随如是，可谓千古美谈。

次参碧岩名匠有暮云。《雪岩杂著》卷二有暮云行迹云：

> 法讳震言，字就古，晋阳人，天启壬戌（光海君十四年）二月七日生。驱鸟之岁，从义悦老师为浮图，参碧岩大师数十年，行化母岳、德裕、伽耶、佛灵，黄岳、八公、鹫栖、智异诸山，晚乐华严……丙寅（康熙二十五年，肃宗王十二年）秋，以公山远公之请居于云浮精舍，大开华严法会，法被两湖，教溢三南。康熙癸未（四十二年，肃宗王二十九年）春……向西而坐，大声曰："唯愿佛哀摄受，如是者凡三唱。"泊然入灭，乃三月廿一日也。塔双溪寺，寿八十二，所著《大方广佛华严经七处九会品目之图》。

第七节　明照之义兵

先是仁祖王五年（明天启七年，清天聪元年），清兵大举入关，王避兵江华岛，奉庙社主入江都，清军使来贺和，令王背明与清盟约。十年（明崇祯五年，清天聪六年），清兵破明，捷于辽阳。翌年，取旅顺，将直逼北京，遣使朝鲜，令臣服王清，应增岁币黄金万两，五色䌷布十万匹，精兵三万，骑马三千云，王恃明拒之。十四年十二月（明崇祯九年，清崇德六年），清太宗帝即位，大举攻朝鲜，长驱逼畿甸，王入南汉山城，更欲向江都，清兵进围南汉山城，王遣使请降，王与世子出，满城哭送，声震天地。太宗帝筑坛令王登之，行降伏之礼，于是清兵解围撤兵还，王出饯于东郊。

是时（仁祖王十四年）妙香山之明照领义僧，募义粟优佐军饷，朝廷嘉之，赐嘉善大夫国一都大禅师扶宗树教福国祐世悲智双运义僧都大将登阶之牒。照，洪州人，俗姓李，号虚白堂，以明神宗帝万历二十一年（宣祖王二十一年）生。出家香山，事泗溟松云，及云被朝命入京，欲研两宗，闻教于玩虚堂（清虚嗣，名圆俊），学禅于松月堂。松月堂应祥，云之高弟也。仁祖王五年，朝旨授八道义僧大将之号，领僧军四千余名守安州（平安南道），至是再为义僧之将，为缁素所仰。清世祖帝顺治十八年（显宗王二年，公元1661年）化，寿六十九。遗偈云："劫尽烧三界，灵心万古明。泥牛耕月色，木马掣风声。"（一作光，疑误。《朝鲜金石总览》下，第913—915页；《朝鲜佛教通史》上编，第492—497页）

据《虚白堂集序》并《佛祖源流》，示清虚休静、松云惟政、松月应祥、虚白明照为传法相承。《虚白堂集》有题为丁卯（仁祖王五年）正月初八日入安州镇（平安南道）闻龙旌西指江华岛，痛哭而作：

> 金銮西幸江华岛，千岁王基一夕空。
> 百万阿衡悲路侧，三千宫女泣途中。
> 阵云舒卷愁无尽，角呗高低恨不穷。
> 愿抱龙泉诛贼薮，宸襟回复大明宫。（《虚白集》卷二，第22页右—左）

在安州大阵见边报入城军点而作：

> 羽檄电驰星火速，义僧招集次第行。

长旗帜影掀山岳，角呗高低动江城。

精练习操连久旬，巡更木铎过三更。

同盟歃血抽宝剑，斩尽胡兵报圣明。（同上书，第23页右—左）

战败后幸得残生，忆战亡镇将与军卒：

一身超入烟霞里，残命凄凉集百忧。

将相何殊亲骨肉，军人恰似野狐裘。

云边拭泪晨昏度，床上含悲岁月流。

遥想当时退鼓事，嗒然无语恨悠悠。（同上书，第22—23页右）

战败后入长安山：

禅庵独坐寂无事，来往云霞访草扉。

仙鸟乱鸣芳绿树，一身孤影亦哀哀。

地僻无人绝世境，焚香祝圣依柴扉。

密旨真经看读罢，战场遗恨满腔脾。（同上书，第3页左）

由此足见其义勇忠烈之志。示明照胸次之清白者，有山居咏：

林泉终老志，坐卧白云间。谷邃溪声壮，峰高月影寒。

风琴千岭树，花簇万重山。在世还非世，何由羡孔颜。（《虚白集》卷一，第10页右）

咏怀：

久作香炉乐自多，金刚移入乐尤多。

乐来乐去非尘乐，共乐无生乐亦多。（同上书，卷二，第16页左）

又有：

瓶锡摇空蝶舞轻，都城华地自由行。

虽然不染红尘累，争似曹溪一滴清。（同上书，第18页右）

二十余年游览罢，白头重入妙香天。

如今坐断毗卢顶，世虑尘缘自荡然。（同上书，第20页右）

禅偈可观者有：

机关如得破，何必举拈花。可笑河沙佛，元来眼里花。

留心活句中，勿染外尘风。此生翻一掷，祖佛总成空。（《虚白集》卷一，第3页右）

相见无言处，山禽已了啼。若能重漏泄，他日恨噬脐。（同上书，第7页右）

其他数首耳。《禅观十调》云：

调心不昏不驰，调息不涩不滑。调身不顷不久，调眼不高不卑。调鼻不垂不举，调舌不挂不下。调手不撒不忒，调眠不恣不节。调食不饥不饱，调脊不前不后。（同上书，卷二，第29页左）

第八节　应俊之武功与鑴彦之小传

《白谷集》所载之《正宪大夫八道都总摄兼僧大将悔隐长老碑铭》略云，应俊，姓奇氏，南原（全罗北道）人，悔隐其号也。少出家从玉暹老师落发，晚参逍遥、浩然（一禅嗣，名太浩）、碧岩诸大老。虽系身桑门而志慕经济，仁祖王十一年春，湖南按廉闻其志，署为笠岩城将，累有功。同王十四年（明崇祯九年，清崇德元年）冬，清兵猝至，湖南按察使李时昉，起碧岩为义兵僧大将，应俊从之，为参谋助兵势。明十五年，以功授两湖（湖南全罗，湖西忠清）都总摄。至二十五年，为八方都总摄，居南汉。孝宗王二年，以营筑南瓮城，嘉其功，升为嘉议。显宗王九年，为僧大将。四年，特加正宪，驰驱军阵之间三十年，古之所谓黑衣之杰也。十三年（清康熙十一年，公元1672年）春，卒于星浮山天柱峰下，阅世八十六。

松月应祥门人鑴彦亦有名于当时。《榆岾寺（江原道杆城郡金刚山）春坡堂大师碑》略云，鑴（一作双）彦，姓崔氏，其先完山（全州）人，于燕州朝迁安州（平安南道）。以明万历辛卯（万历十九年，宣祖王二十四年）生，眉宇秀异。七岁亡恃。九岁失怙，乃入妙香山祝发，受戒于西山休静。年十六通竺书，以及六经百家无不涉猎，由是遍游名山。万历丙辰（万历四十四年，光海君八年）春入金刚山，以应祥（松云惟政之嗣）为师，传其心印，静坐参禅二十余年，戊戌（明永历十二年，孝宗王九年，公元1658年）入寂，年六十八。彦性根清净，气象高迈，少许可人，常以未传其心印为恨，所著有《春坡集》《通百论》。

第九节　觉敏、冲彦小传

松月门下出松坡觉敏。觉敏，姓卢，忠州（忠清北道）人，松坡其号，以明万历二十四年生，容止端雅，眉宇炯然。一日游街上，忠清按察使见而爱之，载与归，留营中，仍与入京者数年，为见老母还家。辞家，入雉岳山觉林寺，就松云大法弟寒溪祝发，又入伽耶山受内外典籍，结夏于逍遥（太能）之门，受经于琵瑟山虎丘，次质疑于碧岩（觉性）、洪然（太浩），谒任性于九天洞。留七年，讲究三教奥旨，录成若干卷，名曰《解疑》。明崇祯十六年（仁祖王二十一年）谒松月于金刚山卒业，由是道高名彰。最精三教，一时宗匠，莫不就正。尔后十余年，往来小白、龙门、海印等，至己卯而化。（《东师列传》卷二）

按崇祯十六年（癸未）以后十余年无己卯，当为己亥（明永历十三年，清顺治十六年）或癸卯（清康熙二年）之误。觉敏法系，《东师列传》记为任性（冲彦）之子，静观（一禅）之孙，清虚（休静）之曾孙。

《佛祖源流》云

> 任性冲彦，姓金，全州（全罗北道）峰上人……以丁卯（明隆庆元年，明宗王二十二年）十二月十九生。十八从天定剃发，受具于诞衍。二十四参静观得法。戊寅（明崇祯十一年，仁祖王十六年）三月二十九日，乃索笔书偈曰："七十余年游梦宅，幻身幻养未安宁。今朝脱却归圆寂，古佛堂前觉月明。"即投笔而卧，四月初吉，合掌端坐而逝，寿七十二。

第九章　白谷处能、枫潭义谌及其他之宗师

孝宗王之代，浮休之嗣珀澄为一方师主，学者之所崇敬。及显宗禁民出家，撤废都城之尼院，碧岩之高弟处能争之。清虚之嫡孙枫潭义谌，聪慧绝伦，以顿悟为心，弟子数百人，称海东中兴之祖。得太能之法者，有枕肱悬辩、海运敬悦。悦之嗣醉如三愚，传衣钵于华岳文信。

第一节　孝宗王与西洋历

第十八主孝宗王（自明永历四年，后光明天皇庆安三年，公元1650年，至同十三年，后西院天皇万治二年，公元1659年）四年，始行西洋历法。初朝鲜循用中国所颁之历，未尝从国中推策。世宗王时，始推策之法，然其数术亦出大统历法，气朔交食，往往不合。及仁祖王二十二年，观象监提调金堉奉使入燕，闻西洋人汤若望立时宪历法，崇祯之初行之，其法迥出前代，乃购其数术诸书而归，至是十年始得门路，奏请行之。(《国朝宝鉴》卷三十八，第115—116页)

方王之时，珀澄为一方师主，学者之所崇敬。《直指寺（庆尚北道金泉郡）秋潭大师碑》略云，珀澄，俗姓白氏，水原（京畿道）人，以宣祖王壬午（明穆宗帝隆庆六年）生。至年十三出家，受具之后游

方，参晦庵、洛岩、唤醒、双运、大寂等宗师，道声啧啧。癸丑（明神宗帝万历四十一年），学成握尘演化，来学云集，请益者日及数百。澄仪容白皙，身长八尺，腰大数围，性严且慈，内典之外善诗文，锡一出山，四方风动，教海深广及于遐迩。戊戌（孝宗王九年，公元1658年）化于明寂庵。澄，浮休之嫡传也。（《朝鲜金石总览》下，第934页）

第二节　显宗之毁释与处能之抗表

第十九主显宗王（自清顺治十七年，后西院天皇万治三年，公元1660年，至同康熙十三年，灵元天皇延宝二年，公元1674年）元年，禁良民之削发为僧尼者，令所在官使其一一还俗，违者科罪。（《国朝宝鉴》卷三十九，第151页）

二年，副提学俞棨（一作綮）等上札请毁撤都城尼院，乃罢慈寿、仁寿二院，出列圣之位板，依奉恩寺例埋安净地，又以所毁尼院材瓦建北学（东贤奏议）。三年，全罗监司李泰渊上书言，道内诸寺之佛像出汗。大司谏闵鼎重奏曰，佛像者皆用木为质，加漆涂金，故当潦节，每湿气阴结而点滴，或成雾露蒸郁，此深山老僧之常谈也。而今强谓之出汗，惑乱民，请罢免泰渊，破碎出汗佛像。（《李朝史大全》第488页；《老峰集》）

显宗王之排斥释教撤毁尼院也，碧岩觉性之嗣处能上谏《废释教疏》，论古今治道之成败与教法之隆污，博引经史，据内外典籍，堂堂公论正议，颇有意气之可观者。全文载大觉登阶《白谷集》，其中有云，朝鲜太祖尊无学，太宗觉苑钩深索隐于空宗，世宗、文宗继之，世祖轮升惠日，鼓振真风，成宗、中宗嗣其休命，传此风规，特设僧科，例同国试，明宗、宣宗勤其训，服其猷，仁祖之时，莲藏之教，菩提之道存焉。如果能示历代之王未甚排毁佛教之后，言及尼院之事云：

> 夫慈寿、仁寿两院在宫掖之外，即先后之内愿堂也。奉思、奉先两寺在陵寝之内，即先王之外愿堂也……两院废，则殿下之忧也……今两院尽废。

论放尼众刷外愿堂之奴婢为非。处能，号白谷道人，得法于碧岩觉性。仁祖王时，为八道禅教十六宗都总摄。《任性大师行状后序》记传法之来由云：

> 余按《释谱》暨《东僧传法源流》，丽僧普愚，号太古。早岁入中国，参霞雾山石屋清珙禅师，得其法东还，乃传之幻庵混修，混修传之龟谷觉云，觉云传之登阶大士净心，净心因沙汰，长发蓄妻孥，入黄岳山隐其名，居古紫洞、水多村，晦迹焉。将启手足，留偈传禅于碧松智严，智严传之芙蓉灵观，灵观之门下杰出二法眼，曰清虚休静、曰浮休善修也。（《白谷集》卷二，第1页）

又云：

> 净心传教净莲法俊，法俊精通《法华》奥旨，人号俊法华。法俊传之白霞禅云，禅云传之静观一禅，一禅晚参清虚法席，代讲《金刚》《楞严》等经……任性大师，受业于静观，静观讲下，

听学虽多，其得之深入，或并辔遐迩，或争鞭后先者，唯浩然太浩、无染戒训、任性忠彦如（译者按，疑"若"）干辈，而任性之学，尤出其右云。丁酉春，南峰大师英信与余相会碧岩法席，南峰即任性大师嫡传神足也。（同上书，第1—2页）

然则净心传禅于碧松，同时传教于净莲，碧松之禅至清虚，净莲之教至静观，而静亦参清虚。且清虚传禅于鞭羊等，传教于松云等，禅教之交涉融合如是。

据《佛祖源流》，清虚休静与静观一禅、任性冲彦次第传授，浩然太浩亦一禅之嗣也。

浩然太浩，姓张，锦城人……以嘉靖甲子（明宗王十九年）生。十五就天冠山一宗禅师落发，三十转入俗离，依静观一禅得法。壬辰（孝宗王三年，公元1652年）三月，年八十九，手书一偈曰："八十人间事，犹如一梦沤，愿亲无量寿。"遂忘忧暝然入寂。

第三节　处能之思想

处能作《禅教说》云，禅是心而无言，教是诲而依言，禅为根胜而设，教为根劣而设，迦叶之禅，阿难之教，一而无二。

能之思想富儒的要素，作《性命说》云，天授人者命，人之受天者性，性命一也。天命难见，人性易知。又作《仁义说》云，爱人利物者仁，随宜制事者义，皆在我性，仁重义轻，义从仁生，义在仁中，仁者必义也。《赠元童子序》云，天地之气粹者，寓于人为圣贤、道德文章之士。由此可知，能不信佛说而信儒道，是能素养所使然也。

金锡胄撰《全罗北道全州郡安心寺事迹碑》云：

> 有浮屠处能师者自湖南来，访余京师，且以主安心寺者明
> 能之言为请曰："能也，少居高山之安心寺……师自号白谷，少尝
> 获谒于东淮先生之门，颇经先生指授，以通内典诸子史家言名。"
> 余故与相善。(《朝鲜金石总览》下，第1191—1192页)

因之能之所私淑可知矣。

尝于《奉恩寺重修记》中，论朝鲜禅教衰颓之原因云：

> 国初，国家设禅教两宗于陵寝室之外，特设僧科例，与国试
> 同日开场，命遣夏官，考选释子之通经者，特授甲、乙、丙三等
> 之科，曰大选。大选者，即儒家之大科也。次以制作，间有拔擢
> 者曰参学。参学者，即儒家之小科也。由大选而再举入格者，曰
> 中德。中德者，即是儒家之重□也。而寺字在靖陵者，曰奉恩，
> 即禅宗也。在光陵者曰奉先，即教宗也。禅以例文，教以比武，
> 禅教并行，斯道之蔚兴架矣，盛哉。粤在嘉靖甲子岁〔明宗西
> (译者按，疑"王")十九年〕，朝议革除僧科，故禅教之不振者，
> 百有八年于斯矣。

第四节　义谌、三愚与文信

清虚门下鞭羊彦机之资有枫潭义谌，器量宏深，聪慧绝伦，三藏
之法文无不通解，以顿悟为心，扶树宗旨，评为海东中兴之祖。义谌，

号枫潭堂，姓柳（一作郑），京畿通津人，以明万历二十年生。年十四有出家之志，入妙香山从性淳落发受戒。初参天冠山之圆彻，后还妙香山入鞭羊之室，尽得清虚之传。南游见奇岩、逍遥、浩然、碧岩诸老，驻锡金刚、宝盖两山。日持《华严》等经百数十卷正其差谬，著其音释。清康熙四年（显宗王六年，公元 1665 年），示寂于金刚之正阳寺。病剧之日，吟一偈云：“奇怪这灵物，临终尤快活。死生无变容（一作异），皎皎秋天月。”寿七十四。（《朝鲜金石总览》下，第 963 页）

得逍遥太能之法者，有枕肱悬（一作玄）辩。《枕肱集》云，悬辩，字而讷，罗州人，俗姓尹氏，以光海君八年（明神宗帝万历四十四年）生。幼而聪敏，课读超群，一读辄诵。九岁丧父。十三投冠山，就葆光剃染。悬辩自谓：

> 父亡母老，兄薄弟寒，由是托足无门，投葆光于冠山，削头上之绿发，访玲老于东院，缁身上之白衣，然后倚金峰而扣真，唯味糟粕，靠碧岩而问道，亦滞筌蹄。（《枕肱集》下，第 140 页左）

未几，入智异山谒逍遥堂，一见相契得其法。肃宗王十年（清圣祖帝康熙二十三年）寂，寿六十九，遗诫舍其尸于水边林下，施鸟兽。（《佛祖源流》并《行状》）

悬辩通老庄、儒学，文才纵横，有《枕肱集》二卷。幽居偶吟云：

> 饭蔬饮水曲肱枕，气稳神清乐在中。
>
> 浮云富贵非吾事，欲向金台听柯风。（《枕肱集》上，第 10 页）

又题参禅云：

> 参禅不在多言语，只是当人着意看。
> 看去看来忘昼夜，十方坐断独闲闲。（同上书，第11页）

又以谚文作《归山曲》《太平曲》《青鹤洞歌》《往生歌》，载在《枕肱集》卷下。

与枕肱同传逍遥之心法者有海运敬悦，《东师列传》卷二引丁若镛之说云：

> 敬悦以万历八年庚辰生，崇祯甲申之越三年丙戌（仁祖王二十四年，清顺治三年）寂，年六十七，其受衣钵于逍遥时，年二十八也。传法偈云："飞星爆竹机锋俊，裂石崩崖气像高。对人杀活如王剑，凛凛威风满五湖。"又云："金锤影里裂虚空，惊得泥牛过海东。珊瑚明月冷相照，今古乾坤一笑中。"

次记其法系如下：

> 海运敬悦——醉如三愚——华岳文信——雪峰怀净——松坡觉暄——晶庵即圆——莲坡惠藏。

就醉如三愚，《东师列传》卷二云：

> 三愚，号醉如，姓郑氏，康津（全罗南道康津县）宝岩坊九亭子人也。幼年出家，落发于万德山白莲社，历参诸师，淹通内典，拈香于海运敬悦之室，颜如渥丹，故海运赐号曰醉如子，盖戏之也……师生于天启二年壬戌，卒于康熙二十三年甲子（肃宗

五十年，公元 1668 年），寿六十三。

尝于大芚寺（今全南海南郡大兴寺）上院楼演说华严宗旨，听者数百人。有一僧负田器歇楼板下，窃听一二句立地顿悟，舍担升堂泣涕如雨，陈其罪悔，请受妙诠，愚抚而诲之，卒传衣钵，是华岳文信也。信，塞琴县（《东师列传》卷三云，海南华山）人，出家于大芚寺，得三愚法后，为大芚主，接来学千有余人。月诸道安从北方来见，与论禅旨，信知其可宗，悉所领大众让道安，自扫一室杜门面壁，令终其会。康熙四十六年入寂，寿七十九。安之归也，吾至南方见肉身菩萨云。（《儿庵集》卷二，第 5—6 页）

次枕肱之嗣有若休，号护岩堂，姓吴氏，本贯海州。显宗王五年（清圣祖帝康熙三年），生于顺天双岩面。十二载投仙岩寺（顺天）出家，就枕肱悬辩受戒，资性骨鲠，革公私宾客给麻鞋之弊习，止僧徒拜官吏之陋风，阻止豪族私占寺田，以复兴山门。英祖王十二年（清高宗帝乾隆元年），为八道都总摄，任资宪大夫、僧军大将，赴北汉山，请止僧人之丁役，又撰清规正众僧之威仪。仙岩寺有升仙桥，所谓眼镜桥古雅可爱，系休之设计，推定为肃宗王三十三年，休年四十四之建造，现存之桥乃康熙五十二年重修也。英祖王十四年（公元 1738 年）寂，寿七十五。

清虚——逍遥——枕肱——护岩，其法系也。

第十章　翠微守初与柏庵性聪之门流

　　肃宗王时，碧岩资性之高弟翠微守初大张门户，盛唱禅教融合，圣净一致之宗风。柏庵性聪刊行诸经，弘大法，禅净双修。其嗣无用秀演，甘于三教混合之时代思想，演之法嗣影海若坦，亦称宏学。

第一节　怪僧处琼与天主教之入国

　　第二十主肃宗王（自康熙十四年，灵元天皇延宝三年，公元1665年，至五十九年，中御门天皇享保五年，公元1720年）二年，有沙门处琼者，江原道平海郡吏孙恭之子，容颜端正，出家以智膺为师。显宗王十二年，出乡里云游京畿，自称神僧，绝谷诈不食，常指小玉佛，祈愿必有灵应云。士民信之，妇女有从之学经者，颇有丑声，王之宫人闻之，为祈愿故常往来。时有女居士妙香者，尝闻仁圣王世子昭显之遗腹儿死于水，往见问琼："昭显遗腹子或言投水，或言生存，今师貌甚清秀似王子，君貌样无乃是耶。"琼闻之忽起邪心，取倭纸之旧损，以谚文书："昭显遗腹子乙酉四月初九日生。"且于其下记"姜嫔（照显之妃）"二字，访领议政许积，泣示其纸。仍左议政权大运白之王，王使群臣议，昭显之丧在四月二十六日，四月九日生之子不得称遗腹，姜嫔亦非其时之称号，书风亦非两班之物，乃捕琼与其师智膺等对质，果伪妄也，乃处琼重科，与彼往来之福昌君之宫人亦得罪。十二年，法国天主教师始从清国入京城，从事布教，王严禁之，继驱逐宣教师于国外，一时蔓延中之天主教遂断灭其教线。三十七年，筑北汉山城，以城内十一寺刹为僧营，各寺置僧将，任命总大将兼八道都总摄。

第二节　翠微守初之门风

　　王之代，翠微守初、柏庵性聪通禅教，有令闻。初，碧岩觉性之高弟。聪，翠微之嗣也。翠微守初，字太昏，俗姓成氏，名臣三问之旁裔。以明万历十八年（宣祖王二十三年）生于京城，赋鸥之岁丧父母，及志学求出家，依雪狱（译者按，疑"岳"）之耆宿敬轩落发。万历三十四年，上头流谒浮休，受戒之后侍左右。时碧岩觉性为第一座，一日休谓性曰："异日大吾道者必此沙弥，吾耄且疾非久于世，以付汝，好自将护。"遍参诸方宗匠，欲傍兼修外学入京，出入翰相之门，讨论坟典，咀嚼菁华。既而碧岩之化转于关东也，荷椰栗径造，值其升座，即绕床三匝，拟设礼问讯。岩曰："何处得一担红婆子来？"答曰："欲放下无着处。"岩曰："卸后相见。"守初摆袖归寮，由是倍（译者按，疑"陪"）侍积稔，深彻玄旨。是时无梁薰以教场为东方魁，初就之精练契经奥义。明崇祯二年（仁祖王七年），众请开堂于玉川之灵鹫，学徒凑至。相国张维，命希古上人结社北山，屡欲请初主之，牢让不赴，仍重其德，遗砗磲之数珠一串。崇祯五年（仁圣王十年），抵关北（咸镜道），说法悟通、雪峰诸山，大振宗风于岭外。崇祯十一年，南还省碧岩，十六世晋牧李昭汉，令七佛出世，众盈三百。永历六年（孝宗王三年），回锡智异，李之蕴适为龙城守，迎入州论道，服其高明。十三年，以碧岩之老病归侍华严。明年，岩顺寂，由是居无定所，以诱迪学者为己任，坐曹溪道场前后一纪，福慧双修，愈增道望。清康熙六年（显宗王八年），憩于黄冈之深源，节度使成代、别乘尹遇甲皆皈依之。俄有疾，代遣药慰问。同年秋，迁席妙香，海众骈趋至数百，先是阅《禅门拈颂》，至净岩遂禅师偈云："承春高下尽婵妍，雨过乔林叫杜鹃。"胸次洒然，乃掩卷之余曰："凡诸语言文字，尽为糟粕，岂有余味也？"于是据至犹座，颐畅禅旨，门风峭峻，称未曾有。康熙七年（显宗王九年，公元1668年）正月，告众欲归岭南。二月移仲州五峰之三藏。四月示微疾。至六月令众环拥丈室念无量寿佛，西向坐逝，年七十九。《佛祖源流》作永历庚子（十四年）寂，殆误。有歌诗一卷，门人得骨髓为人师范者三十二人。（《翠微大师行状》）

第三节 翠微之宗风与诗

按《翠微大师集》，守初之宗风为禅教融合，圣道、净土二门之合一。故虽传临济正宗，其所信顺在往生净土，非专信他力之净业，而以杂善为往生之因。

正如万德山白莲社万景楼《劝化疏》云：

> 泰华万仞，劳寸趾而可登。净土九莲，修片善而能致。（《翠微大师集》）

其以劝奖净财之喜舍，又信施财为免灾祸致庆福之道乎。公言：

　　光阴过隙，富贵如云，舍万金一朝之尘，修片善千载之宝，则三灾八难非特消于现今，百福千祥抑当享于来世。(《翠微大师集》)

然而守初之道持操守决不让于古人，不为名利而污其道行。《答希古上人书》云：

　　某滥厕方袍，年已衰迈，视听不聪明，无一事可观，无一行可取，分甘林下，饥茹蔬，渴饮泉，自期终吾年耳。虽有君上之命，有所辞而不就，况其他耶？且余不以声利自累，而切欲践履古人信得及处，然薄祐所钟，动辄涉妄，至今因循，未偿初志，以此为叹，日夕殊不浅浅矣。昔宋仁宗尝召圆通讷公，俾住慈孝寺，表荐大觉应诏，而讷称病竟不起，若余者安敢拟古人于万一哉。然而如春坡天馨辈数人，学识淹通，道德夙成，今之言禅者，无出其右。师倘能举其人，以应檀越之命，则全吾静退之操，而亦祖教回春之秋也，岂不幸哉。凡林下之人，内无所守，而挟外务利，徒自以文身者，一朝失其所挟，则将未免颠覆丛林，污秽佛法之患矣。愿师更勿以此事累及疏慵幸甚。(同上书)

不贪虚名，以全清节为志，诚可贵也。《答郑将军诗》云：

　　莫道腰金顶玉流，何如破衲此僧休。
　　挑筇不顾人事事，直入千峰万壑幽。(同上书)

只管去尘中势利之境而亲泉石云烟，故山居之偈云：

　　山非招我住，我亦不知山。山我相忘处，方为别有闲。(同上书)。

真个可称山人。又效拾得翁体，题为：

　　众人富而豪，我独贫且愚。众人达而荣，我独穷且枯。
　　去年无锥地，今年锥也无。穷达各有分，安有妄劳劬。
　　苟能达此理，出世真丈夫。(同上书)

由此可以见其志。
　　守初之诗偈中，有禅味者举其二三。

赠坐禅僧道顺

　　逢缘休着意，着意即还失。合眼莫忘怀，忘怀则鬼窟。
　　忘怀与着意，于道难离疾。若无此两魔，何虑不成佛。

赠脱颖师

　　颖师爱文字，欲作文字游。咀嚼烟霞味，讽咏山水秋。
　　高义诚可尚，欲缘犹未休。奈何自己上，悠悠不回头。
　　所趋非一途，亦名修其修。静境绝潇洒，石窟颇清幽。
　　一念大千界，奇观非求外(原文"代")。

面　壁

　　参玄不用问西东，面壁观心是祖风。
　　自笑一声人不会，何须更觅主人公。

闲中偶吟

　　尽日跏趺一炷香，清阴不散柳丝长。

闲中得趣无他事，禅策金经共竹床。

示敏宗师

境非心外有，休觅主中宾。学道还为妄，攻玄已害真。

白云疏雨夕，芳草落华春。此乃吾家业，何烦问别人。

示性安老师

一道灵光触处周，随缘转变实能幽。

群生造化资渠力，诸圣神通借自由。

北祖南禅虽异解，浊泾清渭是同流。

饥餐困睡无人会，可惜骑牛更觅牛。

第四节 柏庵性聪

性聪，号柏庵，姓李，南原人（全罗北道南原郡），明崇祯四年（仁祖王九年）生。十三出家于曹溪山，十八入方丈山（知异山）谒翠微，学九年尽传其法。自三十岁遍游名山，往来顺天（全罗南道）之松广，乐安（同上）之澄光，河东（庆尚南道）之双溪寺，以阐明教道为心。自注《清缁门》三卷，兼通外典，又善诗与当时七大夫金文谷（寿恒）、郑东溟（斗乡）、南壶谷（龙翼）、吴西坡（道一）等为空门之友。尝（《燃藜室记》云，肃宗壬戌八年也）于浦海之边有大船来泊（肃宗王七年，清康熙二十年船泊荏子岛），视其所载，乃明平林叶居士校刊之《华严经疏钞》《大明法数》《会玄记》《金刚记》《起信记》《四大师所录》《净土》诸书等一百九十卷。聪乃惊异，与其众发信心刊诸经，数年备行于世。《天镜集》所载之《重刻金刚经疏记序》云：

康熙辛酉秋，千函万轴之船自无何而来，漂泊南荏子岛。至丙寅春，柏庵和尚得此全宝，剞劂而眼目人天。

盖肃宗七年漂着，同王十二年柏庵得之。柏庵与九峰普贤寺僧书云：

> 顷年商舶，忽被黑风所驱，漂泊强场浦溆，所载叶经，流入龙宫，而或断篇败册，或为蒿师梢子之所获，太（译者按，疑"大"）半输入朝家，然后濒澥诸刹，往往有得而藏之者……某三入楞伽，再入逍遥禅云，其余并海诸山，无不投踪，搜采众经，已得四百余卷，哀庋域中名刹中，使将来间世英杰者出而讲通之，再续佛祖慧命……《杂华疏钞》八十卷，才得太半，而未由完部，此余朝夕悬系者也。贵寺所留一匣八卷，快然见许，少补其缺，则法施之一大缘也。

然则彼盖集漂泊而来散在诸处之佛典而刊行之者，尤其如《华严经清凉疏》与《会玄记》合本八十卷之刊行最为苦心。据自撰《海东新刻清凉华严疏钞后序》有：

> 顷年载大藏一航，漂至蝶域，有明平林叶居士祺胤，所厘合登梓者八十卷，全经幸入掌（译者按，疑"藏"）。

刊行于乐安之澄光寺，据松广寺柏庵之碑阴记，从经之漂着至肃宗王二十一年，无虑旦十五年作五千板子，藏于澄光、双溪二寺云。康熙三十一年，设大华严会，学者麕集。肃宗王二十六年（清康熙三十九年，公元1700年），寂于双溪之神兴庵，寿七十，所著私集二卷，经序九首，净土赞百咏行于世。据碑阴记，性聪之法，传与无用、影海、枫岩、最讷，有《柏庵集》上下二卷，引典故，联美词，想华绚烂，思通禅教二宗。聪皈依净业，以往生为念，《代人荐母疏》云：

> 九品莲台上阔一步而径登，七重罗网中与众圣同戏。

《荐翠微大师疏》云：

> 伏愿遄归净域，速证真身，风云际会，奉仪形于方丈山中，感应暌乖，辍慈诲于三藏寺里……伏愿先大师觉灵，生几品莲，越三界海。

由此可知中国禅、净一致之余风盛行于朝鲜。

性聪参学之工夫，见《与桧碛道书》云：

> 若乃坐多散乱，则是适郢而求冥山耳，去地甚远。此个工夫，无他伎俩，但善恶诸缘，一时放却，心无异缘，如海东青取天鹅时，心目昭昭然，不得沉，不得浮，然后才有趣向分尔。只如此做得心机迷闷地，乃是得力处也，决定见得本来面目，少无疑矣。

是亦宋末以后，流行于临济门下之工夫，其结果颇为可疑。聪于《法云山玉泉寺事迹》中对儒士之排佛加辩护云：

> 世之缝掖，争以攘释氏为侈谈，必曰释之徒游手游食，耗蠹民财，招提梵刹，宏敞美丽，劳民力于土木，夺资产于金帛，财

用易竭，风俗易浇，宜乎扫除不得滋。请试言之，吾佛之道，以清净无为为宗，慈悲不杀为教，虽若不切于世治，苟能推是心，使一世人皆知善善恶恶，以跻仁寿之域，则岂少补哉。今夫众生，苦海沉浮，莫知津涘，而以佛为彼岸，则圆颅方服者，皆奉佛之徒，殿宇堂寮之壮，像设金碧之严，其可已乎。譬如医师治病，必应病与药，其于病寒者，投以丹砂乌啄，病喘者，授以白术紫园，既无病则毋用药饵，寒疾未瘳，喘病未去，而欲先除其丹砂白术者，吾未知其可也。

第五节　无用秀演与影海若坦之宏学

性聪之资有无用秀演，字无用，俗姓吴氏，龙安（全罗北道）人。清顺治八年（孝宗王二年）生，年甫八岁学书史，十三丧考妣，穷困无奈中，遍阅诸子百家之书。十九岁入曹溪松社依惠宽，就慧空出家受具，宴默有年。二十二惠宽云："自古通大道悟心源者，不过禅教双行，独颛禅门，于理可乎？"于是翻然改操，谒枕肱之门，一听玄旨不要再演，枕肱云："圆顿法界全在汝矣。"乃入白云山修定慧一年。二十六受枕肱之嘱，谒柏庵于曹溪之隐寂兰若，柏庵一见大奇之，数年间涉尽藏经，移龙门山更修内观。肃宗王六年（清康熙十九年），住金华洞新佛庵，移仙岩松广等，亦多厌烦。王之十年，挂锡八影山第九峰下，精研禅心。十四年，再参柏庵于曹溪，受《华严疏钞》，尽得其精髓。二十六年，柏庵住智异山神兴寺入寂，秀演继其席。明年，转入七佛庵，禅侣义学大集座下。三十年，遽退众曰："徒自饶舌，岂若是专心念佛乎？"拂袖居龙门之隐峰庵。四十五年，湖岭（全罗忠清庆尚）诸刹，禅虎义龙三百余人请讲华严及禅门，乃升座挥尘，一会无不叹服。同年夏末（康熙五十八年，公元1719年）有微疾，冬十月，命良工重焕弥陀三金像，专心念佛而逝，报龄六十九。

检《无用堂遗稿》，诗偈文章多用老、庄遗意，见其立脚于三教一致之思想。

上江南府伯启

楂、梨、橘、柚之味不同，皆可众口，孔、释、杨、墨之道相反，都是一心。

柏庵和尚文集序

三教圣人以无相之身，说无言之教，留与人间，至今不衰。

所云如是。《水石亭记》乃示演襟怀者，其中云：

水石予之平生所爱者。石坚而静，吾以欲存心而不动，水流而清，吾以欲应物而无滞。清风明月亦我之所爱也，不常有，常有其水石乎。夏五月、六月天亢旱，金石欲流。余浴乎于登亭，而坐临水石也，清凉四来，远者茂树浓荫，近者白石寒潭。余于是焉，胸中洒然，万虑云散，本心如月，始知夫子之曲肱，非徒曲肱，曾点之咏归，非徒咏归，而起予心上真乐，莫此亭若也。

是亦儒佛同诠之思想也。而遗稿中，非绝无祖门正统之妙旨。

《柏庵文集序》云：

先师（柏庵）若曰："演尔（秀演）徒知我迹，未知我本，我有广大没字经一卷，尔亦刻此否？岂独此数卷文从此流出，三藏十二部、儒道诸书亦如是，乃至四圣、六凡、山河、大地，森罗万象亦如是。若如是种种，谓吾面目非吾弟子，非吾面目亦非吾弟子。"弟子曰："唯。"

然祈祷有漏之福德，信多神之存在，愿西方往生之意，遗稿中随处发现，录演禅偈二三如下：

题澄光寺五禅楼

快楼闲上坐禅余，眼底群峰散不齐。
高步自疑形外出，俯观人似瓮中居。
鸦边落日沉西去，鹰背秋空入海低。
何必登山天下小，倚栏今夕十方虚。

次冷上人轴韵

师也东西南北客，出乎人上知几层。
七斤布衲心珠隐，一寸方塘智水凝。
鹏怒三千苍海击，鸟飞九万紫霄升。
丈夫气象能如此，不日西江吸尽僧。

无用之嗣有影海若坦，字守讷，姓金氏，高兴（全罗南道）郡粉川人，以显宗王九年（清康熙七年）生。十岁投楞伽寺长老得牛。十七岁初见无用，资师相契不觉涕泣。十八剃发受其戒。二十二受学经法工夫精进。二十八以后信万法唯心之旨，参研至废寝食。三十七年（肃宗王三十年，康熙四十三年），受凤山之请初入慈受庵，来学数百计。五十五命工画五十三佛。景宗王三年（清雍正元年）移入普照浮屠。八十七岁，英祖王三十年（清乾隆十九年，公元1754年）有微恙，沐浴更衣别众，打一偈云："凝圆一相谁能嗳，阔步乾坤露裸裸。踏着自家不坏珍，独尊独贵犹称我。呵呵呵是什么，净洒洒没可把。"端坐而逝。坦博学宏识，贯串内外诸书，兼通阴阳数学，操守清严，临众庄重，以礼法自持，有文集三卷，既佚两卷，存诗一卷而已。

若坦文集，佚而不传，无由检其思想，下诗可以见其家风之一斑：

咏月夜闻杜鹃

眼外一轮青嶂月，耳边千啭杜鹃声。

清吟散步逍遥地，尘世何人会此情。

题神德庵

神德庵高豁，登临眺望通。不灯唯白月，无扇自清风。

耸嶂摩天岌，流川动地雄。忘机终夕坐，境寂又心空。

送性长老之归山

忙忙终日闹，那事甚无妨。不愿兜率界，宁求极乐方。

生死本无系，解脱又何望。欲识归软路，毗卢顶上行。

次山居遣兴

独占壶中别有天，禅窗终日意悠然。

都将祸福归身外，那带是非到耳边。

白日已沉芳树里，仙禽飞过画楼前。

居山寂寂无余事，客至清谈客去眠。

第六节　无竟子秀

清虚六世孙无竟子秀，颇长文翰，识见亦不凡。子秀，字孤松，号无竟，全州人，以显宗王五年（清康熙三年）生。十二出家，十六受戒于澄波大德，访秋溪有文大师于崟崒山（今威凤寺之山）云门寺，十余岁受其印可。清虚、一禅、任性，圆应智根、秋溪有文，无竟子秀是其法系也。开堂于白莲社，于内院庵讲经，司诸方讲席。景宗王三年，龄及六十迈进向上一路。英祖王九年，七十载驻全州狮子山寂照庵（裡里附近）。越十一年还全州双溪庵，以同王十三年（清乾隆二年）寂，春秋七十四，临终偈云：

> 一星挥破三聋梦，双剑撞开大寂关。
>
> 万古堂堂真面目，何时何处不相看。

秀长于诗文，有《无竟集》，撰《全州母岳山归信寺事迹词》《全州终南山松广寺事迹词》《金沟县母岳山金山寺事迹词》等，录诗偈二、三如下：

真　说

法本无人说，说即非真说。无说即真说，目前无别法。

鸟鹊争举扬，桃柳开妙色。色色非他物，声声是真诀。

元来不覆藏，个事分明极。德临徒棒喝，输他鼻祖格。

敛羞面壁坐，丈夫行事足。令余长想忆，令余长想忆。

示　众

折却德山棒，碎着临济喝。逢人不被瞒，然后对风月。

月嫌无好风，风爱有好月。风月好好处，法喜长自悦。

参　玄

心外无法，法外无心，心法即无。

物我俱沈，俱沈亦沈，是曰参玄。

由此可知秀见处之不凡。秀其《道学说》《修善说》《是非说》《性情说》等之文，不出通途之外。又有《三教说》，说三教之一致。

第十一章　月潭雪霁、霜峰净源、月渚道安、唤醒志安与晦庵定慧

枫潭门下之月潭雪霁，亦为一代师表。霁之同学霜峰净源，尤精究华严。然而枫潭门下铁中铮铮者其月渚道安乎。安称华严宗主，法席之盛，近世未见其比。安之嗣有云岩秋鹏，虽入禅不深而有道骨，有仙气，入诗偈三昧，吟咏自在。月潭门下之唤醒志安，撰《五宗纲要》，振一时宗风。晦庵定慧，通晓华严，讲授之妙，独步当世。

第一节　雪霁与净源

枫潭义谌之嗣有月潭雪霁，其门下济济之士为一代之师表。雪霁，俗姓金氏，昌化人，以明崇祯五年生。年十三出家投雪岳山之崇揖。十六落发受戒，与同志之友一如受业于宝盖山之说清。又转从永平白云于枫潭，潭器之加提奖。相从于金刚妙香，禅教宗旨，触处剖析。亦出入文艺，开口成章，最爱《华严拈颂》，口诵不绝，大开导后学，得其旨者数十百人。遍历名山胜区，常住枫岳之正阳寺，晚年移锡金华山澄光寺，影不出山，讲授不辍，湖海之间，经教大阐。清康熙四十三年（肃宗王三十年，公元1704年），集门人吟一偈曰："道死道生担板汉，非生非死岂中途。说破两重生死字，杀人剑与活人刀。"

俄示寂，世寿七十二。雪霁门下出唤醒志安，大宣扬鞭羊之家风。（《朝鲜佛教通史》上编，第522—523页）

次入枫潭之室者，有霜峰堂净源。源，俗姓金氏，明天启七年生于宁边府重阳里，早从善天落发受戒，参玩月、秋馨二人习经论。至年三十始叩枫潭之室，潭异之，尽告所学，由是一钵一汤历探国内名胜（"胜"原文作"称"），拈锤竖拂者皆避座，抠衣问法者常满座。于伽耶山海印寺定《涅槃》等三百余部之口诀，于曦阳山凤岩寺造《都序节要科文》，尤精《华严》。经有四科逸其三，源缘文究义，遂定三科，令读者不遗其旨，后得唐本参校乃无差违，学者叹服。清康熙四十八年（肃宗王三十五年，公元1709年），在砥平（京畿道）龙门山示微疾，谓门人曰："夫界有成、住、坏、空，身有生、（老）、病、死，有始有终，无常之体也，汝等宜持正念，勿生烦恼。"书偈曰："雪色和云白，松风带露青。"投笔而逝，寿八十三。（《朝鲜佛教通史》上编，第526—527页）

净源文华绚烂，而文胜质。源撰之《孔雀山水堕寺事迹》，其一例也。云：

> 新罗三十九王之师尚，姓薛，元晓其名，三台事唐之华冑，六世相梁之苗裔……遂生二子，兄曰元晓，弟曰义湘，皆少挺生知，能通六艺……身入神州，咀《华严》于贤首宗中，呷禅河于曹溪门下……创芬皇寺请居焉……遂乘此山，穴土而居……四远若问津，千里如跬步，犹未及旋踵，因成大道场……是时李唐中宗景龙年中也。

当时青梅印悟之裔有雪岩明眼，又为一方宗师。雪岩明眼，字百愚，岭南晋阳人，姓张氏，以仁圣王二十四年丙戌（清世祖顺治三年）生。年十二投智异山德山寺之性觉，参青梅法孙无影（宣宪）十载，至显宗王十三年师资相契，由是游方，会柏庵在曹溪招之，乃自同王十五年甲寅受学柏庵四白。以肃宗王四年戊午住德山之佛藏寺，后弘法诸山，晚年专修念佛。肃宗王三十五年己丑，乃与驻锡七佛之会徒七十余，俱结西方道场。翌三十六年（清康熙四十九年，公元1710年）入灭，寿六十五，有《百愚随笔》，抄二禅偈如下：

示禅河禅人

心是弥陀佛，从来不在西。若向他方去，迢迢十万余。

寄月松长老

无心如水月，有节似寒松。寒松与水月，终古自相容。

集中有《发愿往生词》《念佛歌》，叙恳切之情。

第二节　月渚道安

得枫潭之法者极多。禅教二者俱通为铁中之铮铮者，其月渚道安乎？安，姓刘氏，箕都（平壤）人，以明崇祯十一年生。身长七尺，风采凝重，望之如泰山，就之如薰风。初投钟山天信剃染。及壮，参枫潭，博通三教，超悟上乘，得西山之密传，常留意华严法界仿佛清凉，劝人念佛往生依稀慧远。清康熙三年，自金刚入妙香讲究华严大义，世称为华严宗主，座下听众数百人，法席之盛近世未有。清康熙五十四年（肃宗王四十一年，公元1715年）示寂，寿七十八。（《东师列传》卷二；《月渚堂大师集》卷下）

　　阅《月渚堂大师集》上下二卷，道安通老庄，诗偈文章，灿乎有光，想华焕发，名儒硕士，无不望风而服。然其思想极杂驳，冥府之十王，鬼魅之精灵，客观的净土，无一不信。虽常右华严而左净业，禅道之造诣未深，集中带禅旨者诚少，下抄出二三之偈：

　　　　求仙何必访瀛洲，登陟牙山万景收。

　　　　竹院遇僧清话足，浮世半日得闲游。（《月渚集》卷上，第12页左）

　　　　大道圆成不可求，时人外觅谩骑牛。

　　　　何如透得州无意，祖意明明百草头。（同上书，第13页右）

　　　　格外同参岂偶然，拈华密旨递相传。

　　　　人能忘指流沙月，道自无言少室禅。

　　　　千圣一门心即佛，众生三昧地升仙。

　　　　望州乌石时时见，江月松风幸莫筌。（同上书，第38页右）

　　　　圆钦何嫌上下弦，卷舒行止任天然。

　　　　光明藏里凡同圣，石火人间海变田。

　　　　风雨隔时千劫月，水云深处一壶天。

　　　　旃檀树里沉香阁，谁与欢呼混沌前。（同上书，第45页右）

　　有《幽居杂咏次东坡雷州八韵》，可见道安之心境。中云：

　　　　广莫无何有，逍遥方外游。不沉又不举，无喜亦无忧。（同上书，第51页左）

　　　　功名一发轻，道德千钧重。北风时拂面，擎起周公梦。（同上）

诛茅乱山侧，索居而离群。卷舒本无心，飘飘出岫云。（同
上书，第 52 页右）

《念佛偈》云：

> 弥陀国土十方钦，八苦千魔何有侵。
> 浊世群迷葵仰感，真身导士镜光临。
> 花间众鸟音宣法，他（应为"地"）底流沙水注金，
> 宝纲琼林风动乐，百千三昧自生心。（同上书，第 46 页右）
> 拔与慈悲自有期，南无六字佛阿弥。
> 莲华宝树吾归土，金色玉毫我导师。
> 昼夜时时除妄想，经行步步仰真仪。
> 往生只愿临终日，玉殿琼楼任所之。（同上书，第 36 页右）

《临终偈》云：

> 浮云自体本来空，本来空是太虚空。
> 太虚空中云起灭，起灭无纵本来空。（同上书，第 58 页）

顺便言，参枫潭得法者，有妙香山松溪堂圆辉，去儒为释五十一
祀，拈锤竖拂三十六载，生于崇祯庚午（仁祖王八年），康熙甲戌（肃
宗王二十年）寂。又妙香山松岩堂性真，同得法于枫潭，守志笃见道
深，清康熙三十八年（肃宗王二十五年）寂，寿七十二。

第三节 雪岩秋鹏、雪峰与南岳

月渚之资有雪岩秋鹏，姓金氏，江东县（平字南道）人，以明永历五年（孝宗王二年）生。初从宗眼长老剃落，遂参碧溪九二，躬执井臼，淹通经论。次投月渚道安，针芥相合，安深器重之，授以衣钵，乃游南方，诸释无不望风心醉。鹏戒行甚高，接人不问贵贱，眼光射人，谈锋如火，幽栖妙香山多年，清康熙四十五年（肃宗王三十二年，公元1706年）入寂，寿五十六。

按《雪岩集》三卷，似秋鹏之入禅不深，少彻底道破其精髓之语句，然作为禅偈则非无可取者。

> 溪声自是广长舌，八万真经俱漏泄。
>
> 可笑西天老释迦，徒劳四十九年说。（《雪岩杂著》卷一，第65页左）
>
> 公案分明本现成，放三十棒亦多情。
>
> 为君一线聊通信，万古晴天霹雳声。（同上书，第69页右）
>
> 三千法界道初成，觉树昙华任性情。
>
> 时唱浩歌歌一曲，石栏寒听老松声。（同上）
>
> 春暖洞深云不散，涧空林寂鸟忘飞，
>
> 焚香细读莲华偈，风送天花乱扑扉。（同上书，第69页左）
>
> 岩前涧水碧于蓝，雨后梨花白如雪，
>
> 物物自开大施门，也知不费娘生舌。（同上书，第64页左）
>
> 桃花红，李花白，谁非妙法门，自是如来色。
>
> 若能信得此无生，公案尽翻千七百。（同上）

是等皆为含禅味者。鹏颇带道骨，如染仙家之思想者，歌云：

> 幽居无事少逢迎，起坐偏宜养性灵。
> 摘果穿林秋露滴，炼茶燃桂暮烟生。
> 池通野水凫来集，庭枕山云鹿入行。
> 静里遍观消长理，芸芸庶物自生成。（同上书，第4页左）

又幽清乃鹏之所好，故云：

> 流水同心性，浮云一世间。今朝来此寺，明日又何山？（同上书，第2页左）
> 袖里长风满，筇边片月斜。断云无住着，何处是君家？（同上）
> 半生嘉遁妙香峰，七尺茅庵膝可容。
> 看院只留只老鹤，弄琴兼得数条松。
> 六环锡伏依山虎，一钵盂藏吐水龙。
> 击竹桃花余事耳，困眠饥食送秋冬。（同上书，第33页左）
> 万仞山间一草庵，天香桂子落层岑。
> 溪南随步时回首，无限清风洗客心。（同上书，卷三，第49页左）

其咏松云：

> 百尺丹台上，亭亭五老松。四时苍叶密，千载白云封。
> 风啸三更月，龙吟十里风。岁寒无改节，何物与伊同？（同上书，第44页右）

似以松月比。又鹏入诗三昧而吟咏自在。题望夫石云：

> 山头怪石古人妻，停立翘翘望陇西。
> 云鬓不梳新样髻，月钩懒画旧时眉。
> 衣衫岁久生苔藓，脂粉年深变土泥。
> 两目自从夫去后，几番风雨几番啼。（同上书，第 24 页左）

渔父咏云：

> 不事王侯岂有封，生涯水国自无穷。
> 桃花浪里垂丝网，杜若洲边系钓艟。
> 竹笛吹残初月白，兰桡破棹夕阳红。
> 得鱼沽酒醺醺醉，忘却风狂浪几重。（同上书，第 25 页右）

樵夫咏云：

> 一生踪迹寄岩阿，斤斧生涯日月磨。
> 傲世心关辛苦事，遏云声唱太平歌。
> 石林深处无心去，山路险边信脚过。
> 天子无缘难见面，为何王质烂其柯。（同上）

牧童咏云：

> 三三两两过前川，相唤相呼类拍肩。
> 石上敲针闲作钓，水边牵缆学撑舡。

风吹箬笠花边立，日暖蓑衣草上眠。

朝出暮归牛背上，断歌横笛一江天。（同上书，第25页左）

门人法宗谓：

吾师（秋鹏）独坐空王殿，歌咏无生曲子，清风明月镇相随时，此所谓万古长空，一朝风月，其谁谓在于韵格耶？（同上书，第70页右）

如此赞叹，亦宜哉。鹏受不义之诽讪，述怀云：

年年穷鬼甚，处处佞人诽。不尽三生债，难堪万事非。

颜衰添鬓发，身瘦减腰围。举目无知己，吾将孰与归。（同上书，卷一，第11页左）

山僧处穷而不得安心之状，可惜。又作柏鸟叹：

有鸟有鸟柏子鸟，飞来飞去啄于柏。

抬头一啄又一啄，啄又啄兮柏子落。

柏子落于古岩前，僧随落处争夺却。

鸟自悲鸣僧自乐，谁知鸟之情怀恶。

谁云僧老足慈悲，僧虐甚于秦皇虐。

人间何啻物如斯，世人奸态皆相若。

成汤至德及于禽，千古恨无守之约。

我观此鸟感于中，九回肝肠如刀斫。

柏鸟柏鸟不复啄，啄落虽多无你食。

从食遮莫柏子香，愿随白云游寥廓。(同上书，第11页左—12页右)

所云放痛叹之声。抄出藏于妙香山《雪岩杂著》卷二（缺卷一）所载诗之二三：

山居幽兴

微吟何处最相宜，禅境真机好入诗。

石磬声传行道夜，天华香散诵经时。

半檐山果猿偷尽，傍砌松枝鹤蹈垂。

门外永无车马迹，一壶风月自相随。

自适于壶中风月，见衲僧之风格：

言　志

蟄月岩风作老胡，水边村下启禅扉。

何庸铼客骖鸾去，静看闲云恋岫归。

岚径细香春麝气，石窗疏影古松枝。

疗饥亦有胡麻饭，啄腐吞醒（译者按，疑"腥"）永不为。

碧虚子韵

年老忘机任性清（译者按，疑"情"），生涯触处自然成。

春回法界心华发，月入禅池定水清。

谁念世人荣顇事，但闻松鹤两三声。

风来石秋吹巾落，惊起开窗晓日明。

示门下

迷道由来北作南，触墙痴面百无堪。

林泉但欲龟藏六，人世宁知兔有三。

暮卷疏帘迎素月，晨开石户吸晴岚。

如瓶守只（译者按，疑"口"）今多日，风雨人间事不谈。

雪岩之资有南岳，本龙城人，清虚六世孙。西山、鞭羊、枫潭、月渚、雪岩、南岳是其法系也，英祖王八年壬子（清雍正十年，公元1732年）寂，有《南岳集》，抄其诗二三：

妙寂寺偶吟

百年天地任身闲，一锡秋风海上山。

红树影边迷客路，白云堆里访仙关。

霜华紫菊明明细，松露青田滴滴斑。

石榻坐来读佛老，世间荣辱杳茫间。

山房夜月闻杜鹃有感

独坐虚堂听子规，使余孤寂不胜悲。

飞来渭北春天暮，啼送山南夜月时。

剑阁几呼王子怨，津桥曾动邵翁思。

云外处处声声苦，似诉人间道路危。

谨次月渚大老寄金波室

太平天地卷风雷，处处丘山绝点埃。

金色破颜真小解，玉毫明瑞岂多才。

千般曲直名虽没，八字圆通户打开。

空劫已前师以会，不求声色是如来。

妙香山雪峰之传，存见同山存碑中，未暇检讨，云与雪岩同时人，与月渚兄弟也。雪峰有《心性论》，其序云：

> 人有圆满空寂之心体，绝视听而含太虚。人有广大灵通之性，用离方处而周法界，萧焉空寂，湛尔冲虚，无名可名，无相可睹，体量恢恢，恒沙性德，无量妙用，元自具足。虚空世界，皆在本觉之内，三界大道，悉是真性之相，能大而俱该沙界，能小而在一微尘，无去无来，历千劫而不古，非中非外，遍十方而无穷。疾雷何太急，迅电亦非光，不离日用，渴饮饥餐，常对面而常在动用，起坐相将岁月长，希夷然恍惚焉，迥出思议之表也。

第四节　唤醒志安之《五宗纲要》

第二十二主英祖王（自清雍正三年，中御门天皇享保十年，公元1725年，至同乾隆四十一年，后桃园天皇安永五年，公元1776年）二十五年，禁僧尼出入都城。方王之时，有月潭雪霁之资唤醒（一作惺）堂志安，撰《五宗纲要》，宗风盛于一时。志安姓郑、春川（江原道）人，以清康熙三年生。年十五落发于弥智山龙门寺，就霜峰净源受具。至十七求法于月潭雪霁，潭大重之，托以衣钵，乃精研内典，寝息俱忘。二十七闻慕云震言（碧岩觉性之嗣）设法会于金山直指寺，往从之，暮云敬服，语其众数百人曰："吾今可以辍狮子座矣，汝等礼师之。"乃潜出居他山。志安固领众大振宗风，尝于大芚山中设净供，空中三呼其名，应亦如之，遂字曰三诺，号唤醒。安之演法，异常辞旨幽妙，不无疑者。初乐安（全罗南道）澄光寺有虚舟来泊岸，中有六祖以来所注解诸经，不啻千百函而已，至是出以为证，与安所言若合符契，人皆叹服。遍历诸山，或知异山，或金刚正阳寺等，皆现异迹。清雍正三年，设华严大法会于金沟（全罗北道）金山寺，众凡千四百人。雍正七年（英祖王五年，公元 1729 年），因诬构，从知异逮系于湖南（全罗道）狱，未几流耽罗（今济川岛）。既被配七日忽示寂，寿六十六，所著禅门《五宗纲要》，为采集诸书要义所作，其门人涵月海源序谓：

> 正其伪，补其阙，于云门三句，引青山叟之解，于曹洞五位，引荆溪师之注，通其义，显其要。

乃知《纲要》因涵月而被补修。临济宗之条云：

> 赤手单刀，杀佛杀祖，辨古今于玄要，验龙蛇于主宾，操金刚宝剑，扫除竹木精灵，奋狮子全威，震裂狐狸心胆，要识临济宗么？青天轰霹雳，平地起波涛。(《禅门五宗纲要》，第 1 页右)

是以临济宗之机用为全体者。效宋以后诸师已耳。就三玄记云：

> 一、体中玄，三世一念等；二、句中玄，径截言句等；三、玄中玄，良久棒喝等。亦名体中玄，用中玄，意中玄。

盖全穿临济门下之小径。又如名三要为：

> 一、大机圆应；二、大用全彰；三、机用齐施。(同上书，第

20页右）

是独断的穿凿，不免为混沌画眉。称四大式而举：

> 正利，少林面壁类。平常，禾山打鼓类。本分，山僧不会类。贡假，达摩不识类。（同上书，第5页右）

如列名八棒，蛇足最甚。

> 触令返玄、接扫从正、靠玄伤正、顺宗旨、有虚实、盲伽、瞎苦责、扫除凡蠢。

曹洞宗之条强以偏正五位配当功勋五位、五王子、修行之阶级等，误以偏中至为兼中至，于曹洞之真风可谓隔白云万里。要之志安、海源，为《人天眼目》瞎却眼睛。卷末有杂录，是亦杜撰。

《唤醒诗集》是门人华月圣讷所编录，禅偈可观者多。

> 廓然绳墨外，不落有无机。打破虚空界，大千信步归。（《唤醒诗集》，第1页左）
>
> 曳杖寻幽径，徘徊独赏春。归来香满袖，蝴蝶远随人。（同上书，第2页右）
>
> 上人清净心，万里秋江月。半夜读《楞伽》，猿偷床下栗。（同上书，第2页左）
>
> 百八手中珠，南无清净佛。松花落满衣，独坐西厢月。（同上）

超出尘外之境，游广塞之宫之状，可以见也。

又示门人华月云：

> 入院寒烧佛，看经转觉魔。出门行大路，赤脚唱山歌。（同上书，第5页右）

示碧月吟云：

> 吾将兔角杖，谢子重寻来。八万波罗密，一时尽击开。（同上）

又说平生之用而赋云：

> 平常心是道，何用世间情。兀然无事坐，春来草自青。（同上书，第5页左）

题西竹林：

> 庵近西峰下，拥篱翠竹林。风来生鸦韵，霜落忍寒心。
> 茂干和云直，灵根入地深。香严闻尔悟，当日作何音？（同上书，第12页左）

如所云可足卜其力量。再抄录唤醒诗中二三：

呼　韵

壁破南通北，檐疏眼近天。莫谓荒凉苦，迎风得月光。

示道英

水逢深处净,心到静时奇。何事长途走,区区转背驰。

偶 吟

尽日惺惺坐,乾坤一眼中。有朋来草屋,明月与清风。

示桂岩

山月辉肝胆,松风贯髑髅。祖师真面目,何必用他求。

游头流山

西来密旨孰能知,处处分明物物齐。

小院春深入醉卧,满山桃李子规啼。

赠演察沙弥

一钵逍遥山市中,飘然身世片云同。

闲将玉尘寻常坐,更把金文次第穷。

明月影分千涧水,孤松声任四时风。

柴扉半掩仍成睡,梦入蓬莱八万峰。

第五节 晦庵定慧

《禅源都序节要》所载之晦庵大师行迹略云,定慧,俗姓金氏,昌原(庆尚南道)人。髫年不同群儿,九岁欲请于父母出家,怙恃不许,自投梵鱼寺之自守,自守知其俊异,授长老冲虚。虚率定慧入伽耶参葆光圆旻,是碧岩法子慕云震言之上足也。旻授以具戒,又教以藏经,是时香山之老雪岩(月渚之嗣,名秋鹏)讲化湖南,慧欲往参之,告辞旻,旻曰:"风尘扰扰,恐伤瑚琏。"慧曰:"绿竹霜中夏,青松雪里春。男儿持此节,何畏撼风尘。"旻许之。遂全志而复归,由是名声闻诸山。旻喜,传付衣钵,令开堂于栗寺之石门,时清圣祖帝康熙四十九年，龄二十六也。既而历参一庵、唤醒诸老，有所发明。后游方丈、德裕、佛灵、释王、鸣凤，直指诸山，露其颖锋，学徒从之者多。晚年退于佛灵之青岩，至清高宗帝乾隆六年（英祖王十七年，公元 1741 年）有微疾，集门人以念佛为永诀曰："念佛若不念，念者念佛非真。"言讫而逝，年五十七。(《朝鲜寺刹史料参考》)

定慧识见精敏，聪明过人，日诵经五百行，一读能诵，一诵不忘。通晓华严，讲之数十遍，又于易妙悟绝伦，所著《华严经疏隐科》《诸经论疏句绝》《禅源集要都序著柄》《别行录私记画足》传世。一日叹曰："若徒诵佛语而不会本心，如人数他宝，自无半钱分，吾今舍教，请诸讲生，愿莫随之。"直入金刚山坐禅，以透破为期。道法丰盛，黑白云集，力乞教授，仍还设讲席，研究佛乘一一消归自己之风光，披寻经藏，言言契合众生之日用，讲授之妙，独步当时。

莲潭有一撰《序要私记》云，《都序节要》旧无私记，至近古霜峰净源始作之，颇疏略而未尽善，雪岩秋鹏（《序要》二;《集科文私记》)、晦庵定慧继修之，因得详悉。晦庵《别行录私记画足》乃宗密之《别行录》中智讷之《私记》，更由晦庵而添画足者。

第十二章　禅教混合、北斗崇拜与《佛祖源流》

清虚门下，龙象甚多，虽如禅教之相传各别，而至雪松演初，二派合一。又如霜月玺篈，不但混合禅教，乃至崇拜北斗。唤醒志安之门，出虎岩体净，净之嗣枫岳普印、月波兑律遂建法幢。浮休六世之孙秋波泓宥，于儒释二道，具一只眼，其人如玉，其文有光彩。月渚末裔狮岩采永作《佛祖源流》，而明法系之始末。

第一节　清虚门下二派之合同与霜月玺篈之北斗崇拜

清虚门下有松云、鞭羊、逍遥、无染四派。松云传教，鞭羊称传禅。据《佛祖源流》，松云派是松云惟政、松月应祥、春坡双彦、虚谷懒白、铭岩释齐（一作霁）、月坡冲徽相传。鞭羊派是鞭羊彦机、枫潭义谌、月潭雪霁、唤醒志安、涵月海源相传，而二派至雪松演初乃合而为一云。然雪松堂演初之碑云：

> 清虚之后，分而为二派焉。有曰惟政、应祥、双彦、释霁即教派也。有曰彦机、义谌、雪霁、志安即禅派也。师（演初）初

师释霁，后参志安，皆传其法，于是清虚之派至师而始合为一。

初，清乾隆十五年（英祖王二十六年，公元1750年）寂，世寿七十五（《朝鲜佛教通史》上编，第544页）。

以吾人观之，禅教混淆乃朝鲜时代之特色，自始无一人纯乎禅衲也。

月渚之法孙霜月玺篈扬化此时。玺篈，字混远，姓孙氏，顺天（全罗南道）人。以清康熙二十六年（肃宗王十三年）生，年十一投曹溪山仙岩寺极峻，十五落发。明年受具于洗尘堂文信，十八参月渚道安之高弟雪岩秋鹏，道既通，遍谒诸山老匠。康熙五十二年归觐本乡，无用秀演一见叹曰："涉安后一人也。"篈圆面大耳，其声如洪钟，其坐如泥塑，受衣钵于雪岩，国内名山，瓶锡始（译者按，疑"殆"）遍，子夜必拜北斗，以心证实践为法，尝曰："学者如无返观工夫，虽日诵千言，无益于己。"又曰："一日念头不着实功，便对食愧饭。"清乾隆十三年（英祖王二十四年），署为禅教两宗都总摄国一都大禅师。乾隆三十二年（英祖王四十三年，公元1766年），有微恙，口一偈曰："水流元归海，月落不离天。"怡然顺世，寿八十一。（《东师列传》卷三）

仙岩寺藏《海珠录》一卷，此书乃甲戌（英祖王三十年）之岁霜月开华严讲会时录会众之名者，其序为莲潭、默庵二人所作，众中有存一、最讷、狮岩、龙潭愭冠、影波坦然、唤月、朗松等一千二百七，其盛大之状可想。

按，篈之拜北斗是密教之做法。万历中有拜北斗服松叶之僧，故《松都记异》云：

安（译者按，疑"案"）庆昌松都，贱流也，号四耐……少时从僧受业于花庄寺，有老僧冬月露顶跣足，行走雪山，盛夏着百结衣卧于岩上，鼻息如雷，群髡咸敬，以为神僧。庆昌心甚慕悦，愿为阇梨，师许之。从游几半年，窃瞷所为，师每夜拜北斗，夜半而起，喇口诵经，所吃口松叶而已。庆昌请于师曰："愿闻凌寒耐暑之方。"师曰："是岂有他方，久服松叶，则自至寒不寒，暑不暑，饥渴不能侵矣。"庆昌曰："尊师所诵何经？"曰："《北斗》。"又问曰："他僧吃松者多矣？未闻有寒暑饥渴之能耐。"师曰："他吃盐酱，亦不能收敛精神。"又问曰："何以则收敛精神？"师曰"无欲。"庆昌粗传其法，颇耐四苦，因以自号焉。盖师实异僧，而应昌亦非常人也，冬月着布衫赤脚而行，又折冰入浴，颜如渥丹，年八十余而逝。万历甲辰，余以应教，为试才御史于松都，以武额最多，留连几十余日，每（与）庆昌同处，庆昌遍游国内名山云云。(《大东野乘》卷十三，第370—371页)

拜北斗为密教之做法，依《妙见菩萨神咒经》《妙见菩萨陀罗尼经》等。《觉禅钞》有尊星王法、北斗法，称增长福寿，圆满善愿云。有《霜月集》，抄其足窥襟怀诗三章。

松风鸣夜弦

涧瑟谁弹曲，松琴自奏弦。钟期何处在，惟有月当天。

书　怀

日月为灯灯不尽，乾坤为屋屋无边。

此身随处生涯足，饥食松花渴饮泉。

书　怀

道无私我我常私，境不痴人人自痴。

冥合八月俱静处，可为三界独尊师。

第二节　普印与愷冠

　　唤醒志安之上足有虎岩体净，清乾隆十三年寂，年六十二，遗偈曰："讲法多差失，问西还答东。今朝大笑去，枫岳众香中。"净之嗣有枫岳堂普印，又出于此时。《江原道杆城郡榆岾寺枫岳堂大师碑》云，普印，号枫岳堂，其先衿川（京畿道）之片氏，生于高阳（京畿道）柿村，祝发于北汉重兴寺，示寂于九龙洞草堂，以辛巳（清康熙四十年）生，年六十九（英祖王四十五年寂）。初从唤醒受内外之教，转参南方名匠，于虎岩得其衣钵，游方关东施教多年，一日忽大悟曰："终日数他宝，自无半钱分。"遂入《金刚》之内圆通，杜门罢讲说，湛然念禅而终。

　　次霜月玺篈之资有龙潭愷冠，字无怀，姓金氏，南原（全罗北道）人。以清康熙三十九年（肃宗王二十六年）生。九岁入学，十六失父，泣血三年，遂发出笼之志。十九投甘露寺尚洽祝发，受具于大（译者按，疑"太"）虚堂就侃。初参霜月玺篈，服役数年。二十四参遍参、影海、洛庵、雪峰（怀净，华岳文信之裔）、南岳、晦庵、虎岩（休净，唤醒之嗣）等，禅教两究。行脚已了，专心返照，在见性庵读诵《起信》，一日夜忽然契悟，至黎明信手拈看经论，无不合其所悟。时月渚之高弟冥真堂守一（略传见《龙潭集》）闻冠之风猷来见，冠大喜曰："适我宿愿也。"乃问："华严遍一切处，现今天堂、地狱当在何处？"守一答："怀州牛吃草，益州马腹胀。"又问："此是格外相见，实不顿入，更乞一转语。"答："天下人求医灸猪左膊上。"于是神机相投，时年三十三也。由是开化门于回门之深源、动乐之道林、知异之诸庵，以《拈颂》之旨接龙象，以圆顿之法主丛林者二十余年。前后侍霜月五度，清乾隆十四年传其衣钵。同十六年，告徒曰："知命过二，文字功夫，岂不愧哉？"遂作一律曰：

> 强吐深怀报众知，讲云虚弄说玄奇。
> 看经纵许年青日，念佛偏宜发白时。
> 生死若非凭圣力，升沉无计任渠持。
> 况复世间颇闹闹，白莲幽谷有归思。

乃罢讲。乾隆二十三年，门人复乞讲授，乃许之。翌年亦撤，示一律曰：

> 阅经何岁月，空费鬓边春。托病知人阴，藏踪厌世纷。
> 谷风时至友，松月自来宾。定中知己在，于道喜相亲。

乾隆二十七年（英祖王三十八年，公元1762年）寂，寿六十三。遗偈曰："先登九品莲台上，仰对弥陀旧主人。"（《龙潭大师行状》）遗嘱道友，以从灭后初三日始，亘十日可以米若干营供弥陀佛，由此可见其念佛禅之面目。

按《龙潭集》，憺冠五十岁以后，嫌义解知见，专努力于返照工夫，尝示其徒云：

> 盖欲明本心者，当审谛推（译者按，疑"惟"）察，遇声遇色

未起觉观时，心何所之，是无耶是有耶？既无处所，不堕有无，则心珠独明，常照世间，而无一尘许间隔，未尝有一刹那顷断绝之相也。

偈曰：

性地无来去，何忧有死生。欲知诸佛法，只是顿忘情。（《龙潭集》，第5页右—左）

悔五十年来没头于文字功夫云：

一唱搔头顾此身，称僧自愧未超尘。
文字功夫真可笑，虚负人间五十春。（同上书，第7页右）

斥依文解义而歌：

释义元非道，消文岂是真。五阴山下路，宜觅本来人。（同上书，第5页右）

又尚返观云：

山雨蒙蒙处，喃喃鸟语时。返观心起灭，风动老松枝。（同上书，第1页右）

冠守静观空，更以忘空为禅道之要义，故云：

静坐观心地，虚空亦是尘。本来无一物，然后道方亲。（同
上书，第3页左）

复性功夫在静求，三空境上起双修。

浑忘理智空还病，忘此忘时是大休。（同上书，第14页左）

又云：

功夫只贵悟真机，但看心佛自皈依。

五阴山下如相见，无限千峰带落辉。（同上书，第16页左）

青山绿水两无心，僧在其间岂有心。

无心不畜无他意，忘却工程待悟心。（同上书，第9页左）

二偈可谓很合达摩禅之真风。

第三节　圣讷、大愚与海源

华月圣讷得唤醒之心要，亦同时人也。圣讷，又号斧岩，本李
氏，世为完山（全州）人。年十四依云磨山之玉心，又就燕云堂坦
圭闻道，云游东南，谒松藕、南岳、唤醒诸老匠，唤醒与语大异之，
携入丈室传以心印。唤醒之设华严法会于湖南金山寺也，法众千有
四百，讷登座论道，诃决风生，一众潜听阒然无声，唤醒称叹，赠一
偈："入院寒烧佛，看经转觉魔。出门行大路，赤脚唱山歌。"是时有
唤醒之门者，如雪松堂演初、虎岩堂体净、醉真堂处林、朗然堂信
鉴、涵月堂海源皆推重圣讷。后入金刚山，往来宝盖、云磨等，讲道
几三十年，还宝月，散徒众，专精定慧，时年六十。清乾隆二十八年

（英祖王三十九年，公元1763年），召门人告寂，书偈曰："翻身转一掷，凉月碧峰西。"法腊六十一，其寿不详。（《朝鲜佛教通史》上编，第550—551页）

华月圣讷之同门有碧霞大愚，姓朴，灵岩（全罗南道）人，受教华岳，承禅唤醒，忏悔于孤鸭，皆西山之五世也。大愚教经之外通子史，晚年喜禅颂，手不释卷，尝云："龟谷说话间有误处。"自为笔说到老不辍，眉间有白毫，面貌棱棱，参问者不觉消落忘念。临终偈云："生来寄他界，去也归吾乡。去来白云里，且得事平常。"泊然而逝。以清康熙十五年生，乾隆二十八年（英祖王三十九年，公元1763年）寂，寿八十八。（《东师列传》卷三）

次涵月海源，咸兴（咸镜南道）人，姓李，年十四出家道昌寺，历参诸名宿后，事唤醒堂。入室四十余年，尽得宗门妙诠，修持严正，持众温慈，临终念佛而逝。清康熙三十年生，乾隆三十五年（英祖王四十六年，公元1770年）寂，寿八十。唤醒《五宗纲要》，涵月有所补缀。（《东师列传》卷三）

涵月海源有诗集二卷，曰《天镜集》，盖天镜其别号也。予所览仅上卷而已。

偶　吟

群生清净性，尘劫本无瑕。二万燃灯佛，相传是什么？

本来本法性，天然自然身之趣，自可见。

示病僧

四大本来空，痛者是什么。病中不病者，岩前绿水声。

足想起生死去来，真实人体之语

示智聪上人

一物含天地，人将一物来。若能知一物，天地幻中开。

六祖之所谓无背、无面、无名、无字之一物，仿佛可见。

赠月松大师

月入松声白，松含月色寒。赠君般若剑，归卧月松间。

真智其为无知者耶？

壁上挂一瓢

终日忘机坐，诸天花雨飘。生涯何所有，壁上挂单瓢。

淡而如水，知足之生涯真可现。更抄二首，示海源之心境。

心 灯

历劫传传无尽灯，不曾挑别（译者按，疑"剔"）镇长明。
任他雨洒兼风乱，漏屋虚窗影自清。

西台偶吟

心心无所住，终日坐西台。叠嶂云犹湿，联溪水自回。
人无愁却喜，鸟有去还来。故友相从到，谈论眼忽开。

第四节 法宗与兑律

雪岩秋鹏之嗣有虚静堂法宗,久住妙香山。法宗,关西三和人,以显宗王十一年庚戌生。年十二投玉岑长老祝发,谒道正大师言下得旨,师曰:"圆顿法界今在汝矣。"入妙香山参月渚道安,涉尽藏经,时年二十余。遂从月渚之高足雪岩听玄旨,受其印可,历住真常、内院、祖院,徒侣云集。肃宗三十四年戊子春,请赴海西九月山,从学常百数,复归香山。英祖王九年(清雍正十一年,公元1733年)寂,寿六十四。

《虚静集》记法宗是碧虚之资,月渚之宗,雪庵之故也,依然为法系不明之例。其著《虚静集》系英祖王八年其生存中门人所刻,幽居辞云:

> 天为幕兮地为席,云作扃兮山作壁。
> 事自简兮身自闲,境亦幽兮心亦寂。
> 生兼死兮既两忘,荣与辱兮念自释。
> 送吾年兮发已霜,操不移兮松长碧。

可以观其安于衲僧本分之状。赠云月大师偈云:

> 云生岭上白,月到天心明。二物元来净,取之立道名。
> 云能复舒卷,月亦有亏盈。何似太虚色,苍苍无变更。

又自警之诗云:

　　守志坚石，凝神洁冰。善保虚静，亦如水澄。

足想见操守之高。常住妙香山，与世相忘，故次示玉慧首座云：

　　足不蹑红尘，来为云水客。都忘甲子年，一坐青山白。

　　香山上院之偈云：

　　　深山梵宇何寥廓，浮世尘缘殊寂寞。
　　　绝壁千寻铁索攀，悬崖万仞银河落。
　　　上云峰吐月当窗，引虎台生风转箔。
　　　脱洒衲僧在此中，谁人与学真空乐。

诚可谓人境不二之妙。次奉月渚大和尚诗曰：

　　宗门谁是主，月渚我师师。师去师犹在，偏深后学思。

　　又自叹之偈，慨法门之衰微云：

　　　佛教衰微甚，无他在我徒。重生轻浅界，求利逐名途。
　　　世乐非玄乐，贫忧岂道忧。深惭称释子，独立复长叶。

　　其临终之偈云：

　　　有神足我画影，示我曰："此是真影。"遂批其背曰：

生前渠于我之影，死后我于渠之影。

渠我元来幻化形，不知谁是其真影？

脱壳超然出范围，虚空扑落无踪迹。

木人唱拍哩啰啰，石马倒骑归自适。

次月波兑律，姓金氏，祖先累代居关西（平安道）清北嘉平郡。其诞生于清康熙三十四年（肃宗王二十一年）也。年十五入妙香山佛智庵，以三卞为恩师，学史书一年有半。丁父丧，落发受具于云峰，至弱冠参慧月、幻庵等法席，名声渐闻，被请入安心庵，时年二十九。才一载，经母丧，发愤投安陵之圆寂执侍幻梦（幻梦宏阔雪岩之嗣，英祖王十八年入寂），学《起信》《般若》等经论，由是结伴参南询、虎岩、影海、霜月等大宗师，究《华严》《圆觉》《楞伽》《拈颂》等，就中受虎岩之提撕，得力最大，乃归乡，学者望风来集，于是建法幢于香山之佛智、松岳之盘龙、龙门之内院等三十余年，龄过六旬以老病之故罢讲，年近八十嘱弟子云：

我死之后，但精心阇维而无出妄计，若不尊此言而强为非分之事，则非吾弟子也，千万慎之。余只待登火之日，以平生翻经之功力，上升兜率天中白玉楼上，共弥勒而逍遥，与诸佛而游戏，同从慈氏佛，降生于龙华之法会，重听法界之真经，而与诸同缘而绩香火之缘，是吾之愿也，此处无复可言，只此而已。（《月波集》，第40页左）

阅《月波集》，有闲居之偈：

闲坐无他事，参详格外禅。万缘俱寂寞，一梦到西天。（《月波集》，第1页右）

有春眠觉之偈：

幻梦风尘界，谁能大觉人。五更春睡罢，物物总天真。（同上）

次月渚堂之韵云：

日月为双烛，乾坤作一厅。渴饮清溪水，探看海藏经。（同上）

可见禅教二者俱有深意。爱泉石云林而吟：

月到松窗外，风来石室边。夜深人寂寞，无事卧林泉。（同上）
明月东西涧，白云左右山。一区无限趣，天与此僧闲。（同上书，第2页左）
月作金环挂碧天，水为玉屑落长川。
个中无限真风景，岂易山人笔下宣。（同上书，第5页左）
香岳山堂最寂寞，如登上界坐丹霄。
忘机入定参禅句，百鸟含花户外朝。（同上书，第7页左）
避喧求静已多年，渴极自甘饮石泉。
人间滋味都忘却，高卧青山紫雾边。（同上书，第8页左）
松风梦月养精神，玉洞清流洗垢尘。
渴饮灵泉寒衣草，去来南北觉天真。（同上书，第12页左）
乘兴访仙境，风光冠海东。涧声生玉洞，月影散青空。

入室看真佛，登山见道翁。却忘尘世事，寄宿梵宫中。（同上书，第15页左）

又写自己之心境云：

天地无边际，鹏搏万里程。眼含秋月影，神契水云情。

见性桃花色，惺心击竹声。去来南北路，任运过平生。（同上书，第14页右）

性天心月白，觉海道风凉。闲坐青山顶，禅观独自香。（同上书，第2页左）

又咏本分云：

四十九年金口说，谩将言语泄真机。

若能坐断毗庐顶，佛祖为师万古辉。（同上书，第8页右）

四十九年说，随机浅与深。能知言外旨，冥合本真心。（同上书，第2页右）

平凡之中，自示见地。咏金云：

德比昆山玉，古来富贵家。能涂千佛面，或作御前花。（同上书，第4页左）

赋月云：

　　谁作清圆镜，高悬万丈空。光明无限量，遍照十方中。（同上）

第五节　秋波泓宥

　　泓宥，浮休六世孙也。俗姓李氏，孝宁大君之裔，和顺（全罗南道）县监硕宽之孙。以肃宗王戊戌（王四十四年，清康熙五十七年）生，十岁能读数十百卷之书，天才绝伦。十七飘然之南海，入方丈山舍尘缘，始从学龙潭冠。冠一日执手勉之曰："而不闻先哲之三登投子九到洞山乎，华严善财听参五十五善知识莫非善财之师也，女（汝）行矣，勿滞，遍参可矣。"宥服其言，乃周流诸山，问法名师，末头投寒岩岸之门，承法受法，为宗师接人殆三十余年，英祖王五十年甲午（公元1774年，清乾隆三十九年），寿五十七寂。《秋波集》后序云：

　　　　宣庙朝有尊者浮休修公，而休公出碧岩性公，岩门出慕云言公，此下有葆光旻公、晦堂定公、寒岩岸公、秋波即寒岩之高弟也。

是其法系也。泓宥通儒释，一日论其异同，白室居士《秋波集》跋云：

　　　　岁己丑，南游灵山邂师（泓宥）于青岩法席，其霜颅修眉，貌戌削，有秀气，翛然令人起敬，试与之讲讨儒释，参错同异。至夜深，钟磬俱寂，众禅就睡，师忽竖拂而言曰："'人闲桂花落，夜静春山空。月出惊山鸟，时鸣春涧中。'此静中之动也。'山月皎如烛，霜风时动竹。夜半鸟惊栖，窗间人独宿。'此动中之静也。静而自不得不动欤，动而自不得不静欤，静之者是甚么物，动之者是甚么物？"余曰："众禅睡而师与我觉，而动者何欤？师与我觉而众禅睡，而静者何欤？师与我相遇矣，其可睡乎？众禅到夜分矣其能觉乎？使师觉者我也，使我觉者师也，使众禅睡者夜也，不过是而已，是外又何有甚么物？是者吾儒所谓庸也，释氏所谓幻也。"师曰："是者吾家所谓如也，子思子所谓费也。子思子既说费，而又说隐。"因相笑而罢。

拈提动中静，静中动，以佛家之如配中庸之费隐，于斯道可谓具一只眼。有深厌世事，云：

> 不若谢绝人事，直入千峰万峰里，独居也。（《秋波集》卷二）

又云：

> 山人块坐岩穴，许多烦恼从此稍去，以此而终，则林下之乐足矣。（同上）

又带老庄之遗风云：

> 功名一蜗角，文章一土苴。（同上）
> 天地一逆旅也，离合一浮萍也。以浮萍之离合，处逆旅之天地，离何戚，合何驩乎？（同上）

如斯厌尘世，故专心西方，公言：

> 如来化生方便有无数，唯劝生净土一门为最要。（同上）

又临终偈赋为：

> 衲子平生慷慨志，时时竖起般若刀。
> 好从一念弥陀佛，直往西方极乐桥。（同上）

想见宥是多血多泪之士，有热情，有诚意，其人如玉，其文最放光彩。

答机岩丈室书云：

> 公之来我心不寂，公之去我心复孤，日日倚栏以俟跫音。今见公书，始知公以亲患不归，如盲失杖，环顾左右，满堂诸侣，无非益我，而死生相顾者唯公一人。暌离已久，我怀当如何，未委书后侍病，近有勿药之渐否？望须尽孝于汤灸之间，遄膺神感，弟既无警策者，则懒习得势，日用工夫，常与睡眠泯成一团。奈何，余不究所言。（同上）

又与九峰丈室书云：

> 我与兄生同年月，而日则兄后于我三矣，固难得之同年而又同吮法乳者六七年，则于法为昆仲矣。况活计同清者乎，相别后不得复合，今已十余年，花朝月夕，宁无所思，每欲与兄同做真工，同到休歇之地，而事与人违，志不得成，可叹！兄之动静今

何如，生涯比前又何如？弟粮付于松，事付于睡，此二者与我为好，余皆厌我，分也奈何。因便寄言，幸兄详照。(同上)

温情如春，亲爱如蜜，是宥所胜于他之宗师，宥多说忠孝于君亲，言人人肺腑。故《秋波集序》评：

> 只牍短序，莫不拳拳于君亲之谊，兢于人兽之分，几乎一言而三涕。(同上)

诚为中肯。宥诗文中合禅旨者少。如：

> 了心心即佛，何必在西天。临海休寻水，要寻转瞭然。(《秋波集》卷一)

是其少数之一也。当时佛教，只看话念佛，参禅有不足者。征宥自云：

> 头陀辈傍云滨水，所业惟西江水柏树子。(《秋波集》卷二)

可以知其消息也。

第六节　狮岩采永与海峰有玑

《海东佛祖源流》之著者狮岩采永出于此时。《西域中华海东佛祖源流》是清乾隆二十九年（英祖王四十年）甲申，月渚五世孙锦波之门人狮岩采永所撰。永之跋云：

> 昔懒翁法嗣无学祖师，深用闷然，刊出传钵之源流次第，付诸簇子以传之。而事在国初，故肇于佛祖，止于指空懒翁，其后我月渚大师重刊簇图，始及本朝而起于太古，至于玩虚松云。玩虚松云之外，名师大德之遗漏不传者多矣，可胜叹哉。采永以月渚之裔，未尝不慨然于是，而欲继述先志，自壬午（乾隆二十七年，英祖王三十八年）春，周游八路，收集诸派可记之文，鸠聚锓梓，如干之财，积年经纪，以至今夏，与诸山硕德，会于全州府终南之松广，博采公议，考诸传灯，定其序次。

采永继无学、月渚之先志苦心撰述可想。

枫谭四世之孙有海峰，法讳有玑，清州园岸村人，姓柳氏，以肃宗王三十三年（清康熙四十六年）生。九岁入俗离山。十五落绁。二十八就伽耶山洛岩受学三载，精通华严。三十一秉拂，入海印不出十五年，于同寺迁化，时正祖王九年（清乾隆五十年，公元 1785 年），报龄七十九。枫潭、霜峰、洛岩、海峰，其法系也。海峰之诗文集曰《好隐集》，抄出二三之偈如下：

漫　吟

自怜多蹇未成安，到处无端几受讪。
饱阅人情头已白，薄尝世味齿犹酸。
一钵不宜留闹地，三衣可合入深山。
观时进退荣身策，何事踌躇费寒暑。

幽　居

幽居自得春眠足，忽尔觉来兴满腔。

山上卷舒云片片，林间出没鸟双双。

金文遮眼心无杂，胜友随身语不哤。

负笈选师行已毕，晓风山雨卧松窗。

运　命

运命由来系在天，多年养拙白云巅。

门无俗客瓶无粟，饥有松花困有眠。

热逼不曾停恶木，渴来宁许歃贪泉。

傍人莫笑吾清素，凫短鹤长谁使然。

莲池会

人多昧却本来人，浪死虚生结业因。

头上几经公道雪，口中频吃众生身。

迷心数墨元非实，守默和眠也不真。

一宿莲池成一梦，七重行树四时春。

偶　吟

终日看经不杂心，心如明镜绝昏沉。

笑他役役营营者，未达其空鬓雪深。

庚申病中作

病卧一年头亦白，自羞于学未专工。

往时万卷荃蹄业，入海筹砂不见终。

第十三章　默庵最讷与莲潭有一之博学鸿词

正宗王创龙珠寺，禁断天主教，虽重义沼等，而不能挽回既坠之佛教。默庵最讷、莲潭有一虽博学鸿词，于诗偈文章，兰菊竞美，而思想不正，信仰不纯，不努力于宗统之复古，为遗憾矣。

第一节　正宗王与仁岳义沼

第二十三主正宗王（清乾隆四十二年，后桃园天皇安永六年，公元1777年，至清嘉庆五年，光格天皇宽政十二年，公元1800年）元年，下令罢京外各司各宫房之愿堂，已建者毁撤，未建者严禁。先是正宗即位，追谥其父，思悼世子曰庄献尊垂恩，墓曰永祐园，但以园之形局浅狭不吉，相地于水原府（京畿道）之花山。十三年，以金熤为总护使，筑新园迁之，是即显隆园也。翌十四年，于花山葛阳寺旧墓建龙珠寺，为资福之斋社。又命造佛像，以沙门宝镜堂（湖南长兴郡迦智山宝林寺僧）为龙珠寺总摄，并八路都僧统。宝镜堂狮驲劝募八道，助王营造，被其宠遇，受亲侍王之恩典。（《国朝宝鉴》卷七十三，第29页；《朝鲜佛教通史》上编，第564页）

王亦以金刚山神溪寺为显隆园之愿堂，见同寺事迹。王斋于龙珠寺，令仁岳义沼为之证师。义沼（一作沾），俗姓李氏，以清乾隆十一年生于达州（庆尚北道达城郡）仁兴村。十八岁读书龙渊寺，见佛家之清净忽有所感，剃染于嘉善轩。从碧峰和尚受具，峰器重之。转而历参西岳、秋波聋岩诸老，其学益明。乾隆三十三年，二十三再谒碧峰，受信衣，为临济下三十四世（西山八世、霜峰五世孙）。又闻雪坡之道声，往执贽，拜于灵源精舍，参《杂华》讲席，八阅月而终。继受禅颂，消融其渣滓，愿为禅弟，由是行化于瑟山、公山、鹤山、龙山、佛灵等岩护法城。正宗王十四年（清乾隆五十五年），朝廷创龙珠寺于水原，命义沼为证师，又令作佛腹藏之愿文。清嘉庆元年（正宗王二十年，公元1796年）寂，寿五十一，所著有《华严私记》《仁岳集》三卷。（《仁岳和上行状》）

按《仁岳集》，义沼立于儒，拜混合之见地，故答讷村书云：

> 一心为万法之源，天以之覆，地以之载……万象森罗，由之而建立，依之而运行。花红竹翠，莫非天真面目。鸢飞鱼跃，浑是自然精神，譬之明镜现像，钝金铸器，器器皆金。乌不待日染而黑，则不必诘其所以黑。鹄不待日浴而白，则不必诘其所以白。鸡寒上树，鸭寒下水，承谁力也……所以悟一心万法临镜，迷一心万法面墙，欲达万法，先明一心。（《仁岳集》卷三）

是以一心为万法之源者，佛家之常谈也，而又云：

> 气蟠然太虚，飞扬升降，未尝止息，此动静之机，刚柔之关。判而为上下清浊，合而为风雨霜露，凝则为人物山川之形质，散则为糟粕煨烬之渣滓。而其所以然者，则皆理也。且就鸢

鱼上看，鸢之飞鱼，跃气也，而必有一个什么物事使得他如此，则其所以飞、所以跃者，理也。类此推之，物物皆然，可见充满天地者，无一物不在性内……在物故曰理，而在天曰命，在人曰性，主于身曰心，则心与理不可分作二物看。(《仁岳集》卷三)

以心、性、命、理为一物，全与王阳明之说同。又云：

　　至于吾佛氏，则不言理气，而专言心，盖心者一公共的物事，非我得而私之也。是心圆满清净，如太虚空焉，如大溟渤焉。性则虽非一切相，而得为一切，彼天地、日月、人物、山川，万象森罗，皆心之相也。合而言之，万法皆一心；合而言之，法法上各具一心矣……一言断之曰：鹄，白心也；乌，黑心也。一心既明，万法自彰，此所以有顿悟之说也。万法皆空，归于一心，一心之称亦强立耳。语其实际，则玄之又玄，名不可名，说不可说，教别人下手不得。须是自家自肯，自契始得，净名之默对文殊、善逝之密传迦叶，皆以此耳。

沼如是大提唱万法一心之说可也。而依之证天堂、地狱之实在，云：

　　万法既从缘生，元无自体，唯一真心，挺然现露。譬之镜中诸像，物对则现，物谢则亡，现亦无现，唯一明镜。然则四大虽目为心可也，三千大界，天堂在须弥之上，地狱在铁围之间，不可以我之不见，而谓之无也。(同上)

是绝非正当之说明，万法一心非他则天堂、地狱，亦必为一心之影象。又云：

> 我释迦修炼之极，万累都尽，一真独露，寂焉默焉，无形无
> 声，而感则遂通，于是乎有千百亿化身之纷纭矣。瞻之在前，忽
> 焉在后，固难得而测也。就体上看，唯一真身而已；就用中看，
> 千百亿不足多也。（同上）

不以释尊为史的人物，称之为变幻自在者，其不合理不待言。《仁岳
集》中，有似禅偈者抄出二三：

> 夜久衣裳冷，山空枕席清。多情惟有月，相伴到天明。（《仁
> 岳集》卷一）
> 少林当日有真诠，不向常人取次传。
> 今日遇君交手了，是时明月满青天。（同上）
> 心头不许到纤尘，才涉思维便失真。
> 要识西来端的意，落花啼鸟满山春。（同上）
> 道如地中水，无往不相通。发越明争日，窈冥细入空。
> 梧桐晴上月，杨柳嫩吹风。撇去千歧别，贯来一串同。（同上）

正宗时，信天主教之说者多，儒士李星湖、丁荣山（光镛）等
至喜其说。十五年（清乾隆五十六年），左议改蔡济恭上书请斥邪
学，王乃禁西洋之学并禁从中国将来之稗官杂记等。（《国朝宝鉴》卷
七十三，第45页；《朝鲜佛教通史》上编，第570页）
王之二十年，命作《父母恩重经》之木、铁、石三版本，领议政
蔡济恭书之，藏华山之龙珠寺，盖为王父思悼世子追孝也。（《朝鲜佛

教通史》上编，第 579 页）

第二节 默庵最讷小传

默庵最讷，字耳食，密阳（庆尚南道）朴氏子，以肃宗王四十三年丁酉（清康熙五十六年）生。年十四投澄光寺（全罗南道乐安郡），十八为僧，十九始就曹溪之枫岩受经。四五载间，一器泻瓶，更历参虎岩、晦庵、龙潭、霜月等诸大宗匠，于明真处悟禅旨，于影海之门加磋磨，及二十七岁复归枫岩，开法大光寺灵泉兰若，于禅教两门有前人未发之见，称其智如神。正宗王十四年庚戌（清乾隆五十五年，公元 1790 年），病逝于曹溪普照庵，寿七十四。最讷，今古典籍、诗书百家之语无不博通，有游刃三藏教海之妙，器弱多疾而不能展骥足于八路为憾。所述有《华严科图》《诸经问答盘着会要》各一卷，内外杂著十卷，又与莲潭有一论性理之学著名。六十岁时，吟一律云：

> 衰暮颓龄耳又鸣，流光六十减神清。
> 律仪因病成疏逸，禅学多思未发明。
> 虚说脱空消百岁，耽眠昏黑过三更。
> 愿将出得瓶鹅药，分施刀圭起死生。

莲潭次之云：

> 竹里寒泉月下鸣，独凭禅九（译者按，疑"几"）耳根清。
> 鸢飞鱼跃天机动，水绿山青祖意明。
> 至道无难皆可学，斯言有玷急须央。

默翁近日耽佳句，或恐愁肝太瘦生。

有文集二卷。莲潭之挽云：

七十星霜又四年，讲经吟病递相连。
平生博览兼聪慧，那个宗师敢比肩。

其为世所重如此。(《东师列传》卷三)

默庵之法系相传是碧岩觉性、翠微守初、柏庵性聪、无用秀演、影海若坦（乾隆十九年寂，寿八十七）、枫岩世察（乾隆三十二年寂）、默庵最讷。

第三节　最讷之《诸经会要》

览最讷所述之《诸经会要》，在大总相法门图中示《起信论》之大要。三阿僧祇图中示三祇劫与成、住、坏、空之二十增减并与三灾之关系，说过去庄严劫、现在贤劫、未来星宿劫之三千佛，铁、铜、银、金四轮王之出现。愚法小乘五位总相图中略述资粮加行见道、修道、无学道。十本经论二障体说中，引《起信论》《圆觉经》《般若经疏》《起信论更料拣文》《佛地论》《楞严经》《净名经》《起信论智净相文》《起信论性净本觉文》《唯识第十》释二障。空有迭章句对不同图中，举心境、真俗、我法，世俗胜义之对句。二十五种清净定轮图中，示静、寂、幻三观圆修二十五种。遣拂客尘通别义图说中，就烦恼所知二障，辩俱分别之有二。《般若经》四句偈配六重图，将凡所有相，皆是虚妄，诸相非相，即见如来之四句配当四门、三观、五教、三性、三身之六重，示浅深之义。唯识习气图中，叙名言、我执、有支之三习气及阿赖耶识之三义，异熟识之三义等。业报四句映望图中，说善恶不动之三业，现报生报，后报无报。蕴处界三科图中示五蕴等之三科。小乘二十部图示二十部之执计。次华严科图，就《八十华严经》科释大旨，添华严义理分齐四法界各有十门以显无尽图。性相唯识图，相入相即二门句数图，见、闻、觉、知为六根总图。吾人所览之书，为宫内省图书寮藏本，后记云：

> 海东沙门默庵最讷《会要》，以述受禅弟子卧月教苹，重增以刊，湖左谷城泰安寺留板。

加先天八卦次配六十四卦之图，是默庵之作，柳为卧月之添增，未详。

第四节　最讷之迷信

按《默庵集》，最讷有甚为奇异之信仰，讷以自己病弱之原因为恶神所为，作《欧（译者按，应作"殴"）杀神文》云：

> 夫人生斯世，莫不由神。厥初抱送之神、引接之神、产神、疫神、身神、命神，乃至阴阳五行之神，昭布上临，强柔六甲之神，森列下拥，则凡诸有形之物，无一介图出于其范围之外也。唯我薄命，宿遭不淑，早缨病障，善神则已，害我者，今可数而格去也。眼有眼杀，使我生盲；口有口杀，使我损语；脑有脑杀，使我唉喘，此内三杀也。累失资财，为我产业之杀；频失上佐，

为我白足之杀；疏散训徒，为我弟子之杀，此外三杀也。内外六杀，交功一身，困我，愁我，不生不死，半世缕命……汝辈六杀，乌得与三十九品之灵、二十八品之灵、佛魂祖魂之灵、山川岳渎之灵、明王圣帝之灵，比肩混迹而为之不去哉。宜其持朋挈俦，去故就新，以避金刚护法之凛锋也，云云。

又欲以阴阳五行之妄谈，说明海洋之潮汐，谓：

潮者，地喘息也，随月消长，早曰潮，晚曰汐，所以应月者从其类也。一日之内，自子后阳升之时，阳交于阴而潮生，午后阴升之时，阴交于阳而汐至。

说明海水之味咸：

其味咸者有三，其一曰海中有大鱼，身长二万八千里，不净其中，是故味咸，余不具录。

幼稚思想之暴露也。

第五节　最讷之思想

讷主张儒禅之一撰，先说明禅云：

夫禅也者，乃人人心地，无乱无痴，寂寂朗朗的一段自性光明之谓也。

进而指摘儒禅之契合云：

> 《诗》《书》《语》《孟》《庸》《学》中，格言不一，而禅亦在
> 其中也……《书》之执厥中，《诗》之不大声，《大学》之明明德，
> 《中庸》之无声无臭，曾子之唯一贯，颜子之弥高坚，孟子之皆
> 备我，此非三隅彰明之玄旨乎……以孟子之备我，可以廓万法唯
> 心之旨也。将颜子之高坚，可以博水火不焚漂之坚固一着子也。
> 以曾子之唯一贯，可以证迦叶之笑也。离四句，绝百非，亦何处
> 于无声无臭之消息也。悲、智、愿之三心正符合于《大学》之三
> 纲也。不大声色之《诗》而不禁头边鹊之旨趣存焉，于允执厥中
> 之书，而黄面老一圆融中道真心合焉，余可类推……以《诗》之
> 思无邪，可以立三昧定，受入于大光明藏之张本也……吾无隐
> 矣，可出入于觌面提示之场也。天何言哉，互上下于口挂壁上之
> 机也。

所云以鸣儒士排佛之非。虽当时排佛之毒焰炽然，而上金正郎（讳相
肃坏瓦居士）书：

> 近闻，大居士天资好道，顿无所得，一心念退步，乃于还
> 乡之路，大加信向，以至看万法归一话，为本参公案云，真火中
> 莲也。

所云观之，其稀有弄看话之人可知。衲子之所事，似局于教则华严，
禅则《拈颂》，故答如是居士（本川倅金光秀）书云：

日与衲子辈所论者《华严》，所讲者《拈颂》。

由此可知其修禅之单调也，加之公府以纸役苦僧徒，流弊百出，视佛如土梗，遇僧如敝屣，至奴隶下贱之辈亦羞称佛僧。讷上英祖王废纸上疏云：

今僧之役……虽三冬丕寒之中，扣冰浮取，九夏酷暑之际，挥汗猛捣……然犹负纸被刑者，顶背相望，携楮呼泣者，夜以继日。

由此可想见僧徒穷窘之状，于是寺刹荒废，至叹为：

昔日琳宫今变为蒺藜之园，钟沉鼓寂，树老僧残，佛面带愁，涧声含咽……今南藩巨刹为千年祝釐之所者，有土崩溃苤之状，而恝然不动于耳目乎。

第六节　最讷之禅旨

讷于禅学有所未熟，自述怀云：

禅学多思未发明，虚说脱空消百岁。

然比当时之硕学莲潭，则禅味却浓。

次柏岩哲韵

洗杯兼洗衲，闲坐又闲行。月向怀中照，风从脚下生。

掷筇调二虎，放箭忆三平。谁识幽居乐，藏踪不露名。

次碧谷韵

光辉无表里，风月满全身。应物分长短，随时任屈伸。

放行弥六合，敛迹纳纤尘。道本无彼此，何容面目亲。

题西不思庵

胜境无言绊我留，几人于此作仙游。

寻真好趣知何处，卧看沧溟万里舟。

解禅吟

此道人人分上事，如何抛掷不回头。

饥餐困眠非他物，可笑骑牛更觅牛。

玩　春

露泣花千朵，风鸣竹一丛。绿杨芳草岸，终日坐禅翁。

赠禅客

地凿皆生水，云收尽碧天。江山云水地，何物不渠禅。

第七节　莲潭有一

与默庵张论阵者为莲潭有一，字无二，莲潭其号也，湖南和顺县（全罗南道）千氏子，肃宗王四十六年（清康熙五十九年）生。幼学经史，年十八从僧达山法泉寺性哲出尘。十九祝发受戒，就哲学禅要。二十岁听《楞严》于大芚寺碧霞，就宝林寺龙岩习《起信》《金刚》，自辨明削记刊记之讹脱。英祖王十七年（辛酉），二十二岁依海印寺之虎岩体净随侍三载。同二十一年（乙丑），参雪坡尚彦于内藏圆通庵研《华严》，多所发明。翌年，于松广寺东庵侍雪坡。二十八岁（丁卯）许入室，由是往桐里山谒枫岩，于洪云庵访霜月。二十九岁（戊辰）江原道长丘山造成五十三佛，请虎岩坐证席。虎岩临行嘱有一绍箕裘，还入内圆通而寂。有一自叙参师问道之状云：

> 初逢灵虚，二碧霞，三龙岩，四灵谷，五逢先师（虎岩），七岁随侍经过五年，六雪坡，七枫岩，八霜月，九龙潭，十影海，前后参十大法师。(《莲潭大师自谱行业》)

尔后主讲席三十余年，随徒近百人。正宗王二十三年（清嘉庆四年，公元 1799 年）化丁宝林寺三圣庵，春秋八十，所述有四集《私记》各一卷、《起信蛇足》一卷、《金刚虾目》一卷、《圆觉私记》二卷、《楞严私记》、《玄谈私记》二卷、《大教遗忘记》五卷、《诸经会要》一卷、《拈颂著柄》二卷、《林下录诗》三卷及文二卷。

第八节　有一与晦庵

有一撰《都序科目并入私记序》云：

> 《序要》旧无私记，近古霜峰老人建为之，颇疏略未能尽善，嗣后雪岩、晦庵两大老，继而因修，始得详悉。而次次后胜于前，故晦老之第三记为最，诸方宗之。但顿悟渐修为《序要》中大关节，而晦老判以理智，失其本义，不可全依，故不佞从所闻乎先师，以事智现前，卞（译者按，应为"辨"）而明之……各言其志，非敢与先德争衡也。(《序要私记序》)

然则有一准其师虎岩之说而破晦庵之说，谓以理智判顿悟、渐悟之不可，以吾人观之，二者多不径庭也。

有一《林下录》卷三所载之《心性论序》云：

> 此一卷，默老与不佞，共论心性于乙未（英祖王五十一年，五十有六岁）秋间者也。诸佛众生之心各各圆满未曾一个者，默之论也。各各圆满者元是一个者，愚之论也。默诗云：我今任独归，勿行行处去，即自得之论。愚诗云，先圣皆同说，后生孰敢违，即齐文定旨也。（《林下录》卷三）

然则有一与默庵论心性，往复辩论，积成卷轴，《心性论》是也。其论点之相违，有一以心性为一，默庵为多，征上引之诗，前者守古说，后者主张自得之意见，默庵作《心性论》三卷。

第九节　有一之思想

按《林下录》有一说一心云：

> 圣凡人畜皆同，虚彻灵明，卓然独存，不生不灭，亘古亘今，此如虚空无处不在，无时间断也。（《林下录》卷四;《上韩绫州必寿长书》）

即《起信》所谓一心也。一心性论之意，当不过如是，一以心性为不生不灭，虽无善恶，依染净之重习而有善、不善，与《起信论》说同。有一方提唱绝对唯心，同时欲立证有客观的地狱极乐云：

　　　　盖天下之世界，本依理而成，理既无穷尽，故世界亦无穷尽，不可以数知也……西方有古莽国，其民不衣不食，而常睡五十年一觉，故以梦中为实，以觉时为虚……又有长眉一目之国，又有胸虚国……独不信极乐国何哉。（同上）

举不稽之妄说：

　　　　平生作恶，临终十念，犹能往生，况三十年、二十年专意念佛者，尤易成就，可不勉旃。（同上）

劝奖念佛以求往生客观的实在之极乐，是与中国清代禅所无异。又欲立证灵魂转生云：

　　　　岂不闻乎，许询死为萧瞀，萧瞀死为裴休，青草堂为曾鲁公，雁荡僧为秦桧……智永为房琯，戒禅师为东坡……前后身之理，分明可见。（同上）

单以传说妄断为确乎事实，以证幽灵之实在，是身心别体之见，身灭心常之执也，故公言：

　　　　诵佛之口死后入火成灰而已，念佛之心死后超然独露，不随生死，既是念之心，故即向佛国，断然无疑。（同上）

然同时云：

自心净土，自性弥陀，朗然现前。（同上）

苦于使人不知其何意。

第十节　有一之禅

见其示参禅人语，有一工夫在拂拭心镜，令其纯一无杂。云：

> 提智慧刀，万缘俱剿绝，百花林里过，一叶不沾身，方可有少分相应处也。（《林下录》卷四）
>
> 禅客当于口诵（念佛）之时，杂念纷起，力战剿除，回杂念归净念。初则杂净相争，久久纯熟，杂少净多，以至于纯净无杂。（同上）

所云如是，盖有一于禅不得力，自觉其未熟，故《上龙岩老人书》自白：

> 十余年奔南走北，所得只是文字而已，其于心地法门毫无入头处，未知究竟将如何也？以此摆脱深入静处，一以调身，一以静究，庶免虚生浪死。

又述怀为：

> 行年五十六，狂心犹未歇。镜中演若头，星星半夜雪。
> 学儒不成去，入山图成佛。佛亦不能成，空费千日月。

读尽瞿坛经，鹧鸪弄春舌。欲参达摩禅，狗舐干屎橛。
可笑平生事，无口与人说。(《林下录》卷二)

至祖门正系之思想，有一又非无笔之者如：

莺吟燕语尽转根本法轮，黄花翠竹普现色身三昧。(《林下录》卷四)

一切色是佛身，一切声是佛说。(同上)

四圣六凡同在一真法界，一一天真，一一明妙，不增不减，无高无下。(同上)

诸佛身中，众生念念成佛也。

所云如是。又如同禅僧一般的倾向，有念老庄之意者。

腾腾任运老比丘，成佛生天总不求。
西竺仙经输白马，东关夫子驾青牛。
三生有路来时好，万境随心转处幽。
记得南华曾解道，大鹏斥鷃本同游。(《林下录》卷二)

有一信仰与其宗旨不融合，倾心祈祷，潜思西方往生，信十王，信鬼神，信幽魂。又，一有超越俗尘作为山人之最清白的襟怀。

题渔耘江亭

背山亭子俯青郊，中有幽人一枕高。
断岸栽松秋引鹤，方塘通海夜生潮。

身间任是功名薄，岁斗从他采钓饶。

陆地神仙今始见，百年无日不逍遥。（同上卷一）

题法泉寺上云庵

曦色云庵半堵红，霜林初暖鸟啼风。

不知人在梦窗内，瞑目炉薰万念空。（同上）

赠任性上人

清白家风月洗霜，房中只有一经床。

安身肯狡兔三窟，处世应如龟六藏。

竹吐锦荫春雨饱，松舍黄粉野吹香。

不求真又不除妄，任性逍遥步大方。（同上）

题佛出庵

遁世元无闷，居山不厌深。衲从斋后洗，诗或讲余吟。

静壑溪鸣玉，疏筠月漏金。幽禽共相乐，隔叶送清音。

和中峰乐隐词

行增功加，渐抽道芽，日用事，种菜灌花。明月为友，白云为家，足一衲衣、一钵饭、一碗茶。世道甚艰，蜀道非难，归去来，梦断尘寰。诵诸佛教，参祖师关，喜僧归寺，鹤归松，云归山。（同上）

四十成翁，齿豁头童，嗜瞌睡，万事疏慵，黜人世外，置丘壑中，管困眠床，渴饮水，饥吃松。（同上）

由此可想见其清白之家风。

有一与最讷之《心性论》，以英祖王五十一年成，然而其后十年，至正宗王九年，法孙华日、敬贤等为欲绝争端，于求礼郡泉隐寺上禅庵焚毁之云。

第十一节　雪潭自优与大隐朗昕

逍遥五世孙有雪潭，法讳自优，字优哉，号雪潭，俗姓□（译者按，原字脱）氏，潭阳人。早失怙，投玉泉福泉寺出家，师瑞岩长老。时虎岩开堂于方丈山，乃见之。正宗王二十年丙辰（清仁宗帝嘉庆元年）冬，南行参雪峰禅伯，又受学暮隐得其法，出世于道岬之东林，为暮隐拈香，继逍遥之正脉，是王之二十二年戊午秋也。晚年还住福泉之莲台旧栖，纯祖王三十年庚寅（公元1830年，清道光十年）寂，年六十二。逍遥、霁月、华月、暮隐、雪潭，其法系也，有《雪潭集》，与莲潭、雪坡、霜月等唱和之吟，录二三如下：

题漱玉楼

画楼明丽压湖天，漱玉泉鸣宝塔前。

清呗摇风喧洞里，疏钟和月落云边。

五派禅从曹水滴，六时香起佛炉炬。

长廊画静僧无语，山鸟成群每下筵。

双溪寺谨次接多士要和韵

寂寞柴扉尽日扃，人间荣辱不堪聆。

推窗喜对岩云白，倚榻闲看岳树青。

半世行装轻一钵，百年事业富千经。

清神羽客联翩至，问我工夫水在瓶。

送清隐长老归北

云衲飘然欲远游，闲情日夜在名区。

阿斯枫岳藏胸峥，汉水浿江入梦流。

破笠啸风长路走，瘦筇鸣月暮林投。
触途切忌随他转，祖意明了物物头。

集中有《梦行录》，记其诣金山寺，登国师峰，访大芚庵、松广寺，访名山仙土。

次莲潭之嫡孙，有大隐朗旿，以持戒知名，姓裴氏，朗州人。生于乾隆庚子（正宗王四年），出山出家，以金潭禅师为师。潭，莲潭门人也。旿参莲潭、玩虎等诸老，嗣金潭，开堂摄众之余，手书三藏，分安左右，三时供养，坐卧向礼，克持一宿一食之戒，称为东方之道宣。月出之上见，头轮之挽日，达摩之地藏，德龙之天竺，迦智之内院，曹溪之三日，桐里之弥陀，双溪之佛日，七佛之僧堂，皆旿游化之处。道光辛丑（宪宗王七年，公元1841年）于头轮山挽日庵说法已坐逝。

雪潭之门出云潭，法讳鼎驲，字万里，号云潭，岭南尚州人，姓尹氏，以英祖王十七年（清乾隆十六年）辛酉生。七岁丧父，投广德山毅庵（讳德聪）出家，时年十二。十七就雪潭受具，二十一从懒庵受华严，又闻雪坡讲演，雪坡印可其造诣。及三十六载，栖德裕、赤裳二山之间，次往南住莲台，即先师三塔之道场也。五十二受禅于莲潭，五十三设华严大会于大芚寺。六十四载秋，诵千手十万遍，愿以为西方之公据，十五月遂大愿。有《云潭林间录》，抄其禅偈二三如下：

山中云月

无心云共住，不约月相随。多少山中乐，唯应道侣知。

次老云潭

禅余凭一榻，睡起唤三平。法喜方充满，茗茶更畅情。

独 坐

丈夫行事日中天，独坐还如对客然。

俯仰若无天地愧，此时方觉性灵圆。

和龙华

空门托迹已头蟠，道不加修更奈何。

妄认缘尘为物转，看经只是学蒸砂。

第十四章　雪坡尚彦、儿庵惠藏、华岳知濯与白坡亘璇

正宗王好文学，虽仿康熙、乾隆二帝刊行浩瀚文书，而俗儒之势力益振，圣学之作兴无力。纯祖以后，李朝之运命，有落日西倾之观，雪坡尚彦之疏解《华严》，儿庵惠藏、影波圣奎之开化门，玩虚伦佑之作千佛，华岳知濯、白坡亘璇之橛扬禅教，皆不足复活正法之生命也。

第一节　正宗之治绩与雪坡尚彦

第二十三主正宗王（自清乾隆四十二年，公元 1777 年，后桃园天皇安永六年，至同嘉庆九年，公元 1800 年，光格天皇宽政十二年）在位二十四年，锐意计治，其绩过于前代，且好文学，编纂之业，称前古未曾有。例如王之六年所成《国朝宝鉴》六十八卷，同别编七卷。二十年之续《文献备考》二百四十卷，《宋史筌》一百五十卷，《全史诠评》八十卷，《人物考》一百三十卷，《筹谟类辑》七十五卷，《同文汇考》一百二十九卷，《公车文丛》九十三卷，《临轩公令》一百五十六卷，是其大者，其他诸书不可胜记，盖仿清康熙、乾隆之事业也。而康熙、乾隆以后，如清向衰运，李朝亦落日西倾而无可奈何。又王闻在称无学王师开基之释王寺，有太祖奉安之五百应真著灵

验，祈得男子，满三子胄子生，乃以十四年施土田于寺，立碑记其功德，其中云：

> 使求寿者得寿，求子者得子，求三昧者得三昧，求摩尼者得摩尼。

由此可知王之信仰所在。十六年，加赐谥号于无学、指空、懒翁之三师。

雪坡之演法正当此时。雪坡尚（一作常）彦，潮（译者按，疑"湖"）南茂长县（全罗北道）人，姓李氏。早失怙恃，贫无以自资，年十九投禅云寺（茂长县）剃发于希暹，后受教于莲峰、虎岩二老，又参晦庵，以法系言之，则西山七世孙，唤醒孙也。（西山鞭羊、枫潭、月渚、雪岩、晦庵、雪坡以上七世，唤醒、虎岩、雪坡以上三世）三十三年因大众之请，升座龙湫板殿。尚彦三乘五教无所不通，尤善华严，在昔清凉所撰《抄中疏科》，其义隐晦，讲者病之。彦一览以图表之，疏云："科云，各有所主，如客之得归。"又考校留于海印大经抄中所引诸文，以明同异，著《钩玄记》一卷。清乾隆三十五年（英祖王四十六年），澄光寺有灾，《华严》八十卷板归于乌有，彦发大愿，鸠财剞劂及完成，建新阁藏于灵觉寺（德裕山）傍，至老，入灵源立死关，日课念佛十有余年。正宗王十五年（清乾隆五十六年，公元1791年）正月入寂，寿八十五。

议政蔡济恭撰《雪坡大师碑铭序》云：

> 余因事偶出郭门外，有弊衲僧，如不闻呵道，突黑衣卒伏于前，其色若有闷急者然。余怪问曰："若何为者？"对曰："僧乃潮

南沙门，名圣渊者，为法师雪坡和尚，愿得大人一言之重，以诏
十方众生。有邦禁也，僧不可以入都城，相门又不可私情导达，
乞城外旅店食，夏以秋，秋以冬，僵死在朝暮，然不得所愿，欲
死无归。"余油然感其诚，许令进所为状。(《朝鲜佛教通史》上
编，第 568 页)

俗吏傲然遇僧如是，而僧徒卑屈无识，叩头于迂儒之脚下如是，佛法
之陵夷，一至是耶?

第二节　纯祖之禁压天主教并镜岩应允

第二十四主纯祖王 (自清嘉庆六年，光格天皇享和元年，公元
1801 年，至同道光十四年，仁孝天皇天保五年，公元 1834 年) 元年，
天主教大滋蔓，奉教者日加，王忧之，诛其沉溺尤甚者，宥改悔者，
因命各道常加禁压。有周文谟者，清国苏州人，从宣教师潜来，诱拐
男女努力传教，朝廷捉之枭首军门，以警庶民。韩人黄嗣永及文谟之
被捕，见机亡命，潜怀不轨，有迎洋舰之谋，将欲为洋人传送，于是
事觉，犯大逆罪，其徒皆被诛戮。

当王之代有镜岩，称大宗师，法讳应允，始名惯拭，其家在镜
湖，故人号曰镜岩。俗姓闵氏，骊兴之裔，三岁丧母，五岁入学，九
岁通经史。一夕月正好，父呼韵令赋诗，即对云："秋高风动竹，水落
月鸣川。何处随阳雁，肃肃远入天。"可以卜其才器。十三父殁，十五
入智异山，就震熙长老落发，受具于寒岩和尚，其后遍参诸老，终归
秋波之门。二十八开堂化众，殆二十余年，又从唤庵和尚受禅，于是
学者推为两宗大宗师。纯祖王四年 (清嘉庆九年，公元 1804 年)，寂

于方丈山碧松庵，春秋六十二。

《行状》叙允之法系云：

> 我临济祖师传法石崖（屋），石崖之后有太古，太古四传而有碧松，碧松七传而为诲（一作晦）堂，诲堂传之寒岩。寒岩，秋波师也，清虚七世而为唤庵，此实师之渊源也。

又临终之偈云：

> 摆脱根尘缚，逍遥返大空。西行今日事，明月与清风。

有《镜岩集》三卷，诗偈有禅旨者抄其二三：

隐身幽居

有缘携一钵，信锡步还迷。路入无人处，山高隐者栖。

晚风松桧暗，新月杜鹃啼。此处真安乐，何须更往西。

送淳师之江东

勿偏于左勿偏右，正面中间归去来。

欲知佛祖安身处，霜后黄花满院开。

病后夜坐

对食恒饥是素病，炼砂成药亦迷情。

碗心脱去铛无脚，独守残灯到五更。

赛澄师求法语

念佛佛非他面佛，念人人是本来人。

一朝人佛两忘了，烂熳山花极乐春。

尝叹禅道之衰颓，有题《禅居》叹古诗之作云：

> 谨白参禅士，参禅莫误初。纵然无拣择，个中有亲疏。
> 我闻丛林语，荒唐良可觑。上恶同真际，盗杀勿嫌诸。
> 娱房与酒肆，无往不安居。慕佛缚于佛，学道总为虚。
> 波离拘小戒，不能入无余。信此大乘法，惟鱼乃知鱼。
> 乍入禅门者，闻之没分疏。遂作波旬说，放达为真如。
> 党援称师子，依稀混缁裾。若此而禅社，安得不为墟。

杂著中有《论韩子说》，堂堂然论难韩退之，破儒士之排佛，大得吾人之意。就念佛往生有《碧松社答净土说》一文，抄出如下：

僧问："西方净土是事信否？"曰："《阿弥陀经》，世尊说也。"问："只如六祖谓，西方人造罪何往，为什么道？"曰："释子谤三宝，十方世界不通，忏悔惟地狱是往。"僧曰："子之言以释子为西方人，谤三宝为造罪，岂六祖意耶？"曰："汝何处梦见六祖，佛祖方便为人解缚，无有定法，名阿耨菩提。六祖尝解缚于西者，汝又缚于无西，缚于西者，犹可生于佛前，缚于无西，一阐提也，阎罗鬼卒岂肯放汝乎。"

僧问："西方十万亿国土，岂不云众生十恶业耶？十恶业净，则极乐现前，何必念佛为？"曰："佛若不念，念者阿谁？"僧曰："我本无念，只知饥食困眠且足，强欲念佛是佛缚耳。"曰："高则高矣，赃（译者按，疑'脏'）贱露也，汝只能念食、念眠，不能念佛，则岂不是好恶之情，而其所谓无念者，特无善念而已，分明数尔，奚但十恶哉？"

僧问："《阿弥陀经》，五教中何教所摄？"曰："《智旭疏》云：'圆顿中之圆顿教。'"僧愕然曰："谬哉，谬哉。如来法中圆顿之经乃《华严》是已，是经果若圆顿中之圆顿，则反覆胜于《华严》者乎？尝试言之，经中一心不乱，岂非于宗耶？厌娑婆生极乐岂非其趣耶？言其因则岂非执持名号，而言其果，则岂非业净见佛耶？是不过摄心劳修欣厌因果之经，圆顿神未不显。"曰："君言亦自一义，是岂如来一雨法中，各自随机悟入者非耶？子谛听如来法中圆顿之经，莫如《华严》，其所宗必一真法界也。一真法界者，即此一真心不乱，于此一心上亦无一心，一真之量，方能信入真实不乱之地。如云性界一味一真法界，一味相沉，始名不乱也，由此言之，虽有过于《华严》亦可也。"问："一真法界之言，直指本有心性，一心不乱之言，乃是修行方便，岂会同一义也？"曰："此心之不变谓之一也，不妄，谓之真也，此不妄不变政（正）是不乱也。若作同异知见，依旧六十二见之本，其欲不乱得乎？"僧云："一心不乱且不妨深浅商量，至于礼念求佛岂大慧所谓愚人所为耶？"曰："吾宁作大慧愚人，不愿从若为那人。子于无取舍中妄见取舍，无优劣中妄执优劣，愚耶非愚耶？必如君言，大势圆通之门，不在于列圣机缘，普贤愿王之经不可谓了义已乎，吁业净见佛，岂非事智现前而克就圆功，则只消十声至于一声，言其迟限则不过一日至于七日，舍此一报，便坐宝莲，我即弥陀，弥陀即我，其曰圆顿中之圆顿，不亦宜哉。"

僧进问曰："某甲自以《华严》称性极谈，故常读之。今闻师言，宁欲弃《华严》而读《弥陀经》则可乎？"曰："苦哉，人情之不通也。子谓《华严》称性之经，但读得经见得性，性是阿弥陀，经亦阿弥陀。《阿弥陀》中有《华严》，《华严》中有《阿弥陀》，何生憎爱取舍？"

　　僧问："八万四千方便如一粒粟，念佛方便如都仓之粟，是意云何？"曰："一切方便，皆念佛之方便，佛为总相，故念佛方便如都仓之粟也。"僧曰："然则念佛之人不为万行乎？"曰："若无积粟，何名都仓？一句阿弥陀中非是非非戒波罗蜜，非定非乱禅波罗蜜，非悟非迷慧波罗蜜，无去无来自净土也。如是十度万行，因果德用，无量无边，阿僧祇故名阿弥陀。何曰念佛之人不为万行也？"僧曰："子之所论，乃自性弥陀也，如西方弥陀上执持名号者安能如是？"曰："汝隔截虚空作么？"

　　僧问："十念往生是意云何？诸经中三大阿僧祇，历修万行方证菩提，念佛之人十念往生，便不退菩提，因修如其小，获果如其大，大甚径庭不近人情，愿为解说也。"曰："理实往生只消一念，故祖师云一念，忘时明了了。弥陀不在别家乡，言十念者即十世也，现前一念上已起，未起是为三世，三世各具三世是为十世，如是无尽不可说故，亦即三大阿僧祇劫也。然则十世三祇不离现前一念，故曰一念普观无量劫，无去无来亦无住。又曰九世十世互相即，因不杂乱隔别成，故一念即十念，十念即无量念，得意者弹指成正觉，未至妙者历修三祇大劫方证菩提，然则十念往生该收顿渐之机，叮咛四实之语，但辨肯心，何苦疑难？"

　　问："念佛门中停五念，通五障，清五浊，戒身、口、意，一动静语默痴寐，然入于无心真如门，程节烦琐未得捷径顿入，幸为垂示？"曰："汝欲捷径顿入之念，是障是浊，故戒汝身、口、意。一汝动静，等待汝众念不能起时，是名无心念佛，从无心三昧中，豁开极乐正眼，是名真如念佛也。然一句阿弥陀，未尝有许多程节，始也阿弥陀，终也阿弥陀，不容丝毫异念，是乃一行真如三昧也。子欲捷径顿入，但念阿弥陀，莫作闲思计较，庶不相欺也。"

又有论三教异同一篇，不过语三教一致之时代思想。

第三节 儿庵慧藏

与应允同时有大兴寺之儿庵慧藏，本号莲坡，字无尽，寒琴县金氏子。幼剃发于大苍寺（今大兴寺），就月松再观受具，依春溪天默。天默淹贯外典，惠藏学之数年，长广受佛书，历事莲潭有一、云潭鼎驲二十七载，拈香于晶岩即圆，即逍遥之宗，华岳文信嫡传也。至年三十，为海南头轮山大兴寺会之主盟，会者百有余人。藏酷好《周易》《论语》，究索深旨，又精校研磨历律，性理之书，非俗儒之所及，于内典好《楞严》《起信》，灶经厕咒未挂于唇。纯祖王十一年（清嘉庆十六年，公元 1811 年）入寂，寿四十。（《儿庵集附录》，第 15—16 页右）

惠藏关于《周易》之见解，见《儿庵集》卷三《钟鸣录》，就《论语》之意见，亦载同录。次同书载《楞严绪言》，见当时丛林弊风之甚，有丛林行之作。

> 丛林禅子数无央，头白齿黄走诸方。
> 口诵赵州狗子话，高竖竹枝倚绳床。
> 三藏经文尽抛弃，不识玄津空赑屃。
> 嚼蜡如蔗希顿悟，十个五双只坐睡。
> 禅家顶针在我空，空腹高心最儱侗。

夜虹夏雪谁得见，如今异派乱宗风。

少林面壁虽奇绝，圭峰笺注那可阙。

自是真如不二门，莫向虚空棒打月。

　　《儿庵集》卷一所录诗，无一仿佛禅僧之风格者。儿庵于大兴寺大开化门，庵有史眼（不猥记），依彼加于《大苞志》（大兴寺史也）之批注可知。《大苞志》记为玩虎尹（一作伦）祐鉴定，儿庵慧藏留授。又顺便言及大兴寺《挽日庵记》，并《大苞志》二书皆丁茶山亲笔留大兴寺，茶山又作《大东禅教考》。

　　据《东师列传》卷四，惠藏之师晶岩即圆，字离隅，灵岩（全罗南道）人。年十六出家，受学于松坡觉暄、莲潭有一。三十从松坡授法。四十参禅九峰。清乾隆五十九年（正宗王十八年）寂，寿五十七。晶岩虽领众说经，而其心专以慈悲为务，一日有丐者至，众憎其多虱，出之户外，晶岩引入丈室温处之，同衿而宿。有乞人数十，会于松旨之市，约曰："有往得谷于晶岩禅师之室中者，众共弃不齿。"其以舍施名如此。

第四节　影波圣奎与玩虎伦佑

　　涵月之嗣有影波圣奎，字晦隐，姓全氏，陕川（庆尚南道）人。清雍正六年（英祖王四年）生，年十五读书清凉庵，供佛时，见诸僧之回旋膜拜，发出世之志。越四年，辞家投涌泉寺，唤应爱之令削染，又授戒律，自是历参海峰、燕岩、龙坡、影虚诸师。一日忽云："释门阐教者以顿悟为先。"乃设斋金刚台，祈观音法力，感得《华严经》。越九年，黄山退隐一见契心，授以《华严》全部，探重玄之理，究众妙之旨三十年。从清乾隆四十三年至四十六年诵大悲咒十万遍，以为日课。先是清乾隆十九年以后，参雪坡、涵月二和尚，得《华严》与禅之要领，从涵月传授信衣。清嘉庆十七年（纯祖王十二年，公元1812年）寂，寿八十五。

影波之法系，碑记谓从西山六世，即如下：

清虚——鞭羊——枫潭——月潭——唤醒——涵月——影波

莲潭有一之嗣有白莲祷演（清嘉庆十二年，寂寿七十一），演之嗣为玩虎伦佑（清道光六年寂，寿六十九）。佑以清嘉庆二十二年（纯祖王十七年）至汉阳，于庆州祇林寺造千佛，七月起工，泊十月成。搭二船十月二十三日出帆，到东莱五六岛，遇大风，一船漂流至日本长崎。翌二十三年，从日本发船，七月十四日达釜山镇之前洋，从莞岛（全罗南道）院洞之大津江上陆，达海南大兴寺。十五日以千佛奉安于新造之法堂。伦佑之门富英灵之汉，圣默德行、缟衣、荷衣、焕峰言语、中和、灵瑞、政事雪岩、痴庵，华潭文学、草衣，如孔子之四科十哲。

缟衣始悟，俗姓丁氏，同福赤壁（全罗南道宝城郡）人，以正宗王二年（清乾隆四十三年）生。年十六入和顺（全罗南道和顺郡）之万渊寺。清嘉庆元年，年十九从白莲剃染受具。二十七参莲潭，次学于玩虎、朗岩诸师，往来诸山，通晓《起信》《般若》《圆觉》《华严》等。纯祖王十二年（清嘉庆十七年），拈香于玩虎之室。十七年（清嘉庆二十二年），侍玩虎往庆州祇林寺造千佛，归路漂流至日本长崎，翌年还寺。李太王五年（明治元年）寂，春秋九十一，自述《行状》一卷、《见闻录》一卷，与缟衣、荷衣（名正持，玩虎之子，清咸丰二年壬子寂，寿七十四）、草衣，共有三衣之荣称。

海南大兴寺即兴轮小大芚寺，而大芚，山名，就其创立，难知其正确之年时。湖南诸寺多当新罗第四十九宪康王、第五十定康王、第五十一真圣王、第五十二孝恭王时代所开创，而大兴寺之创立云为高丽道诜之时。南宋淳祐中，高丽真静国师驻此寺，本寺有十二宗师、十二讲师。十二宗师是第一枫潭、第二醉如、第三月渚、第四华岳、第五雪岩、第六唤醒、第七碧霞大愚（康熙十五年生，乾隆癸未寂，寿八十八）、第八雪峰怀净（康熙十六年生，乾隆戊午寂，寿六十二）、第九霜月玺箬、第十虎岩体净、第十一涵月海源、第十二莲潭有一。十二讲师是万化圆悟（虎岩之嗣，康熙甲戌生，乾隆戊寅寂，寿六十五）、燕海广悦（虎岩之子）、灵谷永愚（虎岩之嗣）、影波圣奎（涵月之子）、云潭鼎驲（云潭之嗣）、退庵泰瑾（雪坡之子）、碧潭幸仁（浮休之裔）、锦州福慧（华岳之曾孙）、玩虎尹祐（莲潭之孙）、懒庵胜济（逍遥之裔）、朗岩示演（华岳之曾孙）、儿庵惠藏（雪峰之曾孙）是也。

第五节　华岳知濯

知濯，俗姓韩氏，清州人，清乾隆十五年（英祖王二十六年）生。早岁投见佛山江西寺性鹏出尘，见涵月、玩月二老，留于金刚宝盖，又居三角，号三峰。清道光十九年（宪宗王五年，公元1839年），入寂于长安寺地藏庵，报龄九十，临终偈云："穷劫历修诸善行，万法归一一归空。自家本事未成就，九十年光幻梦中。"法系如下：

　　　西山——鞭羊——月潭——唤醒——涵月——玩月——汉岩——华岳。

有《三峰集》门人所编次，集中诗偈，有示禅僧之风格者，与人云：

乐则行之随处住，幻身空矣即心斋。

终为白发无求世，早透玄关久忘怀。

法界一门工几许，人间多歧势参差。

悄然往彼深藏地，物外真贤幸得偕。

题《至乐》偈：

穷小得而喜，轮王失则忧。庸夫宠荣乐，英雄穷辱愁。

得失一幻梦，宠辱双悬疣。死生横业海，起灭换浮沤。

富贵及贫贱，从古埋荒丘。大块将消尽，乔松一髑髅。

世乐何耽着，吾所未曾求。这里谁真假，一梦蝶与周。

君不见无生乐，至人又一游。又不见法界乐，寂照心常留。

此乐非外得，世人胡不由。大明天地内，盲者转坑沟。

为君说不尽，声色空悠悠。兀然旷漠处，浩劫弹指收。

归去碧岑外，谁能参我谋。

如所云胸次所藏之不寻常可知。又题《赠雄长老求语》云：

大千量等大经卷，常在舌头常说言。

抖擞风雷惊海岳，高明日月照乾坤。

凝心顿入难思境，鸣指打开无尽门。

妙用神通非外得，法身元我六和根。

《授清信女极乐愿》之偈云：

> 信发往生极乐愿，弥陀佛有度生愿。
> 一真法界圣凡同，真法界中立大愿。

由此可知知濯关于净业之意见，《示仁城禅子》偈云：

> 佛祖安身立命处，人人本有甚奇哉。
> 无奇无处大男子，高步毗庐顶上来。

如所示，足示其见地之不凡。尝论诸佛与众生之为同一心云：

> 众生心与诸佛正觉之心一体无二也，诸佛大光明自诸佛正
> 觉心中流出也。众生爝火光自众生心流出也，正觉心与众生心一
> 体无二，则大光明与一点灯有何别也。在诸佛则为大光明，在众
> 生则为一点灯也，其所以为光明之性则一也。

第六节 华潭敬和、雷默等麟与白坡亘璇

第二十五主宪宗王（自清道光十五年，仁孝天皇天保六年，公元1835年，至同二十九年，孝明天皇嘉永二年，公元1849年）五年，命禁天主教，并斩其沉醉者。先是法国人范世享、罗伯多禄、郑厓角博尹三人，韩人刘进吉导之东来，为教主传道，至是被捕伏法。（《国朝宝鉴》卷八十四，第248页）

代宪宗王登王位者为第二十五主哲宗王（自清道光三十年，孝明天皇嘉永三年，公元1850年，至同同治二年，同文久三年，公元1863年），华潭敬和、雷默等麟、白坡亘璇等演化于是时。

敬和，禅号示众，教号华潭，姓朴，密阳（庆尚南道）人，以乾隆丙午（五十一年，正祖王七年）生。年十八就杨州（京畿道）华阳寺之月华性赞剃染，于宝盖山石台庵从弄月栗峰受戒，而其受法于华岳堂知濯，尔后飞锡云游，为华严大会之主。从乙亥（清嘉庆二十年）始，名山法席五十五，凡八十三会，昼宥不离袈裟，胁不至席四十年。于湖南知异山逢瑞凤斗玉，学得《拈颂》格外之法，多住关东（江原道）宝盖山石台庵阅《华严》《涅槃》诸经，梦嚼月之异。尝于《金刚》之摩诃衍说夜大教，梦击文殊、普贤之大金钟，见其声振万瀑。于岭南（庆尚道）海印寺坐禅，得"我今解了如来性，如来今在我身中。我与如来无差别，如来即是我真如"之语，忽然大悟曰："此非梦中作，而我则已局局睡矣。"读经之暇，演偈颂六十七品，后入加平（京畿道）之云岳山悬灯寺，教徒众专精定慧，时年六十三。戊申（清道光二十八年，公元1848年），召弟子告示寂，门人慧昭请十念，乃微哂曰："小乘着于念句。"索笔书归寂之诗而化，法系如下：

西山——鞭羊——枫潭——月潭——唤醒——涵月——玩月——汉岩——华岳——华潭。（《三峰集》附录塔碑并《行状》）

据《雷默行状》（映虚善影撰），等麟，字君瑞颜，俗姓金氏，关北安边人，其居处号雷默堂。英祖王二十年（清乾隆九年）生于本府之访花山丰村里。年十二，遭亲丧，从龟潭堂静演出家。十四剃发于释王寺，受具于翠松堂明慧，从学于玩月堂轨泓，再学于翠云、影波、影月等，嗣法于玩月，时年二十八。由是张化于高原之梁泉、杨州之佛岩、黄龙之石泉、雪峰之释王、道峰之圆通、水落之兴国等，晚年住释王，禅教双举，弟子殆近千人。纯祖二十五年（清道光五年，公元1825年）三月初三日寂，春秋八十二。

次当代大宗匠白坡亘璇，湖南茂长县（全罗北道）人，姓李氏。

十二岁就本县禅隐（一作云）寺之诗宪得度，幼颖悟，参学大经，安居楚山（平安北道）之龙门庵开通心地，进于方丈山（知异）灵源庵受西来宗旨于雪坡尚彦，归灵龟山龟岩寺（全罗北道南原郡），法统系于雪峰日，开堂于清道之白羊山云门庵，讲众常百十。至纯祖王三十年（清道光十年）移钵龟岩寺，重创法宇，大开禅讲法会，来学云从，俨然禅门中兴之主。哲宗王三年（清咸丰二年，公元 1852 年）示寂，年八十六。亘璇于华严禅，称得其精髓，著书等身，行世者有《定慧结社文》《禅文手镜》《法宝坛经要解》《五宗纲要私记》《禅门拈颂私记》《金刚八解镜》《高峰禅要私记》《龟鉴集》等。金刚山神溪寺藏白坡著《太古歌释》及《识智辨说》二书，法系是唤醒志安、虎岩体净、雪坡尚彦、退庵、雪峰日、白坡亘璇。

第七节　亘璇之《定慧结社文》

亘璇之《定慧结社文》，善能示著者之力量，其要云：

第一，参学要在眼目真正，一切诸法无非不思议法界，六相圆融，十玄具足，言语道断，心行处灭也。以正眼观之，则一切净法，以邪眼观之，则一切染法而已。譬如牛饮水则成乳，蛇饮水则成毒，以是真修行贵正眼目。第二，正辨正眼令生正信。牧牛子、圭峰、正眼圆妙二师之宗云，法有不变随缘，人有顿悟、渐修，一藏经论之指归都不出此，且格外之禅法亦不出此。明暗杀活，偏正体用，无他皆不变随缘，但教是死句，禅是活句，若心性本净，烦恼本空，顿悟此心即佛，依之修行名最上乘禅，念念修习，自然渐得百千三昧，若能如是信解，名为正眼。第三，于诸方便禅定最要。诸法唯识之所现，但除识心则生死自绝，真性自现，除识心之方便，禅定为最妙。第四，略引公案以为榜样。荷泽知解末亡，死句悟入，故为义理禅之宗主。南岳彻悟心体，活句悟入，故为祖师禅之宗主。青原彻悟千圣不传之向上一路，亦活句悟入，为如来禅之宗主。如来禅者，山山水水法法全真，祖师禅者，和根拔去没巴鼻也。如经云，若见诸相非相即见如来，是如来禅也。法眼云，若见诸相非相即不见如来，是祖师禅也。第五，先以寂寂治于缘虑，了三世空寂，入梦幻三昧，无念三昧是十方诸佛祖一路涅槃门。第六，以惺惺切心参句，无念空寂之中，以自心现前一念，参商格外没滋味之活句，是参究之最亲切处。第七，初虽静坐实通四仪，经论多说坐，成易故也。亦通行住等，久而纯熟故也。正身端坐、调身、调心。第八，料拣念佛结劝修心。若是大心之众生，则依此最上乘法门信解，虽处三界内，非无法性净土，或有行者以空观推破内心外境，虽求念佛往生，而知心外无净土，不违念念寂知之性，如是观行双照，心佛双亡。双亡定也，双照慧也，定慧既均，何心非佛，何佛非心。心佛既然，无非依正万境三昧，是一行三昧也。若是如无慧目而称佛者不足辨。第九，对辨权实切劝修心。信解心性本净，烦恼本空之体中玄，然后更以没滋味、没摸索之句中玄参究而得见性，不得以礼忏、造像、转经等之痴福为事。第十，叹世无常切责名利。应当知，世乐非久，正法难闻，岂求各利虚费一生哉。第十一，劝成二利引示功德。《文殊偈》云，"若人静坐一须臾，胜造河沙七宝塔。宝塔毕竟碎为尘，一念净心成正觉。"第十二，若无定力难免轮回。不安禅静虑，则死为孤魂受轮回之苦。第十三，示学者真正行履。兀然端坐不取外相，摄心内照而惺寂等持，此时取舍俱丧，是非顿融，非无不思议解脱。第十四，示唯人修激令发心。趣菩提者，唯人道耳，此身不向今生度，更向何生度此身。第十五，追论前因叹世不信。因过去业，受轮回苦，今值人生，庆幸无过于此。今人饥逢王膳，不知下口，岂不悲哉。第十六，反验信者必为上根。闻此法而信解受持者最上根人也。第十七，既信此法，决心究竟。修道之人，今既到宝所，不可空手还，登山务须到顶，入海务须到底。第十八，对辨三教以显正理。观三教其指归无非去情显性，儒崇有而滞于常见，老宾无而溺于断坑，尚未尽有无之情累，不有不无，双照双遮，荡尽情累而显中道佛教也。天下无二道，圣人无二心，儒之五常即佛之五戒，佛之无我、无人即儒之毋意、毋必、毋固、毋我也，儒之明德即佛之妙精明心也，儒之寂然不动感而遂通，佛之常寂常照也。第十九，略述鄙怀结劝同修。余妙年投身祖域，遍参讲肆，而终日数他宝无自半钱之分。乃乙亥之秋（清嘉庆二十年，纯祖十五年），舍众入山，习定均慧，已八年，未得休歇之地。乃辛巳（清道光元年，纯祖王二十一年）春，游金刚、五台等名胜，参见知识，韶隐古庐，誓以壁见终残年，时有二三法侣，请撰集结社规文垂将来，便于一藏了义经论及历代祖师言句中，集切于参决者，曰《修禅结社文》，务顿悟自性，不外驰求，以为同修者禅余龟镜。

上叙《结社文》乃清道光二年壬午（纯祖王二十二年，公元1822年）所作，添以社中规绳，一急务顿悟自性，不坚执礼佛、转经等；一以度生为念；一严守净戒；一以忍辱处逆之境；一乞食自活；一老病者一会之法侣养之，一会中不清净者除名出之。

第八节 白坡之禅旨

亘璇于教以不思议法界为旨，于禅以顿悟自性为宗，可谓善得禅教之妙谛，跋文云：

师（亘璇）博究经传，疏释开导，《拈颂》《禅要》《坛经》《金刚》，尤得妙解。

盖其为适评欤？以吾人观之，璇之心要是掬荷泽、圭峰、牧牛之流，故云：

> 荷泽云：心境空寂，灵知不昧，即此空寂灵知，本来是佛，离此心外，无别佛也。

提倡本来成佛之第一义，是达摩正宗之骨髓也。但以坐禅为除识知恶觉之方便。

> 除识方便，禅定一门，尤为最妙。（《结社文》，第14页左）

所云大失祖师门下禅定之宗旨。又观璇之心要工夫一仿大慧者，故云：

> 今约主人公话，略示参究之榜样……外息诸缘，内心无喘，心如墙壁，然后向虚空里，拈来一物，是什么？着得心头尽力提起曰："果是个什么？"常于十二时中，惺惺起疑而不昧，四威仪内，密密回光而返照，如猫捕鼠（心眼不动），如鸡抱卵（暖气相续），又如当死罪人越狱逃走（不避除难，勇猛直前），亦如蚊子上铁牛相似（尽其伎俩）。惺切最要也，第一不得扬在无事匣里，不得向意根下卜度……眼定而心定，心定而身定，身定切不得转眼动晴，纵意马之害群，任情猿之矫树也……才觉昏散时，竖起

脊梁，咬定牙关，瞠眉竖目，冷却面皮，抖擞精神。(《结社文》，
第22—23页左)

皆是从大慧书中取来的言语也。

第九节 白坡之异说

又说灵魂之不灭云：

> 心有二，一肉团心，此则果与身就尽者也。二坚实心，即不
> 生不灭之真明也。(同上书，45页左)

与涵虚得道用同一之言以肉团之心脏为心，认为无常。此外信有不生
不灭之心常在，而至于祖门身心一体之大义则措而不问。又仿涵虚之
言云：

> 夫神之于形，犹人之于屋也，屋倒而人不得住，形谢而人不
> 可留也。(同上书，第46页)

是正先尼外道之见，从上祖师之所呵。又云：

> 六祖示众云："有一物，上拄天，下拄地(彻上彻下)，明如
> 日(用)，黑如漆(机)，常在动用中(一切处披露分明)，动用中
> 收不得(一切处摸索不着)，汝等诸人唤作什么？"神会童子时年
> 十三，出众云："诸佛之本源，神会之佛性。"祖曰："我唤作一物

尚不中,那堪唤作本源佛性,汝他后没有把茅盖头,只作得个知解宗徒。"(同上书,第16页右)

是非六祖之言,《坛经》中无如是文字,盖添糅伪言而作为古则者。

又云:

> 其门下(南岳)出临济、云门、沩仰、法眼四宗,而道播天下。(同上书,第17页右)

是乃传承中国当时禅僧之伪谬者。又信三处传心之妄说云:

> 格外禅法亦不出此三处传中,分座不变也,拈花随缘也,椁示双趺二义齐示也。(同上书,第12页右)

三处传心之妄谈,加以不变随缘之配当,空中架楼之已甚也。且璇以南岳为祖师禅之宗主,以青原为如来禅之宗主,判定不实。璇谈三教一致之旨,欲以缓和儒士之排佛,是虽中国传来这时代思想,又坐于其见地之凡庸。

> 夫子曰:"予欲无言,天何言哉?"岂非世尊七日掩关,达摩九载面壁之消息耶?(同上书,第47页左)

如是,非忠于道者之言论也。

第十节　白坡之念佛观

璇以西方往生为非真乘,《识智辨说》中云:

> 或有愿离火宅而生净土者, 完是厌下苦粗障, 欣上净妙利之人天六事行也。尚不知染净一致, 何足与论心净、国土净之最上乘乎?(《识智辨说》, 第 2 页右)

又:

> 念者人人现前一念也, 佛者人人本觉真性也, 现前一念觉悟本觉真性, 即是可谓上根人念佛也。(《三根念佛辨》)

所云合于西来密旨。举当时佛教之弊习云:

> 内抱贪瞋毒蛇, 而外修礼念等行, 要免阎罗铁棒。(同上)

又云:

> 内抱名闻利养之心, 善恶因果都不挂念, 但以日中长坐、转经、礼忏等着相蒸沙行, 以为最上乘。到处丛林, 成群聚党, 诈现威仪, 或称佛后身, 又称肉身菩萨, 诳惑信心男女。(同上书, 第 2 页左)

> 认着门头户口光影, 自以为见性, 而饮酒食肉, 不碍菩提,

行盗行淫，无妨般若……此等辈，真所谓秽蜗螺，自秽秽他，亦是一盲引众盲，入火坑也。(同上)

由此可知佛徒堕落之一斑。

第十一节　白坡之《禅文手镜》

《禅文手镜》开卷第一云：

临济三句者，一代禅教诠旨，无不该摄，故名蕴总三句。(《禅文手镜》，第1页右)

又云：

凡欲寻究禅门语句者，必须先求《人天眼目》《五宗纲要》《禅门纲要》为先，究此三句义相，昭然无疑。然后当于《拈颂》《传灯》四集等语句，以此三句一一拖照，言言句句，了然昭著。(同上)

即璇欲以《人天眼目》《五宗纲要》《禅门纲要》等为权证，明临济三句之义相。《人天眼目》为杜撰，不足取，世既有定论。《五宗纲要》《禅门纲要》，其禅学上之价值，又与《眼目》无大差别，璇以之为秤衡，欲以三句概括计较一切禅教，其不免牵强附会自始已明。以三句配三禅云：

若第一句荐得堪与佛祖为师(祖师禅)，第二句荐得堪与人

天为师（如来禅），第三句荐得自救不了（义理禅）。（同上书，第
1页左）

更解之云：

> 中士闻则如印印水而有二种不同，沩仰、法眼宗人荐得三玄
> （有）及本分一句（空），曹洞宗人荐得权实向上，而俱有尊贵头
> 角，则但见真空未得成佛，故但为人天师。（同上）

如是判临济为第一句祖师禅，沩仰、法眼、曹洞为第二句如来
禅。璇不知临济三句之意，又不通沩仰、法眼、曹洞之宗义如是。而
出三句之图如下：

第一句		第二句		第三句
佛祖师	佛祖嫡子 三、祖师禅	佛祖嫡子 二、如来禅、人天师 〇格外禅		三种禅 佛祖孽子 一、义理禅自救不了
杀活齐示 三、椎示双趺 〇三、三拜得髓	活人剑 二、举拈花 〇二、觅心不得	如来三处传心 〇达摩三传杀人刀 一、分半座真金铺 〇一、诸缘已断		未入三处
本分真如	新薰三句	宗门向上	新薰三句 本分一句	但新无本

续表

第一句		第二句		第三句
向上一窍	向下三要 一、大机圆应 二、大用直截 三、机用齐施		三玄 一、体中玄 二、句中玄 三、玄中玄	隔别三句 一、有句 二、无句 三、中句
四、证自证分	八识三分 一、见分 二、相分 三、自证分	向上	权实三句 权句 实句 中句	
四、照用不同时	四照用 一、先照后用 二、先用后照 三、照用同时	别置一句	云门三句 一、随波逐浪 二、截断众流 三、函盖乾坤	渐修 顿悟 修悟一时
四、一喝不作一喝用	四喝 一、金刚宝剑喝 二、狮子踞地喝 三、探竿影草喝	上 上 上 上	中正偏 中体用 中古今 中悟迷	中理事 中位功 常见断见中
	云门三句 一、随波逐浪 二、截断众流通 三、函盖乾坤	上 上 上	中圣凡 途中家里一途 放行把定中	增益谤 损减谤 相违谤
随缘　不变	中活杀 中境心 中化证	第一义谛	俗谛 真谛 中道谛	
菩提　涅槃	中用体 中今古	斯亡	中证化	

第一句			第二句	第三句
常照	常寂	三宝 真佛 真法 真道	毗卢	三　圣 拾得 寒山 呵呵笑
双明	双暗	三身 法身 化身 报身		
双放	双收	三学 戒学 慧学 定学		
知见香	解脱香	五分法身 戒香 慧香 定香		
妙有	真空	妙有	真空	
染缘起 净缘起	毗卢	三圣 寒山 拾得 呵呵笑		
三要 大机圆应 大用直截 机用齐施	向上	青山 白云 中		
		箭后路 〇空印	一镞	三关 〇水印	三关 〇三印 〇泥印

第一句			第二句		第三句
向上三宝 真佛 真法 真道 ——— 向上三身 法身 化身 报身		四、人境俱不夺	三、人境两俱夺	二、夺境不夺人	四料拣 一、夺人不夺境
○三、圆成 四、主中主	○二、依他 三、主中宾			○遍计 二、宾中主	三性 ○一、遍计 四宾主 一、宾中宾
五宗向上无传	五派皆传授	四、云门宗。明截断多明大用直截 五、临济宗。明机用具明三要	三、曹洞宗。明向上超出今本三句	五派宗旨 一、法眼宗。明唯心偏明本分一句 二、沩仰宗。明体用圆明今本三句	未入格外禅荷泽宗。明悟修但新无本
成佛	见性	直指人心	不立文字		达摩西来意 建立文字
一切禅文，山是山，水是水。柱杖子，但唤作柱杖子等一一端端的的节		一切禅文，佛也安，祖也安，及总赏、总罚等	下皆教外别传。一切禅文，威音那边，更那边及梦觉一如等		配一代禅教，一切禅文，悟修、新薰节，及北秀与一代藏教

以五家配当三句，甚以寒山、拾得、呵呵笑配第二句与第一句，不觉令人呵呵大笑。《杀活辨》中云：

> 三处传中，第一分座（真空）杀人刀，即三句中第二句，本分及向上，则但传不变真如，唯杀无活故，青原得之为六祖傍传也。（《禅文手镜》，第 11 页右）

三处传心之说既妄，况杀活之有无云云哉。至云青原得之为六祖之傍传，似曲解矣。又云：

> 第二处拈花（妙有）活人剑即第一句，机（杀）、用（活）三要及向上真空（杀活双暗）、妙有（杀活双明）则具足杀活（三要）、双暗双明（向上），故南岳得之为六祖正传也。（同上书，第 11 页右）

以分座断为唯杀而无活，以拈花为杀活双具，前者判为青原之境涯，后者为南岳之证入，古今禅史未有如是之独断。《三性说》中云：

> 义理禅……为遍计妄情，如来禅……亦是识情，故又为遍计妄情。祖师禅三要……为依他起性，向上一窍本分真如……为圆成实性。（同上书，第 12—13 页右）

然则如沩仰、法眼、曹洞乃堕于遍计妄情，何其盲判太甚？配《金刚》四句偈云：

凡所有相句，三玄中用中玄及义理禅有句也。皆是虚妄句，体中玄及无句也。若见诸相非相句，玄中玄及中句也。即见如来句，本分一句也……四句偈圆具三禅，故六百部《般若》乃至一代禅教大意无不包含……达摩云《金刚》《楞伽》是我心要。（同上书，第14—15页右）

以三玄为用中玄、体中玄、玄中玄，是后世之妄谈也，临济无此语，况以之判《金刚》《般若》之偈耶？达摩云《金刚》《楞伽》是我心要，此语果出何典？达摩三处传心之条句中附会释尊与迦叶三处传心之说，而云达摩与二祖之三处传心，是架空中之架空也。最后论喝云：

斗（喝声）予曾未知喝声形容，亦无可问处，心常慨然，忽得破伤语录于小片中。有此喝声，如暗得得灯，特书以传，然四喝形容想必不同，无从可考可叹。（同上书，第20页左）

可谓滑稽之上乘。

璇有《看堂论》，载《作法龟鉴》下，论丛林日用之做法，一一附会三玄、三要、三处传心、三禅、三关、三句等。璇之三句图为后世议论之目标亦不足怪也。

璇之《五宗纲要私记》，亦与《禅门手镜》用同一之妄判。清道光十九年（宪宗王五年）所著《天目高峰和尚禅要私记》自跋云：

行年七十有三，而尚未得打破漆桶，以续祖焰，但以消文释义，增长邪见，还顾脚下，岂不可怜乎？

有辑录白坡之著，题为《少林通方正眼》之一卷书，答洪参奉（在爁）来书附答儒之破佛，答金参判（正喜）中辩破金氏之论议，以明三句、三处传心，明经论之本旨，凡九条。答华隐长老中有就《禅文手镜》之论争。《禅文手镜》有诗如下：

逐旋捏合成块字，吞吐与人作醍醐。

无文印字还文字，目盲活眼揾苗多。

但若文字是常见（有句），驴年可得成去。

但无文字是断见（无句），焚烧善根可怜生。

亦有亦无小儿戏（两亦句），魑魅魍魉遍大地。

非有非无无脚跟（双非句），随风飔荡何时休。

评四句别执故，四面如大火聚皆不可入。次又颂四句如下：

不离文字是活眼（有），石人夜听水鸡声。

不即文字难能手（无），道火不曾烧却口。

亦离亦即圆通门（双亦），悬崖撒手大夫儿。

不即不离出格外（双非），春花满地子规啼。

评四句相即故四面如清凉池，皆可入。

第十五章　草衣意恂与优昙洪基

李太王之代，草衣意恂学通内外，于禅教具一只眼。恂痛击白坡之误谬，作《四辨漫语》。与恂同时有海鹏展翎，为湖南七高朋之一。枕暝翰醒、优昙洪基，亦现头角于教界，后者著《禅门证正录》，以破白坡。

第一节　草衣意恂之行业

第二十七主李太王（自清同治三年，孝明天皇元治元年，公元1869年，至光绪三十二年，明治三十九年，公元1906年）即位，大院君是应摄政。王之三年，以白坡之宗旨背于古义起而痛击之者草衣意恂入寂。意恂（一作询），字中孚，草衣又号一枝庵，务安（全罗南道）张氏子，以清乾隆五十一年生。年十五投南平（罗州）云兴寺，依碧峰敏性剃染。十九过月出山，爱其奇秀，不觉纵步独跻其巅，望见满月之出海，所感大观也。遍参知识，学通三藏，拈香于玩虎，受禅于金潭（莲潭之子），演教之余，兼学梵字。又善写神像入道子之室，师丁若镛受儒书，习诗赋，精通教理，恢拓禅境。遍参后，历京都诸山，与洪奭周（海居）、申纬（紫霞）、金正喜（秋史）游，相与唱酬，声名噪一时。仍晦迹头轮山顶，结一小庵，匾曰"一枝"，独处止观四十余年。或问："子专于禅者乎?"恂曰："机苟不利，则专于禅，与专于教，无以异也。吾何苦为此哉？"白坡亘璇隐于白羊山（全罗南道长城郡）年八十余，自云从十六岁投禅，未尝一念退转，每演临济玄要，分贴机用，以为悟彻，恂因辨白坡之误。清同治五年（李太王三年，公元1866年）入寂，年八十一。（《东师列传》卷四）

意恂之著有《草衣集》二卷、《东茶颂》一卷、《一枝庵遗稿》等。

第二节　草衣之《漫语》

意恂有禅门《四辨漫语》，尝遇木浮山六隐老人（白坡）之法孙某，闻六隐之禅论，其《禅文手镜》《五宗纲要记》，指摘其反于古义者，足以察其见地。其劈头云：

> 六隐老人云，分座之杀，但杀无活，故为如来禅。拈花之活，兼杀故，具足机用，而为祖师禅。

> 六隐谓多子塔前之分座有杀无活，故为如来禅。灵山之拈花杀活俱兼，故为祖师禅。恂非文云：

> 三处传心中，分座传杀，拈花传活，示趺杀活齐示，此龟谷老之言。

指摘六隐之论皆于龟谷之说，进而以为杀活机用、体用之相资不离。云：

> 传杀必兼于活，传活必兼于杀，此必然之理也。

断言：

古德云，祖师西来特唱此事……持王子宝刀，用本分手段，杀人活人，得大自在……若分座果是单杀，是世尊非好手也。青源单传杀而不知活，则青源亦非好手也，岂有此理哉？

又云：

六隐老人曰，禅有三种，一祖师禅，对上根故，一一言句，如印印空……二如来禅，对中根故，一一言句，如印印水……三义理禅，但此今时建化门中，对下根故，一一言句，如印印泥……此三禅配临济三句，一祖师禅即第一句也，既具机用，杀活兼全，故第一句荐得，与祖佛为师。二如来禅，即第二句，但杀无活，故云第二句荐得，与人天为师。三义理禅，第三句，但新无本，故此句荐得，自救不了。

是以三禅配三根三印，更牵合临济三句之说也。恂破之，驳谓接上根不以言句，以言句对机则非上根，然六隐谓对上根一一言句如印印空，是自语相违也，论如来禅、义理禅之名称不合古义。且就三句说破：

夫第一句，主宾不分，言说未出，真宗独露之活句也。荐此句者，直透威音以前，毗卢向上，所以为佛祖之师也。第二句，分释未容拟议处，言说乍兴，真宗将隐，此不死不活之句。荐此句者，因言教之方便，悟离言之实相，所以为人天之师也。第三句指陈三要之机用，开释三玄之权实，荐此句者，只是滞他言句，认他光影，所以自求（译者按，疑"救"）之不了也。

进云：

> 又古德云，凡三句、三玄、三要之谓三者，如体、用、中三般面目是也。在第一句中为三要。三要者，大机大用，机用齐施也。在第二句中为三玄。三玄者，体中玄，用中玄，玄中玄。在第三句中为三句。三句者，第一句、第二句并本句为三句也。

所云颇为奇异之说。又云：

> 夫玄与要，如临镜者之形影相资，无所缺剩。自家宗师，将此三者，向第一句中用之，则一一绝诸对待，故转玄名要，如影即形。向第二句中施设，则完成格则，转要名玄，如形即影。而其三者，本不移易也。

次引证云：

> 崇齐惠公解三要云，第一要大机圆应，第二要大用全彰，第三要机用齐施，与照用同时，特名异耳。

可知其有所据。最后：

> 临济示众云，大凡演畅宗乘，一句中须具三玄门，一玄门须具三要，有权有实，有照有用。此言一句，指第三句也，何以知其然，盖不演畅则已，如其演畅，则便当第三句也。
>
> 故演畅之时，三玄便具于此句（第三句）中，是谓一句中具

三玄也。玄是要之影，要乃玄之形，影之所在，形必具焉，故随举一玄，便具三要，是谓一玄门具三要也。有权有实者三玄也，有照有用三要也，此结指玄要之在第三句也。（一愚曰："照用是要，当第一句，权实是玄，当第二句，又当第三句。"）

结论为反对六隐之说之证。又云：

> 六隐老曰，二禅若配五宗，则祖师禅，则临济、云门二宗。临济宗，具足机用，故为祖师禅正脉，云门宗但明截断，而未能现说机用，故不及临济宗也。如来禅即曹洞、沩仰、法眼三宗，于中曹洞宗洞明向上，而穷尽真金铺，故为如来禅正脉。沩仰宗但明体用，而未明向上，而未尽真金铺，故不及曹洞宗。法眼但明唯心，则唯摄用归体，故亦不及沩仰宗也。

恂破此执见云：

> 云门但明截断，而未能现机用，故未及临济。然则，离机用外，别有截断随波，离截断随波外，别有机用乎，是诚执言而迷义者也。

说临济之机用与云门之截断随波，若不二无别则不可有优劣之存。
又：

> 世尊未曾现说机，是世尊无机用也……若言云门未曾无乎机用，以其不现说，故不及于临济，云则是佛与祖师，皆不及于临

济，而不足为祖宗也。

即反驳如言云门不现说机用，故不及临济，则佛亦不现说机用，故为无机用而不及临济乎。

> 仰山是第二祖阿难尊者后身西天罗汉，时时特来问法，呼谓小释迦。然犹不知如来禅之向上，呜呼，苦哉，小言之害道也。

引关于仰山之传说，论证沩仰与曹洞之无优劣，沩山是小释迦之师，洞山参沩山，问无情说法之话，洞山之师云岩亦参沩山，闻悟绝渗漏之义，然则曹洞之渊源在沩山。

> 后人都不知此，而但看《人天眼目》一书，妄判二宗之优劣，如此倒置无稽之甚也。

所说足见其眼识。且述事实，示如来禅、祖师禅之语，始于沩山。

> 沩山闻香岩击竹颂曰："此子彻也。"仰山往勘所悟，香岩呈"去年贫未是贫"之颂，仰山曰："如来禅许闲师弟会，祖师禅未梦见在。"香岩又呈颂曰："我有一机，瞬目视伊，若人不会，别唤沙弥。"于是仰山报沩山云："举看仰山（香岩乎）弟会祖师禅。"

又引法眼亦有祖师禅之语：

> 法眼云："若见诸相非相，则不见如来者是祖师禅。"

且示以棒喝之喧，不为禅之意云：

> 马祖因无业国师问："如何是祖师西来密传心印？"祖曰："正闹在，且去，别时来。"业一足才跨门，祖曰："大德。"却便回顾。祖曰："是什么？"业大悟。看马师接无业，极甚简要，无复后世人，棒喝踏捆恶气态半点，业师之领荷，亦甚径捷矣。

而棒喝踏捆，皆依马祖而被利用，不道后人被其害也。

第三节　《二禅来义》

意恂又作《二禅来义》，其中云：

> 牧牛子曰："禅门语句，只贵破执现宗，务要直截（接）悟入，不许繁辞注解，施设义理而知之。"

即引智讷之言，言不可堕于禅之教迹。并指摘三十三祖，即南岳青原以下大宗师尚未曾说如来禅、祖师禅之优劣，论其渊源，滥觞于仰山，是诚可谓有史实之确论。论及如来禅、祖师禅之区别，即引《楞伽经》云：

> 《楞伽经》云，何名如来禅？入佛地位，自证圣智三种乐，为诸众生作不思议事，是名如来禅。

以佛对众生说义理名字为如来禅。

> 祖师禅则不然，分半座而令坐，默无言而承当。举拈花而顾视，默无言而承当。露双趺而示之，默无言而承当。乃至百丈，因马祖之一喝，而耳聋无语，黄檗因百丈之传喝，而吐舌无语，此皆不因言教而默授密契者也。

论祖师禅若无言密契，则祖师禅之名亦无安着，是为教外别传，所以称为格外特得也，如是恂似欲以此峻别教与禅。又作《格外义理辨》云：

> 古者但有格外之言，未有格外禅之名，但有义理之言，未有义理禅之名。中古师家，欲晓学者，而始言之，曰凡不由言教，以心传心，谓之祖师禅。此之传受，迥出教格之外，亦可名格外禅。凡开言而说义，因言而证理，谓之如来禅。是由言教义理而悟入，亦可名义理禅。此格外禅、义理禅之所以立名之始也，故约人名如来禅、祖师禅，约法名义理禅、格外禅，此乃古丛林传来之通谈。

破六隐之说云：

> 六隐老之所辨言，依一愚（清风法师）而变易，一愚之所依言，从虎莲（虎岩莲潭）而变易。虎莲之所从一愚以三处传心，合为祖师禅，而配临济第一句。今以分座为但杀无活，以为如来禅，配第二句，以拈花示众谓兼杀活，以为祖师禅配第一句，此

非言则依于一愚，而义则反于一愚耶。虎莲二老亦以三处传心为祖师禅，而配第一句，不以分座为如来禅，以开说义理为如来禅，约人法而双名二禅，一如古丛林而无殊，今以如来禅为格外禅，却驳古人。

又论：

> 夫虎莲以上诸老宿，依一愚风法师而为准绳。一愚风法师，依古洪（古塔主洪觉范）二师，浮山远、仰山寂、汾阳、风穴诸古德而为准绳，既有反于一愚，则已上诸师亦不可谓不反矣。反于古而行于今，曾未之闻也。

难六隐背于古说。次就禅教之别道破：

> 古德云，禅是佛心，教是佛语，言由心发，故无异心之言，心是言本，故无异言之心，故悟心忘言，教为禅也，滞言迷心，禅为教也。古德云，若随语生解者，但说之于口，则非但三乘十二分教为教迹，灵鹫拈花，少林面壁，宗师玄言妙句，一棒一喝，亦皆是教迹，若不寻言，一直便透，得之于心，非但拈花面壁，是教外别传，三乘十二分教，乃至世间粗言细语，皆是向上一窍也。

是道破之。次论杀活，言杀体、活用，经所谓生灭灭已是杀，寂照现前是活，不是心，不是佛，不是物。杀，是心，是佛；活，断惑。杀，照真；活，杀无明贼是杀，现法身是活，文殊曰是药能杀人亦能活人是也。恂最后斥六隐关于真空妙有之谬说，而未出常谈之外，恐烦不录。

第四节　海鹏展翎

与意恂同时得默庵最讷之法印者有海鹏展翎（公元1826年，清道光六年寂），字天游，顺天（全罗南道）人。禅教并迎，文章珠联，德冠丛林，名闻士路，为湖南（全罗南北二道）七高朋之一，具衲僧风格。七高朋者，一、庐质，字秀甫，号荷亭，居咸阳。二、李学传，字季明，号复斋，居南原。三、金珏，字太和，号云卧，居咸阳。四、沈斗永，字七之，号永桥，居谷城。五、李三万，字十千，号强斋，居苍岩。六、释展翎，字天游，号海鹏，居仙岩寺。七、释意恂，字中孚，号草衣，居大芚寺。

海鹏著《壮游大方录》，注云："天地大方外，心地大方家。"乃作下图：

自是以下有百条之文，以孔子为方内圣者，以老子为方外仙者，以佛为方内外之佛者。

更说佛身云：

> 万像之中独露法身佛也。一切唯心，而即心即佛，则男女佛亦得，牛马佛亦得，尽乾坤大地佛亦得，尽十方三世佛亦得，乃至尽虚空遍法界，帝网重重无尽，天天地地、山山水水、人人个个、头头物物、花花草草、声声色色、尘尘刹刹佛一一得得者。

示真心即佛云：

> 真心本来廓彻大觉佛，……高超太极之先，迥出二仪之先，先天地而不老，后天地而不灭者。

进而合之儒说云：

> 天命谓性，率性谓道，之天性廓落，佛也。天性廓落同虚空，而人情覆蔽同云雾，故佛说大藏经文，使人人去其覆蔽之人情，得其廓落之天性。

合太极与佛性而云：

> 个个人人各具太极，天君本自天然。

附会达摩之廓然云：

廓然无圣之廓，落落大玄，玄佛也。身是虚哉，即身观空，心非实也。观心如幻，则幻化身心，空复空，无亦无，玄又玄者。

示清净法自云：

古佛祖未出以前有一大觉者，最初最清净一个圆融真心，即心即佛，清净法身也。

言及万法归一云：

万法归一，而后一亦归无，而无亦无，玄又玄。

判三教为：

儒家则大有门……佛家则大空门也。

断有为妄见以为：

人间有三道，佛道最高。

判释儒为穷理尽性而立身传名，老为修真练性而寡欲上仙，佛为明心见性，近立身而远成佛。次言及绝言之境云：

空王佛世界初何有言说，空王佛所亦何有传心之事耶？不面而默契，无声而冥符。

比较儒佛之行云:

> 百行具备而后可说君子,而孝行为第一也。万行悉备而后可谓佛子,而施行为第一也。

说顿悟渐修云:

> 刹那顿悟一心,长时修练万行,而智无不照,情无不尽,理无不现佛也。佛非造次可成,须在积累。

就生佛一如云:

> 众生之清净法身即是诸佛之毗卢遮那佛也……众生诸佛一理齐平。

又道破:

> 道眼看来无非道者,佛眼看来无非佛者。

终载净名,迦叶乃至近世祖师之赞者。

第五节　月荷戒悟

与海鹏同时有月荷戒悟,好儒厌佛。戒悟,字鹏举,号月荷,俗姓权氏。英祖王四十九年(清高宗帝三十八年)生于庆州天台山下,眉目清秀，资性聪慧。七岁就学，十一岁依八公山月庵剃染，传法于智峰。峰，晦庵三世之嫡嗣也。后于所住伽蓝侧筑土室奉母，母年老眼盲，忽复明，世人以为诚感所致。禅余涉百家之学，善诗文，龄逾六十，以翰墨为魔障，专心念诵，宪宗王十五年（清道光二十九年，公元1849年）寂于伽智山燃灯精舍，寿七十七，戒悟之法系未详。

《月荷集》四卷行于世，诗文二者俱无合禅旨之味，似习儒嫌佛者。《感古》诗云：

> 孔子返于鲁，隐公元年春。尊仰自有条，仁义已所陈。
> 于止知所止，尧舜岂异人。其言正如发，其德惊鬼神。
> 庶几颜氏子，三月不违仁。斯道用于世，必也济斯民。

推称儒如是，从而其安心之地亦立于儒理上。《达理》之诗云：

> 已缺有时满，至穷必期通。不见伯王国，视此阿房宫。
> 祖龙滈池据，谁知刘起丰。隆中诸葛利，谓上吕望穷。
> 十岁潜郎冯，弱冠请缨终。梦翻千万古，云点大虚空。
> 众醉独何醒，人异我何同。违顺从所适，得乎方寸中。

以安天命为达穷通之理。上《梁山大筛书》中自言：

> 悟亦人也，名虽为墨，行则是儒。

不言佛子而自称墨者。《答崔斯文（琳）戒悟书》云：

师（戒悟）耽经得道，又于拈花棒喝之外，知有吾道之可嗜可求，寻常语言咀嚼，无非吾孔孟、程朱之书。

悟其为僧衣之儒乎？

第六节　映虚善影

雷默之嫡孙映虚，宗、教二者俱通。善影，字无畏，号映虚，栎山其初号也。俗姓林氏，安东人，以正祖王十六年（清乾隆五十七年）生。年十二入杨州水落山鹤林庵从龙云胜行出家，就圣岩德函受具，参禅于华岳知濯，朝参暮请，拨草瞻风，终得仁峰德俊之铷斧子，时年二十一也。晚住安边之释王寺内院庵，诸路沙门尊为曹溪宗师、华严讲伯。李太王十七年（清光绪六年，公元1880年）入寂，寿八十有九，法系如下：

清虚——鞭羊——枫潭——月潭——唤醒——涵月——玩月——雷默——仁峰——映虚。

善影诗文集曰《栎山集》，有《心性情说》云：

了了常知，灵灵不昧之谓心。含于众妙，万流不易之谓性。从此心性分别不息之谓情。性者心之体也，情者心之用也，心与性周以至乎万物，莫不皆有，故经曰心佛及众生是三无差别。应知此心，如月在空，无云故明，有云故暗，然而在凡不染，在圣不净，比如水波之虽曰清浊，湿性一也……心也者，虚灵难测，妙要殊绝，贯古贯今，不改新旧，通中通外，亦无方所，万物之主，三才之元；现在觉树，如桂轮之升天，没在迷海，若骊珠之隐尘，天地不及其长存，鬼神不测其神妙，举理则松青花红、鸢飞鱼跃本如是也；约事则天高地卑，马缰牛柔，随流禀转，虽然唯此一物，如金刚幢子，千生万死，不易其境，六道四生，不变其容，觉之故圣，迷之故凡，孔孟得之以儒，黄老得之以道……鬼神得之以灵明，山川、草木、土石、鸟兽、人物各得之以从流，乃至吾佛得之以大觉度生入灭。虽广大无际，不离于方寸之上，或得其一分，或得其全体，烈烈鸣于门户之内而或胜或劣，是知公而无私者也；以至乎刑政，则善恶自分，以至乎礼乐，则君君、臣臣、父父、子子而三纲以明，五伦自正，无所事以不当此心性情之所以贵者也。

影自适于山水诗酒之间而吟：

闲　坐
看山云尽处，得句月生时。酌酒松风下，与天同乐之。(《栎山集》，第1页右)

题碧松台
雪山深处碧松台，忘却世间福与灾。
只对天高兼海阔，几回古往又今来。
万钱奇货犹刍狗，一钵生涯胜玉杯。
午罄因风烦梦罢，浮世穷达总尘埃。(同上书，第13页右—左)

栎山自吟
自知无用栎樗材，不要功名富与才。
地以江山营我宅，天将风月许公财。

诗樽到处从离合，花鸟有时访去来。

利害毁誉常所卖，驴年始得赞奇哉。（同上书，第19页右）

偶　吟

松窗土壁溪边地，白首缁衣懒一翁。

意到忽然心自乐，朗吟闲步任西东。（同上书，第10页右）

如他无所求者。又歌：

谨次龙岳和尚韵

洗足清川卧碧山，白云还羡此僧闲。

烟尘不入无生界，寥落疏庵画掩关。（同上书，第7页左）

题庭柏

卓立庭前柏，长青直耸空。影从千古月，声任四时风。（同上书，第3页右）

幽栖之中全其清严之操守。尝托物陈志云：

水　碓

尔本空山物，为材受此任。举头形虎跃，垂尾发龙音。

溟渤几千斗，乾坤似一寻。屈伸虽自健，信尔总无心。（同上书，第5页左）

玄隐室

教界阔时具十玄，禅林深处又三玄。

太和一气元无二，随处市朝即隐玄。（同上书，第9页右）

第七节 冲虚旨册

旨册亦有名当时，法讳旨册，号冲虚，兴阳（庆尚北道庆州）人，景宗王元年（清康熙六十年）生。年十三而孤，二十五出尘，时英祖王二十一年也。善属文好学，尤爱老庄，精研经论，有拔群之誉。英祖王三十年，应学者之请登讲坛，名声远闻，后晦迹悠游智异山等名胜。冲虚有三师，时坦其恩师也，碧虚其戒师也，双运其法师也。英祖王五十年，龄五十四有疾。纯祖王九年（清嘉庆十四年，公元1809年）寂，寿八十九。性仁慈好施，以遗食养鸟鹊，故禽鸟成群来随其后，善诗偈与缙绅交游，又长于笔札，通历术、医方，所著曰《冲虚集》。中云：

> 临济十传而有圆悟，圆悟十传而有太古，太古十传而有唤醒，唤醒四传而有双运、旨册。

盖唤醒之嫡孙松梅，松梅之资双运堂锦华，双运之资膺岩，膺岩之资旨册也。然其直从双运受法欤？《结制示众》云：

> 灵丹一粒，点铁成金，点金成汁。如是真正一念，革凡成圣，转愚成智。所谓真正一念，乃忏悔一念也。忏悔之后立大誓愿，上底参禅看话，中底看经念佛，下底礼佛供养。禅话是意业结制，看念是口业结制，礼供是身业结制，是乃长享莲台之要。

其识见如是，则于参学大事不免不彻底。又《师弟辨》云：

燃灯传于释迦，真归授于世尊，师道如是。

是为因于海东传统之说者。又云：

> 其为师者，虽识通内外，单瓠属空，则弃若散屣；宗通禅
> 教，权路坎坷，则视若废檗。出者智之，入者愚之，后之人虽欲
> 传师弟之道，其孰从而学之？

叹师道之衰颓，真与吾人同感。

第八节　翰醒枕溟与优昙洪基

亘纯祖、宪宗二代盛讲席者翰醒也，轩号枕溟，姓金氏，辛酉
（清嘉庆六年，纯祖王元年）生庆州（庆尚北道）兴阳郡。年十五于
本郡八影山楞伽寺出家，受经于云兴寺大云，受禅于龟岩寺白坡。
二十八岁开讲于松广寺普照庵，明年移锡仙岩寺之大乘庵。由是主
讲凡三十余年，传授事毕，渊墨究禅旨。丙子（清光绪二年，李太王
十三年）示疾，门徒欲诵经，醒摇手止之曰："真诵无响，真听无闻。"
十月初二日示寂，世寿七十六。醒持戒精严，不与女人同室而坐，衣
不捣练，食不美馔，又不用盘鍮之进，两时必展钵，或子夜起坐，叹
曰："古来佛佛祖祖必从此路而得入也，而名相俱绝，真所谓摸索不
得，如空里栽花，水中捞月。"又每夜子时，必鸣铎，大唱弥陀十声，
虽醉睡之俗子毕（必）惊起，同声念佛。其法系为浮休十一世之孙，
传法之弟子，华山晤善、普运应俊、云诸妙善、影岩尚欣、万岩大淳；
传讲之弟子，函溟太先；传禅之弟子，雪窦有炯、优昙洪基、镜潭瑞

宽、龙湖海珠，皆法门之龙象也。

次浮休之末孙而大振宗风者优昙也。优昙初名禹幸（一作行），后改称洪基，姓权氏，安东（庆尚北道）人。早丧怙恃，天资颖悟好读书，年至弱冠遍游名山，忽有出尘之想，遂就喜方寺（小山白）自信出家，西游诣曹溪山松广寺，为浮休门下碧潭之玄法孙（曾孙乎）。叩《华严》《拈颂》于先正之门，数年洞彻玄旨，因竖幢开堂，来学者如市。平常言语，不及俗事，而至指宗教，演禅旨，则言波词澜，水涌风激，尤通华严，精禅学。及晚年撰《禅门证正录》，以叙佛祖传心之奥旨，破亘璇之《禅文手镜》，清光绪七年（李太王十八年，公元1881年）入寂，春秋六十。

按，洪基之法系相承：

浮休——碧岩——翠微——柏庵——无用——影海——枫岩——碧潭——会溪——莲月——优昙。

故《行状》云：

> 到曹溪山松广寺，因智峰和尚为世缘之主，依莲月禅师结法印之父……二十七岁拈香于真觉祖师之禅社，传钵于碧潭大师之法会……师于世派，则为浮休之十一世孙。浮休七传有枫岩，岩有四大弟子曰霁云澄、默庵讷、应庵允、碧潭仁。潭传于会溪辉宗，溪传于莲月，月传于师。（《朝鲜佛通史》上编，第600—601页）

《东师列传》卷五云，丽朝之真静浮庵，作《禅门纲要》一卷，白坡因之作《禅文手镜》一卷，草衣因之作《四辩漫语》一卷，优昙因之作《禅门证正录》一卷，雪录因之作《楷正录》一卷（又云《禅源溯流》),记事缺正确。

第九节 《证正录》

优昙所著《禅门证正录》别名《扫洒先庭录》,著者以白坡之《禅文手镜》为违于古释,于自序中辩自己之立场云:

> 欲学禅门,先识临济三句;欲识三句,熟读《禅门纲要》;欲识其余释,应熟读《说话》也。于《纲要》《说话》之外,别有所释,违于古释者何? 固不信之执也。愚今但参差于古释者,引证而辨正之。(《禅门证正录》,第4页)

由此可知其所据不出《禅门纲要》之上,优昙依《说话》之语说明如来三次传心之次序:

> 第一分半座……杀人刀……没分外。
> 第二举拈花……活人剑……正法眼藏付嘱有在。
> 第三示双趺……泥莲示趺……熊耳留履,此是第三传心。(同上书,第5页)

又引《说话》云:"《传灯录·本师释尊章》中,分半座,举拈花,示双趺,次第录之,此西域传心之源也。"然此说之不妥当、不待识者而公知,不过觉云等一派之臆断也。优昙更进说达摩之三处传心,引证《说话》如下之次第:

一、觅心了不可得……悟得诸佛法印……会得祖师禅。

二、三拜得髓……亲承入室克绍家业……传衣付法。

三、手携只履……此六代传也。（同上书，第5—6页）

又云："此震旦传心之源也。"以上以佛祖之三传为第一句祖师禅、格外禅，难白坡之说非议之：

> 以如来分半座为第一句祖师禅，杀人刀为第二句如来禅，又以诸缘断否问答为达摩之初传，不知《传灯》《拈颂》不截义，如是误解，于是禅源一浊，如来禅、祖师禅、杀人刀、活人剑等，千派万流，一时浑浊。

然按白坡之三句图，分半座为第二句如来禅，非第一句，当为优昙误解，以诸相已断为达摩初传如昙言。由吾人观之，所云如来三处传心、达摩三处传心，皆是附会之说，以之配当三句、三禅、杀活，如枝叶中之枝叶也，白坡与优昙谁辨鸟之雌雄哉？

基进而说明如来禅云：

> 如来禅者，如来于正觉山前，见明星而证得第二句，如证而说《华严》等经，而初现瑞动地。示第二句……此是如来自证之禅，故曰如来禅也，犹形于现瑞动地之义理，经教之朕迹，故名义理禅也。（同上书，第11页）

如来禅之外，示祖师禅之起源云：

> 祖师禅者，世尊自知所证，犹未臻极，寻访真归祖师，始证
> 第一句，了没巴鼻之心印，此是世尊得之于真归祖师，故曰祖师
> 禅也。此和根拔去，了没巴鼻之第一句……故名格外禅。（同上）

以梵日等之妄谈为祖师禅之起源。

然而如来禅、祖师禅之语，始见于沩山、仰山之语中，初非深浅
差别之意义，以二禅为别个之物，不过后人之附会，况如《证正录》
之细注：

> 达摩有颂云，真归祖师在雪山，丛林房中待释迦，传持祖印
> 壬午岁，心得同时祖宗旨。（同上）

所记真言语道断之讹谬也。

基以为如来禅、祖师禅是约人而名，义理禅、格外禅是约法而
名，主张如来禅、义理禅是一物之异名属第二句，祖师禅、格外禅亦
一物之异名属第一句，斥白坡以格外禅配第二句，祖师禅配第一句
之非。

基说杀人刀、活人剑，谓前者三不得，后者三得，于恁么，不恁
么，恁么不恁么之三总得为活人剑，总不得为杀人刀，得不得者放行
把定之意，引证《拈颂》《说话》：

> 若约第一句，则但杀人刀、活人剑而已。（同上书，第22页）

断为：

杀活之名，独在乎第一句，祖师禅中也。（同上书，第23页）

斥白坡以杀人刀配第二句，且断言六祖以后，青原传杀，南岳传活。

至于六祖，始乃分传，而杀传于清原，活传于南岳，清源云圣谛尚不为，何阶级之有（圣谛一句也，一句尚不为，三句不为可知也，是为三不得也）。南岳云修证即不无染污，即不得（修证不无，三句也，染污不得一句也，是为三得也）。论青原、南岳以死活为准。次以之配纯金铺、杂货铺。

杀谓之纯金铺者，清源石头，子子孙孙传授无变势也。活谓之杂货铺者，马祖百丈，子子孙孙传授变形也。（同上书，第26—27页）。

错论：

杀下出曹洞一宗，活下出临济、云门、沩仰、法眼四宗。

次基作三句一句说云，佛祖传授心印上本有文采，所谓体、用、中之三是也。体、用、中即三句之本名，三玄、三要则于三句分浅深之异名也。佛祖之传心印，机有利钝，故分深浅。深者谓之三要，在第一句中喻之以形。浅者谓之三玄，在第二句中喻之以影。第一句中举三要则三玄在其中，形影相即故也。三要之外无三玄，三玄之外无三要也。所谓一句别有于三句之外，三句之体无二，举一全收，故谓一句。其第一句者，格外禅之机，一闻三要而证同时三句。不同时之一句，三一双夺，即杀人刀，三一双具，即活人剑。今约四喝明之，则前三喝是三句，第四喝是一句。三玄者，权实之异名，在第二句中。临济云："妙喜岂容无着问，沤和争负绝流机。"前句实而后句权也，就此权门立三玄，妙喜是大智而实，这里岂容无着之问，问答俱泯故也。沤和是方便而权，个时争负绝流之机，相应并存故也，此二句明三玄。第一体中玄，妙喜岂容无着问。第二句中玄，沤和争负绝流机。第三句玄中玄，妙喜岂容无着问。沤和争负绝流机，第三句不别立三句，以第一句、第二句、第三句为第三句中之三句。说第一句中之三要，第二句中之三玄之言说门也，一说一听，一问一答，早是第三句也。临济云："看取棚头弄傀儡，抽牵全借里头人。"里头人非即临济耶？逢佛说佛，逢罗汉说罗汉，逢饿鬼说饿鬼，是非棚头弄傀儡耶？若滞于他之言句则自救不了，是第三句也。第一句中有三要之三句，为格外禅，佛祖之师之机；第二句有三玄之三句，为义理禅，人天之师之机；于第三句有立有无中之三句者，是架空之说也。《拈颂》《纲要》中无如是说，今之说三句一句者，舛错失条，迷本迷末。（自第29—43页取意）

以上不过以《禅门纲要》与《拈颂》《说话》论三句、三玄、三要等，虽指摘白坡过失无不可，然基亦有失其本据之失。何则《纲要》与《说话》二者，俱多臆断不契古意，临济未尝以三要配第一句，况以三玄配第二句耶？临济未尝出三玄之名，如所云体中玄、句中玄、玄中玄，乃后人之添增耳。

基又云：

近老以诸缘断否问答，为达摩初传，又以如来初传半座之第一句杀人刀为第二句，又以如来禅为格外禅，以如来禅名义穿凿，决不为如来之如证所说，华严一乘教中之禅也。又为杀有二种，以第二句为杀，而又以第一句中大机为杀（前杀、单杀、后杀、众杀），又以第二句中立两种三句（三玄、三句、权实三句），又第三句中别，别立三句（有无隔别三句）也，甚可讶焉。（同上书，第43—44页）

是破斥白坡之禅图者，以吾人观之，基亦不免妄判三句之诽，尚不得谓之证古正今也。《禅门证正录》云：

> 临济三句，即禅门之髻珠也。三圣二贤一愚之《纲要》，即禅门之指针也，是以龟谷祖之《拈颂》《说话》至三句玄要、杀、活机用等语，一遵《纲要》，毋惑少差。泊于清虚、浮休、雪坡、莲潭、默庵、碧潭诸先正，一如注瓶捺印而已。近古六隐老人，著《拈颂般若》等画足，或失于源流名实，或错于法喻本末，颇与《纲要》《说话》参差，而世无燃犀之眼矣。优昙禅师博考祖章，证辨是非，昭若日星，实禅学之宝鉴也。

然则其为唫喝于《禅门纲要》《拈颂》《说话》之末流，两不汲临济、黄檗之源泉者之论议可知已。

第十六章　混元世焕、梵海觉岸、
雪窦有炯与徐震河

　　与优昙洪基等同时有混元世焕，文才纵横，惜哉夭折。梵海觉岸多所著作，令名远闻。涵溟太先，禅教之外，通儒学性理。雪窦有炯称佛门三杰之一，其著有《禅源溯流》，反驳草衣之《漫语》。大应坦钟亦称一时名衲。徐震河作《禅文再正录》，论议如来禅、祖师禅，论议愈多而距真愈远矣。

第一节　混元世焕与其师克庵

　　与优昙洪基同时有混元，法讳世焕，字正圭，号混元，姓杜，清道人，以哲宗王四年（清咸丰三年）生。幼丧父母，十岁就学，迨十六投克庵出尘，好学通诸史百家，实临济三十三代，影波七世孙也。李太王二十年（清光绪九年），登醴泉之龙门从龙湖和尚受经教。同王二十四年，受星州（庆尚北道）青岩之请挥尘，盛化于八公山。越二十六年（公元 1889 年）秋有疾，到腊月二日自知住世不久，告众云："世人汩于所欲，昧却明德，生不知来处，死不知去处，可胜惜哉。今夕乃余还元之日也。"说华严觉林菩萨之偈、回向功德之偈罢，忽然而暝，一会老少，无不涕呼，乃觉曰："到彼土，国界庄严，与此地迥胜，佛菩萨教化自在，善友智识，引路以逍遥矣。然恩师年老在

堂，而吾未供奉先归，是所恨也。"因合眼，徒众呼之，又觉，从容谓
云："修短命也，色身虽存，法身已去，须勤修工夫，期图莲国相逢，
而勿为悲痛。"言终而逝，年三十七。

有《混元集》，其文如水龙（人名），所画松、菊、梅三幅序，可
想见其天才。

松　赞

偃蹇特立，活画天然。栋梁可作，霜雪愈坚。

白椎龙虎，黑锁云烟。阅岁不变，节侔忠贤。

菊　赞

青茎紫蒂，金盏玉台。当春不发，傲霜特开。

怜屈子餐，宜陶令杯。爱其节操，毫上化来。

梅　赞

不借雨露，画幅受出。铁心石肠，冰脉琼质。

艳态无双，清香第一。风不飘零，春光满室。

《混元集》卷二有《金刚录》，由记事与诗而成。其序云癸未（李
太王二十年）夏，登醴泉之龙门到中秋，师主入金刚，唐李靖曰："愿
生高丽国，一见金刚山。"云云。《金刚录》记一传说，谓摩诃衍之上
有须弥庵，元晓所肇。晓每夜藏火，一夜毛公入厨灭火，师提之曰：
"汝何物？"答曰："此山居永郎仙也。"曰："然则何时成仙？"曰："不
知年代，只见桑海三变而福尽堕落。"师曰："汝同为吾道无为之行如
何？"诺，以为佐（门弟），数日观心大悟三空，撰《自警文》，号野
云。此说恐非也，野云当为懒翁之资。

混元之师克庵，讳师诚，字景来，俗姓徐，达城（庆尚北道）人，

以纯祖王丙申（恐宪宗王二年丙申）生，寂于八公山把溪寺，报龄七十五（李王四年，公元1910年寂）。

清虚——鞭羊——枫潭——月潭——唤醒——涵月——影波——清潭镜月——湖月——慧峰——霞隐——克庵。

其法系也。所著有《克庵集》，《访隐仙庵》之诗云："涧响传琴谱，岩苔学篆书。白云开一路，导我入仙庐。"《客中送别》云："一雨东风三日留，对君胸海泛虚舟。暮春从古多离恨，花自无言水自流。"集中禅偈，少可观者。

第二节　梵海觉岸

次梵海为一时学匠而博盛名。莲潭有一、白莲祷演、玩虎伦祐、缟衣始悟、梵海是其系也。觉岸，字幻如，号梵海，以清仁宗帝嘉庆二十五年（纯祖王二十年）生，湖南（全罗）清海梵津九阶人，为新罗崔致远后裔，朝鲜崔寿岗六世孙也。年十四，投海南郡（全罗北道）头轮山大芚寺之缟衣。十六剃染，就荷衣受十戒，从草衣受具，参究内典外，学儒于李寥翁（炳元）。二十七佩缟衣之法印，开堂真佛庵，讲华严谈禅，又说《梵网》，弘演毗尼，为三教学人之教父，十二宗师之嫡孙。清宣宗帝道光二十四年（宪宗王十年），诣曹溪伽耶鹫岭之宗刹。清穆宗帝同治十二年，浮海探（译者按，原作"深"）耽罗汉峰之名胜。同十二年，游汉阳、松岳、箕都，更礼妙香之普贤，金刚之法起，秀丽之山，浩渺之水在胸宇间，于是与人酬唱有熏陶之醉，对客和韵有宿构之能，所著《警训记》《遗教经记》《四十二章经记》《史略私记》《通鉴私记》《古文真宝私记》《东莱博议私记》《四碑记》《名数集》《东诗选》各一卷，《东师传》四篇，诗稿二篇，文稿二篇行于世。清德宗帝光绪二十二年（李太王建阳元年，公元 1896 年）寂，遗偈云："妄认诸缘稀七年，窗蜂事业总茫然。忽登彼岸腾腾运，始觉浮沤海上圆。"春秋七十七。（《梵海禅师行状》）

按《梵海禅师遗稿》，觉岸之所信，似不醇清。《雌雄钟记》云，有僧募缘四方铸大钟，钟声不清而受罪报，堕蛇身无量劫云。《逐虻峙说》云，桐里山泰安寺创立时，惠彻国师以神力逐一洞之蚊虻，咸丰中国师之碑及浮屠，墙垣崩落，其年夏蚊子再来满山谷，大众乃修筑浮屠，告于国师之神堂，蚊虻即时屏迹，僧人安堵如故云。顺天朱黔突《大同色说》云，死者之灵，为其子现身请官云，掺民间信仰如是。岸以禅匠自许云：

> 自释迦至菩提达摩为西天二十八世，自达摩至慧能为中国六世，自慧能至石屋为中华傍二十三世，自石屋至不佞为东国十六世，合七十三世也。（《梵海禅师文集》第二，第 17 页）

虽如所云，而文章诗偈，禅旨之可见者稀也。

《真佛庵志》云：

> 真佛者对心佛而为真佛也，心佛假佛也，本佛真佛也。（同上书，第 18 页右）

如所云，似不知衲僧门下心佛之为何？序草衣意恂所著《禅门谩语》云：

> 吾尝从于禅师（草衣）之门，得其绪余者也。（同上书，第 9

页左）

盖岸受禅于草衣，而未登其堂者也。《大苋寺无量会募缘疏》云：

> 东晋远法师创结白莲社于庐山，异验。万岁钦仰，高丽征和
> 尚继说万日会于乾凤，同日千人往生……我本寺悔庵、雪虚两大
> 师……开无量会于溪水之阳，念无量寿于尼坛之上。（同上书，第
> 24 页左）

因而叙净业之来由，愿自没入西方之时潮。然而云：

> 观音、势至二菩萨，即阿弥陀佛左右辅弼之法臣也。势至以
> 念佛接人，观音以参禅诲众，念佛、参禅无二致。（同上书，第
> 27 页右）

如以念佛与参禅配当于势至、观音之二菩萨，附会也。岸又肯定三教
一致之迂论云：

> 儒之仁义，佛之定慧，名异而实同。（同上书，第 28 页左）
> 人有圣人、常人，道有三家、九流，此皆开之为多，合之
> 为一，多一即一，一是一气妙理，更何有彼此亲疏分别论端哉？
> （同上书，第 29 页右）

岸至于以定慧与仁义为同，无异于云玉石同质，黑白齐色，以一
多相即之妙理，合一三家九流是圆融之滥用者耳。

第三节　觉岸之禅偈

岸吟咏成卷，而作为禅偈，少可观者。今抄录二三。

次石屋和尚山居诗

南台北岳尽吾家，只守天真度岁华。

梦月松风为伴侣，经床茶灶作生涯。

三条椽下知吴马，七尺单前觉盏蛇。

叶落花开春秋至，但看唤友择枝鸦。

单名片利莫矜夸，不若幽居守拙家。

路挟亭亭君子树，溪流灼灼曼陀花。

兰泉进泻穿林井，梧月和明布地沙。

独自相羊芳草里，七斤衣角满轻霞。

（《梵海禅师诗集》第一，第1—2页）

客隐迹

身上便同水上萍，东西南北任漂人。

一年通作耽罗客，半岁比为帜怛宾。

尖察山中三结夏，药师殿里二经春。

清溪白石聊相召，纳履荷囊又趣新。

诜师创建旧伽蓝，遗像千年镇海南。

越阃往还天作峙，隐身俯仰鬼悭庵。

九生洞并三生洞，万代岑连圣代岑。

尽日清轩嗒然坐，山茶树下鸟喃喃。

（同上书，第16页）

第四节 函溟太先之演法

太先，号函溟堂，密阳（庆尚南道）朴氏子，以纯祖王甲申（清道光四年）生。年十四出家白羊山（全罗南道长城郡），就丰谷德仁祝发，受戒于白羊之道庵定。后参枕溟醒，时醒开堂仙岩，一见器许，谆谆启迪，五六年博涉三藏，醒加叹奖，授以大戒。己酉（清道光二十九年），建幢于瑞石，绍丰谷之法灯，实临济之嫡传也。乃受仙岩之请，开堂于南北两庵，来学道相属。丙寅（清同治五年），传讲诸景鹏益运，运传之擎云元奇（今生存），并为禅门之鸾凤。壬寅（李太王光武六年，明治三十五年）寂，年七十九。

先一日示众云："佛教三千年，只行小乘，以佛旨参乎世运，则大乘宗旨，应昌于后五百世，不如是，佛愿无功，不能使大地凡众圆成正觉。"姜慈屺文玮，访先于南庵，问："尽大地毗卢遮那全身体，向何处放屎？"先竖拂子触慈屺之帽曰："好圊厕。"慈屺呵之大笑。先禅教之外，通儒学性理，尝曰："儒之智、仁、勇，即佛之悲、智、愿也。佛有三宝，而曾传之三纲领近之，佛有五戒，而邹经之四端与诚实之信近之，浅见末学，互相操戈，是未知圣人真面故耳。"（《朝鲜佛教通史》上编，第615—616页）

太先之法系如下：

    清虚——鞭羊——枫潭——月渚——雪岩——霜月——龙潭愷冠——圭岩朗成——瑞月巨鉴——会云振桓——圆潭乃圆——丰谷德仁——函溟太先。

第五节　雪窦有炯

雪窦有炯，完山（金州）李氏，以纯祖王二十四年（清道光四年）生于湖南之玉果县（全罗南道宝城郡）玉田里。幼颖悟，略涉儒典，十九投长城府（全罗南道）白岩山白羊寺就正观快逸得度。越年受具于曹溪山枕溟轮醒，遍参诸老，毕业于灵龟山白坡之法会，继灯于白岩道圆。后教授徒众十有余年，兼修西来祖意，深达妙谛。李太王七年（清同治九年），移锡母岳山佛岬寺，构一草堂养晦，居数年，荒寺重开。同二十六年（清光绪十五年，公元 1889 年），因幻翁（白坡法孙）唤真之请，开禅门讲会于杨州（京畿道）天磨山奉印寺。同年八月示寂，寿六十六，法系如下：

　　白坡——龟峰仁裕——道峰国灿——正观快逸——白岩道圆——雪窦有炯。

所著有《楷正录》、诗集、私记传于门人之中。《灵龟山雪窦大师行状》云：

> 太古圆证国师……是谓我东禅门初祖，六传而出清虚、浮休两大师，为禅门中祖。自清虚四传而至唤醒大师，以重来古圣示作沙门之杰，再传而得雪坡大师，大师乃校刊《华严细科义钞》，厥业殊大，故至称华严菩萨徽号。三传而为白坡大师，大师之炯眼，凡贯彻三学而最意于禅学，高竖一帜于近代丛林。于斯而曷少有徒，究论独得宗旨者，雪窦大师其人也。详分法系，则于白坡大师，实为四世（恐非）法孙。（《朝鲜佛教史》上编，第604页）

有炯称为近代佛门三杰之一。《东师列传》卷五云：

> 镜潭大师，法名瑞宽，亦白坡之裔也，与龟岩之雪窦、仙岩之函溟年甲相同，道学相等，而其门徒又相均，世谓近代佛门三杰。

第六节 《禅源溯（一作泝）流》

有炯著《禅源溯流》，破《四辨漫语》及《禅门证正录》，大为白坡辩，其劈头云：

> 佛见明星（译者按，疑"心"）悟法，犹未甚深，游行数十日，传得祖师心。新罗梵日国师，因真圣王问禅教两义，答曰："世尊见明星（心）悟道，复知所悟之法犹未臻极，数十月寻访祖师，始传得玄极之旨，谓如来悟的名如来禅，祖师传的名祖师禅也，是故如来禅劣于祖师禅。"（《禅源溯流》，第1页）

自注云：

> 达摩云，真归祖师在雪山丛木屋中，待释迦传持祖印。（同上书，第1页左）

如来禅、祖师禅之语，达摩以后六祖以前未曾有，到沩山、仰山始并用之，自始无判优劣之意，后世暗证之徒，以如来禅较祖师禅为劣，可笑也。谓达摩说明祖师之起源为从真归出，是无证之谈耳，炯之立论，蹉过了第一步。又云：

> 如来悟的名如来禅者，《普曜经》云："菩萨于二月八日成道，
> 号人天师。"（同上书，第2页右）
> 临济云："第二句荐得与人天为师。"（同上书，第2页左）

佛有天人师之异号，是十号之一，与临济所谓与人天为师之说意义全别，以之合而为一，附会之也。次解说祖师禅云：

> 祖师传的名祖师禅者，慧可问达摩："今付正法即不问，释祖
> 传何人，得何处？"达摩曰："天竺则诸祖传说有篇，吾今为汝说，
> 示颂曰：'真归祖师在雪山，丛木房中待释迦。传持祖印壬午岁，
> 心得同时祖宗旨。'"（同上书，第3页右）

初祖、二祖之问答并初祖之颂，果出于何典？炯如是信假托之说。颂云："传持祖印壬午岁。"释尊之时，印度尚无以干支配年月事，达摩何得云壬午岁哉？以之附会临济之"第一句与祖佛为师"，何异谈梦中之梦。炯论云：

> 理事无碍是如来悟的说，事事无碍是祖师传的也。（同上书，
> 第4页左）。

如来自悟之法门止于理事无碍，真归所传之法门为事事无碍，何其瞒教主之甚也，殊不知四法界皆不过如来说法之一斑而已。作三处传心之说云：

一、在多子塔前，为人天说法，迦叶后至，世尊遂分座令坐，座是法空座，故表杀人刀也。

二、在灵山说法，天雨四花，世尊遂拈花示众，迦叶微笑，花是许多般故，表活人剑也。

三、泥莲河畔，娑罗双树间，入涅槃七日，迦叶至，绕棺三匝，世尊遂椁示双趺，迦叶作礼三拜……表杀活齐示也。（同上书，第3—4页右）

三处传心之说，自梁至宋未有，后人之臆断耳，至以之配当杀人刀、活人剑，实全无意义。作初祖亦三处传心云：

祖问慧可："诸缘断否？"可曰："已断。"祖："莫落断灭否？"可曰："不落。"祖云："为什么不落？"可曰："明明不昧，了了自知。"言不可及……乃得如来禅。

可问："诸佛法印可得闻乎？"祖云："诸佛法印，匪从人得。"可曰："我心不宁，乞师安心。"祖云："将心来与汝安。"……乃会祖师禅。

祖一日命门人日时将至矣，盍各言所得乎……慧可出礼三拜又依位而立，祖曰："汝得吾髓……二禅齐得。"（同上书，第6—7页右）。

三处传心既为假托，更加上初祖、二祖之三传，如诵龟毛兔角之相状。又云：

《付法藏传》云，西天二十七般若多罗尊者云："我佛从兜率

陀天入摩耶胎中，与三十三人。"《总授悬记》云："吾有心法，付
于汝，各各候时当一人传一人，密护宗旨，勿令断绝。"颂曰：
"摩耶肚里堂，法界体一如，卅三诸祖师，同时密授记。"（同上
书，第 10 页）

《付法藏因缘传》中无如是记事，同书仅列二十四祖耳，炯阅如何本
子而为此言耶？

又论二十八祖云：

> 《圭山觉钞》除第七婆须密，故佛陀难提为第七，狮子尊者
> 为第二十三祖，婆舍斯多第二十四，此下出优婆掘第二十五，婆
> 须密第二十六，僧伽罗叉第二十七，菩提达摩第二十八，此亦优
> 婆掘者、婆舍斯多之傍出，而至四世亦有菩提达摩，故圭山依而
> 编之也。（同上书，第 11 页）

唐代关于二十八祖有二种之别名，圭峰宗密、日本最澄等所传其
一，《宝林传》及其传承《景德传灯录》所载其二，炯以第一说强合于
第二说，故不免牵合。又云：

> 南岳得活人剑，青源得杀人刀。（同上书，第 11 页）
> 南岳怀让禅师……得活人剑，祖师禅也……为六祖之正
> 传也。
> 青源行思禅师……得杀人刀，如来禅也……为六祖之傍传
> 也。（同上书，第 12—13 页左）

自此分传杀活，始有二禅优劣之辨矣。

是言语道断之盲判也。炯似不详正傍之义。解说义理禅云：

> 荷泽神会禅师……于无名无字处，唤作来源佛性，是知解，故为义理禅也。（同上书，第 13 页右）
>
> 大慧云，如忠国师，说义理禅，教坏人家男女，此以涉理路为人底，为义理禅也。（同上书，第 14—15 页左）

贬荷泽、南阳之二大宗师为义理禅，以大慧一辈之看话禅为六祖之正传，可谓于法不辨黑白者。又云：

> 牛头宗、神秀宗、荷泽宗可以配义理禅。（同上书，第 19 页取意）
>
> 法眼宗、沩仰宗、曹洞宗、为如来禅，云门宗、临济宗为祖师禅也。（同上）

同又臆断，非公论也。又云：

> 若第一句荐得堪与佛祖为师（祖师禅），第二句荐得堪与人天为师（如来禅），第三句荐得自救不了（义理禅）。（同上书，第 22 页右）

是以临济之三句妄配三禅，以荷泽、南阳为义理禅，自救不了也。荷泽、南阳若自救不了如何得为六祖之嗣？炯以得荷泽及禅之圭峰为权证是示似为自救不了之汉。炯作《三句图》如下：

	第一句		第二句	第三句
自性三即 一皆空 三宝 真佛 真法 真道	此句下荐得 为佛祖师		此句下荐得 为人天师	此句下荐得 自救不了
祖师宗旨 只自心得	传持祖师心印 名祖师禅		如来见心悟道 名如来禅	
佛祖不传	三、示趺杀活 齐示 ○三、三拜 得髓	二、拈花、活人剑，亦名杂货铺 ○二、觅心不得，得祖师禅	如来三传 ○达摩三传　一、 分座、杀人刀亦 名真金铺 ○一、诸缘已断 得如来禅	
向上无传	六祖不传　南岳一物不中	得祖师禅　活人剑　禅名格外	杀人刀　得如来禅　清源不落阶级	荷泽作本源佛性为义理禅
无纹印时	如印印空 了无朕迹 直名三要		如印印水 似有文采 转名三玄	三　印 如印、印泥 痕缝全彰，转 名三句
四、照不 同时	四照用 一、先照后用 二、先用后照 三、照用同时　权实向上		实　权 权实三句 就此权门 立三玄名	本颂三句 逢饿鬼说饿鬼、 逢罗汉说罗汉、 逢佛说佛

续表

	第一句			第二句	第三句
向上一窍	三要 大机圆应 大用直截 机用齐施	宗门向上	本分一句	新薰三玄 体中玄 句中玄 玄中玄	隔别三句 有句 无句 中句
真如 真空 妙有	分明箭后路	别置一句	一镞破三关	云门三句 截断众流 随波逐浪 涵盖乾坤	圭山三宗 息妄修心宗 泯绝无寄宗 直显心性宗
一喝不作 一喝用	四喝 金刚宝剑喝 狮子踞地喝 探竿影草喝			洞山偏正五位 正　君位 偏　臣位 正中来　君视臣 偏中至　臣向君 兼中到　君臣道合	真俗三谛 俗　谛 真　谤 第一义谛
毗卢向上	三圣 文殊大智 普贤大行 智行两存			大慧偏正图 正中偏 ◗ 偏中正 ◖ 正中来 ⊙ 偏中至 ○ 兼中到 ●	天台三止三观 随缘止　假观体 真止　空观 中道止　中观
四、主中主 宗师有鼻孔	三、主中宾 宗师无鼻孔			二、宾中主 学者有鼻孔	四宾主 一、宾中主学 者无鼻孔
本地风光	人境俱不夺			夺境不夺人 人境两俱夺	四料拣 夺人不夺境

续表

	第一句	第二句	第三句
一真法界	事事无碍法界	理无碍法界 事无碍法界 理事无碍法界 理事双忘	四法界 事 理 理事中
见性成佛	直指人心	不立文字	达摩西来意建立文字
⊙	（点线图）	（点线图）	（点线图）
五宗向上无传	云门明截断　临济明机用	五宗　法眼明唯心　沩仰明体用　曹洞明向上	三宗悟修　神秀渐悟渐修　牛头顿悟渐修　荷泽顿悟渐修
一切禅文，山是山，水是水。主杖，但唤作主杖——端端的的等	一切禅文，各安其位，总不动着及总赏、总罚等	一切禅文，威音那边、更那边及梦觉一如等	配一代禅，教一代禅，教悟修、新薰等

图中以三玄配第二句，三要配第一句，不立文字第二句，似以直指人心属第一句，人苦于不知其有何意义。炯又云：

> 古有三线之论，谓大公线者大公之垂钓，是意不在此限，故为第一句，虚空线者是第二句，蚯蚓线者是第三句皆可知。（同上书，第25页右）

以如是见解而破斥《四辨漫语》《扫洒先庭录》(《禅门证正录》)，能破、所破二者均不足取，最后叹息：

> 第观录说，四节皆误为引文穿凿不已，眩乱莫甚。然或易知其非，略而不言，若邪解乱辙，事须决之。此所谓盲杖揎植，贻笑具眼，假鸡声韵，难知音者也。以此见解讲得经论，曹溪岚录，瞎却几个眼目，苍天，苍天。

而不知有叹息其叹息者，朝鲜禅道之衰颓竟如是。又云：

> 大凡学者，慧眼真正，彻见义天，脚跟牢定，蹈着实地，然后遍看诸佛菩萨所留经论，诸善知识所述句偈，不为文句所使，使得文句，意归于不偏不二之中道。而今《四辨漫语》《扫洒先庭录》皆眼没着落，莫定方隅，脚无立处，随言走杀，其于实地，义天如何行得见了？然《四辨谩语》义虽杜撰，文则炫耀，令人爱玩。而所谓《扫洒先庭录》，义皆十零白落，文亦七藤八葛，不可取，其文义无足核其得失？且以义理言之，此子学法于枕溟和尚，仍为受禅。枕溟和尚学法于白坡和尚，又为受禅，则白坡老和尚，即渠之先师也。然则先师设有小瑕，其所斥破，须存礼乐，不可自尊己德，下视先贤。今此录说，发言不道，无所顾忌，是可忍乎？斯文云，君、师、父一体，一体之义安在？此子可谓斯文之乱贼，佛家之逆孙，扶昔大义，古今同然，愿我同侪以此警策，俾为后昆之永规。(同上书，第58—59页右)

虽如是论难，有炯、亘璇并误认禅门之本据，不免拘泥末节之病。

第七节　大应坦钟之杂行
徐震河之《禅文再正录》

李朝之末期，大德名匠稀如晨星，录坦钟、震河二人。坦钟，号大应堂，其先汉阳人，姓赵，以纯庙庚寅（王二十九年，清道光十年）生。九岁失父母，孑然无依，三星霜后，入金刚山长安寺，从雪月堂胜宽剃染，于松坡堂日敏受戒，参禅于卧雪堂一禅，嗣教于明虚堂仑璇，皆一时名衲也。辛亥（清咸丰元年，宪宗王十七年），开讲于普云庵，由是或卓锡五台雪岳，或说法于京山兰若，缁流云集，以妙通《华严》，称华严宗主。常自祷曰："愿我得遍法界六根，传法门，度众生，称无量福德光明藏菩萨白华道场。"夜梦三佛顶礼授以天水，于圆通禅会，诵无量寿如来根本咒。梦受金刚珠，读《准提咒》于华藏古窟。梦群龙喷水洗浴全身，又见车轮常转，寂年未详。

次忠清北道报恩郡俗离山清住寺之徐震河，乃金刚山神溪寺僧，尝入中国参询，为俗离山法住寺住持。后于济州岛入寂，为华严讲主知名，称南霁峰、北震河。其所述有《禅文再正录》略云：

　　古来谈禅，约法约人，各有二种。义理、格外，约法名者，如来祖师，约人名者，立此两重……白老（白坡）尽非，伸己见云，禅有三种，一祖师禅，二如来禅，合名格外禅，三义理禅。又对三根，如次配于临济三句，其三句之配，理固然也，以如来禅、祖师禅独配于格外者不无疑焉？禅既有两重名，今将如来、祖师二禅同配格外中，合为一重，义理何无指配之禅……若以佛祖落草之谈，当之是得义理之名可也，未委将何法而落草示之？

若配教乘，自是教文，何名禅也？若无可配之法，而别立为一种禅，格外亦应别立为四种禅。

盖论白坡以三禅配三句中，合如来、祖师二禅为格外之非。次陈自说云：

请陈管见。夫义理、格外中皆具二禅，义理、格外是能具，如来、祖师是所具之禅。能具虚位，但从能示（师）、能悟（资）边立名。所具既就，所示（师）、所悟（资）法体上立名。不可将所具即目能具，谓宗师机对之时不陈言迹，或下没道理之一句，或良久棒喝之类，举之，伶利汉直下承当，呈其悟地，不用多言，或微笑举手而应之。此机传授之法，非情识言辞之所可议度，直超义理之格，故名格外禅。若以老婆心，说玄谈要，曲尽其意，学者随语生解……此机传得之法，完有名相义理诠旨之迹，可借功熏修证之路，故名义理禅也。然此传授之法，不可一同。宗师欲试眼目，或迷踪盖覆，落草说去，根利则不滞其迹，即入格外而语去，设以棒喝示之，根钝则堕落义理而得入。故古德云，随言生解则拈花微笑，却为教迹，得之于心，则乃至世间言语，皆为教外别传之旨。故知所悟之法体（二禅）本无义理、格外之异，所以有异，从传授边立名也，即与死句、活句之名，名异义同，故古德云死句下荐得，自救不了，活句下荐得，与祖佛为师。

是以格外禅为活句，为棒喝，为无义语；以义理禅为死句，为落草谈也。又辨如来、祖师二禅云：

　　白老云，若对上机，一一言句，了没巴鼻……祖门中所用之言句，故名祖师禅，或对中机所示言句，即权明实……此亦祖门中事，以法法全真之言，完同如来所说，万法归一心之言，故贬之名如来禅，此辨但二禅法体之不同，的未言约人立名之本意也。

白坡之说，以祖师禅对上机，如来禅为对中机之法，震河谓其不的切也。又云：

　　虗（雪乎）老云，如来所悟之法故（二月八夜见星悟道也）名如来禅，如来悟道已，寻访真归祖师，所传得的故名祖师禅，此老则辨得二得（译者按，疑"禅"）所从之渊源，有超师之见，而以如来独当释迦，祖师但为真归，此法非三世佛祖通用之禅也。愚则未知二禅之名始自何时，以现文详之，必自临济三句中出来。何也？其第一句云与佛祖为师，第二句云人天为师，人天师岂不是如来，佛祖师岂非祖师乎？盖悟得第二句法，则但见性成佛而已，悟得第一句法，方为诸佛之师，故云祖，此非以法名人，约人立名之明证处乎。

如来清净禅之名，百丈、黄檗时有用例，如来禅、祖师禅之名，沩山、仰山时既之并用，震河以二禅之名出于临济之三句，非也。又破白坡云：

　　白老即指三禅中如来、祖师二禅，为教外别传，此老则教外与格外无别也。然则以诠旨义理之迹为教，以事理融即，时处无碍，三世一念，万法一心等为教外，而此不过圆顿教中六相十玄之理。虽悟修斯亡，即非圣凡识智之所可度量，何能超出于教格之外？若以此为别传一味之禅，华严菩萨皆传法之机，何至涅槃会上，独付嘱于迦叶，余众则悉皆罔措也，既云一味，又何有如来、祖师二法之差别耶？

又破雪窦云：

> 雪老（即雪窦，坡之孙）辩同异云，教外、格外或同或异，同者如来、祖师二禅，元是教外，而义理禅亦名教外。《刊正录》云，心法非文字所可拟议，故云教外。又圭山云，不以文句为道，须忘诠得意，得意则是教传心也。其异者唯义理名格，二禅独得格外之名，此老则教外之名宽，格外之名狭。又能诠之文为教，所诠之旨为教外，只知文字为教，尚迷诠旨义理之为教也。引文虽依圭山之说，而此师（圭山）所明，不过义理之知解，可以证于义理之为禅，何足为别传之禅也？又以华严中理事无碍法界配如来禅，事事无碍法界配祖师，若尔华严皆具二禅，华严便是教外，何至灵山拈花枝而为别传之标准也，大违一愚二贤之释。

以一愚二贤为标准，是于其本据已误，故其所论，徒为枝叶末节而已。

最后云：

> 白老集《禅文手镜》，中孚子著《四辨漫语》，优昙师述《扫

洒先庭录》，雪窦老述《禅源溯流》，各尽其美，不可复赘，只撮数疑处决之，续诸四家之后。然非尊己嫉贤，随见杜撰，法应如是，专门旧学，不免矛盾，唯通人校其当否也。

震河之著出白坡、草衣、优昙、雪窦四家之后，而无集大成之力，徒以枝叶之论了，禅教之衰颓真可哀也。

（附）

译事至此，已告结束。原书下有第十七章"李朝之终末"，内容属通史性质，与禅教之史迹无关，删之可也，唯录朝鲜传世之图以供参考。

朝鲜传世之图　起明洪武二十五年，后龟由天皇元中九年，亡于明治天皇明治四十三年，传世二十八王，历世519年。

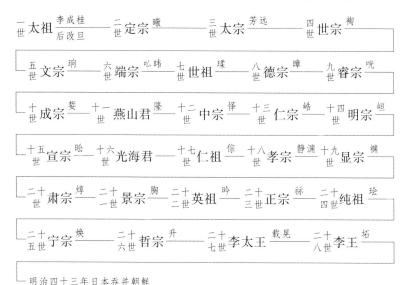

跋

先夫朱谦之辞世二十年，生前译述了《韩国禅教史》。惜遗墨一直无机会出版，这次能够付梓，实乃万幸。谦之身后的书稿，一直得到黄心川先生的关心，已先后联系出版了遗著《中国哲学对欧洲的影响》《中国景教》《中国禅学思想史》等书。我本人也得到黄心川先生全家的照顾，颐养天年。本书是先夫最后一部手稿，其人作古，错误难免，尚祈学者、读者海涵，幸甚！

何绛云

1993 年 9 月 20 日

后　记

　　学术界前辈朱谦之先生的译稿《韩国禅教史》在束之高阁三十年后，终于有了出版的机会，对朱先生和学术界也是一件值得庆幸的事情。通过近三个月的时间对朱先生原稿的整理，抚案之余不免浮想联翩……

　　中国与韩国是毗邻的友好国家，佛教一直是两国宗教文化交流的纽带。在中国的官方史书和佛教《大藏经》中都保存了不少有关新罗、高丽等朝代的资料，特别是在佛教僧人传记中，记录了不少新罗、高丽僧人的生平事迹，一些朝鲜僧人的佛教著作也被收入了汉文藏经，这些都是弥为珍贵的史料，对研究中国与韩国的佛教，以及两国源远流长的佛教文化有着重要的价值，因之不可忽视。

　　然而从古到今，我们还没有出过一本论述韩国佛教的专著，甚至连一本辑录韩国佛教史料的资料集也没有正式出版，在国际佛教论坛上也没有中国学者的声音。1978年美国佛教学者兰卡斯特（Lewis R. Lancaster）编纂的《高丽藏：目录介绍》（*The Korean Buddhist Canon: A Descriptive Catalogue*）中的"普通著作"一栏，一共介绍了48本著作，里面没有一篇中国学者的研究成果。日本学者镰田茂雄在1987年所著的《朝鲜佛教史》一书的"参考文献"里引了97种著述，里面也没有一本中国人的研究著述，这对已有千年宗教文化交流历史的泱泱大国而言，未免太不相称，佛教界和学术界都为之遗憾。

　　清末民初，佛学曾一度在中国大地复兴，与韩国佛教有密切关系的唯识学受到了学术界的重视，谈论唯识成为时代思潮之一。但是人们之所以强调唯识学说，主要是从经世致用的角度出发，认为弘扬唯识学说能够拯救人心，正教于社会，于是佛学本身的意义被淡化，新罗高僧圆测、元晓等人对唯识学的阐发就少有人做专门研究了。

　　1949 年以后，中国佛教在 50 年代初的几年时间有了新的气象，中国佛教协会会刊《现代佛学》曾刊登了不少佛教文章，但也没有一篇是论述韩国佛教的。中国佛教协会曾经组织学者编纂了一本《中外佛教关系史料》，其中有一章《中朝佛教关系》。不过，这本资料集也没有公开出版，只是以油印的形式在学术圈内散发而已，影响甚微。这种局面一直到 1980 年才彻底改变。同年，中国佛教协会编的《中国佛教》第一辑中刊载了前面所说的《中朝佛教关系》一文。越年，《中国佛教》第二辑介绍了新罗僧圆测，以后有关韩国佛教的文章渐次增多，但是数量仍然有限，据笔者不完全统计，十余年来学术界共发表韩国宗教的文章或译著 35 篇（本），有关佛教的著述有 29 篇（本），约占总数的 80%。其中黄心川先生的《隋唐时期中国与朝鲜佛教的交流——新罗来华佛教僧侣考》一文依据各种史料，考证出隋唐时期来华的新罗僧达 117 人，这个数字比韩国学者李能和统计的 64 人，日本学者中吉功统计的 66 人都超出了很多，故此文发表后曾引起了中、日、韩三国学者的好评。复旦大学王雷泉副教授认为，此文表明“国内佛学研究者在反省中正逐渐摆脱空泛的学风，转向具体、深沉、更富特色和个性的道路”。（《法音》1987 年 2 期）日本著名佛教史家镰田茂雄教授说：“明确了在隋唐时代有 117 名新罗僧留学中国的历史事实，研究清楚了朝鲜佛教是在受中国佛教影响的同时，进行独自发展的事实。”（《五台山研究》1991 年 1 期）韩国大韩传统佛教研究院院

长、精神文化研究院（国立）教授金知见"觉得这篇论文的研究成果
真值得获高评价"。（来信摘录）现在，此文已经通过了由日本学者中
村元博士、古口绍钦博士、镰田茂雄博士和韩国闵泳洼博士、金知见
教授共同组成的评审委员会审定，授予"第四回（届）国际佛教学术
奖"。这是中国大陆学者在国际佛学领域第一次获得的最高荣誉。此
文还被译成了韩文和英文发表，表明中国的佛学研究已在国际论坛上
开始产生了影响。此文还获得了中国社会科学院 1993 年优秀论文奖，
在国内学术界也有一定的影响。

　　高观如撰写的《中朝佛教关系》一文，主要利用了佛教史料，将
一千多年来中韩两国的佛教文化交流做了总体上的勾勒，提供了研究
线索。周琦写的《天台山与朝鲜文化交流》则弥补了高文所缺元朝以
后的中韩佛教交流。1993 年 6 月在浙江天台山召开了"首届天台文化
研讨会"，陈景福提交的《中国佛教天台宗与朝鲜的关系》和何劲松
提交的《天台宗在日本和韩国的传承与发展》二文，对中韩两国佛教
天台宗的交流做了较为详细的介绍。此外，陈景福和黄万福还合作撰
写了《中朝佛教文化交流》一书，现已出版。这是现代中国学术界写
作的第一本中朝佛教关系的专著。约 40 万字，13 章。杨曾文主编的
《当代佛教》里辟有现代韩国佛教的专章，使我们对当前韩国的佛教
有了进一步的了解。

　　王承礼的《高昌与高丽佛教文化交流的三份文献》研究了高丽僧
义天与高昌国沙门尸罗嚩底之间的三封书信，强调了高昌与高丽佛教
文化交流的意义。朱红星、李洪淳、朱七星三人撰写的《朝鲜哲学思
想史》中对新罗僧圆测、元晓、义湘和高丽僧均如、义天、知讷、慧
谌几人的佛教哲学思想做了介绍和分析，牵涉了唯识宗、华严宗、天
台宗、禅宗等几个宗派，指出他们在朝鲜哲学史上的重要地位，这个

评价应该说还是公允的，同时也在这方面的研究做了开拓性的工作。李岩的《"地藏菩萨"金乔觉及其九华山垂迹考》和袁家耀的《九华山佛教文化》都对新罗僧人金乔觉的行迹做了考证。1991年9月九华山佛教协会还邀请了国内部分佛教学者召开了"金地藏生平活动论证会"。专门研讨一个外国高僧事迹的学术讨论会，这在中国学术史和中国佛教史上还是第一次，表明了韩国佛教对中国佛教的影响也是显著的，更重要的是中国学术界和佛教界已经开始注视和研究韩国的佛教了。会议论文集已取名为《金地藏研究》，由安徽黄山出版社于1994年出版。1994年9月九华山佛教协会又举办了第二届金地藏讨论会。来自韩国的学者和僧侣也参加了这次会议。此外，国内近年还出版了柳雪峰译的《韩国佛教史概说》一书。这是中国大陆出现的第一本介绍韩国佛教的读物。

日本佛教和韩国佛教也一直有着甚深的关系。古代朝鲜曾是日本僧人到中国求法的必经之地，新罗、高丽和朝鲜诸朝的佛教都对日本佛教产生过影响，近代日本的佛教又影响了韩国的佛教。日本学术界对韩国的佛教研究已有近一个世纪的历史，1910年浅见伦太郎发表了《高丽版〈大藏经〉雕造年代考》，可以称作研究韩国佛教较早时期有过影响的著述之一。1914年高桥护一发表的仍然是有关海印寺藏经研究的文章。1929年高桥亨写了《李朝佛教》一文，越年《韩国禅教史》一书出版，标志了日本的韩国佛教研究进入了一个新的时期。因为在此之前的研究主要是一些专题性的文章，通史性的著作则是以此书为契机。

《韩国禅教史》出版后至今天的六十余年，日本的韩国佛教研究已经发生了很大的变化。比较重要的著作有：今西龙的《新罗史研究》（1933）、《百济史研究》（1934）、《高丽史研究》（1944）；中吉功的《海东的佛教》(1974)，江田俊雄的《朝鲜佛教史的研究》(1977)，源弘之的《韩国净土教研究序说》(1978)，斋藤忠的《朝鲜佛教美术考》等。总之，已经出版的有关韩国佛教的文章和著作达44本（篇），涉及了韩国佛教的多方面内容。现在日本学界对韩国佛教研究比较深入的有中吉功和镰田茂雄二人，其研究方式和成果也相近，都注重历史和佛教寺院的研究，中吉功除了撰写《海东的佛教外》，还出版了《新罗、高丽的佛像》(1971)、《朝鲜美术入门》(1979)、《朝鲜回顾录》等书。镰田茂雄则撰写了《朝鲜佛寺史》(1980)、《新罗佛教史序说》(1988)、《朝鲜佛教史》(1987)、《朝鲜佛教寺院》（新罗篇、百济篇各一本）。所以，除了韩国学术界以外，对韩国佛教的研究，日本的研究成果仍然占有相当的比重。此外，美国学者也曾经推出两本韩国佛教研究的著作。

以上我们概述了国际学术界研究韩国佛教的历史现状。可以看出，我国对此的研究是很不够的，因此我们需要对此加以重视，争取尽快扭转这种情况。为了便于学者的研究，笔者现将国内有关韩国宗教研究的目录附于书后，供方家和读者参考。

最后加以说明的是，本书系朱谦之先生在三十年前的译著，先生已经去世了二十余年，原稿字迹又较为潦草，有的难于辨认。又原书中的古文引语只有断句，没有标点，而且很多地方没有断对。为了向读者和译者负责，笔者根据原书专门做了校对。本书的一校、二校都是核对的原文，对一些古籍也做了重新标点和断句，个别的字也做了更改或加以说明。若有错误，概由校者负责，祈请读者谅解。

黄夏年

1994 年 10 月 15 日

图书在版编目(CIP)数据

韩国禅教史/(日)忽滑谷快天著；朱谦之译.—北京：商务印书馆，2024
ISBN 978-7-100-22194-8

Ⅰ.①韩… Ⅱ.①忽… ②朱… Ⅲ.①禅宗—佛教史—韩国 Ⅳ.①B946.5

中国国家版本馆 CIP 数据核字(2023)第191619号

本书据《韩国禅教史》中国社会科学出版社1995年版排印。

韩国禅教史

〔日〕忽滑谷快天 著
朱谦之 译

商 务 印 书 馆 出 版
(北京王府井大街36号 邮政编码100710)
商 务 印 书 馆 发 行
北京市十月印刷有限公司印刷
ISBN 978-7-100-22194-8

2024年2月第1版 开本 880×1230 1/32
2024年2月北京第1次印刷 印张 20⅝

定价：98.00元